科学新闻导论

［英］马丁·W.安格尔　著

（Martin W. Angler）

中国科技新闻学会　组织编译

王大鹏　张　寒　译

邓理峰　审校

中国科学技术出版社

·北　京·

图书在版编目（CIP）数据

科学新闻导论 /（英）马丁·W. 安格尔著；王大鹏，张寒译 . —北京：
中国科学技术出版社，2020.11
书名原文：Science Journalism: An Introduction
ISBN 978-7-5046-8867-5

Ⅰ. ①科… Ⅱ. ①马… ②王… ③张… Ⅲ. ①新闻学—研究 Ⅳ. ① G210

中国版本图书馆 CIP 数据核字（2020）第 206374 号

著作权合同登记号：01-2020-6655

策划编辑	王晓义	
责任编辑	王　琳	
装帧设计	中文天地	
责任校对	张晓莉　吕传新	
责任印制	徐　飞	

出　　版	中国科学技术出版社	
发　　行	中国科学技术出版社有限公司发行部	
地　　址	北京市海淀区中关村南大街16号	
邮　　编	100081	
发行电话	010-62173865	
传　　真	010-62173081	
网　　址	http://www.cspbooks.com.cn	

开　　本	710mm×1000mm　1/16	
字　　数	420千字	
印　　张	22.75	
版　　次	2020年11月第1版	
印　　次	2020年11月第1次印刷	
印　　刷	北京荣泰印刷有限公司	
书　　号	ISBN 978-7-5046-8867-5 / G·882	
定　　价	79.00元	

（凡购买本社图书，如有缺页、倒页、脱页者，本社发行部负责调换）

致　谢

没有下列各位专家的帮助，这本书是不可能完成的。所以，我想感谢下面提到的各位。

首先要感谢劳特利奇（Routledge）出版社的编辑凯蒂·艾姆波特（Kitty Imbert）和奈尔·肯尼迪（Niall Kennedy）。谢谢你们对这本书的信任。

我还要感谢各位非常棒的受访者。很荣幸可以向诸位讨教。他们是娜塔莉·安吉尔（Natalie Angier）、夏伦·贝格利（Sharon Begley）、黛博拉·布鲁姆（Deborah Blum）、柯蒂斯·布雷纳德（Curtis Brainard）、迪恩·伯内特（Dean Burnett）、亚伯特·开罗（Alberto Cairo）、希瑞·卡朋特（Siri Carpenter）、戴维·卡斯泰尔维奇（Davide Castelvecchi）、艾利卡·查克海登（Erika Check Hayden）、丹尼尔·克利里（Daniel Clery）、德波拉·柯恩（Deborah Cohen）、昆汀·库伯（Quentin Cooper）、理查德·克雷格（Richard Craig）、丹尼斯·迪尔巴（Denis Dilba）、大卫·多布斯（David Dobbs）、苏珊娜·艾洛特（Susannah Eliott）、本·戈德契（Ben Goldacre）、杰森·古德伊尔（Jason Goodyer）、温弗里德·格普费特（Winfried Göpfert）、史蒂夫·哈里森（Steve Harrison）、劳拉·赫尔穆斯（Laura Helmuth）、罗伯特·赫尔南德斯（Robert Hernandez）、马克·李·亨特（Mark Lee Hunter）、豪克·杨森（Hauke Janssen）、佩奇·贾诺（Paige Jarreau）、亚当·约翰森（Adam Johansen）、乔治·约翰逊（George Johnson）、凯伦·卡普兰（Karen Kaplan）、亚登·卡茨（Yarden Katz）、琼·利奇（Joan Leach）、凯特·卢瑙（Kate Lunau）、菲尔·麦肯纳（Phil McKenna）、亚历山大·麦克纳马拉（Alexander McNamara）、格雷戈·米勒（Greg Miller）、黛博拉·纳尔逊（Deborah Nelson）、鲍勃·奥哈拉（Bob O'Hara）、凯利·奥克斯（Kelly Oakes）、海伦·皮尔森（Helen Pearson）、安吉拉·波萨达－斯瓦福德（Angela Posada-Swafford）、蒂姆·雷德福（Tim Radford）、希拉里·罗斯纳（Hillary Rosner）、约翰·罗斯（John Ross）、艾伦·鲁佩尔·雪尔（Ellen

Ruppel Shell）、克里斯汀·塞纳尼（Kristin Sainani）、查尔斯·塞菲（Charles Seife）、格雷厄姆·索霍恩（Graham Southorn）、道格拉斯·斯塔尔（Douglas Starr）、大卫·萨姆纳（David Sumner）、法比奥·图隆（Fabio Turone）、罗伯特·韦瑟黑德（Robert Weatherhead）、西蒙·怀特（Simon White）、克丽斯蒂·威尔科克斯（Christie Wilcox）、埃德·杨（Ed Yong）和卡尔·齐默（Carl Zimmer）。

尤其要感谢下列各位的宽宏大量，让我可以再次使用你们的素材：《BBC聚焦》（*BBC Focus*）、非营利性组织市民基金（Fundación Civio）、在线网站实流量统计平台（Chartbeat）、尼克·加内特（Nick Garnett）、科技博客（Gizmodo）、健康新闻评论网（HealthNewsReview.org）、互随（Hootsuite）、麻省理工学院的"奈特科学新闻项目"（the Knight Science Journalism Program at MIT）、曼特工作室（Matter Studios）、《明镜周刊》（*DER SPIEGEL*）、联合国环境规划署、威利（Wiley）出版社及伍兹霍尔海洋研究所（Woods Hole Oceanographic Institution，WHOI）。

还要感谢我在爱丁堡龙比亚大学（Edinburgh Napier University）的导师雷切尔·雅戈尔（Rachel Younger）和西蒙·皮娅（Simon Pia），谢谢你们启发了我。

我要感谢我的灵魂伴侣卡娣亚·康特（Katia Cont），谢谢你一直以来的支持。

最后要感谢的是，布茨（Bünz）。

目　录
CONTENTS

第一章
概　述

在本章你将了解到：

> 一种尝试性定义／科学新闻简史／娱乐信息与批判性科学新闻的比较／科学新闻的主要任务／如何成为一名科学记者／科学与社会／风险和风险感知／遭受批评的科学新闻／怎么才算是好的科学记者？对蒂姆·雷德福的采访

引　言

欢迎阅读《科学新闻导论》一书。我邀请你跟我一起来揭开从寻找点子到向同事和编辑部推广你的想法，再到为纸媒和网络媒体撰写报道这一整个的科学新闻采编过程。这本书还有专章论及讲故事的技巧、数据统计、科学情境下的调查性新闻、数字科学新闻以及如何在这个充满竞争的领域中开创职业生涯。

本书可以有两种阅读方法。如果你是一个没有什么经验但有志成为科学作家的人，我建议你从头到尾地阅读本书。如果你是一个富有经验的科学作家，可以寻找书中的精华。对资深科学作家、科学新闻教育者、获奖的科学博主、统计学家以及科学家的采访能够保证你不对本书作者的观点感到厌倦；相反，你会通过这些专家的第一手资料了解到这个行当的一些方法。

在每一章的后面，你都会发现有一个简要的总结，一些思考题，一些强化你新习得的技能的练习题，以及一个书单。

在这一章里，我首先尝试着回答一下什么是科学新闻。它是对科学的完整报告，还是只是些许地触及了科学的娱乐性方面的哗众取宠的文章？至少从一定程度上来说，如今的大多数报道都不涉及科学吗？在调查这些问题时，对科学新闻进行界定之后的那个部分会对科学新闻如何演化以及历史上的科学写作与今日有何不同进行简要的描述。

"娱乐信息与批判性科学新闻的比较"这一部分将简要地触及科学新闻中争论最激烈的议题之一：质量。的确，互联网工具的可用性致使出现了在新闻价值和教育价值上存在问题的大量科学相关文章以及电视和广播节目；同时，正是互联网工具的可用性使得新闻的生产同新闻的获取一样容易，从而使得这个时代成为新闻的黄金时期。尽管一些报道说报纸、杂志和电视频道正在削减他们报道科学的员工（在某些情况下这是真的），但是这也是成为科学记者的最佳时机。读者们喜欢完美呈现的科学。

在本章中，你会明白作为未来的科学记者，你的任务是什么，并且学会成为一个科学记者的简单方法。你会看到，坚持不懈、拥有常识以及对人们喜欢阅读什么（从你自己开始）有敏感的嗅觉会大有帮助。（在第十二章你会找到更多关于好的科学记者的持征。）

本章有专门的部分讨论科学和科学新闻在社会中的作用。在这里，我尝试着回答一些问题：我们纯粹是教育者吗？我们是娱乐艺人吗？作为科学记者，如果我们称赞一项新的治疗方法而人们遵从了我们的建议并因优先考虑我们所声援的疗法而死亡的话，那我们有错吗？这样的问题无穷无尽。希望本书不仅可以给这样的问题提供一些答案，而且会提出更多的问题。沿着这个思路，你会发现本章有专门的部分谈论风险的问题——我们如何对风险进行传播，我们的受众如何认知风险。这部分聚焦于我们的责任以及在不成为恐慌制造者的情况下，就如何对风险进行传播提供一些思考。

然后，我将讨论科学新闻的当下议题，比如精确性和煽情主义。我在这种情况下会利用科学新闻受到抨击的一种争议。随后是与富有经验且获过奖的科学记者蒂姆·雷德福（Tim Radford）的讨论。他从事科学新闻事业有30多年了。

一种尝试性定义

什么是科学新闻？10个不同的科学记者和学者会给出10个不同的答案，但我在这里会尝试着给出一种定义：科学新闻是主要以科学成就和突破、科学过程本身以及科学家在解决复杂问题时的探索和困境为描写对象的一种新闻类型。如果处理得当的话，科学新闻会质疑科学家所使用的方法和他们得出的结果，以及媒体和公众如何对这些结果进行阐释；它还对研究者可能拥有的利益冲突进行调查和揭露。和每一种新闻类型一样，科学新闻需要对你置身其中的体系有深入的了解。这包括科学政策方面的知识、特定国家法律的知识以及你希望报道的学科的知识。你需要获得一些知识，也就是那些有助于你找到研究中的瑕疵，且使你一眼就可以发现科学家误以为你是公共关系发言人的代理者的知识。没有批判性的思维模式，记者们通常会单纯为科学欢呼而非批判性地审查对科学平庸且肤浅的报道。这样的报道——被称为炫酷的科学新闻（gee whiz science journalism）——不会提出任何问题，反而是充当了另一个公共关系传播渠道。这就是说，这种粗浅的科学文章在商业方面还是有它们的优点的：如果做得好的话，炫酷式的文章会吸引注意力并且建立起读者群。在整本书中你会看到，这种文章在互联网上尤其好使。

每一门学科——包括环境科学、医学、生物学、物理学或数学——都值得报道。技术新闻似乎是例外，但是因为绝大多数技术进步依赖于科学发现并且和科学紧密地联系在一起，所以技术新闻和科学新闻之间的界限变得模糊了。根据巴登希尔和沃尔默（Badenschier and Wormer，2012）的观点，全球科学新闻最成功的话题是健康与生物学，然而在《纽约时报》（New York Times）中，健康、医学和行为科学是最流行的话题。此外，在德国全国范围内领先的报纸中进行的一项调查发现，从 2006 年到 2007 年，被考察的文章中有 29% 报道了医学，15% 报道了环境科学，14% 报道了生物学（Badenschier and Wormer，2012）。这些报纸还声称，当需要决定是去报道和发布政治新闻还是科学新闻时，它们通常会优先选择政治新闻。

截至目前，科学新闻自身还忙碌于迄今在很大程度上被忽略的科学的社会学方法方面的话题（元话题，如果你愿意那样说的话），比如科学中的性骚扰。以前被报道的话题，比如科学政策，也越来越多。获奖的科学记者埃德·杨（Ed Yong）认为这种话题应该获得更多的报道，如果在不久的将来可以看到更多这样的内容，会让他不胜感激（Yong，2016）。

记者兼作家艾伦·鲁佩尔·雪尔（Ellen Ruppel Shell）是波士顿大学（Boston University）科学新闻研究生课程的联合主任，他的观点是：

　　一个人在没有以往经验或者科学知识的情况下可以直接迈入科学新闻领域的观点在近几十年来越来越难以获得支持了。我知道在这个领域中有一个长期存在的争论。有些人主张，如果你是一个优秀的记者，那么你就可以撰写关于科学的报道。但不仅科学是有难度的，社会学、历史学和政治科学都是有难度的。意识到这一点可以带来巨大的帮助。

（Ruppel Shell，2016）

《卫报》（*Guardian*）的前科学编辑蒂姆·雷德福（Tim Radford）认为，科学新闻基本上类似于绝大多数其他的新闻类型，并且主要取决于能否找到与你的受众相关的故事。

当要求就这些议题与科学杂志的编辑进行实际的辩论时，我只是说我们不是科学作家，我们是记者，并且我指出我们是就那些与人们息息相关的事情为人们撰写报道的。这就是政治作家干的事情，实际上，这也是体育作家干的事情。我们只是眼下有这种专业方向的记者。实际上，我的大多数写作生涯并不是属于科学领域的，而是在艺术领域——我是一个影评人，我有一段时间负责编辑《卫报》的图书版块，当然我在一段似乎极其冗长且乏味的时间里负责政治评论版块。对科学撰写报道的原因是它呼唤好的报道。那是一个记者测试：它是一个好的报道吗？我不确定我们可以在好的报道的界定上达成共识，但是我们大多数人都认同眼见为实。

（Radford，2016）

曾经主持过 BBC 广播第四频道（BBC Radio 4）的广播节目《物质世界》（*Material World*）的经验丰富的科学记者昆汀·库伯（Quentin Cooper）在很大程度上认同雷德福的观点，即科学并不需要它自己的新闻体裁，并且他进一步主张，作为一个科学记者，你需要面向每一个人，而不仅仅是科学爱好者。

获取那些并不是在寻找科学节目的受众是非常重要的。我不想为那些认为自己需要科学节目的人制作科学节目。我想为每个人做科学节目以及撰写科学报道。最终，这就变成了让人们接触科学，而非让人们意识到他们正在接触科学。我有时候会想，我们把这些优先事项搞错了：我们希望人们知道他们已经有了每日份的科学，就像他们每天吃的蔬菜一样。我不想事情变成那个样子。我只希望人们在不明确地思考他们刚刚阅读的是物理学报道还是生物学报道的情况下自然而然地吸收科学。

（Cooper，2016）

请把这些沉思作为一个起点。当你读完这本书的时候，就有望对科学新闻是什么以及不是什么有一个完全不同的看法。这里表述的观点的多元性以及数量能够在这个过程中成为你的一个助手。也就是说，你如何界定科学新闻同它跨过的阶段密切相关。你会在下一部分看到，存在着欢呼式的科学新闻与批判性的科学新闻的周期；如果你想理解科学新闻如今所履行的这种实践是如何随着时间的推移而演化的，那么就必须要去了解科学的历史。

科学新闻简史

为理解今天的科学新闻，理解它是如何演化的就十分重要。如内尔金（Nelkin，1987）证实的那样，在20世纪初，欧洲和美国的科学家开始周游世界来宣传他们的研究。在那个时候，报纸开始挑选这些科学家的报告来出版。那个时代的科学新闻通常被细分成两个类别：

> 19世纪的大多数科学新闻不是关于新农业技术的直接实用信息、最新的家庭疗法之类的，就是极其耸人听闻的报道。这是科学骗局的全盛时期。1835年，媒体报道说天文学家约翰·赫谢尔爵士（Sir John Herschel）观察到了月球上有类似于蝙蝠的人类。
>
> （Nelkin，1987：17）

不足为奇的是，这并不是科学新闻的突破。科学通常被描述为一种神秘现象。在读者中，对科学的敬畏和恐惧难分伯仲。这种心态在第一次世界大战期间发生了改变，因为德国借助化学制造了炸弹。突然，公众发现科学对社会和经济可以产生巨大的影响，因而担心德国可能会在化学方面比美国略胜一筹（Nelkin，1987）。在公众兴趣的支持下，媒体报道开始增加，从而传达了"科学是把事情搞定的一种方式"这一理念（Nelkin，1987：17）。

科学意味着进步，但是早期科学记者和公众之间的分歧在扩大。1921年，媒体企业家兼出版商爱德华·威利斯·斯克里普斯（Edward Willis Scripps）成为第一个为媒体提供商业性的大规模科学新闻服务的人。他成立了科学服务社（Science Service）。科学服务社的读者多达700万人，占到美国读者数量的20%（Nelkin，1987）。内尔金（Nelkin，1987）引述了科学服务社的编辑埃德温·斯洛森（Edwin Slosson）的话说，他要求科学新闻把自己定位于那些在公众中流行的话题，并且着眼于异常事件。此外，他还主张应该用短句来对科学进行传播。这些短句以最高级的形式描述了科学的进展。

20 世纪 20 年代和 30 年代的科学作家采用了科学服务社的风格，并且认为他们自己是以说服公众相信科学的益处为目标的宣教人员。作为这些作家之一的普利策奖（Pulitzer Prize）得主戈宾德·拉尔（Gobind Lal）（Nelkin，1987）"是第一个在报刊的署名处使用'科学作家'这个术语的人"（Brennan and Clarage，1999：559）。值得注意的是，拉尔还是美国科学作家协会（National Association of Science Writers，NASW）的创始人之一。1940 年，他成为美国科学作家协会的主席（Brennan and Clarage，1999）。

在今天的科学新闻中，有时还能够感受到第二次世界大战时期科学作家的溢美风格。在 20 世纪 60 年代，记者们开始报道一个新的话题：科学政策。记者们对科学进行报道的方式在后苏联人造卫星时代通常是乐观的（Nelkin，1987）。在 20 世纪 70 年代，像约翰·李尔（John Lear）和大卫·皮尔曼（David Pearlman）这样的编辑们，在追求美国的媒体客观性这个理想的过程中，要求科学记者要像他们的政治同行们一样具有批判性（Nelkind，1987）。然而，在 20 世纪 80 年代，美国的科学新闻再次回到了科学的啦啦队风格之中（Nelkin，1987）。

艾伦·鲁佩尔·雪尔证实了媒体中科学报道的这种进展：

> 在 20 世纪 50 年代末期，我们的感觉是俄罗斯正在领先于我们，然而我们需要在各方面都处于领先地位，包括科学教育。突然，各种报纸出现了一股让科学记者成为其中一员的潮流。记者被从其他领域中撤出来而去报道科学领域。这些记者中的很多人并没有科学背景，比如《纽约时报》的沃尔特·苏利文（Walter Sullivan）。他拥有历史学学位，并且还学习过音乐。但是在《纽约时报》，他对科学有着无限的激情。20 世纪 80 年代存在着一些谨慎情绪，并且产生了这样一种想法：科学记者也是记者，他们应该批判地思考问题。那是科学新闻的全盛时期：当时有很多科学杂志，出版商们在报纸中设立了专门的科学版，对新技术有着巨大的激情。在 20 世纪 90 年代和 21 世纪初，认为科学记者应该更具批判性、更加深思熟虑且更善于分析的看法脱颖而出。他们在科学叙事或者围绕着科学议题讲故事方面也有着日益膨胀的兴趣，而非简单地进行解释。
>
> （Ruppel Shell，2016）

在那之后，科学新闻中另一个重要的转折点就是互联网的兴起。它影响了读者的注意力广度。同时，鲁佩尔·雪尔（Ruppel Shell，2016）认为，长篇的印刷稿件开始减少。如今，像博客、微博、"阅后即焚"（Snapchat）、视频直播这样的新传播形式和其他手段加入到了科学辩论之中，并且帮助磨砺了前述的讲故事的方法。纵观历史，科学新闻发生了改变，所以科学记者的作用也发生了变化，但是一个中心议题永远是质量的问题：我们是娱乐人士吗？或者是教育者吗？又或者二者皆是？下一部分会对报道科学的方式提供一些见解。

娱乐信息与批判性科学新闻的比较

有关科学新闻的质量是否正在下降这个经久不衰的辩论题目、对于炫酷的科学新闻的热烈讨论、对关于科学突破的报道的支持拥护和欢呼以及批判性的缺乏，也许都是把科学新闻与其他新闻体裁区别开来的特征。虽然这是固有的症结：欢呼式的报道易于生产，易于一般读者理解，且在吸引大量受众时所需付出的努力程度最低；相反，重大的、深度的、调查性的报道是那些需要大部分的时间和金钱来生产且有时毫无结果的报道。现实情况是，如果科学出版物需要盈利，它们通常不得不同时生产这两种类型的报道。

在给《卫报》撰写的一篇社论中，芝加哥大学（University of Chicago）的医学和药理学副教授加利斯·莱赫曼（Jalees Rehman）对娱乐信息和批判性科学新闻做了明确的区分，并且界定了娱乐风格的科学新闻："大部分当代的科学新闻属于'娱乐信息'类别。这种表述方式所描述的科学写作是用一种娱乐的方式把新的科学发现告知给非专业受众。"（Rehman，2013）他进一步主张说，它的本质特征就是，利用诸如类比、提供背景信息、总结主要发现以及探讨这一新发现的重要性这样直观的方法来解释复杂的科学议题。此外，他认为，这种文章把事实核查的责任强加给科学期刊，因而认为同行评议后的研究是不包含任何错误的。然后，他把这种方式与批判性的科学新闻进行了对比：具有批判性的科学作家会认真检查研究本身，并且会在适用的情况下利用调查性方法。莱赫曼（Rehman，2013）还认为，肤浅的科学写作会成为科学新闻的主要形式，并且娱乐性文章的原则与批判性科学写作几乎是不相容的。最后莱赫曼（Rehman，2013）提供了下列应该有助于你把娱乐风格的科学文章同批判性的文章区别开来的四种原则：

（1）风格：和娱乐风格的文章相比，批判性科学写作会利用更冷静的词语，以及不太热情洋溢的、判断性的或充满价值判断的词语，比如"令人震惊的"（awesome）或"范式变迁"。

（2）对研究的批判性分析：无论是持反对意见的科学家还是科学作家，都能够指出正在谈论的研究的缺陷和局限性。引用不具名的消息来源目前还是不规范的。

（3）情境：批判性的科学作家会报道**怎么样**（how）（比如，一项研究与相关研究进行比较会如何），而不具有批判性的科学文章首先会讨论开展一项研究的原因。

（4）**具有阴性结果的研究**：并不是所有的研究都会取得成功，因为它们会拒绝无效假设。这样的故事通常不适于采用最高级或者第一条中提到的词语来进行报道。莱赫曼（Rehman，2013）认为这就是你可以把对具有阴性结果的研究的报道归为批判性科学写作类别之中的原因。

在给科学新闻下定义时，默科特和威廉姆斯（Murcott and Williams，2013）通过下列陈述表明了科学记者的两种角色：

> 科学记者是专业人士，他们的角色大体上是向比学术期刊的读者更广泛的受众报道科学进展。科学记者还会对研究提供分析和情境，对研究和研究者的出处和可靠性进行调查，并且偶尔向更广泛的受众报道具有重大意义的故事。
>
> （Murcott and Williams，2013：152）

请注意默科特和威廉姆斯（Murcott and Williams，2013）在后半部分的陈述，他们强调了科学新闻的质量，它给科学新闻带来的价值超越了仅仅对科学新闻进行传播。在这一点上，许内曼（Schünemann，2013）指出，公众期望科学记者能够区分可靠的事实和耸人听闻的科学，但是这给记者带来了负担，因为选择报道什么以及如何报道意味着可能以一种有些主观的方式为世界设置了框架。在本章的下一部分，我会简要地探讨把选择（报道什么以及如何报道）作为科学记者主要任务之一的话题。

此外，许内曼（Schünemann，2013）把快节奏的新闻环境视为较少生产出批判性科学新闻的原因之一："在新闻中，赚钱的最有效方式就是，以牺牲精确性和真实性为代价而加速写作过程来生产更多的报道，以及夸大宣传这些报道来引诱更大的、对轰动性如饥似渴的读者群。"（144）她还认为这种不加批判的、耸人听闻的且仅仅是具有娱乐性的文章会被科学家和"医疗科学企业"（medico-scientific corporations）（144）利用来试图宣传和推广他们的工作或产品。她还讨论了随着对科学进行传播而出现的重大的责任，因为主流媒体是普通公众的主要信息来源。显然，仅仅具有娱乐风格的科学新闻不可能符合间接地提及科学进展的注意事项这一期望。

如果你想对科学撰写批判性的报道，那么剖析并意识到科研论文中的缺陷是你需要完成的主要任务之一。下一部分会讨论，如果你想成功地成为一名科学记者，还需要哪些其他技能。

科学新闻的主要任务

作为一名科学记者，什么是你所期望的？你应该提供娱乐还是教育？抑或二者皆有？或者有一个完全不同的期望？答案是，它取决于你为谁工作、你撰写什么类型的文章、你用多少时间来研究你的文章以及在获得原始内容上你有多少预算。最好的文章既能使读者感兴趣，又能教育他们，所以，除掌握像议题选择和采访技巧这样的核心新闻技能之外，你还需要掌握讲故事的技巧。在一个越来越数字化的世界里，你也需要获得能帮助你生产多媒体内容和网络内容的技术能力。这听起来似乎有很多技能需要学习，但归根结底，它们都被归结为一个共同特性：让科学对于人们来说易于理解。

艾伦·鲁佩尔·雪尔（Ruppel Shell，2016）认为，作为一名现代的科学记者，你的主要任务之一就是超越对科学纯粹的解释；同时，你必须给它增加价值。那个被附加的价值十分重要，因为你将面临一系列竞争，这不仅来自科学机构，而且来自那些开设了自己的博客从而能够接触到公众的科学家。所以，如果你一定要增加价值的话，你该怎么做呢？我首先思考附加价值不是什么：采用新闻通稿并且再次出版它们，提取引语并重新使用它们，以及把它们包装成一篇记者报道。那样做并没有什么实质性的错误，而只是传播扩散了与公共信息官（public information officers，PIOs）的首要任务高度重合的话：为科学做广告。相反，新闻必须要做的是对人们希望你根据外表去判断的事情进行批判性的质疑。

此外，澳大利亚国家公众科学意识中心（Australian National Centre for the Public Awareness of Science）的主任琼·利奇（Joan Leach）认为，一个好的科学记者的职责就是，给普通公众提供能够帮助他解释科学如何工作的报道。

> 同样的故事说了又说，比如寻求科学发现或者前沿叙事。即便科学记者不会撰写简练的大报新闻，但如果他们撰写图书或者博客的话，就给我们提供了一系列故事。我们在这些故事中会向自己讲述和解释科学

工作的方式。那是一项重要任务。那些真正关心科学新闻的人就是给我们现在如何理解科学提供了一个叙事框架的人。

（Leach，2016）

　　在你工作的每个阶段，你最重要的任务之一就是**选择**。哪个话题具有新闻价值？你可以抛弃哪个话题？这是在新闻价值层面上的一种选择。你会用哪种来源（包括人、文件和数据库）来支撑你的故事创意？你会抛弃哪种线索？这是在对你的报道进行研究的层面上的选择。你打算问你的信源哪些问题，你会给哪个问题增加即兴发言？这是在采访的层面上进行的选择。你选择把哪些事件放到一起来组成你的报道？你如何给它们安排优先顺序？这是在撰写和排序层面上进行的选择。让你必须具有选择性的一种原因是，时机（采访、截止日期）和空间（纸质出版物上的字数、广播中的时段）是有限的。

　　你作为科学记者的角色就要求你开展研究，向公众报道和呈现广泛的科学话题。对科研结果的传播扩散是科学的一个组成部分，科学记者也是如此，你对科学有所贡献并且塑造了科学，因为研究合作、资助和经费通常与一篇论文的（以及其作者和他们所属机构的）受欢迎程度相关。此外，你可能会就科学故事的新闻价值给出版物和广播公司提供建议，这反过来会协助你的编辑或者项目主管来完成选择过程，以确定报道哪个科学故事。你的核心任务之一就是把新的且相关的科学进展告知公众。作为一个尽职尽责的科学记者，你还会处理争议性话题，并且就正在进行的科学辩论为你的受众提供一种平衡性的观点。如果你的报道引发了辩论或者消除了你的受众此前视为天经地义的奇谈的话，你显然在批判性地质疑科学并且以一种公正的方式向你的读者传播科学方面取得了成功。然而，肤浅的、啦啦队式的科学报道仍然是科学写作的主要形式，因为它们易于在短时间内生产出来，并且它们吸引了大量的受众，这意味着出版商通过它们赚取了很多的广告费，尤其是在互联网上。

　　作为科学记者，你可以给科学增加价值的一种方式就是作为你的读者的科学顾问，并且协助他们做出明智的决策。特别是在健康新闻中，为他们提供足够的情境以及支持性信息是至关重要的，比如他们可以利用这些来判断一种新药会给他们带来益处还是害处。实际上，《纽约时报》的科学记者乔治·约翰逊（George Johnson）认为，提供这样的背景信息以及把研究发现置于具体的情境之中，也给科学研究增加了价值。

　　那实际上是作为记者和作家的我们可以做而科学家们并不一定总是会去做的事情。他们十分接近他们正在做的研究，以至于他们通常把某些更加令人吃惊的要素视为理所当然。作为一个记者和一个知识渊博的外行，也许你有更大的能力来退一步思考问题，并在更广阔的情景下看待事情。最精彩的事情之一就是，当你在写某些东西时，一个科学家说："这非常有意思，我从来没有那样想过。"

（Johnson，2015）

　　《洛杉矶时报》（*Los Angeles Times*）的科学编辑凯伦·卡普兰（Karen Kaplan）也证实，帮助人们做出更好的决策是科学记者的重要任务之一。

　　对于科学来说，任何事情都会带来开展教育的时刻。我只是认为人们没必要被科学话题吓倒，不仅是他们不应该那样，而且我们也不能让他们变成那样。我们社会中如此多的公共政策是以科学为依据的，而且人们最好去理解它，否则他们就不能对很多事情做出好的决策。

（Kaplan，2015）

　　在英国，阻止科学记者承担这些角色（尤其是向普通公众传递复杂的科学议题这种解释性的首要角色）的是，一方面，在线领域要求记者使用更丰富的技巧，这反过来使真正地生产新闻的时间少了很多；另一方面，随着公共关系专业人士数量的增加，"这可能会增加科学故事的数量，尤其是不具有批判性的那一类，（并且）这意味着记者在拥有解释的权利这个首要角色方面出现了令人担忧的削弱"（Murcott and Williams，2013：155）。

　　在撰写本书的过程中，我尽量去解决本章提到的核心技能，并且引领你通过成为一名科学记者的各种阶段。我强烈建议你在通读本书之后再回来重读这一章，并且在科学记者的角色和技术以及他们所面临的困难等方面比较一下你的观点是如何发生变化的。

如何成为一名科学记者

　　这部分不是一个关于如何跳过本书其他部分而成为一名科学记者的快速指南。相反，它只是一种尝试，就如何成为一名科学记者给你提供一种直观方法。在继续进行之前让我先确立一个前提。在《纽约时报》《卫报》或者《纽约客》（*New Yorker*）给你提供一个科学编辑的职位方面，并没有单一的路径。本书采访的几十个科学作家和教育家中的每一个人都走过了一条独特的道路，才让自己在这个领域中得以立足。因为本书的最后一部分将致力于探讨在科学新闻中获得立足之地的正式途径，所以这一部分就着眼于利用自学这种直观方法。

虽然自学的办法并不要求你投入大量的金钱，但是它确实要求你投入大量的时间来阅读优秀的科学作品——不论它是短文还是长文，是博文还是科普图书。好的作家都是阅读达人。就此而论，**阅读**（reading）并不是说快速地浏览文本，然后对它们做记号；相反，它意味着积极地阅读并剖析你读到的东西。它还包括阅读一些有关科学写作的优秀图书，比如《科学作家写作指南》（*A Field Guide for Science Writers*）、《科学作家手册》（*The Science Writers' Handbook*）以及《科学博客》（*Science Blogging*）。

乔治·约翰逊证实说，积极且分析性地阅读不仅是开始的一种好办法，而且还是每个科学记者职业生涯不可缺少的部分。

> 要读懂那些擅长科学写作的人。读懂《纽约时报》上的科学版，读懂那些真正擅长的人写的书。对我来说，早期阅读的是约翰·迈克菲（John McPhee）和艾萨克·阿西莫夫（Isaac Asimov）撰写的图书。阿西莫夫不仅是一个真正优雅的作家，而且他对事物解释的方式也是满腔热忱且简单的。但是不仅要为了获取信息以及智识上的愉悦而去阅读，而且要发现作者是如何做的：他们是如何成功的。留意一下他们描述的方式，他们告诉了你什么以及他们省略了什么。注意他们的词语在页面上读起来感觉如何，注意他们的句子的韵律以及他们用语言让画面出现在你脑海里的方式。留意他们把科学家作为一个人物进行介绍的方式，以及他们告诉你有关科学家的足够信息以便你可以对他（她）形成画面感的方式，并且留意他们是如何使用对话和引语的。留意你认为非常好的所有要素，然后找出它们为何好。如果你想成为一个作家，你将用你一生中的大量时间来阅读。
>
> （Johnson，2015）

同时，阅读那些由经验丰富的科学作家撰写的大量的科学写作建议专栏，瞧一瞧"开放笔记本"（Open Notebook）平台，那里定期出版一些关于这个行当以及著名科学作家的工作方法的见解。实际上，大多数科学作家都非常乐于分享他们的知识。

有一个建议：每次只看一种文本类型（比如，特写）。此外，在开始时把你自己限定在一个学科之内。要看那些获了奖的科学文章，然后开始对它们进行分解：导言部分说了什么？它富有人情味吗？背景信息在什么情况下开始发挥作用？该报道的核心陈述在什么地方？它如何收尾？为获得完整的画面，你必须返回到这个文学作品中去，将你的直觉发现与有关新闻结构是什么样子的理论进行比较。这是一个迭代的过程。一旦你分析完一篇特定的文章，就可以选择一篇类似的文章并对它们进行比较。你可以发现哪些共同成分？它们在何处存在不同？你很快就会发现对这类文章进行布局的方式的相似性。显然，不同作者之间以及不同的出版物之间存在着风格、语音和语调的差异，但是某些基本原则总是适用的。我会在本书中探讨这些原则中的一些。

除了阅读和分析，动手写也是关键。你需要练习，练习，再练习。这不仅包括生产文本，而且包括练习如何找到有效的话题并且对它们进行推广。一开始有两种直观的方式。第一，读一下你打算向其推广话题的出版物，并且分析一下它通常报道哪些话题，从哪些角度进行报道。第二，读一下这种出版物有关自由来稿的投稿指南。即便你是一个学生，你也要把自己视为一个自由撰稿人，因为你需要在这个领域中找到自己的位置。很多出版物在其网站上都有投稿指南。在改善你的推广技能方面，还有第三个非常好的方式：对网上含有以前科学记者成功地进行推广的文章的数据库进行研究。大多数这样的数据库都是免费的，我会在本书的后面专门谈到它们。最重要的是，如经验丰富的科学作家卡尔·齐默（Carl Zimmer，2013）在一篇关于科学新闻这个职业的文章中指出的那样，拒稿是家常便饭。从那个角度来说，要做好失败的准备。推广稿可能会被拒绝。撰写的文章可能会被拒绝或者被编辑得面目全非，以至于你自己都无法确认起初这个内容是你写的。这是学习过程的一部分。

视频和广播又如何呢？这个过程没有任何变化；不论是什么媒介，每一篇文章后面都有结构，每种媒介也都有自己的写作体例。比如，一篇广播稿需要利用视觉性的语言；你必须在听众的头脑中产生画面感。顺带说一句，所有成功的写作形式都是如此。这个过程就是：积极地阅读，分析，读懂理论基础，然后开始生产；失败，再次尝试，并且最终取得成功。

科学记者格雷戈·米勒（Greg Miller）建议，不要等到你获得了一个学位、一个证书或者任何其他的合法地位才开始写作。

> 无论你处于哪个阶段，立刻开始做吧。不要认为在开始推广并撰写文章之前你需要获得特定的学位或者特定的实习、工作。开始写吧，开始做一个记者，不要认为你必须要具有这样做的某些认证资质。
>
> （Miller，2016）

科学与社会

在一个民主社会中，新闻的工作就是让权力负有责任并且对那些掌权的人试图让公众相信的事情进行质疑。不幸的是，在某种程度上，科学新闻未能符合其"看门狗"的角色，只是娱乐其受众，而非对实证科学进行传播和讨论。你是否被允许去生产批判性文章在很大程度上取决于你为之工作的出版物的编辑政策。反过来，编辑政策就是仿照出版物的受众的期望而制定的。内尔金（Nelkin，1987：17）认为，自从科学新闻产生以来，公众的预期就影响着科学新闻，"向公众传播科学的早期努力界定了科学记者的角色，创造了他们与科学共同体的关系的预期，并且影响了一个新兴行业的态度和规范"。但是这些角色不是静止不变的；它们随着时间的推移发生了变化，并且仍在持续地变化着。对于当今科学记者的主要角色，默科特和威廉姆斯（Murcott and Williams，2013）有一个清晰的愿景，那就是他们应该让那些在科学中发挥作用的权力负有责任。"全球的大多数科学都是国家资助的，并且可以说，民主的一个重要原则就是这些资助的接受者应该对出资人，也就是纳税人负责。"（Murcott and Williams，2013：158）虽然科学会进行自我审查，但是额外的外部新闻审查证明是有好处的；否则，科学可能会变得不可信赖。

科学记者的另一个重要角色就是提高公众的科学素养，并且帮助人们在自己的生活方面做出更好的决策。默科特和威廉姆斯（Murcott and Williams，2013）认为，这种情况发生的概率在过去几年里一直在增长。

这种教育性角色也得到了蒂姆·雷德福的证实。尤其是，雷德福主张科学记者对民主负有一种义务：

> 我们是讲故事的人，但是却对民主负有一种特殊的责任——我认为，那是表达民主的最公平的方式。我们的义务不是针对科学的，甚至不是针对编辑的。它是针对民主这个观念本身的，人们有权知道正在发生什么，以及为什么对他们进行告知是重要的。绝大多数人并不记得他们在报纸上读到过什么，这个事实并不意味着你没有做好分内之事。这只是表示你明天以及后天还要再做这件事。我发现，在头20年，无论我解释多少遍DNA是什么都没有用，没人知道——突然一下子，整整一代人都知道DNA是什么了。
>
> （Radford，2016）

昆汀·库伯进一步扩展了科学记者对社会的责任。当被问及他认为科学新闻应该具有教育功能还是娱乐功能时，他回答说：

> 我觉得二者兼而有之吧。在一定程度上，身为一个科学记者就是要引导人们的注意力。每一天这个星球上的各个角落都有正在展开的故事。故事的数量要比我们可能关心的多得多。新闻的职责就是帮助人们从琐事中选择那些相关的故事，帮助他们意识到直接且简单的故事可能与他们相关，但也许他们应该有点时间去思考那些比较难以理解但具有长期影响的议题——比如科学。但是你不能在"这对你有好处"的基础上来从事新闻。人们喜欢神秘感，而科学充满了神秘感。如果你能让人们融入其中的话，那么很快他们就想知道更多。有一个经典的标题叫"科学家们揭开了长达 30 年的砂岩本质之谜"。你立刻就会感兴趣，即便你不知道这种神秘感是什么，你也从来没有太多心思去思考砂岩。你不必真的在乎。但现在，你立刻就会到那里，甚至在你了解任何科学之前。到最后你会有望在这个过程中领悟一些科学。在你讨论任何科学之前，你需要让人们先进来。令人兴奋的是，人类是一个充满好奇心的物种。
>
> （Cooper，2016）

为了解释科学，你必须首先能够理解科学。

> 科学记者应该是一个理解能力强的批评人士，他的首要之事不仅是要理解科学的产出，而且要理解科学是如何产生的。没有一个政治记者会在不提供情境和背景信息——包括制定法律的程序的情况下去报道一项新的立法。有很强的理由认为，同样也要期望科学记者这样做。
>
> （Murcott and Williams，2013：159）

现实看上去却有些不同，因为即便是科学记者，也认为他们自己的职业没有足够的批判性。在对 592 名全球科学记者开展的一项调查的结果进行汇报时，鲍尔等人（Bauer et al.，2013）认为，43% 的受访者认为自己的角色是科学的线人，23% 的受访者认为自己的角色是复杂科学素材的翻译者，只有10% 的受访者认为自己是为公众提供消遣的人员或者公众的"看门狗"；在同样的受访者中，66% 的人认为科学新闻太不具有批判性了。

虽然科学记者的角色还有待讨论，但是公共关系，包括科学上的公共信息官的首要角色，是界定清晰的：宣传科学。然而，如格普费特（Göpfert，2008）断言的那样，公共关系人员传播扩散那些信息的方式已经发生了巨大变化：公共关系人员现在聘请更专业的记者，他们对其素材进行包装的方式（公共关系工具包）使得每个人都可以非常容易获取到。尽管如此，格普费特（Göpfert，2008）指出，公共关系和新闻的任务应该是分开的，虽然在二者的关系方面存在着一个共生理论：

> 公共关系必须接受新闻会对素材进行必要的选择这一事实。这意味着公共关系必须把题材选择和主题处理的任务留给新闻。
>
> 公共关系应该避免私下里施展影响力，渗透甚或取代新闻。如果现实中的独立报道源自聪明的公关措施，那么接受者就被欺骗了。
>
> （Göpfert，2008：221）

科学公共关系的这种影响招致了威廉姆斯和克利福德（Williams and Clifford，2009）所谓的"行家和新闻编辑之间的小分歧"：英国科学记者在试图说服他们的编辑不要根据新闻通稿而刊发耸人听闻的科学报道方面承担了把关人的角色。通过减少品质不良的新闻的出版，他们作为更好的科学线人为社会提供服务；虽然这本身未必是批判性的科学新闻，但是这样的记者为科学培养了更明智的话语。

你所属的出版物的编辑政策和现实也会对你的角色施加影响。例如，如果你是一个网络媒体机构（online outlet）的特约撰稿人，并且需要每天生产最低数量的科学报道，你可能没有时间真正地开展新闻工作。相反，这可能会促使你选择使用新闻通稿，照搬它们的内容，选择有倾向性的图片，并在上传到网络上之前对文本进行一番打扮。大多数时候，读者会在其他地方发现同样的信息。

这并不是说简短的、以新闻通稿为基础的文章没有优点，而是强调说作为一个科学记者，你可以而且应该着眼于原创且持怀疑态度的文章，以确保你的读者不仅仅是为科学欢呼，而且要对科学进行质疑。

风险和风险感知

在撰写这部分的时候，我收到了一篇来自联合国环境规划署（United Nations Environment Programme，UNEP）的新闻通稿，题目是《横跨三大洲的水污染上升使数亿人面临健康风险》（Hundreds of Millions Face Health Risk as Water Pollution Rises across Three Continents）。该通稿认为，亚洲、非洲和拉丁美洲河流中致病性污染和有机物污染会将 3.23 亿人的生命置于危险之中。这既是一种健康威胁，也是一种环境威胁。用不同的方式对风险进行传播是作为科学记者的我们的一种责任。但是多少才是太多或者不够多呢？你既不应该成为一个制造恐慌的记者，也不应该因利益冲突而对风险进行隐藏。

换个更正式的话题，你传播哪种风险以及对风险如何传播取决于一系列因素，包括话题本身、受众和风险的范围。根据伦德格林和麦克马金（Lundgren and McMakin，2013）的看法，风险传播可以在功能上分为三类：

（1）保护传播（care communication）：当已经建立起处理一种危险的科学程序时进行的传播。这类传播包括医疗保健建议。

（2）共识传播（consensus communication）：一群人了解了风险预防或缓解的情况，在找到应对危险的解决办法并达成共识方面，需要一群利益相关者参与进来。

（3）危机传播（crisis communication）：在面临迫在眉睫的危险时进行的传播，包括紧急情况发生期间和之后，比如 2011 年日本福岛核电站部分核熔毁之时。

对风险进行的传播开始于对风险的评估，因而可能产生一种风险／收益分析，然后决定对哪种建议（缓解以及预防）进行传播，这取决于受众以及风险传播的类别（Lundgren and McMakin，2013）。虽然伦德格林和麦克马金主要针对的是公司的风险经理，但作为记者，你可以采用同样的工作流程：找出问题的症结，评估风险，根据与你的受众的相关性来决定如何进行传播，然后才是对其进行报道。

在对 2003 年和 2004 年英国媒体报道的纳米技术进行的一项研究中，威尔金森等人（Wilkinson et al.，2007：155）发现，只有 9% 的报道评估了社会影响和相关风险。他们还发现，被考察的媒体通常倾向于以积极的方式对纳米技术进行报道，但是他们补充说，随着与纳米粒子相关的风险变得更加明显，公众的积极态度会发生变化。此外，他们认为，对于科学家和记者来说，"纳米粒子的安全性是利害攸关的最重要的风险议题，这是一个以巨大的不确定性为特征的议题"。最后，他们认为，媒体可能有助于影响公众对纳米技术进行辩论的方式，因而认为公众在纳米技术方面几乎没有什么知识。

甄别在一篇文中对哪种风险进行描述而对其他的风险不予提及，就好像摄影师选择从哪个视角来讲述故事一样。在一定程度上，对时间和观点的选择存在于新闻的本质中，这样和那样的因素会对与风险相关的报道进行传播的方式产生负面影响。比如，闪尔金（Nelkin，1987）认为在追求客观性的过程中，以不接受或者不提供恩惠的方式来维持一个人的正直，以公平的方式进行报道并且与可能会违背这种正直的任何事或任何人没有联系，通过诸如这样的方式就可以建立起规范。

> 在科学新闻领域，在报道风险纠纷或其他争议的时候，这些规范是尤其重要的。记者们试图通过引述代表一个争议的相反立场的科学来源以维持平衡，不管这种争议是有关有毒废料、人工甜味剂的，还是有关社会生物学的。
>
> （19）

内尔金（Nelkin，1987）补充说，仅仅呈现相反的观点并不能让读者判断这些观点是否是平衡的。我会在本书中关于当存在气候变化否认者时如何保持平衡的那个部分涉及这个话题。

当谈及对风险进行传播时，一系列利益可能会发挥作用。医学和环境是两个需要对其风险予以特别指出的主要领域。医学和环境不仅是学科，而且还是高预算的产业。有些利益相关者在隐藏一项新的疗法或者药物的风险方面有着很强的利益。在有关医学报道的章节中，惠特克（Whitaker，2013）认为，在1980年，美国心理学会（American Psychiatric Association，APA）开始允许制药公司赞助科学研讨会。发言人是付费的，会谈也是精心准备的。结果就是心理学家在独立性方面遭受了一定的损失。此外，医学记者在找到可以公开谈论精神病药物的专家方面也存在着困难："实际上，当他们对来自学术性的医学院校的精神病医生进行采访时，他们有可能会用付费的医生的口吻跟你交流，在本质上是对药物谈论一个积极的故事。"（Whitaker，2013：152）

和医学一样，环境的自身特质特别适合建立起对好科学新闻和坏科学新闻进行辨别的质量标准，以便不仅更好地服务于公众，而且保护这个职业本身（Rögener and Wormer，2015）。罗根和沃尔默（Rögener and Wormer，2015）根据调查专家群体和学生群体中的讨论及预先测验，建立了一套质量标准。在一项针对学生群体进行的调查中，最高的标准是"正确地呈现风险，没有危言耸听，没有庸俗化"（9）。最终，与风险相关的标准被列为环境新闻十条标准名单中的第一个（10）。他们用已开发的标准评估了50条环境报道，并且发现其中有9条报道"被认为不是耸人听闻就是对环境风险轻描淡写"（11）。

遭受批评的科学新闻

　　你适合做科学新闻吗？如果你认为是，那么你就应该在自己的职业生涯中发展一些韧劲，因为很有可能在某一时刻你的工作会遭到批评。有时候，这种批评是公正的，但有时候不是。在大多数情况下，这种批评归结于理解和报道科学的质量，或者是新闻界的不端行为，包括剽窃和诽谤。在极端情况下，这种实践会让你前程尽毁，就像约拿·莱勒（Jonah Lehrer）的案例一样，这个新闻记者伪造了引语并且自我剽窃。

　　科学记者生产了很多缺乏深度、研究以及总体新闻质量（比如精确性）的作品。预计在美国、加拿大和欧洲国家的媒体中像**抄袭新闻**（churnalism）或**大麦克新闻**（McNews）这样的文章的数量会增加（Bauer et al.，2013）。为何这种文章会盛行？科学记者缺乏时间以及不具备科学素养只是众多原因中的两个。位于很多质量相关的、激烈争论的核心的是科学家和科学记者的关系。许尔曼（Schünemann，2013）认为，因为现代新闻文化以及科学家和记者中日益增长的企业风格的心态，他们的规范和价值观出现了分歧。一方面，科学家抱怨记者对复杂的科学过程进行了傻瓜式简化；另一方面，科学记者抱怨说，科学家试图给他们提供有问题的信息来推广他们的进展。为何会如此呢？获得媒体的关注可以更容易地确保研究经费。但是在科学领域中培育记者并不足以解决他们与科学家之间的分歧，许尔曼（Schünemann，2013）认为：

　　　　有问题的是，科学家似乎期待这些专业的科学记者当时有能力（至少是基本上）理解扔给他们的任何科学。这是相当幼稚的，如果不是自以为是的话，因为科学家自己在一种科学中通常都是极其专业化的。比如，物理学家可能难以把特定的生物学现象解释清楚，反之亦然。

　　　　　　　　　　　　　　　　　　　　　　　　　　　　　　（136）

　　在科学新闻的质量方面有更多的批评，尤其是有关科学记者如何选择和咨询它们的来源方面。比如，在引述本·高达可（Ben Goldacre）的观点时，许尔曼（Schünemann，2013）认为，科学记者通常武断地以计划好的且知情的方式把他们的受访者作为反对他们这样做的人。她还认为，利用同行评议期刊也不能保证所呈现的信息是可靠且正确的。通过再次利用高达可和其他人的看法，许尔曼指出虚假的平衡是科学新闻中的一个问题：仅仅选择一个科学家的观点，然后把它与其他（也许是武断地选择的）科学家的观点进行对比是不公平的。她进一步引述了尼克·戴维斯（Nick Davies）的"安全网规则"（141），这种规则认为对双方的描述仅仅服务于记者，所以记者可以保护自己，而且并不需要对所写内容承担任何责任。最后，许尔曼提到了第四种因素：对不确定性的消除。在简化的报道中，科学证据会从文章中移除，研究的局限性也不会被提及，并且报道也不会去考虑开展这个研究的情境。这种实践在媒体中歪曲了科学研究的场景（Schüneman，2013）。

在这种有时对复杂的科学研究进行傻瓜化的过程中，信息被遗失，被歪曲误传，甚至可能被伪造。在其他情况下，科学记者在报道研究所用的专业词汇、方法及其带来的启示之前并不理解它们。因而，有些科学家认为自己发挥了"看门狗"的角色，并且揭露了被拙劣报道的科学的缺陷。比如，生物统计学家鲍勃·奥哈拉（Bob O'Hara）在《卫报》上发表了一篇文章，他和进化生物学家 GrrlScientist[1] 在文中猛烈地批评一些主要出版物耸人听闻的标题，这些标题称大量的成人罹患癌症是因为倒霉。在本书第九章，你会看到我就这个话题对奥哈拉进行采访的摘录。

然而，错误地报道科学并不是引发科学家和记者之间紧张关系的唯一场景。当记者揭露不良行为、学术不端或者通常奇怪的行为时，有些科学家会猛烈地抨击他们。比如，在《纽约时报》2015 年的一篇文章中，记者埃里克·利普顿（Eric Lipton）写道：孟山都（Monsanto）种子公司买通了学者，以学术人士视为科学权威的充分知识来对它们的产品进行游说（Lipton，2015）。其中一位学者就是佛罗里达大学（University of Florida）的分子生物学家凯文·福尔塔（Kevin Folta）。以通过《信息自由法案》（Freedom of Information Act，FOIA）的要求而获得的邮件信息为基础，利普顿（Lipton，2015）写道：福尔塔于 2014 年获得了来自孟山都种子公司的拨款。其他科学家也打算对孟山都种子公司的产品进行宣传。在利普顿的文章出现以前，克洛尔（Kloor，2015）写道：福尔塔从孟山都种子公司获得的拨款是 2.5 万美元。这篇文章后来进行了更新，以表明这笔钱是福尔塔的雇主捐赠的。

这些被揭露的真相引发了一场激烈的辩论，不仅涉及科学中的利益冲突，而且涉及公众是否有权获得科学家的邮件。根据给《洛杉矶时报》写了一篇社论的作者们的看法，他们确实有这种权利："科学家应该和其他公务人员受同样规则的支配"（Seife and Thacker，2015），虽然作者们承认在极少数情况

---

① "GrrlScientist"是一个进化生物学家、鸟类学家的匿名，是《福布斯》杂志的一个科学作家。（译者注）

下，《信息自由法案》的要求可能会被滥用于胁迫竞争对手。但是这个故事并未就此终结。

在 2015 年 10 月出现在新闻汇聚网站 Buzzfeed 上的一篇文章中，布鲁克·波莱尔（Brooke Borel）揭露说，福尔塔通过扮演虚构的广播主持人弗恩·布拉泽克（Vern Blazek）对自己进行了采访。在其中一次"采访"中，他说自己从未从孟山都种子公司拿过一分钱（Borel，2015b）。新闻记者波莱尔遭到了福尔塔（Folta，2015）发布的一篇博文的批判以及那些支持福尔塔的拓展活动的其他科学家的批判。在随后给《卫报》撰写的一篇文章中，波莱尔写道，她收到了表达愤怒的信息，研究人员指责她毁了他们的事业。在那篇文章中，波莱尔声称这种辩论有深刻的历史根源，也不是什么新鲜事；此外，她认为对什么是科学新闻以及什么不是科学新闻存在着一种根本性的误解，并且科学新闻与科学传播的其他形式之间缺少区别（Borel，2015a）。

怎么才算是好的科学记者？对蒂姆·雷德福的采访

那么，一名优秀的科学记者需要具备什么品质呢？就像《卫报》的前科学编辑蒂姆·雷德福（Radford，2016）谈到的那样，讲故事的能力显然是需要的：

> 你必须知道这个故事是什么，而且你必须能够用一句话把它表述出来。人们必须能够真正理解那句话，并且还想知道更多。我们所做的工作中存在着一定的技巧。但是最重要的是，你要讲述一个人们想知道或者需要知道得更多的故事。

当被问及科学家的工作与科学记者的工作之间的相似性时，雷德福认为他们研究中所用的幼稚的方法在一定程度上确实比较匹配：

> 当我同科学家交流的时候——因为我发展了向媒体解释科学家的第二职业——我会告诉他们说他们需要做的就是提问题。他们所做的是对他们不知道的发现给予兴冲冲的回应。科学家实际上会受到"我不知道"这个短语的刺激。不过，记者也是一样。科学家随后会坐下来，思考"我不知道的是什么，我怎么不知道呢，我该从哪里开始去研究它呢"，而这也是我们科学记者所做的。科学家通过仅仅六个问题就可以找到答

案：谁，什么，如何，为何，何时，以及何处。而这些也是我们会问的问题。这个过程完全一样，从识别出研究问题到科学家坐下来撰写论文的那个时刻。记者和科学家都会认真地创作文章，并且把它提交给同行们去评议，然后文章会被发表。二者的区别并不在于论文会比报道花费更长的时间或更有可能是正确的。我们知道，科学通常是不完整或者存在错误的，而记者的报道就没有那么多不完整性或者错误。对于记者来说，我（在这个过程中）描述的所有事情都是在一天内发生的，而对于科学家来说，这可能需要18个月或者一年。真正的差别在于，你撰写了一篇科学论文，也许没有人会去阅读。我不相信绝大多数科学论文会被作者或审校者之外的任何人看。有时候你甚至会感到纳闷，论文的作者怎么能读得下去。然而，如果你给报纸撰写了一篇文章，并且没有人去看，那么你就失业了。我们科学记者有一种额外的负担，那就是我们必须既读文章又写文章。这是一个巨大的差异，也是我们无论如何都在生意场中的部分原因，因为谁又想对数量为零的受众讲故事呢？

雷德福补充说，像其他记者一样，科学记者应该有鉴别能力，理解力要强且负责任。

我尽量不去主张科学作家是一个独立的工种。他们实际上只是从事报道的记者。

当福雷德被问及在新闻中是否有可能实现客观性时，鉴于客观性和平衡的特质往往备受争议，他认为完全的客观性是一种幻想，不过，你应该考虑做到公平。

"客观"（objective）是一个有潜在危险的词语，不是吗？我赞成的是"公平"（fair）这个词。你认真地倾听人们说了什么，以及他们为何这么说。听到危险且具有破坏性的观点并不难，关键是要认真倾听，因为重要的问题是：为何人们会拥护这些观点，以及他们的动机是什么。要是有人站起来说道"我认为我们应该恢复独裁制度"，或者"我认为这个国家只应该由富人负责管理"，作为一个公民我会强烈地反对它。作为一个记者，我会报道它，但我本人仍然会反对它。

此外，雷德福指出，拒稿是科学新闻工作的一部分，并且实际上是非常有用的经验。同时，他回忆起了一个不善于推广故事但非常执着的作者是如何听从了他的建议并最终设法成为一个著名记者的。

> 与其他事情相比，你会从失败中学到更多。通常来说，如果你是那种不容许回答"不"字的人，如果你非常容易气馁，那么新闻业并不适合你。从事新闻业的首要品质就是坚韧。如果你是一个为日报工作的记者，你必须每天都要竭尽全力。即便事情出了差错，你也必须努力让它下次进展顺利。失败、冷遇和遭受拒绝都是需要经历的非常有用的事情。我给年轻作者的建议是，尽可能多地收集退稿单并且开始以此为傲……然后，你实际上可以从拒绝中学到东西。我遇到过有些人的投稿非常差，我甚至没有签字就把标准卡发回给他们，所以他们永远不知道是谁驳回了他们的稿子，因为他们写得非常糟糕。但是其中一个人一直不停地尝试，最后我告诉他说："你真的意识到了你写得有多差。让我告诉你16件你真的不应该做的事情。"他听了我的话，然后发来另外一篇稿子，它没有那么差了。最终，他成了我颇有声望的同行和竞争者。他的成功在某种程度上是因为持之以恒地写作。

雷德福补充说，能够最大限度地浓缩你的想法是新闻的本质特征之一。

> 如果你想向编辑兜售你的想法，那就把它写成一句话。它最好是一个好句子。因为，如果你给编辑打电话，他能给你的全部注意力也就是大约8秒的时间，然后他就要开始信手涂鸦或者找其他东西了。对于一个自由职业者来说，完美的对话就是简单地陈述你的想法，然后编辑回复说："4点之前发来800字。"

关于如何找到想法并把它兜售给编辑，会在接下来的两章里进行讨论。你会了解到，有很多硬性标准有助于你决定哪种想法值得追求、哪种想法你可以抛弃。

总　结

像其他新闻一样，科学新闻也是一种新闻体裁：它遵循同样的规则，需要批判性思维，需要仔细查看复杂的科学概念，让科学负责任，且可能曝光不端行为。此外，它需要对科学领域有深刻的理解。科学新闻的这种"看门狗"角色与那种一味追随新的科学进展并将科学家奉若神明的轻松愉悦却通常粗浅的报道风格形成鲜明对照。不过,这种产出也有它的优势,那就是在公众中普及了科学。

很多出版物把科学视为一个孤儿。很多读者在阅读科学文章的想法面前退缩了,因为他们在高中甚至是大学里的科学经历给他们留下了苦涩的印象。科学通常被认为枯燥,复杂得难以掌握,过于技术性,以及不具有娱乐性。因而,作为科学记者,你必须履行教育公众的这种重要作用,并且激发其对科学的兴趣。如果你成功地找到了正确的平衡点,那么你的作品会帮助人们对自己的生活做出更好的决策。

科学新闻的这种二元性根植于历史之中。有一段时期,科学记者着眼于新闻质量;也有一段时期,炫酷的科学新闻风靡一时。当前,有关新科学进展的简短文章盛行,这为科学家和科学记者就质量的激烈辩论提供了肥沃的土壤。

作为一个科学记者,你不仅要有韧劲,要坚持不懈,更重要的是要做调查研究。这些姿态将有助于你在批评中幸存下来,并且在这种激烈的竞争中建立自己的事业。最重要的是,你还必须能够兼顾两个方面:科学的一面和写作的一面。这可能看起来是冲突的。你再次注意到这种二元性了吗?如果你能在不将复杂科学议题过度简化的情况下对它们进行分解,并且能用优美的语言把它们写下来的话,那么很可能这份工作就是你的了。

思考题

- 在全球范围的科学新闻中,什么话题领域是最成功的?
- 哪些历史事件激发了公众对科学的兴趣?
- 是什么把科学记者和公共信息官区别开来?
- 自学是进入科学新闻的可行方式吗?如果是,你如何实现这个目标?
- 政治记者的哪种态度是科学记者有时候缺乏的?
- 作为一个记者,你对谁负责?你的编辑,你自己,还是你的读者?
- 风险传播的三个类别是什么?
- 新闻中的**虚假平衡**意味着什么?
- 在推广一个想法之前你应该把它压缩到什么程度?
- 你能说出每个科学记者应该具备的至少三个重要态度吗?

练习题

- 　找两篇长篇幅的科学报道，积极地逐段阅读一下，注意看一下每一段的作用是娱乐的还是教育的。
- 　找一个报道，把它总结成一句话。
- 　对于科学记者的每一种角色，找到详细表明其创作者实现了那种角色的一篇文章或一档电视节目或一档广播节目。哪些要素表明了记者的这个角色（结构，风格，话题选择）？
- 　找至少两篇提供了虚假平衡的科学报道。提示：气候变化报道是一个不错的出发点。

阅读清单[①]

Allan, S. (2002) *Media, Risk and Science*. Buckingham: Open University Press

Schünemann, S. (2013) Science journalism, In Turner, B. and Orange, R. (eds.) *Specialist Journalism*, London: Routledge, 134–146

Whitaker, R. (2013) Medical reporting, In Turner, B. and Orange, R. (eds.) *Specialist Journalism*. London: Routledge, 147–159

参考文献[②]

Badenschier, F. and Wormer, H. (2012) Issue selection in science journalism: Towards a special theory of news values for science news? In Rödder, S., Franzen, M., and Weingart, P. (eds.) *The Sciences' Media Connection: Public Communication and its Repercussions*. Dordrecht: Springer, 59–85

Bauer, M.W., Howard, S., Romo Ramos, Y.J., Massarani, L. and Amorim, L. (2013) *Global Science Journalism Report: Working Conditions & Practices, Professional Ethos and Future Expectations*. Our learning series, Science and Development Network. London [Online] Available at: http://eprints.lse.ac.uk/48051/ [date accessed 29 August 2016]

Borel, B. (2015a) The problem with science journalism: We've forgotten that reality matters most, *The Guardian* [Online] Available at: www.theguardian.com/ media/2015/dec/30/problem-

---

① 为方便检索，本书阅读清单遵从原著体例、格式。
② 为方便检索，本书参考文献遵从原著体例、格式。

with-science-journalism-2015-reality-kevin-folta [date accessed 3 September 2016]

Borel, B. (2015b) Seed money, *Buzzfeed* [Online] Available at: www.buzzfeed. com/brookeborel/when-scientists-email-monsanto [date accessed 3 September 2016]

Brennan, E.A. and Clarage, E.C. (1999) *Who's Who of Pulitzer Prize Winners.* Phoenix, AZ: Oryx Press

Cooper, Q. (2016) Personal phone conversation on 6 September 2016

Folta, K. (2015) The Vern Blazek science power hour, *Kevin Folta (Personal Blog)* [Online] Available at: http://kfolta.blogspot.it/2015/10/the-vern-blazek-sciencepower-hour.html [date accessed 2 September 2016]

Göpfert, W. (2008) The strength of PR and the weakness of science journalism, In Bauer, M.W. and Bucchi, M. (eds.) *Journalism, Science and Society: Science Communication Between News and Public Relations.* New York: Routledge, 215–226

Johnson, G. (2015) Personal phone conversation on 8 October 2015

Kaplan, K. (2015) Personal phone conversation on 9 October 2015

Kloor, K. (2015) GM-crop opponents expand probe into ties between scientists and industry, *Nature* [Online] Available at: www.nature.com/news/gm-crop-opponents-expand-probe-into-ties-between-scientists-and-industry-1.18146 [date accessed 3 September 2016]

Leach, J. (2016) Personal phone conversation on 6 September 2016

Lipton, E. (2015) Food industry enlisted academics in G.M.O. lobbying war, emails show, *The New York Times* [Online] Available at: www.nytimes.com/2015/09/06/ us/food-industry-enlisted-academics-in-gmo-lobbying-war-emails-show.html [date accessed 3 September 2016]

Lundgren, R.E. and McMakin, A.H. (2013) *Risk Communication: A Handbook for Communicating Environmental, Safety and Health Risks.* Hoboken: John Wiley & Sons

Miller, G. (2016) Personal phone conversation on 2 September 2016

Murcott, T.H.L. and Williams, A. (2013) The challenges for science journalism in the UK, *Progress in Physical Geography*, vol. 37, no. 2, 152–160

Nelkin, D. (1987) The culture of science journalism, *Society*, vol. 24, no. 6, 17–25

Radford, T. (2016) Personal phone conversation on 12 April 2016

Rehman, J. (2013) The need for critical science journalism, *The Guardian* [Online] Available at: www.theguardian.com/science/blog/2013/may/16/need-for-criticalscience-journalism [date accessed 27 August 2016]

Rögener, W. and Wormer, H. (2015) Defining criteria for good environmental journalism and testing their applicability: An environmental news review as a first step to more evidence based environmental science reporting, *Public Understand-ing of Science* (published online ahead of print

11 August 2015)

Ruppel Shell, E. (2016) Personal phone conversation on 25 August 2016

Schünemann, S. (2013) Science journalism, In Turner, B. and Orange, R. (eds.) *Specialist Journalism*. London: Routledge, 134–146

Seife, C. and Thacker, P. (2015) Why it's OK for taxpayers to 'snoop' on scientists, *Los Angeles Times* [Online] Available at: www.latimes.com/opinion/op-ed/la-oe0821-seife-thacker-science-transparency-20150821-story.html [date accessed 1 September 2016]

Whitaker, R. (2013) Medical reporting, In Turner, B. and Orange, R. (eds.) *Specialist Journalism*. London: Routledge, 147–159

Wilkinson, C., Allan, S., Anderson, A. and Petersen, A. (2007) From uncertainty to risk?: Scientific and news media portrayals of nanoparticle safety, *Health, Risk & Society*, vol. 9, no. 2, 145–157

Williams, A. and Clifford, S. (2009) *Mapping the Field: Specialist Science News Journalism in the UK National Media*, report for Cardiff University Yong, E. (2016) Personal phone conversation on 18 August 2016

Zimmer, C. (2013) A note to beginning science writers, *The Loom (National Geographic)* [Online] Available at: http://phenomena.nationalgeographic.com/2013/06/24/anote-to-beginning-science-writers/ [date accessed 31 August 2016]

第二章
发现科学故事

在本章你将了解到：

> 什么是好的科学故事 / 故事创意剖析 / 话题与创意 / 理解新闻价值 /
> 科学故事的来源 / 科学方法 / 创意保护

引　言

每个人都喜欢好故事。每个好的短篇故事、长篇小说和电影，其核心都是一个好创意。记者报道的故事也是如此，它们的创意都可以用一两句话表达出来。那意味着致力于最初感兴趣的话题，并且把它塑造成一个创意。找到那个话题，开展初期研究并且最终形成创意，这是撰写一篇像样的推广词并把它发给组稿编辑的基础。

在开始之前，你不仅必须理解你打算向其推广文章的出版物的受众，而且必须理解编辑是如何界定新闻价值和选择稿件的。像及时性、时事性和极端性这样的新闻要素有助于你在对故事创意进行推广之前评估它的质量。此外，在科学新闻中还要考虑另外几个要素，比如周年纪念日或被频繁报道的话题。在本章，你会了解到这些新的要素，并学会在发现值得撰写的话题方面，你要如何利用它们。

故事的形式可以千差万别，但是它们都有某种结构。结构把任意排列的事件黏合在了一起。故事创意也需要有结构。只有对你的故事是什么样的形成清晰的画面，你才能向别人推广它。所以本章会有一部分对故事结构和故事创意进行基本的剖析。

你会了解到，话题永远不会让你获得组稿邀约，无论你是通过内部渠道向你的编辑推广它们，还是以自由撰稿人的身份通过外部渠道进行推广。相反，话题可以成为你进行深入研究并找到属于那个话题范围之内的故事的一种灵感。因而，"话题与创意"这一部分会向你提供一种技巧，以帮助你把话题转化成精心设计的故事创意。

在发现科学故事方面，你还会看到专门有一部分涉及你可以利用的各种渠道，包括期刊论文、新闻通稿、会议以及人，这也是最重要的。但是要当心，与这些渠道同时存在的是注意事项，所以这一部分还会包含如何恰当地利用上述渠道以最大化地获取内容的建议，比如限时禁发的期刊论文。

期刊作者通常追求一个更大的目标，比如治愈某种疾病，找到新的疗法或者降低空气污染。这些上位的目标是故事创意的良好来源，因为它们含有人类利益的因素，并把研究置于超出单独一篇论文边界的更大情境之中。如果你不想错失这些机会，那么理解科学家是如何开展研究的就至关重要。这也是本章会对研究的标准过程即**科学方法**（scientific method）进行一种直观解释的原因。

本章的最后一部分会简要论及对你的故事创意进行保护的问题。简言之，你不能保护它们，所以在跟谁分享这些创意方面你必须小心。在确定你的创意是否合理方面，向你的熟人提前推广故事创意是一个重要的组成部分，比如在你撰写推广词之前对创意进行雕琢（kneading）、重新筹划、改写以及找到证据予以支持。在你读完这本书时，你可能会发现科学起作用的基本途径并非完全不同于你作为一个科学记者的工作方式，并且本章会给这种观点奠定基础。

什么是好的科学故事

科学故事的质量取决于很多方面，包括你希望向其推广创意的出版物的类型、文本类型（特写或新闻故事）以及该出版物的受众。这些因素处于你的故事之外。作为你那精雕细琢的推广稿的准备工作的一部分，这些因素会暗暗地汇入你的推广稿（以及最终的故事）之中，但并不能明确地写出来。相比之下，内部因素包括新闻因素和你的故事创意的结构，则可以在你的推广稿中明确提到。

你或者可以从你打算向其推广创意的出版物开始，或者发现一个故事创意然后再选择一个出版物。在这两种情况下，你都必须尽可能地阅读更多期次来研究这个出版物。通过阅读，你会更好地了解这个出版物的编辑政策，并且最重要的是了解它的读者群。这些出版物偏好什么话题以及哪种类型的故事？很多杂志和在线科学渠道会对其文章进行分类和贴标签，这使我们十分容易找到它们关注的话题。了解这些将有助于你在撰写推广文字之前就能及早找到合适的话题（可能切合组稿编辑兴趣的话题）。此外，你还可以跟踪这个出版物的脸书（Facebook）或者油管（YouTube）账号，并监测哪个话题或者主题带来了最具激情的卖者反应。

《BBC 聚焦》（*BBC Focus*）杂志的前编辑格雷厄姆·索霍恩（Graham Southorn）认为，这本杂志最经常报道的主题领域是太空和宇宙。

> 对于《BBC 聚焦》杂志来说，必须有让人们感到兴奋的事情，有一点科幻的东西，有一些在实验室中发展并且能改变世界或对未来有某些重大启示的东西，再加上确实位于前沿的科学，比如头部移植。但是我们也对为何你会打喷嚏或者是什么让你能睡个好觉这样的日常科学进行报道。我们的话题不是与日常生活相关，就是让你对未来充满幻想。
>
> （Southorn，2015）

同样，一份出版物的广告也毫无疑问会是其读者偏好的指标。它们通常刊登手表、智能手机和汽车的广告吗？如果是的话，很有可能其受众是对技术感兴趣的人。你可以大胆地假定每个出版物都在人口统计学方面做过功课，并且只刊登与其读者相关的广告。它们了解自己的受众，所以你也一样。你还要确保细致地研究与其竞争的出版物，因为它们绝对有同样的受众。

索霍恩认为多阅读是关键，并且强调阅读是改善你自己的写作的一种方式。

> 很多人近来不再阅读了。他们认为自己是作家，他们确实想写作，但是他们没有花时间去阅读。然而只有阅读其他人的作品才会让你成为更好的作家。实际上，你可以通过阅读最好的科学作家的作品和最佳博主的博文学到很多东西。
>
> （Southorn，2015）

故事创意剖析

你可以把故事创意作为一篇推广稿的精髓——一篇书面文章的微缩版。从结构上来说，所有的故事都必须有开头、中间和结尾。一个良好的创意把整个结构压缩成一两句话。一个故事的三部分进一步细分成段落，这些段落必须联系在一起，以让整篇文章流畅。三幕式结构也是所有成功的剧本和小说的基础。索恩（Sohn，2013）证实了这种结构，并且补充说，每个故事都应该包含"参与某种旅程或陷于某种冲突的角色"（Sohn，2013：11）。这种旅程代表了小说中英雄之旅的简化（从结构上来说）。它必须有一个面临障碍并努力实现最终目标的主人公。这个主人公在这些努力的过程中可能会失败或者成功，但重要的是，主人公的故事在最后时刻会有一个结局。

在科学新闻中，你的主人公可以是毕生致力于治愈肺癌的医生。在开展初步研究时，你可能会发现他这样做的原因是他的妻子患有严重的肺癌。在她向病魔屈服之前，他可以找到新的药物吗？至此你就有了一个故事的所有要素：一个主人公、一种冲突、一段旅程以及一个解决办法。对于这个例子来说，你应该告诉你的受众，主人公的妻子是否幸存了下来。你能把这个创意总结成一到两句话吗？然后，向你的朋友或者家人推广一下你这个创意。这些"酒吧推广"通常可以很快地揭露出你故事里的关键缺陷。

如果你通过了"酒吧推广"测试，那么就可以向编辑发送体现你最终故事结构的论点。类似的是，你的创意必须聚焦且结构化。你的创意的要素是问题和解决办法，追求一个目标的主人公以及冲突。你需要传达某种变化的意识，并且尽可能地具体。大多数时候，你需要在你的故事创意中包括谁、做了什么以及为什么，但是可以忽略何时、在哪以及如何这几个问题。然而，要灵活地对待这一做法。如果故事是关于一个研发了可以清理喜马拉雅山上成堆的人类粪便的沼气池的科学家，那么就有必要提一下地点。你还能记住第一章里提到的记者的本质特征吗？选择是关键。

自然，并不是每个新闻故事都有一个作为主人公的科学家在持续努力从疾病中挽救人类的生命。有时候，你只是需要撰写一些解释科研成果的报道，这些成果可能只是解决一个非常具体的问题。如果是这样的话，你的故事创意就需要着眼于新的东西——它与你的故事有何相关以及以前知道什么，也就是情境和背景。对于能带来报道的创意来说，结构仍然很重要；如果是那样的话，传统的倒金字塔结构——根据重要性安排事实——就是讲故事的最佳方式。你的故事创意应该通过把最重要的事实摆在前面来反应这个结构。

索恩（Sohn，2013）认为，一个故事必须与一个更高级的观点——一篇文章的主要理念——关联起来。尤其是对较长的文章来说，主要观点代表了你想要表达的关键点或者你想要提供的一种见解，比如，一个关键点可以是"被铅污染的水可能不像以前认为的那样具有危害"。中心思想通常表现为一种并非微不足道的因果关系。中心思想是你的故事创意的一部分，所以要把它写成可以表述你的故事创意的一两句话。此外，中心思想有助于你在对成堆的研究进行整理时保持聚焦。实际上，它是一个非常优秀的选择工具，可以帮助你决定哪些研究应该留下来，哪些可以安全地舍弃。

话题与创意

每一个好的故事创意都与一个话题和主题相关。有可能你会非常容易地想出几个你想写的话题，比如，碳交易、抗生素耐药性或者基因编辑。如果你想了解全球的人们目前对什么话题感兴趣，可以去看一下谷歌趋势服务（Google Trends，在本章后面的网站链接中可以看到网址）。你也可以读读杂志和报纸上的科学版以及学术出版物；感兴趣的共同话题很容易找到，很多科学出版物往往会报道同样的话题。你还可以在像《连线》（WIRED）或者《科学》（Science）这样的出版物中找到科学话题方面的年度趋势预测。

索恩（Sohn，2013）认为，一个话题是好的开始，这将有助于你进行深入的研究，并最终在那个话题上找到一个故事。也许在开始研究之前，你已经对主题将会是什么有了一定的想法，但是通常想法是在对一个话题进行研究之后才浮现出来的。

把话题变成真实的故事创意的一种方式就是选择一个聚焦的角度和一条清晰的信息。不说模棱两可的话是让你的故事具有新闻价值的一个新闻因素。萨姆纳和米勒（Sumner and Miller，2013）认为，初学写作的人犯的五个最常见错误之一就是提出的创意话题宽泛而没有明显聚焦的角度。另外四个错误分别是缺乏深度研究、无法获取各种新闻源、没有利用趣闻轶事以及撰写的文本枯燥乏味又缺乏行动描写。萨姆纳和米勒利用他们自己在处理学生自我推广方面问题的数十年经验，认为，用提出话题来取代详述创意仍是最常见的错误。

几年前，我向《科学美国人》（Scientific American）的博客编辑提议撰写一篇关于鲨鸣叫的博文，以帮助政府向在海滩上游玩的人发布警告。在发送我的故事创意之前，我翻遍了数据库、报纸以及互联网来搜索额外的素材，并且与人进行了交流，最终我积累了大量的信息。我满怀激情地把大量科学背景放到了推广稿之中，但是却没能传递这个故事及其主题；相反，编辑帮助我做了不少工作以让它更合理，因为他对这个话题感兴趣。他告诉我说，这个提议缺少一个"分析弧"——它没有中心思想。所以，我仔细审查了我提出的所有论点并考虑了这些论点所支撑的更上位的构思：当地政府的行动自相矛盾，一方面，政府尝试了各种养护工作来保护大白鲨，另一方面，政府凌驾于法律之上，捕杀鲨并安抚暴民。这就是故事的主题。把这个故事总结成两句话就容易了：

> 海洋科学家给大白鲨装上了 GPS 标签，每当有鲨靠近海岸时便把它们的位置转换成警告沙滩游览者的吱吱声。但是相反，总理科林·巴内特（Colin Barnett）下令捕杀鲨，而忽视了大白鲨是官方保护的物种。

这包括了一个故事所有的要素：追求一个目标的主人公（目标是保护沙滩游览者和鲨的海洋科学家），追求另一个目标的对手（想要安抚公众的巴内特），一个核心的冲突，以及显然实时地追踪鲨的科学活动。在这种情况下，隐含的话题就只是保护鲨，或者捕杀鲨。

通常，如果你不能讲述一个故事，而是提出一个纯粹的话题或者一个论点的清单，那么你得到的就是一张退稿单——或者根本没有答复。我只能推测，但是编辑可能已经猜到他能从我提供的论点清单中窥见什么：处理这个话题的一个相当固执己见的角度。

所以，什么才是一个好的角度？你如何找到这样的角度呢？大多数受欢迎的话题都是从各种角度进行报道的。大多数编辑会要求你提出一个他们的读者还没有看到过的全新角度。一个全新的角度还会表明，就其他人已经写得让人反胃的话题进行写作是具有正当性的。幸运的是，你可以对你的角度进行评估。一个好的"聚焦的角度拥有统一性、行动性和具体性"（Sumner and Miller，2013：28）。

    （1）**统一性**：让故事围绕唯一的核心理念展开。这会让你的故事更具有同质性，因而更容易让读者理解。统一性还有助于你找到相关的资源，并防止你在咨询它们的时候迷失方向。

    （2）**行动性**：描述主人公在做什么。在这种情况下要用主动语态。作为一种练习，萨姆纳和米勒（Sumner and Miller，2013）建议你看一下杂志封面上具有强烈行动性的动词。找一下**谁在做什么**。

    （3）**具体性**：相关的细节描述要具体。在阅读或收听你创意之人的大脑中创造出画面感。删除不相关的细节。这是话题与创意的主要区别之一：话题从来不是具体的。

如果想找到一个角度，你就需要把一个话题压缩成一个特定的观点或者一个具体的实例。一旦找到了你初始创意的候选角度，你就需要进行测试并且看看这个角度是否太宽泛（Sumner and Miller，2013）。如果其他作者对你要选择的话题撰写了一整本书，或者你的暂定标题没有动词，那么你可能需要进一步压缩你的初始创意。如果你可以找到一个当地的或者热点的消息线索来支撑你的报道，那也会是一个有效的角度。同样，要试着去接近权威专家或者独一无二的资料，因为这些渠道通常会产生值得传递给读者的全新洞见（Sumner and Miller，2013）。

从一个小小的话题中发现创意从而找到一系列值得报道的角度的一种技术就是角度树（见图2.1）。角度树是一种旨在帮你把一个话题压缩到四个特定角度的头脑风暴技术（见图2.2）。然后，你选择一个角度作为你的主要焦点，将另一个角度作为第二位予以关注的方面。对于让一篇报道保持专注来说，涵盖所有四个角度有些过多了（Sumner and Miller，2013）。实际上，如果你在一篇文章中涵盖了太多的角度，读者在理解这篇文章的主要观点方面就会大费周章。这也会违背统一性和明确性的原则，在下一部分你会接触到这个话题。

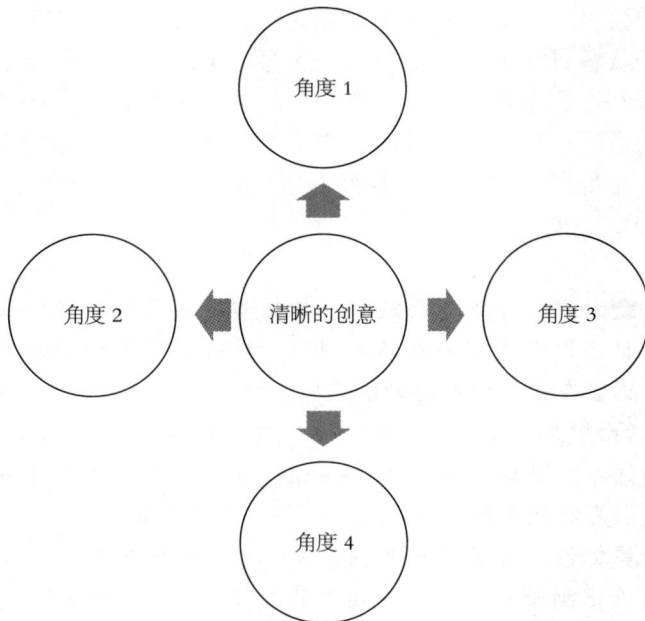

图2.1　阐述如何找到一个宽泛创意并把它分解为四个角度的角度树

来源：Wiley/Feature and Magazine Writing/Sumner and Miller（2013）

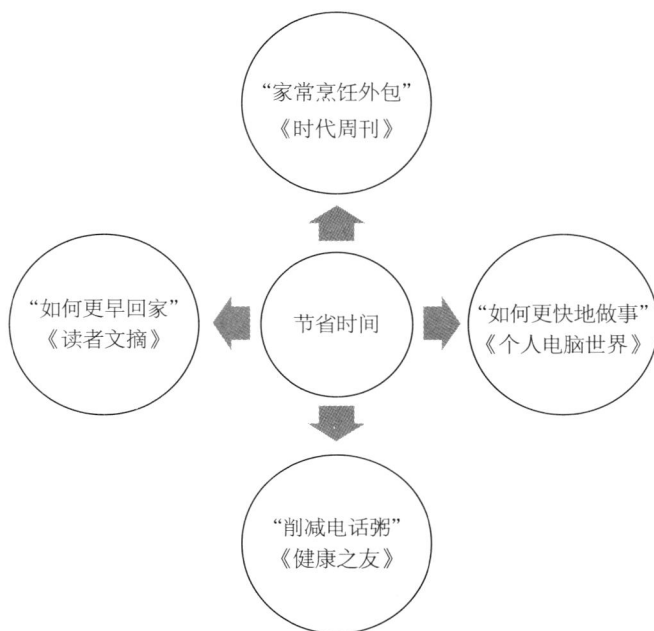

图 2.2　把有关时间管理的宽泛创意变成四个角度的案例

来源：Wiley/Feature and Magazine Writing/Sumner and Miller（2013）

对已经出版的文章进行反向设计并且尝试提取出角度和话题也是一项很好的练习。文章标题非常富有表现力。比如，罗斯（Rose，2015）的文章标题就是：

法医确定了穿越墨西哥边境后筋疲力尽而亡的移民的姓名

此外，它的副标题这样写道：

科学家们正在确认穿越墨西哥边境后死亡的无证移民的遗骸——否则这些人的名字将会永远消失

标题和副标题都暗示了这篇文章的故事创意和角度。注意标题是如何包含主动动词（**死亡、穿越**和**确认**，虽然用的是动名字）和名词（**法医、移民**和**墨西哥**）的。它们有助于缩小原始话题的范围：墨西哥边境的法医。副标题表明这些移民是非法的，如果没有科学家的工作，他们将会成为无名氏，以这种方式引入了更深的细节。这回答了谁、什么、在哪以及为什么，还让读者想知道更多。标题和副标题都表明了统一性和行动性原则。在这篇文章后面的一个具体案例中，读者还会发现具体性原则。

一旦你找到一两个值得振道的角度，那就试着总结一下你的创意。如果你不能用一到两个句子来描述你的创意，那么你的角度可能还不够紧凑。那一两句话应该具有统一性、行动性和具体性，它们还应该含有你的主要创意。

如果你想了解哪个角度将会最有效，那么就要尽可能多地扩大阅读量，并试着从你阅读的文章中提取角度和故事创意。牢记这点的话，你就要确保你主要摄取的是科学写作的精华。很多获奖的文章在互联网上都可以免费获取，比如美国科学促进会科维理科学新闻奖（Kavli Science Journalism Awards）（Lane，2014）。索恩（Sohn，2013）、萨姆纳和米勒（Sumner and Miller，2013）以及《BBC 聚焦》杂志的前编辑格雷厄姆·索霍恩也证实了这个建议。《科学美国人》的编辑菲利普·亚姆（Philip Yam）证实说，读一些你的竞争者写的文章对于找到全新的角度来说是至关重要的。

> 与正在发生的事情保持同步，并且了解哪种报道最有可能出现在纸媒、互联网或广播中会有助于你培育新闻判断力。拥有这种背景也有助于形成新颖的角度并想出头版新闻通常所缺少的后续分析。
>
> （Yam，2006：7）

路透社前科学和健康版通讯员兼《新闻周刊》（Newsweek）前科学专栏作家夏伦·贝格利（Sharon Begley）时常会寻找个人轶事来发现独特的角度。

> 我确实在寻找科学家获得领悟的那一刻的奇闻轶事。比如，我在写修复哈勃太空望远镜的一次空间任务。那时，望远镜上的一个镜片在生产时变形了。望远镜无法工作了，所以科学家们要去修复它。问题是：他们打算如何去修复？解决方案是在现有的镜片上放一个新的镜片，这样可以修正那个问题。当问及他（那个科学家）是如何产生这个想法的，他说："当我访问德国时，我在宾馆里冲了个澡，我盯着这个让人吃惊的德国制造的淋浴头。它有几个圆圈，一圈套一圈，每一个都可以旋转，这会影响藏在背后的水流。然后我意识到我可以把同样的原理应用于哈勃太空望远镜。"……每当有科学家想洗澡的时候，就让他去吧。
>
> （Begley，2015）

成功的科学写作还展示出了一个更重要的品质：激发情感的能力。有很多研究论文证实，我们能更好地记住那些激发出情感的信息。能激发出情感的一个话题领域就是虐待动物。1992 年，科学记者兼新闻教育者黛博拉·布鲁姆（Deborah Blum）因她在《萨克拉门托蜜蜂报》（*Sacramento Bee*）上的系列文章《猴子的战争》（The Monkey Wars）而获得了普利策奖的独家报道奖。在她的文章中，布鲁姆全面分析且并置了灵长类动物研究的伦理问题。实际上，这一系列报道十分成功，以至于她后来把这种创意变成了一本书。

沃尔 - 乔根森（Wahl-Jorgensen，2013）对 1995 年到 2011 年获得普利策奖的文章的情感性进行了分析。她的研究结果表明，成功的、获奖的文章确实表达了情感。然而，作者们几乎从不表达自己的情感；相反，他们描述主人公的或者信息提供者的情感。有趣的是，这些文章所表达的绝大多数情感都是消极的。这完美地契合于下一部分要涉及的一项重要的新闻价值：负面性。一个获奖的科学记者有一个由三个要点组成的检查清单（文本框 2.1），在决定是否进一步跟进这个创意之前，他会用这个清单来测试他的创意。最后，当你开展公开宣传时，一定要观察你的听众的情感反应。如果他们给出了兴奋、敬畏、厌恶或悲伤的反馈，如果你的创意满足了大多数或所有的测试标准，那么你可能就找到了一个值得推广的创意。但是在开始之前，你还应该用经典的新闻价值标准对其进行测试。

文本框 2.1 大卫·多布斯：如何评估一个科学报道创意

科学记者大卫·多布斯（David Dobbs）解释了他如何评估一个故事创意是否值得报道。他利用的是有关科学的长篇专题报道的方法。

我有一个由三个要点组成的检查清单来帮我决定：这件事情值得大书特书吗，比如写 5000—6000 字？我寻找的是三件事情：

1. 有一个真的让人感兴趣的科学思想或发现，具有实例化的一项发现。这可以是一个新的思想，或者是突然遭受猛烈攻击的旧思想。

2. 你同时还要有一个人投身于这个思想——一个科学家。问问你自己：他们有让人感兴趣的个人故事吗？这是一个加分项。如果他们研究的某些东西显然很有吸引力并且适合进行有意思的解释，这也是一个加分项。

3. 最重要的是：他们能说得头头是道吗？因为他们说得越好，你的工作就越容易。你所需要的就是一个引文机器。你需要的是想侃侃而谈并且能用平实但生动的语言对他们正在做的事情进行讲述的人。

出现在《纽约时报》上的多布斯的科学专题之一《抑郁症开关？》（A Depression Switch？）表明他找到了这样一个有趣的主人公。在第八章，多布斯解释了他在撰写这个报道时所采用的讲故事的技巧。

理解新闻价值

在委托撰写哪个故事以及拒绝哪个故事这一方面，富有经验的编辑似乎会做出本能的决定。同样的道理也适用于富有经验的专职作家和自由职业者。关于哪种故事创意值得精心雕琢并最终推广出去，绝大多数人都有一种直觉。核心的决定是一个故事是否具有新闻价值的硬核因素。明确地了解这些因素会有助于你对故事创意的质量进行评估，你可以轻易地摒弃那些看似有趣但在新闻上不相关的创意。随着时间的推移，你会发展出同样富有直觉的自动性。

建构一个故事创意并且表明你充分研究了这个故事及其背后的话题，这就是成功的一半了。另外一半就是向编辑表明，是什么让你的故事与读者关联起来。索恩（Sohn，2013）把这种相关性描述为"一则新闻的'诱饵'——**现在**讲述这个故事的原因"。

这就是新闻价值加入进来的地方。它们决定了何时一个事件根据感知心理学有可能变成一则新闻报道（Galtung and Ruge，1965）。加尔通和鲁格（Galtung and Ruge，1965）发现的新闻价值在今天仍然适用。你可以在文本框 2.2 中发现完整的名单。这些价值适用于所有的新闻体裁，而不仅是科学新闻。利用这些新闻价值测试一下你的故事创意吧。你能对一个或者更多的问题做出**肯定性**的回答吗？如果可以，你可能就有了一个相关的创意。

前八项新闻价值是文化独立，而后四项新闻价值是文化依赖。负面的新闻更有可能被媒体报道，因为它包含了很多其他的新闻因素，比如一致性、明确性和意料之外。

文本框 2.2　新闻价值

- 频率：是否有一个与媒体的频率相匹配的值得关注的趋势？
- 强度 / 最高级：该事件是否量级很大？
- 清晰 / 明确性：该事件是否有界定清晰的启示？
- 富有意义 / 文化接近性：该事件是否与受众的文化相关？
- 一致性：该事件是否满足了受众的期望？
- 意料之外：该事件让受众感到意外吗？它在"有意义与一致性之中让人感到意外吗"（Galtung and Ruge, 1965：67）？
- 持续性：该事件以前在新闻中出现过吗？
- 构成性：该出版物报道过同样类型的很多故事吗？如果是的话，局外人（与不同话题相关的故事）被报道的胜算更高。
- 涉及重要国家：所谓的精英国家牵涉到该事件之中了吗，比如美国或俄罗斯？
- 涉及重要人物：重要人物牵涉到该事件之中了吗，比如国家首脑？
- 个性化：该事件是人类行为的结果吗？
- 负面影响：该事件有负面启示吗？

来源：根据 Galtung and Ruge（1965）改编

当被问及（大众的）科学新闻中其他的新闻价值时，格雷厄姆·索霍恩回答说：

> 周年纪念具有很大的新闻价值。比如，10 年前科学领域发生了一件特别的事情。或者它可能是这样的，"今年（2015 年）11 月是爱因斯坦发表广义相对论 100 周年"，所以我建议《焦点》杂志可以写一些有关引力以及我们对引力了解多少的文章。

（Southorn，2015）

资深物理科学记者、《自然》的前网络新闻编辑戴维·卡斯蔡尔维基（Davide Castelvecchi）证实说，周年纪念值得报道，但他也补充说，《自然》的编辑对此会有所选择。

我们确实在寻找一些方式来铭记特定的周年纪念日，如果它们真的非常重要的话。在科学相关的周年纪念日上，问题在于你必须具有充分的选择性，比如去年的广义相对论周年纪念。很多人倾向于报道这个话题。去年我主张《自然》做一个致力于广义相对论的特辑，但我没能获得支持。就新闻而言，我们做了一些周年纪念的活动，但是我们必须要有选择性。某些东西的周年纪念并不是新闻。

（Castelvecchi，2016）

即便当下没有新闻线索，科学和技术中特定的话题也值得报道。"像自动驾驶汽车和虚拟现实眼镜就值得报道，因为存在着一个总的趋势，那就是公司生产的这些东西越来越多。"卡斯蔡尔维基（Castelvecchi，2016）说道。他补充说，这也是《自然》在 2016 年报道虚拟现实的原因："它跟具体的一天或一件事情没有关系。这不是一个特定的纪念日或由头，但它是一个切合当下的总趋势。"（Castelvecchi，2016）

科学博主甚至也会独立于经典的新闻价值之外。佩奇·贾诺（Paige Jarreau）是美国路易斯安那州立大学的科学传播专家，也是科学博客网络"Scilogs.com"的前任经理。在她的博士论文中，她剖析了科学博主的实践活动，发现他们确实会用到新闻价值。同样，如果他们的博客是新闻机构的一部分，他们的实践更可能采用这一机构的内容决策。

在决定"博客价值"的时候，他们（科学博主们）至少会采取某些传统的新闻价值和新闻性的标准，而其他价值或"博客价值"的标准在一定程度上是在博主之间共享的，以至于它们成为博客形式所特有的惯例。

（Jarreau，2015b）

贾诺所采访的绝大多数科学博主，不是科学家就是植根于学术领域的人。当她就他们所采用的新闻价值进行提问时，他们的回答并不像受过训练的记者那样严格。

有意思的是，几乎所有与我进行交流的科学博主都非常熟悉新闻价值。一旦我们开始讨论新闻价值，他们就会谈及"新闻是有时效性的，新闻是离奇的，以及其他类型的传统新闻价值"。他们意识到了这些价值，但并不总是会用到它们……如果新闻价值符合他们的博客目标，他们（就会）采用它们。但是对于很多科学博主来说，如果传统新闻价值对他们来说没用，他们就一点也不会去关心这个。如果他们想讨论一篇去年发表的论文，他们不会去关心它有多及时。他们没有编辑，所以他们只需讨论他们想讨论的任何东西。

（Jarreau，2015a）

有趣的是，这种该对哪个故事进行报道的直觉，似乎引起了很多编辑和科学记者的共鸣。在博主们的经历中，他们把这些新闻价值内化了。但是贾诺（Jarreau，2015b）还补充说，有些科学博主是具有新闻背景的，他们天然地更有可能去遵守核心的新闻价值。可以在像"国家地理"（National Geographic）这样的科学博客网站中看到这种现象（Jarreau，2015b）。

从本质上来说，科学方面的某些话题会获得比其他话题更多的报道，就像巴登希尔和沃尔默（Badenschier and Wormer，2012）认为的那样。医学、健康和生物学在全球的科学新闻方面都是最抢手的。其他的因素也影响了科学新闻如何以及何时被生产出来，以及它被放在报纸的什么位置。第一，即便是关于突破性进展的科学新闻，也通常会被政治新闻盖过风头。如果特定的一天并未发生什么让编辑认为比科学更重要的事情，那么科学新闻也有可能出现在头版。第二，新闻市场发展的方式也会导致科学所特有的新闻价值转向一般性的新闻价值。比如，有关海啸的科学报道可能一开始会被驳回，但是当这种灾难发生时，它就会成为热点。至于不依赖于时间的因素，这两位学者提出了科学新闻选择过程的三因素模型（Badenschier and Wormer，2012）：

（1）**重要性**：在政治、经济、社会、文化、伦理或科学方面的重要性。

（2）**出乎意料**：新颖且不同，奇特。

（3）**可用性**：对日常生活的医学／技术建议。

巴登希尔和沃尔默（Badenschier and Wormer，2012）还草拟并测试了科学新闻价值的清单。他们最终将这个清单压缩成下面的对选择具有最大影响的科学新闻因素：

- 现实性
- 令人惊叹

- 构成方式
- 争议性
- 经济相关性
- 图解资料
- 意图
- 个人化
- 政治相关性
- 范围（受影响的人数）
- 提及精英人士
- 对接收者／社会的相关性
- 科学相关性
- 出乎意料

关于什么是故事创意，它如何建构，以及为了在新闻上具有相关性它该满足什么标准，我们有了这些新获得的理解，接下来讨论如何找到灵感。

科学故事的来源

人

人是独特科学创意的最有价值的来源。《科学美国人》的编辑菲利普·亚姆（Philip Yam，2006）证实了这一点："对于任何类型的新闻来说，最佳的来源都是人。"（8）很多人都有一些有意思的轶事要跟你说，这有助于让你的文章变得更具象（Sumner and Miller，2013）。如果你想让人们跟你交流的话，你就需要同他们建立某种关系，阐明你对他们所研究的话题的兴趣，并且做一些初步的研究；了解一下他们的研究兴趣，读一下他们截至目前已经发表的文章；了解一下他们在网络上支持什么、反对什么。当你联系他们，请求进行采访时，要做好准备，并且要具体、明确，在采访期间也要做到具体、明确。采访科学家、患者或者官员，通常会得到一些在互联网上或者报纸中无法发现的独特的提示和线索（官员提供这种线索的程度可能会低一些）。

如有可能，跟你的受访者当面交流一下，这种方式可以让你从他那里获得最多的信息（口头表达的信息、肢体语言、环境）。第二选择是打电话（没有肢体语言和环境）。只有在采访之后需要去澄清或证实某些事情的时候，才会用到邮件。而邮件的回复是准备好了的、苍白的，且不够坦率。在面对面的采访中，你的受访者要回避难以回答的问题也是比较困难的。你可以在第四章找到更多关于采访的信息。

期刊论文

作为一个科学记者，科学期刊是你获取第一手材料的来源之一。科学期刊是科学家们发表研究成果的地方，同时还有他们的实验设计、方法论、研究局限和讨论。这对你的科学报道中有关解释性的、硬科学的那几段文字来说是非常重要的。选择报道哪篇论文是一个关键。如果你是一个全职记者，你就会从主流期刊中进行选择和报道——这些故事是其他出版物也会报道的。作为一个自由职业者，这就不起作用了，所以你需要找一个其他出版物的记者没有报道的小话题。后一种方法的好处在于它通常更容易找到一个全新的视角。

科学期刊的产出量非常大，以至于绝大多数研究都没有人去阅读和报道。在线新闻服务能够帮助追踪相关的故事。他们会为你预先选择一些研究，并且把它们转换成可读的文本。尽管事实上，通过新闻服务发现的故事很难是调查性的或独家的，但是亚姆（Yam，2006）认为期刊会是揭示其他人尚未发现的原始报道的恰当地方。他建议采用在线图书馆"预印本文献库"（www.arXiv.org）（自然科学），或者"医学图书馆"（www.ncbi.nlm.nih.gov/pubmed）来寻找独特的研究论文。如果你是一个大学生，你还可以利用学校的图书馆订阅服务来免费获取这些内容。

除了主流期刊，还有很多专业期刊，你可以在其中找到一些离奇和不落俗套的话题。统计新闻网（STAT）的现任科学作家夏伦·贝格利建议看一下这些期刊。

> 看一下那些更专业的期刊。每个人都着眼于《自然》《科学》和《细胞》中发表的文章并对其撰写报道。更加专业的期刊有时候不会给记者发送它们的研究结果，而这些期刊上刊登的论文往往才是新的突破。一旦有一篇文章出现在《自然》或《科学》中，它经常会有一个很长的幕后故事。只要看一下参考文献就知道了。其他人在以前就提出过这样的想法。实际上的想法往往会有一些轶事，而这些轶事则会出现在更专业的期刊中。那里是我通常找到其他人没有想到的想法的地方。
>
> （Begley，2015）

很多期刊在印刷之前都会在网上发布所刊载的研究论文，而绝大多数都会提供简易信息聚合提要推送（含有论文标题和摘要的文本提醒服务）。这种提要是即时性的，而且你可以通过利用免费的新闻简易信息聚合提要阅读器来获取这些信息，比如资讯阅读器（Feedly）（图2.3）。你可以把你的科学期刊新闻推送进行归类，比如分为环境、天文和医学。资讯阅读器还有一个网页界面，在几乎每一种移动平台上都可以获得这个应用程序。还有其他的提要阅读器。这些工具可以对每一位记者的新闻选择过程予以协助。

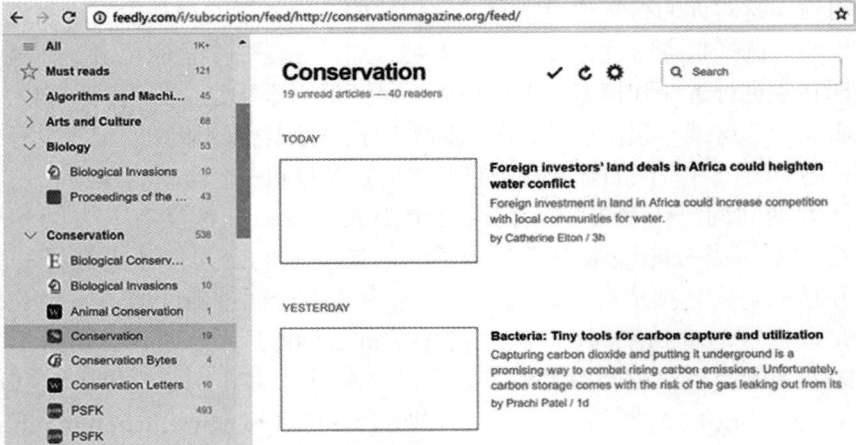

图2.3　新闻简易信息聚合资讯阅读器中对新闻进行分类的一个案例

在找到相关的研究之后要做什么呢？现在你必须知道这些研究是如何组织的，如何去阅读它们。阅读科研论文的好的方面在于它们都有类似的结构。拉夫（Raff, 2014）将结构分解为各种要素，并且解释了如何批判性地阅读科研论文。她批评那些非科学家仅仅阅读科研论文的摘要，而没有关注其他部分。她的批判性地阅读科研论文的方法由以下几个步骤组成：

（1）阅读概述。

（2）找到该研究的主要问题（这是论文的核心观点）。

（3）用几句话总结一下背景。为回答这个研究问题，谁做了什么？

（4）找到更具体的问题，可能不只有一个。

（5）找到科学家的研究方法。他们如何描述自己的方法论？

（6）分析含有实验的方法部分，把它们画在纸上，看一下你对哪些方法不熟悉。

（7）阅读结果部分。建议你尤其关注样本量，像"**显著**"或"**不显著**"这样的词汇，以及带有误差线的表格。

（8）核实一下，看结果是否对具体问题提供了答案。

（9）阅读该论文的结论（或讨论）部分。找出作者是如何阐述他们的研究发现的，并且浏览这个部分以确定该研究的弱点。

（10）阅读摘要。它是否符合作者的主张？

（11）找到对这些研究发表评论的独立专家。

拉夫（Raff，2014）还建议对研究所用的文献进行选择性审查。他还就一篇有关疫苗安全的论文撰写了一个示例分析，所以你能看到她这一方法的实际应用（Raff，2013）。期刊之所以是如此好的来源，在于它们是首要的来源。像新闻服务或报纸这样的二手来源，很有可能会引入一些错误，或者忽视重要的信息，因为它们试图把科学进行改写，以让那些非科学家可以读得懂。期刊论文的缺点在于它们没有确定的答案。有一些期刊论文存在严重缺陷，并且随后会被撤稿。还有一些含有不可再现的或者伪造的结果。

新闻通稿

研究机构和大学发布的新闻通稿通常比科研论文更容易理解，因为它们在这些研究的基础上做了提取。新闻通稿的作者已经找到最具有新闻价值的研究，并且（我们希望）他们已经读过论文，把它们阐释和处理成含有一篇新闻报道所需要的所有信息的易于消化且简短的新闻故事。

缺点在于，如果你只是从新闻通稿中获取信息而不做深入研究，不咨询独立的研究者进而质疑这个研究结果的话，那么你有可能会被人鄙视。略微地改写新闻通稿且未能给它增加价值，那就不是新闻。实际上，这种不费吹灰之力的方法被戏称为**复制粘贴新闻**（churnalism），可谓文如其名。有一些像媒体标准受托基金（Media Standards Trust）的复制粘贴新闻网（Churnalism.com）这样的网络工具，可以让你去核实你阅读到的文章是否仅仅是重写了新闻通稿，或者根本就是一篇剽窃文。你所需要做的就是输入一个"URL"或者把信息敲进搜索栏，该软件就会把这篇文章与大量已公开发表的新闻稿进行对比。对于谷歌浏览器和火狐浏览器来说，复制粘贴新闻网还有一个插件，以便你在阅读文章的时候可以对它的质量进行检查。在你用自己的浏览器打开一个网页时，这个浏览器的插件就会突出显示那些剽窃而来的段落（Lichterman，2014）。

统计新闻网的夏伦·贝格利证实说，存在着很多这样的文本：

存在着太多只是鹦鹉学舌地照搬新闻通稿的报道了。这些报道甚至都不会往前走一步，去采访一下那些没有参与这项研究的人。如果你只是日复一日地重写新闻通稿，那么实际上对新闻报道毫无贡献。

（Begley，2015）

然而，对于开展更深入的研究以及把孤立的研究发现置于更大的情境中而言，新闻通稿是一个非常棒的促进因素。从这个意义上来说，索恩（Sohn，2013）认为新闻通稿确实可以具有额外的价值："随着你从头到尾读完每周的研究总结以及紧随其后的报道，你可能也会开始注意到趋势和模式。这只是为区分你的想法找到正确方向的问题。"（14）她补充说，新闻通稿还可以给你提出可能值得书写的不同的视角或背景故事。

像"优睿科"（Eurek Alert!）、"阿尔法－伽利略"（Alpha-Galileo）以及"科学新闻"（Science Daily）这样的在线新闻服务，可以为你承担这项任务，并且把科学新闻进行归类。然后你可以利用提要阅读器来订阅最新的新闻通稿，并按照类别接收通知提醒。这就像是一个只传递那些你感兴趣的新闻话题的过滤器。你也可以在这些服务网站上按照类别浏览新闻和新闻通稿。有些服务要求你证明自己的记者身份，而有些则可以自由获取。经过核实后，你就可以获取绝大多数限时禁发的论文。

限时禁发论文

当期刊在实际出版日期之前向记者和编辑发送论文的时候，通常会给这些论文设定一个限时禁令。也就是说，你在特定的日期和时间期限之前是不能刊载任何素材的。但是，你确实有一些时间来采访研究人员，从而撰写报道，在期刊解除限禁令后就可以立即刊载。限时禁发系统有优势，也有劣势。期刊可以使其宣传力度最大化，而记者可以提前做一些研究并进行采访。虽然很多期刊把质量控制作为贯彻限时禁发政策的首要动机，但是也牵涉到一些利己主义。总之，限时禁令表明这些研究论文是重要的。不利的方面是，限时禁令抑制了科学家和公众之间的传播（Marshall，1998）。

每当你遇到有限时禁发政策的素材时，你就要确保在该政策过期之前遵守正式的协议。如果不能做到这一点，通常并不会带来法律后果；然而，这可能会由于公开场合的羞辱而损害你的声誉，并且在未来你有可能被相关期刊从其提供限时禁发素材的记者名单中除名（Sohn，2013）。例如，2014年联合国环境规划署提供的一份新闻通稿（见图2.4），它的限时禁令在几个小时之后过期。该机构在解除禁令时发送了另外一封邮件。在解除禁令后，记者就可以基于那份通稿而自由地发表他们的文章。

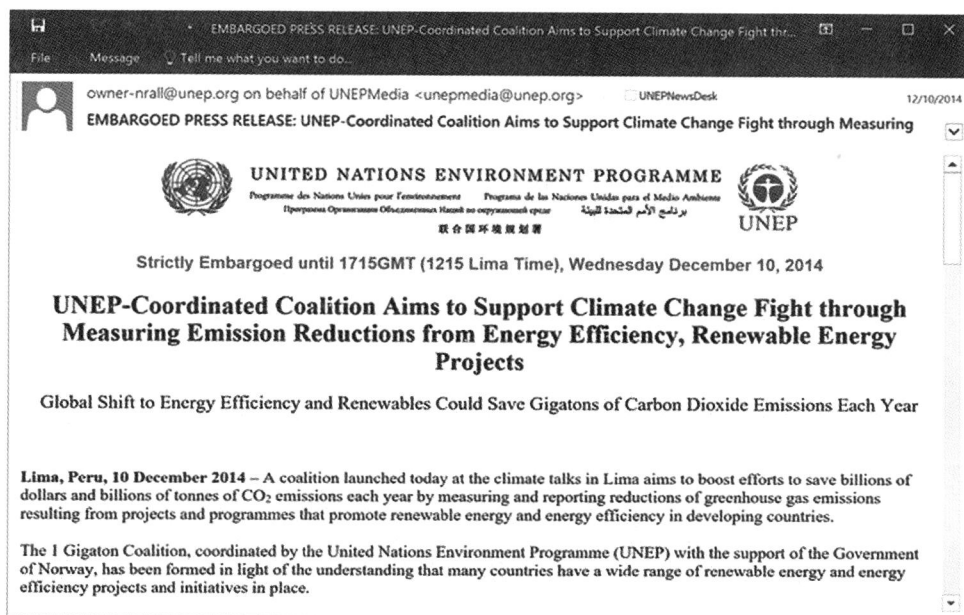

图 2.4 标有限时禁令及其解除时间的一篇新闻通稿

来源：联合国环境规划署

会 议

如果你想和科学家建立联系，并且就他们当前所从事的工作进行采访以找到新闻报道的创意，那么科学会议就是非常理想的场所。较小的会议提供了在他们发言之前或之后与他们面对面交流的好时机。亚姆（Yam，2006）很支持采用这种方式。

如果你打算参加大型的科学会议，比如美国科学促进会的年会或者美国物理学会的年会，那么就要确保提前做好准备。亚姆（Yam，2006）建议提前规划好你要参加的会议，以便不会忘记什么话题是优先事项。同样，对会议的话题进行研究并做好准备，以便你可以提出一些有见识的问题。还要研究一下研究人员，包括他们的简历、他们之前发表的文章以及这些资料与他们即将在会议期间所做发言之间的关系。

如果你做了充分的准备，你可以找到很多未发表的、原始的研究。索恩（Sohn，2013）认为，即便是在一个会议上找到的故事创意，也可以持续好几个月的热度。你可以在网络上找到即将召开的学术会议信息。比如，《自然》的"自然事件目录"（Nature Events Directory）可以帮你找到科学事件，你可以根据日期、国家和研究领域进行过滤。这个目录包含美国、英国、欧洲其他国家以及亚洲国家的许多科学会议。此外，你还可以订阅免费的简易资讯整合服务。在英国，维康基金会（Wellcome Trust）有一个关于即将召开的科学会议的非常好的数据库。学术出版商爱斯维尔（Elsevier）也提供有关全球科学会议的在线名录，你可以根据日期、学科、地点和活动类型进行过滤。在本章末尾的网站链接部分，你可以找到这些在线数据库的链接。

奖励与奖项

奖励在两个方面可以激发出故事创意。第一，科学奖励和奖项让你清楚地知道哪个科学家目前正在开展开拓性的研究，同时也凸显出哪个研究领域对于社会来说是特别重要的。亚姆（Yam，2006）建议密切关注诺贝尔奖中那些基础性的、不那么近期的研究，以及麦克阿瑟基金会（MacArthur Foundation）中那些最新的研究，还有艾伯特·拉斯克医学奖（Albert Lasker Medical Awards）、京都奖（Kyoto Prize）和勒梅尔森 – 麻省理工（Lemelson-MIT）的奖项。第二，除强调这些研究之外，科学家也成为焦点。他们通常毕生致力于非常具体的问题，其中很多人都有令人感兴趣的性格。正如亚姆（Yam，2006）所认为的那样，这为撰写专题文章提供了非常好的素材。绝大多数奖项都有自己的网站，以展示获奖者名单、候选人和研究摘要，以便你可以就这些人及其研究提前做好策划并撰写文章。要记住，科学奖项也会发生变化。每年，一些奖项会终止，一些新的奖项也会设立。比如，梅拉里（Merali，2013）表明近期涌现出了一系列科学奖项，其中有很多奖励金额巨大。这包括基础物理学奖（Fundamental Physics Prize）、唐奖（Tang Prize）以及伊丽莎白女王工程奖（Queen Elizabeth Prize for Engineering）（Merali，2013），所有这些大奖的奖金都高于诺贝尔奖。

你还应该密切跟踪科学写作大奖，比如美国科学促进会的科维理科学新闻奖。同时，一定要看一下非虚构科学图书的奖项，比如每年的英国皇家学会科学图书奖（Royal Society Prizes for Science Books）。有些奖项专门以科学新闻专业的学生为颁发对象。比如，神经科学学会（Society for Neuroscience）每年向科学新闻专业或医学新闻专业的学生提供两个奖项。获得这样的奖项可以让你在科学写作方面的职业生涯大受裨益。屡获殊荣的科学作家埃德·杨在回忆是什么激励他于 2007 年（他在那一年获奖）参加《每日邮报》（*Daily Telegraph*）科学写作竞赛时说道："我需要上一个档次。"（Yong，2011）

博 客

科学家的博客是找到科学故事创意的另外一个极佳来源。在他们的博客中有很多研究，也有很多科学家会表达各种观点。这种博客也会经常展示日常的科研过程。有一点需要注意的是，博客不是同行评议的出版物；即便是同行评议的出版物，也不是完美无瑕的。也就是说，你需要认真查看他们的主张，并且让独立的研究者进行再次确认以证实这些内容的有效性。

通过聘用科学家或者（以及）科学记者撰写博客，科学博客这种传播科学的渠道变得职业化了。这样一来，它们可以报道各种各样的科学学科。比如，"科学博客"（Science Blogs）网站和"科学日志"（SciLogs.com）网站（都是邀请制的）涉及来自全球的研究人员所撰写的个人博客。很多大众科学博客网站隶属于主流的出版物。比如，《连线》杂志的科学博客、《科学美国人》的博客网站、《卫报》的科学博客网站和《大众科学》（Popular Science）的博客都是由专职作家、科学家和自由作家撰写的。其中很多人还涉及细分的研究领域，通常他们标新立异的故事可以启发新的故事创意。

大 学

大学的布告栏和传统的事件日历展示的研究通常在其他地方是看不到的，比如活动通告、到访科学家的特邀报告或者就职演说。也许一个研究团队正在为一项晚些时候被证明是具有开创性的研究寻找研究参与者。这种通知表明，研究人员正在致力于这项研究，反过来也表明他们可能还没有发表任何研究成果。实际上，正如萨姆纳和米勒（Sumner and Miller，2013）所建议的那样，布告栏产生的创意甚至能带来独家新闻。

夏伦·贝格利也认为要看一下布告栏。在激发学生们寻找原始科学思想方面，他的建议是：

> 读一下研究型大学过道上的告示。它们可能是这样的："D 部门邀请了一位演讲嘉宾，将会就某个具体的话题举行研讨会。"在科学研究出现于期刊或其他地方之前，那里可能是它从最底层涌现出来的地方。那也是你通常能找到原始创意及其追随者的地方。
>
> （Begley，2015）

在线论坛和脸书群组在很大程度上取代了传统的布告栏，所以如果你无法造访一所研究机构的话，你可以在互联网上找到绝大多数通知。研究小组主要通过他们所在单位的网站公布即将举行的活动、报告和项目。如果你想监测具体网站的内容变化，你可以利用各种工具。沃尔（Voo，2013）指出了一些最重要的网络工具，比如浏览器扩展套件"VisualPing"。这种工具让你指定网站地址，然后就会在这些网站改变其内容时给你发送提醒。

科学方法

如拉夫（Raff，2014）所分析的那样，科研论文的结构和媒体中的某些科学文章并无二致。科学和科学新闻的生产过程在某些方面也是类似的。二者都寻求独特的创意，对假设进行阐述、观察和测量，分析事实并得出结论。这种主张至少对于批判性的、深度的科学新闻来说是正确的。

绝大多数科学家所采用的方法（根据学科的不同形式稍微有所差异）被称为**科学方法**（scientific method）。作为一名科学记者，你需要熟悉科学方法。当你采访科学家时，你需要知道他们那个行业的工具。如果你不知道他们是如何开展研究的，你又如何能问出关键的问题呢？华威大学（Warwick University）统计学博士培训学院（Academy for PhD Training in Statistics）的主任亚当·约翰森（Adam Johansen）说，科学作家应该知道科学方法。

> 如果你想就科学撰写报道，那么完全熟悉这种方法是有用的。但关于（科学方法）是否为所有科学借以完成的方式，在这一点上是存在争论的。
>
> （Johansen，2016）

那么，什么是科学方法呢？仅仅对几项观察进行归纳显然不是一种科学方法。相反，科学家提出了可检验的（以及可证伪的）假设、可复制的实验以及可测量的结果。它们抑或证实假设和预测，抑或驳斥假设和预测。北加利福尼亚大学（University of North California）教授兼《分析化学》（*Analytical Chemistry*）期刊编辑凯南·罗尔斯·莫里（Royce Murray，Kenan Professor）这样界定科学方法："科学方法是系统地、有组织地采集数据；客观地用公式进行表述，并用那些数据对假设（观点、概念、理论）进行测试。用科学方法所陈述的结论可以由其他人独立地进行证实。"（Murray，1999：153A）莫里的界定非常好地总结了科学方法的精髓。换个角度说，科学方法是帮助科学家以标准化的方式开展研究并最终获得世界如何运转的知识的一系列技术。科学方法由科学研究以这样或那样的方式经历的一些预先界定的步骤组成。根据科学学科以及其他因素的不同，这些步骤以及它们被执行的顺序是不同的。也就是说，在有关科学方法的绝大多数表述中，你可以发现下列步骤：

（1）在自然界或宇宙中观察一种现象。
（2）阐明一种假设。
（3）利用你的假设做出预测。
（4）开展实验并采集实验数据。
（5）分析你的数据。
（6）得出结论。
（7）对结论进行传播。

让我们逐一看一下这些步骤。科学方法通常开始于对自然现象的观察，这会引出这些现象如何以及为何发生的问题。下面是一个非常简单的案例。

在你的客厅里有一些兰花。

第一步，你注意到有一株兰花总是处于盛开状态，但是其他的则没有。你开始思考是什么让那株兰花总是盛开。提出问题是科学方法的一个重要的组成部分。

第二步，通过进一步观察兰花的生长状况，也许是用浇水、施肥以及修剪枝叶做实验，你提出了一个问题：是你最近给那株兰花用的肥料使它比其他的兰花花期更长吗？你的假设可能会是：肥料 X 导致兰花盛开。一个假设是对你初始研究问题的一般化的、试探性的回答。它可能是对的，也可能是错的。确切地说，一个假设必须经过**证伪**（falsifiable）。也就是说，必须存在着能够证明你的假设预测是错误的实验。相反，对于所有可能的组合，没有一种假设可以放之四海而皆准。你能够对全球所有的兰花进行测试以验证是否肥料导致了它们开花吗？显然不能。

第三步，利用你的假设做出预测。预测要比假设更加具体，这可以让你利用设计好的实验来进行特定的测试。你可能会形成下列假设：同那些肥料用量保持不变的兰花相比，随时间推移而增加的肥料用量会导致兰花更容易盛开。虽然这是一个简化了的案例，但是和起初的研究问题及假设相比，这是不是已经在很大程度上听起来像是一篇研究论文的标题了？

第四步，你需要就围绕着你所做预测而设计的实验进行验证。你需要找到决定这个实验中的测试得以运行的自变量和因变量。例如，如果你愿意改变肥料的总量，那么肥料的总量就是你的自变量，因为除你之外，其他的任何东西都不会对它产生影响。同时，你的因变量可以是作为你给兰花施肥的结果的花朵的数量。因为花朵的数量很可能取决于所使用的肥料总量，花朵是处于从属地位的。要注意的是，你可以观察所有这些中间结果，因而你的实验是实证的。因为你可以轻易地对所用肥料的总量以及因肥料的使用而开花的数量进行计数，你就采集了定量数据（在这种情况下，这是可取的）。此外，实验通常会用到参照组，以帮助你验证你的自变量是否导致了因变量的变化。在我们这个例子中，你可以把一株兰花放到另外一个房间，保持除肥料之外所有其他参数（品种、大小、浇水量、光照等）不变。如果在实验的最后，接受施肥的兰花开出了十朵花，而未施肥的一朵都没开，那么可能就是所增加的肥料数量导致该株兰花开出了比参照组更多的花朵。

第五步，对数据进行分析会让你接受或者否决你的假设。你可以使用定量和定性研究方法以及统计工具，这取决于你的数据的性质。在兰花的例子中，利用定量的统计方法是比较合适的。这个步骤通常会让科学家们修订他们的假设，也有可能会使我们的观察从根本上改变起初的研究问题，抑或激发出后续的研究项目。总而言之，就像兀卡（Wudka，2006）认为的那样，有很多方式可以对假设进行阐述。

最后两步是从实验中得出结论，以及向科学共同体传播你的这些结论。需要提及的是，你所有的实验都应该能够重复，以便其他科学家可以得出和你一样的结论和结果。如果不能的话，那么你的研究论文就不会通过同行评议，这样带来的结果就是采用同行评议原则的期刊拒绝发表你的成果。遗憾的是，很多无法重复的实验，甚至是使用伪造数据的研究，发表在了本应采用同行评议原则的期刊上。

创意保护

当你有了满足上文所提标准的精心构思的创意时，就可以向能够发表它的人进行推广了。在这样做之前，你需要再三考虑把这个创意告诉谁。

当你写完并发表一篇文章后，它就受到著作权法的保护。在没有获得允许的情况下复制并出版你的文本的任何人都涉嫌剽窃。（需要注意的是，你也不能再发表你自己的文本；你需要从版权所有者那里获得允许。如果版权所有者同意了，你才可以在其他出版物中再次发表你的这篇文章。）

在其他文章中使用你之前使用过的同样的语句（没有明确地说明出处）被称为自我剽窃，这是不可行的。比如，2012年6月，当时是《纽约客》最新撰稿人的科学记者约拿·莱勒被诉复制和使用一系列出版物上的整个段落，包括《纽约杂志》（*New York Magazine*）、《纽约客》和《连线》（Brainard，2012）。《连线》让纽约大学（New York University）的新闻教授查尔斯·塞菲（Charles Seife）调查莱勒的剽窃行为并且验证或驳回这些指控。塞菲最终证明莱勒在多篇文章中存在自我剽窃。莱勒丢掉了他在《纽约客》的职位，并且最终名誉扫地。

与已经发表的作品相反，单纯的创意不可能受到保护（Roberts，2009）。你该如何证明你比已经让创意变成了发表出来的文章的另一人更先想到了这个创意呢？你不能。你没有办法正式地保护一个故事创意。如果你是一个特派记者，创意盗窃并不常见；但是如果你是一个自由撰稿人的话，情况就不一样了。困境在于，作为一个自由撰稿人，你依赖于同他人分享你的创意，因为在发表文章之前你需要用你的创意来说服他们。如果在你打算进行推广的人之中有记者的话，有可能的情况是，他们会使用你的创意并且把它变成自己的文章。

2014 年，这种情况就发生在我身上。大约在那之前两年，我开始关注一个故事：意大利一些公民把他们自己的学位从意大利语翻译成德语，刻意宣称他们的硕士学位实际上是博士学位，原因是从意大利语到德语的翻译不精确。这件事情众人皆知，但却是一个法律上的灰色地带。作为一个自由撰稿人，当时我还为意大利北部一个小型的本地周刊撰稿。当我把一个有关信息技术的报道创意推广给我当时的编辑时，她同意发表这篇文章，并且问我还在关注哪些问题。我对她说了我正在对造假的博士学位进行研究，以及一些详细的资料来源和我挖出来的案例。那是我犯下的一个错误。当年晚些时候，她在自己就职的报纸上发表了一篇文章，精确地引述了我告诉她的资料来源和案例。当我就她的这种不端行为与其对质时，她否认我曾对她说过这个创意。我该如何自证清白呢？毕竟，我在电话上并没有留存语音记录。

我没有更早些发表这篇文章的原因是，它还缺少一个新闻由头以及我还没有对某个伪造学历等级而遭受后果的人进行案例研究。十分有趣的是，那个编辑发表的文章没有这样的例子，没有案例研究或新闻由头。她的故事仍然相当成功，因为它含有前文提到的很多新闻价值，比如负面性、文化接近性、个性化以及提及精英人士（从当地视角来看的话）。在我的职业生涯中，我还有几次这样的遭遇，尤其是当为专栏或特写提供创意的时候。这种情况可能会发生，但这并不是放弃的理由。你必须在发表这些文章之前对你的创意进行推广和详细阐述，所以创意盗窃是某种职业性危害。如果你知道如何产生创意，你的创意就永远不会枯竭。

总　结

　　构想出故事创意似乎并不难，但实际上有一些硬性要素会决定你的创意是否有机会变成发表的文章。经验丰富的记者可以在几分钟内评估你的故事的质量，因为他们已经将决定一个故事是否值得报道的标准内化于心。同样，你应该知道你的目标出版物的受众是谁，因为这会让你为那个出版物选择恰当的话题。

　　话题不是故事创意，它仅仅是可以成为科学学科一部分的广泛领域。虽然话题在本质上是含糊其词的，但是故事创意是可以理解的，并且通常传达了主角（并不必然是人类）追求一个目标、遇到某些阻碍并最终达成那个目标或者失利的情况。为了在科学情境下理解这种追求，同样重要的是要理解科学方法。

　　大多数故事创意的精华可以用一两句话表示。前述的内化标准是决定你的故事是否真的值得出版的具体新闻因素；话题性、消极性、出乎意料以及提及精英人士或公司是最重要的一些因素。可以用它们来测试你的故事创意。

　　故事创意的灵感无处不在：新闻通稿、大学、新发表的期刊论文（注意限时禁发要求）、会议、奖项和博客都是找到有意思的话题并最终把它们变成故事创意的绝佳渠道。找到科学故事的最重要的渠道就是人。如果你想写一个好的报道，你必须同进行研究的作者、独立的研究人员、研究的参与者、企业的发言人、说客以及参与到科学中的任何人进行交谈。

思考题

- 话题和故事的区别是什么？
- 一个好的故事的要素有哪些？
- 一个故事创意应该有多少个角度，为什么？
- 哪种技术有助于你找到聚焦的视角并把话题变成创意？
- 你为何要阅读和研究你打算投稿的出版物？
- 在故事创意方面，出版物的受众发挥什么样的作用？
- 找到故事创意的最佳方式是什么？
- 谁可以客观地评价一个故事创意的关联性？
- 科学家如何获取有关自然和宇宙的知识？
- 如何保护你的故事创意？

练习题

- 找三至五个你认为值得深入研究和发展成故事创意的话题。
- 对每个话题找五篇已经发表的报道，并找到它们的首要视角和第二视角。为这个话题找到额外的、全新的视角。
- 试着使用前述的角度树技术从找到的话题中推测出创意。
- 查看一下一般新闻和以科学为中心的新闻的因素。它们分别用的是哪些因素？它们含有多少因素？
- 对每个创意的一致性、行动和具体性因素进行核查。
- 用一两句话总结每个创意。
- 阅读罗斯（Rose，2015）的文章。对于每一段来说，注意它是否含有一致性、行动描写和具体性。你可以找到多少"空白"段落？
- 到你所在地的大学，从它们的布告栏上找三个故事创意。
- 或者，就一个科学家的研究对他进行采访并提取一个故事创意。
- 记下你找到的话题，并找到报道这些话题的专业期刊，用提要阅读器找到并组织它们的简易信息聚合。

阅读清单

Blum, D., Knudson, M. and Henig, R.M. (eds.)(2006) *A Field Guide for Science Writers*. 2nd edition. New York: Oxford University Press

Hayden, T. and Nijhuis, M. (eds.)(2013) *The Science Writers' Handbook*. Boston, MA: Da Capo Press

Kosso, P.(2011)*A Summary of Scientific Method*. New York: Springer

Reimold, D. (2013) *Journalism of Ideas*. London: Routledge

Sumner, D.E. and Miller, H.G. (2009) *Feature and Magazine Writing: Action, Angle and Anecdotes*. Chichester: John Wiley & Sons

Wudka, J.(2006)*Space-Time, Relativity, and Cosmology*. Cambridge: Cambridge University Press

网站链接

Elsevier global events list: www.globaleventslist.elsevier.com/events/

Google Trends: www.google.com/trends/

Nature events directory: www.nature.com/natureevents/science/

Wellcome Trust scientific conferences: www.wellcome.ac.uk/education-resources/ courses-and-conferences/advanced-courses-and-scientific-conferences/scientificconferences/index.htm

参考文献

Badenschier, F. and Wormer, H（2012）Issue selection in science journalism: Towards a special theory of news values for science news? In Rödder, S., Franzen, M. and Weingart, P.（eds.）*The Sciences' Media Connection–Public Communication and Its Repercussions*. Dordrecht: Springer, 59–85

Begley, S.（2015）Personal phone conversation on 13 June 2015

Brainard, C.（2012）How creativity works? Not like that, *Columbia Journalism Review* [Online] Available at: www.cjr.org/the_observatory/jonah_lehrer_self_ plagiarism_n.php [date accessed 27 June 2015]

Castelvecchi, D.（2016）Personal phone conversation on 20 September 2016

Galtung, J. and Ruge, M.H.（1965）The structure of foreign news the presentation of the Congo, Cuba and Cyprus crises in four Norwegian newspapers, *Journal of Peace Research*, vol. 2, no. 1, 64–90

Jarreau, P.（2015a）Personal Google Hangout conversation on 24 June 2015

Jarreau, P.（2015b）*All the Science That Is Fit to Blog: An Analysis of Science Blogging Practices*, Louisiana State University（PhD dissertation）[Online] Available at: http://etd.lsu.edu/docs/available/etd-04072015-094935/unrestricted/Jarreau_ Dissertation.pdf [date accessed 5 May 2015]

Johansen, A.（2016）Personal phone conversation on 23 September 2016

Lane, E.（2014）Winners named in 2014 AAAS Kavli science journalism awards competition, *AAAS* [Online] Available at: www.aaas.org/sja2014 [date accessed 22 May 2015]

Lichterman, J.（2014）Media standards trust updates its 'churnalism' tools, *Nieman Labs* [Online] Available at: www.niemanlab.org/2014/02/media-standards-trustupdates-its-churnalism-tools/ [date accessed 23 June 2015]

Marshall, E.（1998）Good, bad, or 'necessary evil'? *Science*, vol. 282, no. 5390, 860–867

Merali, Z.（2013）Science prizes: The new Nobels, *Nature* [Online] Available at: www.nature.com/news/science-prizes-the-new-nobels-1.13168 [date accessed 19 June 2015]

Murray, R.W.（1999）The scientific method, *Analytical Chemistry*, vol. 71, no. 5, 153A

Raff, J.（2013）How to read a vaccine safety study: An example, *Violent Metaphors* [Online]

Available at: http://violentmetaphors.com/2013/09/08/an-example-of-how-to-read-a-vaccine-safety-study/ [date accessed 18 June 2015]

Raff, J. (2014) How to read and understand a scientific paper: A step-by-step guide for non-scientists, *The Huffington Post* [Online] Available at: www.huffingtonpost. com/jennifer-raff/how-to-read-and-understand-a-scientific-paper_b_5501628. html [date accessed 18 June 2015]

Roberts, D. (2009) How to: Protect your ideas as a freelancer, *Journalism.co.uk* [Online] Available at: www.journalism.co.uk/skills/how-to-protect-your-ideasas-a-freelancer/s7/a533220/ [date accessed 23 June 2015]

Rose, A. (2015) The forensics of identifying migrants who die exhausted after crossing from Mexico, *Scientific American* [Online] Available at: www.scientific american.com/article/the-forensics-of-identifying-migrants-who-die-exhaustedafter-crossing-from-mexico/ [date accessed 17 June 2015]

Sohn, E. (2013) Finding ideas, In Hayden, T. and Nijhuis, M. (eds.) *The Science Writers' Handbook*. Boston, MA: Da Capo Press, 9–22

Southorn, G. (2015) Personal Skype conversation on 10 June 2015

Sumner, D.E. and Miller, H.G. (2013) *Feature and Magazine Writing: Action, Angle and Anecdotes*. 3rd edition. Chichester: John Wiley & Sons

Voo, B. (2013) 5 free tools to notify you of website content changes, *Hongkiat* [Online] Available at: www.hongkiat.com/blog/detect-website-change-notification/ [date accessed 20 June 2015]

Wahl-Jorgensen, K. (2013) The strategic ritual of emotionality: A case study of Pulitzer Prize-winning articles, *Journalism*, vol. 14, no. 1, 129–145

Wudka, J. (2006) The scientific method, In Wudka, J. (ed.) *Space-time, Relativity, and Cosmology*. Cambridge: Cambridge University Press, 1–22

Yam, P. (2006) Finding story ideas and sources, In Blum, D., Knudson, M. and Henig, R.M. (eds.) *A Field Guide for Science Writers*. 2nd edition. New York: Oxford University Press, 5–10

Yong, E. (2011) You've got seven days left to prove you're a science writer, *The Guardian* [Online] Available at: www.theguardian.com/science/2011/may/13/ wellcome-trust-science-writing-prize [date accessed: 19 June 2015]

第三章
推广自己的故事以尽可能获得接纳

在本章你将了解到：

什么是一个好的提议？／编辑如何阅读推广稿／接近编辑／研讨会：撰写推广稿／案例研究：分析一篇成功的推广稿／内部推广和外部推广／最常见的推广稿错误／核查清单

引　言

一旦找到一个创意并且开始初步研究，你可能会十分渴望撰写一篇文章，把它发给编辑，等着出版。然而，你的首要任务是准备一个陈述，来总结你的创意、提供背景知识并且展示你将如何组织这篇文章以及如何着手。这被称为**推广稿**（pitch）。如果编辑喜欢你的推广稿，他可能会根据这个推广稿来委托你撰写这篇文章。他也可能会让你去掉一部分内容或增加其他内容，建议你咨询更多的渠道，并且对尔的文章风格和长度收集建议。没有哪个编辑愿意收到已经完成的文章，因为他们和这篇文章没有关系。

你需要知道是什么让组稿编辑给推广稿打上记号，以及他们如何评估推广稿。这包括理解推广的行为准则。比如，冷不丁地给编辑打电话解释你的创意，很可能会吃闭门羹。在本章中，组稿编辑解释了在推广稿上什么方法有效、什么方法无效。理解他们的日常工作是另外一个关键方面。每天，编辑们都收到大量的推广稿以及跟进邮件，他们分清良莠的时间非常有限，所以你需要立即获得他们的关注。读完这一章的时候，你就会明白你该如何让推广稿引人注目了。

　　如果你想说服编辑委托你撰稿，就必须精心组织推广稿。绝大多数编辑期望推广稿含有特定的要素。你的故事创意是最重要的一个要素，但是只有一个好的创意是不够的。你还需要向编辑表明你是撰写这篇文章的最佳人选。本章的一个部分就致力于说明编辑如何阅读推广稿以及他们希望看到什么样的结构和要素。

　　如果你想成为一个好的写推广稿的作者，就需要阅读很多推广稿。在线数据库含有很多知名度很高的出版物委托发起的推广稿；请认真阅读这些内容并分析它们的结构和推理链。本章为在互联网上寻找成功的推广稿提供了一个起点。此外，本章还用一个案例来说明收到推广稿的编辑对推广稿提出的建议。

　　就像前一章所说的那样，在撰写推广稿之前和撰写过程中做一番研究是重要的。你必须研究出版物及其受众。此外，在撰写你的推广稿之前你还应该尽可能多地熟悉你的故事创意以及你打算向其推广你的稿件的编辑。充分的初步研究会有助于你找到让推广稿富有活力并能吸引住编辑的恰当细节。作为回报，你已经为深入研究做了准备；理想状况下，你已经开始接触受访者并且已同某些科学家交流过了，已经阅读了论文并找到了对你将要撰写的研究发表评论的独立专家。一个写作上乘的推广稿是你的主食——你要写的故事——的开胃菜。

　　本章的最后一部分是一份核查清单，帮助你在最终提交推广稿之前对它做一个条分缕析的回顾。这份清单源于组稿编辑的建议和评论。当你把你的推广稿装配到一起的时候，这个清单就能派上用场。随着时间的推移，你会内化这些成就一个好的报道的标准、一个好的推广稿的要素以及核查清单，找到故事并且对其进行推广就会变得更加自如。你练习得越多，你的推广稿就越成功。

　　不要期望第一次写推广稿就能给你带来委托撰稿的机会。然而，如果你的故事创意是好的，并且你注意防范本章中讨论的易犯错误，那么你获得委托撰稿的机会就会显著增加。

什么是一个好的提议？

　　柏林自由大学（Free University of Berlin）科学新闻荣誉教授温弗里德·格普费特（Winfried Göpfert，2016）认为，如果你想说服编辑，就需要确保该推广稿是写给编辑的。他说，你应该首先概括一下是什么让你对这个话题有极大的兴趣。这有助于让编辑感到兴奋，并且激励受众去读你的文章。然而，这个推广稿也是你写给自己的，作为列出了你打算写什么样的故事、你要采访多少人并且体现你的风格的一个大纲。

　　但是，一篇推广稿仅仅列出你打算如何写这个故事，是错误的。在你接受委托并且开始深入挖掘的时候，很多东西都会发生变化。常常，在你撰写文章的时候，其他情节线索会出现，并且它们会同你起初设想的完全不同。你写作时所出现的推理链条可能会产生完全不同的后续部分。所以，突然要面对与之前所讨论的议题完全不同的方面是不符合逻辑的。

　　推广稿中列出的任何计划都应该被看作阐述了最终的报道会是什么样子的一个创意。非常有可能的是，最后，它确实跟推广稿中列出来的一样。但是作者对那些起初的计划保有一定弹性的自由。

（Göpfert，2016）

　　以下以重要性递减的次序阐述推广稿的要素，这种方法类似于在撰写新闻时常用的倒金字塔结构。如伯恩斯坦（Bernstein，2014）认为的那样，当读者的时间有限时，倒金字塔结构是最合适的；当向编辑进行推广，并且他只给你几分钟时间来让你说服他委托你撰稿时，情况显然也是如此。

故事创意

　　一篇好的科学报道推广稿的第一个要素就是你的故事创意，所以它应该位于顶端。如果你的创意不能立刻吸引编辑的眼球，他就不会再读下去了。《卫报》的前科学通讯员詹姆斯·兰德森（James Randerson，2014）建议："你要在第一行清晰且简洁地呈现你的故事。如果你是在推广新闻报道，这可能就是你的故事的第一行。"然后是展示那个故事创意的相关情境和背景信息，并深入阐述（Randerson，2014）。推广稿中所有的东西都要围绕着故事创意展开。不论你的推广稿结构多么完善，如果创意存在瑕疵，你最终得到的可能就是拒信。

　　从一个话题开始，如何把故事创意浓缩成一两句话，让我们来看一个例子。第一，假设你起初想撰写袋獾，阐述快速扩散且可传染的面部肿瘤如何使得它们处于灭绝的边缘。这就是你的话题，它已经有很多意料之外的因素了：肿瘤通常是不会传染的。袋獾即将灭绝仅仅是一个话题。第二，其他报道已经涉及这个话题，而且如何拯救袋獾的视角会让人倒胃口。这意味着你需要压缩你的话题并且找到一个全新的视角。

　　所以，你需要开展一些初步研究，并且找到一些新的事实。比如，生态环保人士把一定数量的袋獾带到了远离塔斯马尼亚东部的玛利亚岛。你还发现，根据一项研究，袋獾有助于抵抗野猫，因为它们要跟野猫争夺食物。此外，你可以引述一位塔斯马尼亚当地居民的话，他认为生态环保人士把袋獾带到岛上以避免它们死于癌症，但是它们却杀死了地面孵化的珍稀鸟类。这会给你提供充分的素材，以找到不落俗套的视角。大多数已发表的文章解释了这种疾病，并且阐述了环保人士拯救袋獾所付出的努力。因而，除非你能独家获取到独特且新颖的保育技术，否则你就该把注意力放到其他方面。在我们的例子中，通过初步研究可以发现两个可能的视角：

（1）在澳大利亚本岛再次引入袋獾可能产生的影响。
（2）玛利亚岛上与世隔绝的袋獾如何影响岛上的生态系统。

我们试着把第二个视角转变成一个可以吸引编辑注意力的推广稿。比如，首先选择一个可以让编辑感觉到接下来要发生什么的场景。然后来一个 180度大转弯：出于好心的生态环保人士实际上正在破坏这个岛的动物群。

尊敬的（某某某）：
为拯救袋獾免于侵蚀面部的肿瘤疾病（袋獾面部肿瘤），科学家捕获了一批健康的袋獾并把它们释放到与世隔绝的玛利亚岛上。在那里它们获得了生机。但是他们看似成功的计划却存在着瑕疵：袋獾吃掉了珍稀且在地面孵化的鸟类。玛利亚岛上的这种鸟类根本没有机会幸存下来。进化并未让它们做好迎接那些武断地把新的食肉物种带到它们栖息地上的人类的准备。

注意揭示你的故事的那一句话："袋獾吃掉了珍稀且在地面孵化的鸟类。"你可以进一步将它压缩，直到你找到一个备选标题以及一种特性。可以为这个故事设想下面给的标题和副标题：

轻而易举捕获的猎物
生态环保人士将受威胁的袋獾隔离在玛利亚岛上以使其免于致命的面部肿瘤。其弊端呢？这种食肉性的有袋动物杀死了珍稀的、地面孵化的鸟类。

现在快速地看一下这个故事创意所含有的新闻因素。这里有**负面性**，因为好心的保育项目带来了一些严重的负面效果。这里有**清晰性**，因为这篇推广稿清晰地阐明了它的视角。同时你还可以发现它的**出人意料**，因为保护一个物种的努力无意间把另外一个物种推到了灭绝的边缘。还有**构成性**，因为很多出版物已经报道了生态环保人士的努力，但是却忽略了这个视角；以及**持续性**，因为袋獾面部肿瘤致死的这个话题遍及各种媒体。

这种保育却走错了路的视角似乎适合于那些通常报道自然科学、保育和动物学的出版物，比如《鹦鹉螺》（*Nautilus*）或者《新科学家》（*New Scientist*）。为话题塑造视角是有意思的，因为这会让你的故事创意与其他出版物关联起来。设想科学家的努力涉及在保护袋獾时提出来的一项新技术。从聚焦于技术的视角来处理这个故事会让这个故事与《技术评论》（*Technology Review*）存在相关性。从不利的方面来说，改变视角可能会让你的故事创意与你起初打算投稿的出版物不太相关。

动机与获取

一旦你用扣人心弦的故事创意吸引住了编辑，就需要让他感兴趣。你还要告诉他是什么让你成为这个故事的理想作者。一个非常好的理由就是独一无二的渠道：你能获取到独家渠道吗？利用前面的案例，你能独家采访首先认为袋獾会摧毁鸟类的那个人吗？如果可以，你就遥遥领先了。毕竟，编辑寻找的是独特且全新的原始素材，而不是从此前已经发表的其他新闻文章和特写中引用。

还可以通过筛选数据以及在政府、公司或机构的报告中找到可疑的模式来获得独特的见解。空间临近性也会让你处于一个独特的位置。比如，设想你为巴西本托·罗德里格斯（Bento Rodrigues）大坝灾难的报道撰写推广稿。如果你恰好在灾难发生的城市——马里亚纳，你就比与你存在竞争的记者有优势。如果你可以对居住在附近或者受到灾难影响的某个人进行采访，也是一样的。独一无二的渠道还意味着你有机会加入北极探险队或者访问一个新发现的考古遗迹。你可以用很多方式为你的故事素材获取独特的渠道，而且这几乎总是涉及提前与人交谈。你的推广稿应该清晰地阐释出你在获取其他记者无法得到的信息方面有哪种类型的渠道。

2015 年，《科学美国人》的拉里·格林迈耶（Larry Greenemeier，2015）就在线工具集和麦克斯韦存储器数据库撰写了一篇深度特写，该数据库对深度网络中的人贩子进行了追踪。使得格林迈耶的特写从其他类型的报道中真正脱颖而出的一个因素，就是他获取到了表明麦克斯韦存储器正在行动的独家地图：泡泡地图凸显出人口贩卖的热点，并且定向图表明了用户所采用的网络路径，同时详细记录了这些用户之间的关系。你可以获得哪种未发表的、全新的素材（文件、数据、图片、引语），一定要在你的推广稿中强调一下。

科　学

你的推广稿的第一段（或导语）要用引人入胜的故事创意吸引住编辑，并且展示出截至目前已经出现的主题。后续的段落应该强调这个故事的可用性并进一步对其相关科学进行阐释。在这个地方，你要通过简要阐述科学家如何解决了一个特定问题以及你如何将这个议题放到更大的情境之中来展示你对科学的理解。你还应该指出是什么让这种方法很新颖，以及它如何不同于这个领域之中此前的研究。在塔斯马尼亚袋獾的例子中，你应该强调保育措施通常是如何进行的，以及隔离一个受威胁的物种是重要的。你还应该强调此前对抗这种疾病的尝试是如何失败的。要注意只提供相关的细节并且说出你要引述的来源，避免提供太多或无关的细节。但是要尽可能具体，同时还要尽可能简要。有关科学的部分会让你的推广稿有权威性，并且表明你：

- 进行了充分的初步研究；
- 知道自己要说什么；
- 可以建构一个故事并且选择相关的研究。

《科学美国人》的数字内容经理柯蒂斯·布雷纳德（Curtis Brainard）告诫说，不要写太冗长的推广稿，因为这可能会显得你缺乏经验。

> 如果某人为一篇 800 个单词的文章写了 600 个单词的推广稿，你就知道显然他没有扎实地理解这个故事是什么。所以，我通常会立刻看一下长度。如果它真的很长，我就不太可能阅读这篇推广稿了，或者因为我没有时间，或者我认为这个人对写推广稿没有经验。
>
> （Brainard，2015）

在这方面，如果你还没有开始写，你可以用几个不同的段落来说明这个故事的启示（见表 3.1）。这是科学新闻教师道格拉斯·斯塔尔（Douglas Starr）推荐的一种技术，你在后面的部分会看到。在袋獾的例子中，他的启示十分重要，以至于你可以将它们直接编排到故事创意中。

表 3.1　构建推广稿的模板

敬语
务必要写对编辑的名字和性别
导语
直接进入故事创意； 列出你的主题，如果你已经有了一个主题的话。把这个故事同新闻关联起来，提出一个问题或争论点（如果恰当的话）
背景 1
表明你可以获取到这个故事； 你写过类似的报道吗？ 或者也可以把主题放到这个地方
背景 2
表明你了解背后的科学； 表明你做了充分的前期研究； 要具体，列出一些细节
启示
将结果放到更大的情境中； 解释一下为什么这个故事对读者来说很重要
资质
说一下你的工作背景； 只放相关的信息； 不放未经同意的内容
结尾
问一下你的读者是否对此感兴趣，然后结束

来源：根据对道格拉斯·斯塔尔的采访整理而成

补充材料和风格

根据你想发表的文本的类型，在推广稿的末尾你还可以阐明你想给这个故事添加哪些补充材料。温弗里德·格普费特强调了提供补充材料的重要性。

把细节、解释或者统计性背景信息放到文后的方框内。他们向读者表明这些是对于热衷的人来说重要的辅助材料，但是对于了解全貌来说并不是必需的材料。但是像照片、图表、摄影作品、素描或草图这样的图片是重要的。它们是引导受众继续阅读的"开胃菜"。除标题之外，它们是你的报道的最重要的入口。

（Göpfert，2016）

风格的重要性体现在两个方面。第一个是，推广稿的风格可以告诉编辑很多有关你这个作者的事情。如果你给一个妙趣横生的专栏撰写推广稿，但是却写得带有学术风格并充斥着术语的话，那么在获得委任撰稿方面可能就会面临困难。所以要确保推广稿的风格反映了拟撰写的文章的风格。同样，还要关注错误。一个小错误未必会让你错失撰稿的机会，但是如果在你的推广稿中不断地出现拼写错误或语法错误，或者你的表达能力很差，那么绝大多数编辑都会对你的提议置之不理。至于风格，要全程使用主动语态，因为被动语态会让阅读推广稿的编辑感到厌烦。如果你的写作风格（以及你的故事）在情感上能够让编辑融入其中，那么它就大有益处，比如在编辑头脑中制造画面感。这可以告诉编辑你不仅可以让他们融入进来，而且还能让目标受众置身其中。

就此而论，有关风格重要性的第二个方面是，你打算如何讲述这个故事。比如，你解释了如何应用一种具体的、富有创造性的风格来讲述你的故事。你采用什么风格完全取决于故事本身。根据柯蒂斯·布雷纳德的看法，提出富有创造性的风格可以让你的推广稿在众多同类稿件中脱颖而出。

我们还对写作的富有创造性的风格感兴趣。所以你可能会说，"我在这篇报道中会唱反调，或者我会采用一些文学技巧来完成这个报道，或者，在写作时我会假装自己是爱因斯坦"，等等。我们显然在寻找让人感兴趣的写作风格，尤其是在博客和社论方面。我们希望人们具有试验性。我们希望他们有创造性并且去验证这是否奏效。

（Brainard，2015）

作者信息

作者信息（除说明你具有撰写该报道的资格的信息之外）是推广稿中最不重要的部分，它应该放到最后。除非你想让编辑认为你是一个自恋狂，否则不要用长篇大论的自我介绍作为开头。你是努力兜售一个报道，而不是兜售你自己。也就是说，作者信息的部分应当给你的推广稿增加一些权威性的要素。

波士顿大学硕士生科学新闻项目的联合主任道格拉斯·斯塔尔（另一位主任是艾伦·鲁佩尔·雪尔）建议说，如果你没有给主流出版物撰写过文章，那么也没有必要担心。如果你有一个好的故事，编辑也会喜欢它。但是为了做到这一点，你需要提前投入一些时间来开展研究。最起码，要在准备写推广稿之前做几次采访（Starr，2015）。

认真地选择每一个细节，这些细节只包括那些有助于编辑决定是否委托你撰稿的内容。如果你给重要的出版物撰文，而且你写过与你正在推广的观点有关的话题，那就要提到它们。不要提及那些对你的权威性毫无助益的信息，包括你的教育背景、婚姻状况和写作职业。比如，提及你还是一个幻想短文作家，对于你提议就空气污染撰写一篇短文来说，没有任何帮助。一定要给编辑提供相关的、已发表的文章，但是千万别发那些"王婆卖瓜"式的片段。

编辑如何阅读推广稿

不同的编辑看待推广稿的方式是不同的，当然他们的期望也是差异巨大的，这取决于他们出版物的编辑政策以及他们个人的喜好。这也是为何同一个出版物的编辑有时候却对科学作家存在不同工作期望的原因。比如，在对《石板》（Slate）杂志进行的一次采访中，编辑丹·考伊斯（Dan Kois，文化编辑）和劳拉·赫尔穆斯（Laura Helmuth，时任科学和健康编辑）讨论了他们完全不同的编辑风格，并且认为他们大多数情况下是与自由作家一起工作，因为文化编辑和科学编辑不会聘用很多的专职作者。赫尔穆斯证实说，她的编辑风格没有考伊斯那么严谨，因为她想保持作者的声音（Kois，Helmuth and Lai，2015）。

在一次个人采访中，赫尔穆斯证实说，这种相对柔软的编辑风格影响并且反映了她希望《石板》杂志接收有关科学文章的推广稿的方式。她认为推广稿应该较短且不拘一格（Helmuth，2015）。幸运的是，很多组稿编辑对于想从推广稿中获得什么非常坦率——并且理由充分。像考伊斯和赫尔穆斯一样，很多编辑主要与自由撰稿人一起工作。如果一开始他们就讲清楚想从推广稿中获得什么，他们收到较差推广稿的概率就小很多，记者们也可以根据编辑的需求撰写他们的推广稿，并且增加获得委任撰稿的可能性。有些出版物会发表自己的推广稿指南，就推广稿的格式、要素和它们期望的话题提供一些细节。在本章末尾的阅读清单中你可以找到《新科学家》《科学美国人》《石板》和《连线》的投稿指南链接。

《BBC聚焦》杂志的组稿编辑杰森·古德伊尔（Jason Goodyer）证实说，这种推广稿指南会让出版社和作者都受益。他还详述了自己如何评估自由撰稿人的推广稿：

> 这些日子以来，绝大多数推广稿都是通过邮件发来的。在《BBC 聚焦》杂志，我们会做一些稍微不同的事情。因为与其让某人发来一封邮件，把推广稿放到邮件中，我们更愿意让他们从网站上下载一个表格来填写。之所以这样做，是因为这可以让我们自己以及自由撰稿人都更方便一些。
>
> 此外，在收到邮件后，我会先看看它大体上是否合适。有时候，我们收到一篇推广稿，但这并不是我们打算报道的话题，显然这完全不适合我们的杂志，所以我会回复他们说："谢谢提供这个信息，但是恐怕它不适合《BBC 聚焦》杂志。"如果我认为我们可能会报道这个话题，我会回复他们说："谢谢提供信息，这看起来挺有意思，我认真看了之后会联系你。"这样他们就知道我已经看过了。然后，当我有十分钟空闲的时候，我会认真地看一下，以确定它是否符合我们计划报道的特写类型，以及是否符合我们《BBC 聚焦》杂志要报道的话题类型。每个月我们都会召开专题策划会议，我会给整个团队展示符合要求的所有推广稿，并且进行讨论——通常是我、格雷厄姆·索恩和丹尼尔·本尼特（Daniel Bennett）——我们会讨论我们认为什么是恰当的。我们也会提出自己的看法。我们收到的每一篇推广稿都需要与其他自由撰稿人投过来的推广稿以及我们自己的想法进行竞争，所以实际上这是一个非常具有竞争性的领域。
>
> （Goodyer，2015）

对于位于伦敦的《自然》杂志的首席专题编辑海伦·皮尔森（Helen Pearson）来说，一篇推广稿的导语是重要的，因为这是她对推广稿进行评估的第一部分。她想起了科学作家亨利·尼克尔斯（Henry Nicholls）写的一篇特别上乘的推广稿，并且最终在《自然》上发表了一篇专题文章：

> 这篇推广稿的开场白大概是这样的："下周，我要飞往马来西亚，去看看对一种不能生育的、三条腿的苏门答腊犀牛的子宫进行的救援行动。"我立刻就知道，我对此非常感兴趣。他写导语的方式就是你在一篇专题报道中想用的那种方法。效果就是它立刻引起了你的关注，所以我觉得，那是不寻常的，我想让他告诉我更多。
>
> 我没有立刻委托他撰写这个故事。我们经过了好几轮的互动讨论，

以确定这个报道该是什么样子的。但是事实是，他那个引人入胜的导语已经非常有趣了。

最后，如果你在推广一则报道，就如同你撰写一个导语一样：你需要抓住人们的眼球。某些离奇的或者不寻常的东西是可以抓住眼球的。是的，导语中有一些小惊喜会非常有所助益。

（Pearson，2015）

柯蒂斯·布雷纳德说他每天都会收到大约五篇推广稿。他将时间限制在 10 分钟以内，来筛选成堆的推广稿，确定它们是否合适。当被问及在审读这些推广稿时的流程是什么样的，布雷纳德说阅读每篇推广稿只用几分钟的时间。如果你的观点能够吸引住他，那么他会多花几分钟来思考过去《科学美国人》是否报道过这个话题。他还会通过网络来搜索其他媒体是如何报道这个话题的。如果这个话题没有报道过，并且你的视角非常独特，那么你的推广稿就有可能被他接受，并且他会委托你撰稿，这个比例是 20% 到 25%（Brainard，2015）。

对于劳拉·赫尔穆斯来说，一篇好的推广稿要有精确的主题。在打开一封邮件时，这就是她特别关注的东西。

首先要有恰当的主题。将"推广稿"或者"来自自由撰稿人的投稿"这几个字放到主题中非常有帮助，这样可以确保我知道它来自一个真正的作者，而非公共关系部门。其他重要的事情就是，如果某个报道具有时效性，那么重要的就是把它在主题中阐明，所以可以采用"紧急"或"有时效性"这两个词语（词组）。如果收到了紧急或者具有时效性的邮件，我会立刻打开，因为我知道作者需要一个回复。如果我不知道这具有时效性，那么它可能会在我的邮箱中待上一个星期，虽然我会努力在一两天之内给予答复。

（Helmuth，2015）

绝大多数编辑都会通过互联网来搜索你报的选题，并且寻找一下哪些出版物曾经发表过关于这个话题的报道。在一个案例中，起初具有前景的推广稿变成了赫尔穆斯口中"最差的推广稿"。在她过去 15 年的职业生涯中，她曾经遇到过这种情况。

我还在《史密森尼杂志》（*Smithsonian Magazine*）时，有人给我发了一篇推广稿，是与动物智慧有关的一个动物行为报道的。他谈到了有关动物智慧的新的研究结果的几个例子，以及动物是如何变得更聪明的，认为我们或许应该赞扬它们。他还在邮件中口若悬河地讲了几个案例。其中一个是一头名为贝蒂（Betty）的牛可以折弯一根电线来从瓶子里取食物。这篇推广稿写得非常好，也有非常多的细节，显然作者对这个话题了解颇多。所以我回了邮件，与作者进行了对话并询问他打算如何报道这个故事。然后我说道："我确信这只是一个拼写错误，但你一定知道这个名字叫贝蒂的是只乌鸦（crow），而不是一头牛（cow）。"但是他回邮件对我说："不是的，我的故事说的是一头名叫贝蒂的牛。""什么？"我一脸懵，而且非常疑惑，于是我打开了搜索引擎，然后我发现他的整篇推广稿都是抄袭的。他基本上照抄了《卫报》上的整个故事，《卫报》把"乌鸦"错误地写成了"牛"，那是他们犯的一个错误。他所有的事情都做错了。首先，作为一个作者，抄袭是最严重的错误。即便是在推广稿中，你也不能抄袭。其次，当编辑说你错了的时候，你应该说"可能编辑知道自己在说什么"，而不是说"不，不，我是对的"。他真是一个变态。

（Helmuth，2015）

接近编辑

第一印象很重要，而且推广稿没什么不同。通过邮件发送的推广稿，最重要的信息就是主题和你的名字。如果编辑决定查阅一封邮件，接下来能够立刻引起他关注的就是称呼。如果你把编辑的名字写错了，在很多情况下你就没有机会了。你的推广稿会被直接投进垃圾箱，事实也确实如此。如果你都不能把他的名字写对，那么编辑又如何认为你能开展一定的研究并且用科学事实来撰写文章呢？

提交一封较差的推广稿是一码事，而不尊重编辑是另外一码事。后一种失策会隔断你和编辑之间的联系。但是，对于前者来说，你还可以通过再次尝试加以弥补，就像海伦·皮尔森认为的那样：

你们需要相互尊重：我需要尊重作者和他们的想法，他们也需要尊重我的看法和我提的问题。所以，这是专业主义水平的问题。但是我也认为作者不应该害怕接近编辑。我们不是洪水猛兽。我一直真切地寻找好的、有天赋的作者，我也希望听到他们的看法。所以，非常重要的是他们跟我取得联系，并且在推广他们的想法方面信心十足，虽然他们的想法也许不会变成我委托他们撰写文章的行动，不过这不重要。我不介意花点时间跟他们打交道，因为有一天也许他们的想法就合适了呢。

（Pearson，2015）

在接近编辑时，你必须知道哪些是"要"的，哪些是"不要"的。下面的清单是根据本章中受访者的经历和建议列举出来的。

要

- 行为礼貌且专业。
- 以编辑的姓氏相称。
- 积极地看待批评。
- 接受对推广稿进行的修改。
- 表明你看过他们的出版物。
- 对编辑付出的努力表示尊敬。
- 对编辑在你推广稿上投入的时间表示感谢。
- 文章发表后，以及如果你因此而得奖，要再次感谢编辑。
- 通过邮件正文发送推广稿，不要用附件的形式。
- 只有话题确实有时效性时，才要求编辑尽快回复。

不要

- 发送未经要求的文稿。
- 过于随便。（"谢了，老兄"不是恰当的表述和称谓。）
- 与编辑争论或冒犯他们。
- 要求解释推广稿被拒的原因。
- 通过电话推广自己的创意。
- 通过电话跟进。
- 发完推广稿立即跟进或跟进太频繁。
- 吝于谈及细节，以防编辑窃取你的创意。

最后一个建议好像在钢丝上行走一样：当你确实不想保留那些可能会引起编辑兴趣的细节时，就会出现你可能会有点犹疑不决的某些情况。这确实会因具体情况而异，其取舍就在于获得委托撰稿的机会和失去一个重要的故事之间。兰德森（Randerson，2014）认为你应该保留那些独特的细节，如果你手头有一个突发故事的话。他特别强调：

> 如果你真有一个好创意，试着在推广稿中提供可以吊足编辑胃口但并不容易继续跟进的足够信息，比如，不提关键联系人的名字。一旦编辑上钩了，你就可以告诉他们更多的信息。
>
> （Randerson，2014）

要意识到编辑的时间是有限的，所以推广稿要言简意赅。道格拉斯·斯塔尔认为，你的推广稿必须聚焦，且言简意赅到编辑值得付出时间去阅读。

> 对我来说，询问能否获得委托撰稿必须简短干脆。编辑会收到大量的询问，你必须迅速且清晰地为他们提供信息。话题需要聚焦，同时在你的头脑中要界定好受众，你还要确定话题适合这份杂志，你也要明白你可以撰写这个报道，以及你能获得所需的资源。
>
> （Starr，2015）

斯塔尔（Starr，2015）还让他的学生们设想一下，当编辑阅读新收到的推广稿时会如何对下列问题做出反应：

- 这是一个好故事吗？
- 为什么是这个故事？
- 为什么要这个作者去撰写？
- 在不给我带来太多麻烦的情况下，作者可以写完这个报道吗？
- 作者知道他在说什么吗？
- 这个问题很清楚吗？
- 我以前听过吗？
- 我关注吗？
- 这很及时吗？

如果你的推广稿能让编辑恰当地回答所有上述问题，那么你就可以提交了。务必阅读本章稍后的一部分："案例研究：分析一份成功的推广稿"，斯塔尔会带你浏览他接受的一篇推广稿。

你还可以在一些科学新闻会议上推广你的故事。其中最重要的会议就是美国科学作家协会组织的年度科学作家会议，英国科学作家协会（Association of British Science Writers，ABSW）组织的两年一次的科学记者大会，以及世界科学记者联盟（World Federation of Science Journalists，WFSJ）组织的两年一次的世界科学记者大会。绝大多数这些会议都有公开发布推广稿的环节，你在那里可以向由组稿编辑和记者组成的国际小组发布你的推广稿，他们会对其进行评估和评论。年度科学作家会议上的这个环节被称为推广稿评论（Pitch Slam），通常是由劳拉·赫尔穆斯进行组织和评论的："我们的目标是帮助编辑和作者更好地彼此理解，并且表明我们（编辑）并不是令人生畏的。"（Helmuth，2015）科学记者会议上的这个环节名为"深入虎穴"（Dragon's Den），编辑组成的小组对提前选好的三个推广稿进行现场评论。《自然》杂志的海伦·皮尔森是 2014 年这个环节中被选中的三个作者之一，其中一篇推广稿最终获得了《研究双周刊》（*Research Fortnight*）的委托撰稿。在本章末尾的网站链接部分，你可以看到 2014 年"深入虎穴"的视频，以及本章提及的会议。

研讨会：撰写推广稿

现在你已经知道了一篇推广稿的基本要素，接下来让我们看一下撰写推广稿的必要步骤。我们以一个简短的新闻作为推广稿的起点：2015 年 7 月 7 日，路透社（Reuters）发布了一条展示超回路列车的视频新闻，这是长距离旅行的一种新方法（Flynn，2015）。六到八人被放到一个胶囊仓里，在真空中进行长距离旅行，这是一条由玻璃制成的笔直的管道。从洛杉矶到旧金山的估计旅行时间是 30 分钟（1200 千米 / 小时的速度）——是乘飞机旅行相同距离所用时间的一半。这个视频中对该公司的首席执行官进行了采访。和其他新闻通稿或短新闻一样，这里已经有了最重要的信息：5 个 W 和 1 个 H（什么、谁、何时、何处、为何以及如何）以及对首席研究人员的采访（或者说，在这个例子中是负责研发这项新技术的人）。如果你能对一个第三方专家进行额外的采访，那么你就可以对超回路列车撰写一篇简短的新闻了。

你可以把这个新闻作为一篇专题的灵感，而不是撰写另一个毫无价值的短新闻。首先找到话题，然后缩小你打算提交推广稿的出版物的范围。潜在的话题是交通技术或者我们未来该如何旅行。《新科学家》《科学美国人》《BBC 聚焦》《连线》以及《麻省理工技术评论》（*MIT Technology Review*）都是恰当的候选者，因为它们都报道科技故事，在过去也都报道过交通技术。你可以完全排除掉《空天》（*Air & Space*）、《智能天气》（*Weatherwise*）和《天空与望远镜》（*Sky and Telescope*），因为它们专注于完全不同的话题领域。

在这次实践中，我给《BBC 聚焦》的组稿编辑杰森·古德伊尔发送了文本框 3.1 中的推广稿。注意，这本杂志通常不会接受结构不清晰的推广稿，但是它们在杂志的网站上提供了你可以下载的推广稿表格。

注意，文本框 3.1 中的主要观点出现在第二段，这是为了吸引编辑的关注。在这个例子中，第一段提出了问题，同时也是撰写这篇专题的动机。我首先用一句话写明了故事创意，其他所有的信息都是围绕并且支持着这个创意而展开的。然后我写完了第一段，阐明了背后的问题，并且吸引了编辑的注意力。这种方法在撰写有关技术的推广稿时非常有效，因为新技术总是解决那些具体问题的。第三段提到了我要咨询和引用的资料来源。最后一段提到了文章的大概篇幅以及会给文章增色的额外材料。这两段我是最后写完的；通常它们很容易撰写。与第一段一起，它们的目标是表明我已经做了一些功课，并且开展了充分的初步研究，以充分理解问题到底是什么。最困难的一部分是把创意变成构成你整篇文章主旨的一句话——在撰写专题时你必须回答的研究问题。

文本框 3.1 提交给《BBC 聚焦》杂志组稿编辑杰森·古德伊尔的推广稿

你在未来会如何旅行

每年都有 1100 万名英国人通过交通工具来通勤。他们一生中大约有一年的时间要用在驾驶汽车和搭乘火车上。而且情况会越来越糟，据近期美国和英的研究表明，到 2045 年，美国的绝大多数公路都会彻底地拥堵不堪。人们将哪儿也去不了。

像超回路列车这样的新的交通技术会取代基于道路的、行将消亡的通勤模式，并且给我们如何在两座城市间旅行带来一场革命。交通堵塞的问题将永不存在。

这个报道的由头就是近期路透社有关努力建设超回路列车的公司的一则新闻。除了埃隆·马斯克（Elon Musk）的超回路列车，这篇专题还会报道磁悬浮列车、曼彻斯特和纽约市之间的跨大西洋水下列车、自动分离舱（比如玛斯达尔城/阿布扎比的那些）以及自动驾驶汽车。本专题还会讨论票价如何随着这些新的通勤技术而变化——这是一个重要方面，因为英国人用在通勤上的费用是欧洲大陆居民的两倍多。此外，我还会采访超回路运输技术公司的首席执行官德克·阿尔邦（Dirk Ahlborn）和拉夫堡大学（Loughborough University）的教授罗杰·古德尔（Roger Goodall），他是交通技术方面的专家。

本专题的篇幅大约是 2000 个单词。我还会提供一些花絮和文本框，以生动地解释在巨大的超回路真空仓中是如何旅行的，磁场是如何帮助列车悬浮起来的，以及自动分离舱是如何找到自己的位置的。

虽然这篇推广稿的文字不多，但是其中却含有很多初步研究的信息。这篇推广稿的长度可能比《科学美国人》的柯蒂斯·布雷纳德建议的要长一些，但是文中提出本专题的篇幅是 2000 个单词左右，这表明推广稿的长度是合适的。

2015 年 7 月 16 日，我把这篇推广稿发给了杰森·古德伊尔并等待他的回复。2015 年 8 月 5 日，古德伊尔给我发了一封体贴入微的邮件：

通过阐明这篇报道为何与读者相关，这篇推广稿起了一个好头。它还通过引述几个研究来支撑其主张。如果能在这里指出具体的研究并提供相应的链接，以便编辑能够确定它们是否来源于一些权威的渠道，就更好了。

很高兴看到作者通过阐明新闻由头给"为何现在要做这个话题"提供了答案。我在这里想说的是，本杂志有时候会有相当长的前期准备时间，所以除了去思考现在发生了什么，考虑一下未来会发生什么，也是一个不错的想法。话虽如此，像这样的专题会有很长的货架寿命。

作者提到了两位可能的受访者，但是他们没有说是否会接受采访。如果不能进行采访，那这篇专题就会大打折扣，所以编辑希望知道作者已经获得了受访者的默许，可以在文中引述他们的观点。

作为编辑，看到作者想到了在正文之外会提供额外的素材，这是非常有益的，会增色不少。然而，如果以要点的形式列出来，会更有利于编辑一眼就看到。

这里没有提到图片。提及会用到什么类型的视觉素材会有所帮助。不仅仅是照片，还包括图形和图表。

总之，这篇推广稿简明、切题，这对我很有帮助，有些编辑媒体会收到好几篇推广稿，可能没有时间去看篇幅太长的推广稿。

最后，如果你以前从未给本杂志撰写过稿子，那么提供一下你的个人简历以及几篇你已经发表过的作品给编辑，以让他相信你是撰写这篇专题的最佳人选，会是个不错的做法。

（Goodyer，2015b）

古德伊尔最终否决了这篇推广稿。他说，"我们不会委托您撰稿，因为我们近期已经做了类似的报道"（Goodyer，2015a）。我似乎犯了一个典型错误，那就是没有查阅《BBC聚焦》前几期的内容。我们可以把这次拒稿作为阅读该杂志更多期内容的一个契机。积极面对拒稿是学习过程的一个重要组成部分。

案例研究：分析一篇成功的推广稿

作为作者，你必须是一个热心的读者。如果你想在撰写某种类型的报道的过程中出类拔萃，就必须尽可能地带着分析的眼光去阅读这样的报道；阅读、分析并识别重复出现的模式；找到最好的文本，并且从中学习；然后开始撰写你自己的报道。在推广稿方面也是一样的。然而，和科学报道不同的是，推广稿不太容易获得。很多推广稿都消失在编辑的邮箱中了，并且绝大多数都不会公开。有些富有才气的科学作家会在网络数据库中公开他们以前写的一些推广稿，你可以从中下载。

其中一个就是"开放笔记本"（Open Notebook）的推广稿数据库，你可以根据作者或出版物来进行搜索。这个数据库中有最终在高知名度的报纸、博客或杂志上发表的80篇科学报道的提案。我会剖析其中一篇推广稿，并讨论到底是什么原因让它取得了成功。

在浏览推广稿数据库时，你很快就会注意到，长篇幅推广稿的数量超过了短的。我要剖析的这篇推广稿有550个单词。它的作者是波士顿大学科学新闻专业的教授道格拉斯·斯塔尔，他最终受托就詹姆斯·霍姆斯（James Holmes）的案件给《石板》杂志撰写1400个单词的文章（Starr，2012）。在推广稿中，斯塔尔解释了心理学家用来区分真正的心理病态者与装病者的技术。你可以在文本框3.2中看到他发给时任编辑劳拉·赫尔穆斯的整篇推广稿，如果你想阅读这篇文章，你可以在本章后面的阅读清单中找到链接。

文本框 3.2 道格拉斯·斯塔尔写给《石板》杂志编辑劳拉·赫尔穆斯的推广稿

尊敬的劳拉：

在看到科罗拉多大学詹姆斯·霍姆斯详述他计划进行大屠杀的笔记以及有关他在狱中奇怪行为的报告后，人们开始推测他是真的患有精神疾病还是为无罪辩护打伏笔。当某人犯下可怕且令人费解的罪行时，这种猜测总会出现。这就带来了一个问题——罪犯能通过装疯卖傻而脱罪吗？

自19世纪中期产生了为精神错乱而进行的辩护以来，专家们就一直在争论这个问题。那个时代的罪犯会做任何能够让自己避免绞刑或走上断头台的事，还会伪造当时新兴的心理学方面的症状。近年来随着相关文献的不断丰富，犯罪心理学家撰写了案例的历史，并开展了关于如何侦察这些"假装癫狂的人"的研究。绝大多数技术依赖于调查者的经验和观察能力——在症状中寻找易变性，等待嫌疑人厌倦这个把戏，或者只是捕捉他无法掩饰的眼神。就像奥地利刑事学家汉斯·格罗斯（Hans Gross）所写道的："当他觉得没人在盯着他的时候，骗子会迅速且仔细地瞄一眼调查人员，以确定他是否会相信自己说的话。"

如今的法医心理学家同样也会担心装病的嫌疑人。在每年大约60000名无受审能力的人当中，大约有10%到17%是假的。和他们的前辈一样，今天的专家也是以实用的临床眼光来检视嫌疑人，以确定他们的症状是否匹配那些研究已很充分的病理学，以及这些症状是否持续存在。他们还会采用一连串用于审查的心理学测试。其中一个名为M-FAST的测试由25个问题组成，并且会对嫌疑人的现实感进行赋分。娴熟的心理学家利用这项测试可以在15分钟内做出初步评估。其他测试涉及高度的结构化访谈，以对目标对象的记忆力和有关精神错乱的主张进行额外的赋分。

这些测试，加之心理学家对症状进行分类的能力，在筛查伪装者方面产生了令人称羡的记录。然而，伪装大师偶尔也会通过测试。数十年来，为了表明自己精神不健全，被纽约的媒体戏称为"怪老爹"的黑手党头目文森特·吉甘特（Vincent Gigante）穿着他的小意大利牌（Little Italy）睡衣，步履蹒跚，口水横流，喃喃自语。在1997年的审判期间，他欺骗了六名顶尖的心理学家——甚至包括给伪装者进行精确界定并写出教材的理查德·罗杰斯（Richard Rogers）。直到2003年，官方窃听到了他的电话，发现他与自己妻子的交流条理清晰，吉甘特才承认所有的都是骗局。这个案例以及其他的轶事与信息，可以使得伪装的现象和对伪装的侦察成为一篇引人入胜的文章。

我个人的履历如下：我是波士顿大学科学新闻研究生课程的联合负责人，也是专注于科学和科学政策的资深记者，尤其是在法律体系方面。我在诺普夫（Knopf）出版社出版过两本获奖图书，最近一本考察的是法医和犯罪学的诞生。我的文章和评论见于各种媒体上，包括《新共和》(*The New Republic*)、《连线》、《科学》和《史密森尼杂志》，以及电视和国家公共广播电台，《洛杉矶时报》和《波士顿周日环球杂志》(*Boston Sunday Globe Magazine*)。(更多信息，参见 douglasstarr.com/bio。)

你们的读者会对这样的选题感兴趣吗？

谢谢！

道格拉斯·斯塔尔

斯塔尔探讨了他如何建构询问和建议，以适合自己打算向其进行推广的出版物：

在询问中，你要做的就是用导语立即引起编辑的关注。在这个例子中，因为《石板》杂志每天都会出刊，我认为我需要有一个与当前的新闻密切相关的引语。很多时候我不是这么做的。但是在这种情况下，我会说，这是一种正在进行的实践，也是一个问题。因为我知道《石板》杂志的编辑有趣味感和兴趣，我认为，情况就这样发生了，这是一个正在发生的有趣的议题。首先，我立即把它与新闻关联起来，我提供了一个视角。接下来，我提出了问题：罪犯可以通过伪装精神错乱而脱罪吗？在我的作品或者询问中提出问题是不常见的。但是《石板》杂志喜欢这样的风格。这就是为杂志定制询问方式的一个例子。当时，《石板》杂志习惯于采用这种风格，每个人都会以问题作为第一段的结尾。这是《石板》的风格。这篇推广稿已经有点像《石板》上的文章了。

(Starr，2015)

然后，斯塔尔对每一段进行了拆解，并且分别解释：

第一段提出了问题。

第二段增加了其他作者不会放进来的素材。因为对于我的图书，我可以提供一个非常有意思的历史视角：这个想法已经被讨论了 130 多年了，这种人被称为装疯卖傻的人。

第三段则直面当前。他们仍然担心装疯卖傻者的存在。这里提及了数字、他们所用的测试类型，稍微展示了一下科学素材，这是非常权威的。

第四段说的是，他们有着良好的记录。然后我搞清楚了假装（疯癫）的文森特·吉甘特的情况，我知道他们会喜欢某些轶事。

我的大多数询问都有点长，但我大体上是这么做的：第一段就好像是一个报道的导语。它用严肃而有趣的方式吸引了编辑的关注。接下来的两段通常是表明你知道自己在说什么的背景信息。最后一段则是总结。我通常会用个人的资历作为结尾。这表明我是谁以及我做了什么。你的读者会对这些感兴趣吗？

通过这样的询问方式，编辑可以自由地选择接受或拒绝，但是她知道我说的是什么……这是一个好的结构。有导语，有几段基本内容。在更严肃的文章中，我甚至还会用一整段来阐明它的意义：为什么对你们的读者来说这很重要。这就是我和我的学生、同事在我们的项目中所用的基本结构，我们发现它非常有效。

（Starr，2015）

内部推广和外部推广

到目前为止，本章大部分讨论的是对外推广，也就是来源于自由职业的科学记者给杂志组稿编辑发送的推广稿。这与很多科学杂志目前依靠自由职业者撰稿这一事实紧密相关。例如，在《BBC 聚焦》杂志中，绝大多数专题文章都是科学作者写的（Gocdyer，2015b）。这一情况同样适用于其他科学杂志，比如德国发行量很大的科普杂志《德国科技杂志》（*P.M. Magazin*）。如果你的推广稿写作精良，那么你能很容易地获得委托撰稿的机会。

尽管出现了从正式员工向自由职业者的转变（源起是规模裁员），但是仍然存在着很多雇佣全职作者的出版物。在其最核心的部分，在内部提供推广稿的过程与从外部提交是一样的：你需要说服编辑，你的故事是与出版物的受众相关的。但是具体做法却是非常不同的。比如，如果你是作为全职作者来提交推广稿的话，你的编辑和你是彼此了解的。因为你知道他们会喜欢哪个话题和创意，并就比委托撰稿，所以你不太可能提出不恰当的提议。作为编辑团队的一部分，你很快就能获得这样的见解，即便你是一个实习生。此外，如果你是工作人员，那么提供推广稿的过程就不会过于正式。除编辑部的会议之外，你还可以在搭乘电梯或者午休的时候提出你的推广稿。

然而，也有例外。路透社的前全职记者夏伦·贝格利认为，在路透社，对科学报道进行推广会遵循非常严格的过程。

> 在《新闻周刊》，只是与一个编辑进行非正式的对话。有时候，在策划会上，我会给一群人呈现我的创意。然而，在路透社，这个过程要更正式一些。是的，你需要把东西写下来或者展示到屏幕上，这非常严格：创意是什么？为何重要？我们为什么要关注？有什么经济效益？你基本上要回答全部问题。在写下来之后，它就会来到你的第一个编辑手里，他会转给第二个编辑。几乎没有面对面的讨论。所以，这非常缺乏人情味，也没什么乐趣。那只是表明了每个出版物在处理新的创意时的不同方式。
>
> （Begley，2015）

当被问及内部推广在《BBC 聚焦》是如何运作的，组稿编辑杰森·古德伊尔回答说，他觉得内部推广的模式还取决于新闻机构的规模。

> 我确实偶尔会给《BBC 聚焦》杂志撰写专题，但我不会写正式的推广稿。当你是一个自由职业者并且你显然不依赖固定工资的时候，推广稿就是你维持生计的来源。然而，当你依靠固定工资时，我真的不认为这是在推广，虽然其差异很小。即便我们在《BBC 聚焦》不会非常正式地进行推广，但就我的经验而言，内部推广会更容易，也不太正式，因为你每天都会跟某些人直接接触，所以甚至是在午餐时，你也会说"我有一个非常好的想法"。我可以理解像路透社那样的大型组织会有更正式的推广过程，但是我们在《BBC 聚焦》只有八个人。因为我们会密切地合作，所以给格雷厄姆提交正式的推广稿会很奇怪。然而，如果我想给像《BBC 野生动物》（*BBC Wildlife*）这样的另外一个杂志写稿的话，那么我会走正式的推广稿流程——我不会走到他们的办公室说："伙计们，我有一个好主意。"
>
> （Goodyer，2015）

《科学美国人》的博客编辑柯蒂斯·布雷纳德证实，内部推广通常没有那么正式，并且要比外部的科学记者的推广更加容易一些。

> 我收过也发过内部推广稿，这更多的是非正式的。通常，内部推广是通过口头的方式完成的，比如在新闻策划会期间……通常来说，周一会有策划会，来提前一周讨论接下来的安排。有人会走进来说："本周有

三件非常有意思的事情——分别是 A、B 和 C。我应该做其中的一件、两件还是三件都做？"但如果那样的话，哪一个先做，哪一个放在第二位，哪一个又放在最后？所以，这是一个非常口头且不稳定的过程。当涉及内部推广时，一般来说，很多时候没有书面的推广稿。推广稿只会在会议中出现在编辑和作者之间。这有点不同于大的专题、调查性文章或者有关大型企业的文章。在那种情况下，记者会写一条简短的留言，也算是某种推广稿，然后递给他们的编辑。当发生那种情况后——与我刚刚说到的相反——这封推广信可能会稍微长一些，也有更多的细节，因为你实际上讨论的东西更为复杂。你可能描述了你需要做的一些旅行，你可能描述了为撰写这个报道而需要支付的设备经费。当这个推广是在内部进行的，并且你已经写下来了，那么它实际上可能会更详细，篇幅也更长——这不同于和外部作者的合作。一般来说，这比较容易，因为编辑和记者彼此了解。有时候，记者可能不会清晰地解释他的创意，或者会尽可能简单。但是这也不错，因为编辑知道那个作者，也理解作者想说什么。

（Brainard，2015）

他补充说，这种情况最终也会出现在编辑和自由撰稿人之间。他们彼此越了解，"提供推广稿的过程就越简单"（Brainard，2015）。建立这种关系的关键是你需要接受批评并且从中学习。在成为一个专业的推广稿作者的道路上，你毫无疑问会犯错误，就象我在本章前面提到的那样。为帮助你避免最糟糕的错误，在下一部分呈现的是某些编辑和学者坦率讨论的他们遇到过的最糟糕的错误。

最常见的推广稿错误

当被要求提出一个最常见的推广稿错误清单时，我们采访的绝大多数编辑都迅速地提出了一个他们这些年来收集到的相当长的具有致命风险点的清单。杰森·古德伊尔提供的清单包含了会让你立马被拒绝的三个严重的推广稿错误：

第一个是没有对杂志进行研究。那无疑是最常见且最致命的错误——你是在浪费所有人的时间。第二个就是没有提供足够的信息。也就是说，没有进行充分研究的、完全不恰当的推广稿。第三个就是在接近编辑时缺乏专业主义。这些都是很大的错误。

（Goodyer，2015）

柯蒂斯·布雷纳德说，最大的错误就是发送了不合适的内容，没有迅速地切中要害，以及发送了未经要求的手稿：

他们犯下的最大错误就是，推广稿对于具体的出版物来说完全是不恰当的。这是你会犯下的最严重错误之一。另外一个较大的错误就是结构错误，以及用某些不相关的和让人讨厌的方式开头，比如"你好，我是谁谁谁，我从事的是什么"。在谈正事之前，他们只是告诉我有关他们自己的信息。我们所有的编辑在浏览推广稿方面的时间都是非常有限的。所以，所有不能切中要害的信息都是错误的。发送冗长且乏味的推广稿也是一种错误。我不知道是否所有编辑都认同这一点，但是我认为很多人会这样。发送全文或者未经要求的手稿也是一种错误。我是不会读的。我没有时间。很多人会说："你好，我写了这篇不错的文章，我附上了草稿，你能看一下吗？"然后我们的回答就是不会。你首先要给我发一个简短的提要。我不认为所有编辑都会强调这一点，但是我会。我不想收到未经要求的手稿。我没有时间阅读800个单词的手稿。我只有阅读100个单词推广稿的时间，所以这才是你要做的事情。

（Brainard，2015）

当劳拉·赫尔穆斯被问及她遇到的最常见的推广稿错误时，她部分地认同布雷纳德和古德伊尔给出的清单，同时也补充说提问题通常也不是一个好主意：

在发送推广稿时，很多人犯下的一个错误就是想问很多问题。他们有很多自己感兴趣的事情，他们会问"我想知道为什么这些鱼转圈游泳"以及"为何健康管理系统在做某某事情时非常糟糕"。这样的推广稿往往不会奏效。我认为很多编辑会收到这类稿件。我们的回应通常是：当你回答了这些问题之后再发来一遍吧。

但是，最常见的错误是，作者不熟悉打算提交推广稿的出版物。问题不是这个故事有多棒，而是它对于你要投稿的出版物有多合适。我拒绝一篇推广稿的最常见理由就是，"对于其他出版物来说这可能是一个有意思的故事，但这不是我们报道的类型，也不是我们会采取的办法"。截至目前，这是最常见的错误，作为作者的你如果没有时间去研究你要投稿的出版物，那你一定会被拒稿。

另外一个典型错误是，推广一个话题而非一个故事，说"这个话题非常有趣"但没有解释你的故事与话题为何独特。收到有关话题的推广稿很常见。当我在《史密森尼杂志》时，这个问题更常见，因为我当时负责专题栏目，我觉得人们把杂志的专题看作某个话题。他们不了解，杂志的专题需要有很强的故事线。

（Helmuth，2015）

道格拉斯·斯塔尔补充了他尽力避免的两件事情：发送链接，以及推广稿包含了在开展前期研究过程中采集到的太多素材：

我在询问中不会做的一件事情是发送链接。我不知道这是不是这个行业的原则，或许这只是我自己的原则。但当我的学生给我发送的询问中包含链接时，他们是在告诉我："你为啥不做点功课？"我不想做功课。我想让他们做功课。如果里面有链接，我希望他们能消化其中的内容，并且放到正文中。作为编辑，我不想做其他事情。我希望看到的是，"这很棒，我想同这个人谈谈'。

（Starr，2015）

海伦·皮尔森认为，她不会轻易地感到厌烦，并且她通常愿意与作者在他们的创意方面进行沟通，如果他们很有希望能被委托撰稿。皮尔森回想起了她曾经遇到过的某些错误：

人们一直会犯某些错误。最明显的一个就是，你不明白你是在给《自然》写推广稿。

在我们的一些推广稿中，人们会写道，"我认为这个故事非常适合《大西洋月刊》（*The Atlantic*）"。他们甚至没有删去他们上次发送推广稿时所用的标题，这是非常不好的。同样，有时候这只是表明他们没有阅读这本杂志。他们发送了应该提交给某个科学期刊的推广稿，这太密集了，这里面没有故事，显然不会奏效。

（Pearson，2015）

核查清单

在给编辑发送推广稿时，请对照下列核查清单。你的推广稿满足所有标准吗？如果没有，那可能仍是一个有效的推广稿。但如果缺少很多必要的基础素材，你就要考虑一下是否重写，直到它满足了这些标准。

你做到下面这些了吗?

- 正确地拼写编辑的名字。
- 提到你要发送推广稿的杂志的名称。
- 用一段导语作为开头。
- 在导语中包括你的故事创意。
- 详述这个故事是有关谁的，以及如何接触到这个人。
- 解释下你如何获取到这个故事。
- 提供科学情境和背景。
- 找到你要访问的信源、论文和网址。
- 思考一下开展研究和撰写文章所需的时间。
- 阐释你的故事的启示和影响。
- 提供有关你自己的信息。
- 把这些信息放在末尾。
- 按重要性的次序来编排推广稿。
- 注意段落之间的过渡。
- 提前做好充分研究。
- 阅读你打算提交推广稿的杂志的前几期。
- 确定你要提交推广稿的杂志会报道这类话题。
- 核查该出版物是否提供推广稿指南。
- 确保你的话题适合该杂志的受众。
- 确定你的提议满足必要的新闻价值。
- 确定你提交的不是文章的初稿。
- 检查逻辑、语言、语法等方面的错误。

这些是最重要的基础性工作。显然，不同出版物对于一份好的推广稿的要求是不同的，但最重要的一点是用一句话讲明白这个故事，这句话应该出现在导语中。就像斯塔尔（Starr，2015）指出的那样，在起草推广稿之前进行采访是至关重要的，所以在开始谈及如何为报纸、杂志和互联网渠道撰写文章之前，我们会在下一章先讨论有关采访的问题。

总　结

　　一旦向编辑提交了推广稿，那么你就要与其他大量的推广稿一起去争取他的注意力。这也是你要立刻用概述性的故事创意来切中要害的原因。要强调是什么让这个故事与众不同以及为何它与该出版物的读者存在相关性。更重要的是，要指出为何你的故事是独一无二的。这可能是对一个难得的科学家的采访，也可能是以前未发布的文件或图表。绝大多数出版物不会发表那些无益于讨论的翻新的故事。同样，一篇好的推广稿含有把研究结果和发现置于情境之中的背景信息。如果你要推广的是一篇长文，那么概述一下你要如何构造整篇文章以及你打算包含哪些要素（受访者、研究）可能是有用的。你已经发表的故事的清单或者你就职于哪个单位这样的资质性材料，应放到推广稿的末尾。虽然以前从事过的工作可能会让你更容易获得委托撰稿，但是没有这样的材料也不会让编辑瞧不上一份优秀的推广稿。

　　好的推广稿由三部分组成。就像新闻故事一样，好的推广稿中的信息要按照重要性递减的方式编排。在提交之前进行改写和编辑也是重要的，因为推广稿应该简明扼要。很多编辑每天会被大量的推广稿淹没，他们有时候没有时间去评估这些推广稿。一开始就讲人类癌症研究的重要性这样的废话，或者把你自己的履历放在开头，显然会让你收到拒信。为避免这些错误，建议你看看"开放笔记本"推广稿数据库中的成功案例。认真地学习一下，并寻找一下本章提到的结构和技术。

思考题

- 一个好的提议必须含有哪些要素？
- 如果必须把一个提议压缩到只有一个要素，那这个要素会是哪个？原因何在？
- 一篇推广稿的理想长度取决于什么？
- 绝大多数编辑在推广稿中寻找的是什么？
- 如何提高推广稿被接受的可能性？
- 除了通过邮件的方式进行推广，还有哪些其他方式？
- 受访者遇到的三个最大的推广稿禁忌是什么？

- 内部推广与外部推广的差异是什么？
- 最常见的推广稿错误有哪些？

练习题

- 从"开放笔记本"推广稿数据库中找三篇推广稿，找到它们的主要创意，试想一下撰写这篇推广稿需要用多长时间开展研究。
- 根据一份技术相关的新闻通稿或短消息，写一篇200—300个单词的推广稿。首先用一句话写出创意，然后写动机，最后写能够吸引编辑的段落。
- 给你的推广稿找一个可能适合的出版物。浏览出版物的相关档案，找到组稿编辑的联系方式。
- 准备一封询问邮件，把你的推广稿发给编辑。
- 找一篇获奖的科学报道，设想一下它的推广稿会是什么样的。写下来，跟同学讨论。
- 找到三个科学故事创意，并向你的同学进行口头推广。
- 在"开放笔记本"推广稿数据库中找到最长以及最短的推广稿，比较一下它们的结构和方法。
- 阅读至少三个科学出版物的推广稿指南。

阅读清单

Chokshi, S. (2014) How to contribute to WIRED's opinion section, *WIRED* [Online] Available at: www.wired.com/2014/03/opinionopedia-contribute-wired-opinion/ [date accessed 13 September 2016]

Hayden, T. (2013) Making the pitch, In Hayden, T. and Nijhuis, M. (eds.) *The Science Writers' Handbook*. Boston, MA: Da Capo Press, 23–38

Huang, T. (2012) 6 questions journalists should be able to answer before pitching a story, *Poynter* [Online] Available at: www.poynter.org/how-tos/writing/185746/6questions-journalists-should-be-able-to-answer-before-pitching-a-story/ [date accessed 13 July 2015]

LaFrance, A., Beck, J. and Romm, C. (2015) Science, technology and health: A guide to pitching for freelancers, *The Atlantic* [Online] Available at: www.theatlantic. com/health/archive/2015/06/science-technology-health-freelancer-pitching-how-to-pitch-submissions/395762/ [date accessed 27 July 2015]

New Scientist (no date) Guide for freelancers, *New Scientist* [Online] Available at: www.

newscientist.com/in209-guide-for-freelancers/ [date accessed 12 October 2016]

Reimold, D. (2013) *Journalism of Ideas*. London: Routledge

Scientific American (no date) Submission instructions, *Scientific American* [Online] Available at: www.scientificamerican.com/page/submission-instructions/ [date accessed 13 September 2016]

Slate (2012) Slate's discussion and submission guidelines, *Slate* [Online] Available at: www.slate.com/articles/briefing/slate_user_agreement_and_privacy_policy/2012/12/ slate_s_discussion_and_submission_guidelines.html [date accessed 12 October 2016]

Sumner, D.E. and Miller, H.G. (2013) *Feature and Magazine Writing: Action, Angle and Anecdotes*. Chichester: John Wiley & Sons

网站链接

Dragon's Den (at the UKSCJ 2014) : www.youtube.com/watch?v=ByHaiCifTgY

The Open Notebook's pitch database: www.theopennotebook.com/pitch-database/

Science Writers 2016: http://sciencewriters2016.org/

Secrets of Good Science Writing: www.theguardian.com/science/series/secrets-science-writing

The UK Conference of Science Journalists: www.ukcsj.org/

参考文献

Bernstein, J. (2014) What kind of blogger are you? *The Guardian* [Online] Available at: www.theguardian.com/media-network/media-network-blog/2014/oct/09/ blogger-blogging-digital-publishing-content [date accessed 11 July 2015]

Brainard, C. (2015) Personal phone conversation on 26 June 2015

Flynn, J. (2015) The future of travel? A glass tube called Hyperloop, *Reuters* (*via ScienceDaily*) [Online] Available at: www.sciencedaily.com/videos/d5be126450ab9c4b5c94a7455f 267d0a.htm [date accessed 15 July 2015]

Goodyer, J. (2015a) Personal email conversation on 5 August 2015

Goodyer, J. (2015b) Personal Skype conversation on 25 June 2015

Göpfert, W. (2016) Personal email conversation on 21 March 2016

Greenemeier, L. (2015) Human traffickers caught on hidden internet, *Scientific American* [Online] Available at: www.scientificamerican.com/article/human-traf fickers-caught-on-hidden-internet/ [date accessed 2 July 2015]

Helmuth, L. (2015) Personal phone conversation on 23 July 2015

Kois, D., Helmuth, L. and Lai, J.（2015）The editor's creed, *Slate* [Online] Available at: www. slate.com/articles/slate_plus/slate_plus/2014/05/how_should_editors_ edit_two_slate_editors_ debate.html [date accessed 25 July 2015]

Pearson, H.（2015）Personal phone conversation on 28 July 2015

Randerson, J.（2014）How to pitch articles to editors, *The Guardian* [Online] Available at: www.theguardian.com/science/2014/may/08/how-to-pitch-freelance-articlesto-editors [date accessed 30 June 2015]

Starr, D.（2015）Personal Skype conversation on 31 July 2015

Starr, D.（2012）Can you fake mental illness? *Slate* [Online] Available at: www.slate. com/ articles/health_and_science/science/2012/08/faking_insanity_forensic_psychologists_detect_signs_ of_malingering_.html [date accessed 16 July 2015]

第四章
采访科学家

在本章你将了解到：

采访为何重要 / 采访的原则 / 必要的采访工具 / 采访前的准备 / 提问 / 更多的采访技巧 / 对采访进行转录 / 引用和引述的最佳实践 / 案例研究：对一个著名科学家的采访

引　言

采访是新闻的主要组成部分之一，是新闻报道的一个关键部分，对于理解主要内容也是至关重要的。如果你想向普通受众解释清楚，采访对你来说就十分重要。来自采访的强有力的引语可以让枯燥且可能是冗长的解释性文字变得富有生命力。你还可以整篇文章都围绕着采访来撰写，比如人物传记。

本章的第一部分讨论了为何采访在科学新闻中十分重要，然后是采访的基本原则，这一部分包括你应该进行多少采访以及应该为采访做多少准备。当然，这根据你撰写文章类型的不同会有很大差异。

采访也是一门"手艺"。就像每一个优秀的工匠一样，你应该了解这个行当所用的工具。所以你在本章中会看到有一个部分致力于讨论采访所用的设备，并在似乎老派的记笔记方法与新的数字方法之间进行对比。

"采访前的准备"这一部分涉及你应该在采访中进行的初步研究。从你的受访者那里获取尽可能多的信息，会非常具有挑战性，因为有些科学家发表的文章不计其数。你还会了解到在何处寻找额外的新的背景信息，这对于理解整体情况至关重要。

这一章的关键是形成问题，以及你如何提问。有很多类型的问题，你可以在不同的情境下利用这些问题。有些问题会引发情感上的反应，有些则会证实你已经知道的事情，还有一些会直截了当地激怒你的受访者。所有这些问题都有自己的优点，但你要知道你会经常用到哪些问题。

一旦开始了一次采访，你就需要把受访者的陈述写在纸上，所以本章有一个专门的部分描述如何最有效地转录采访稿。这个部分含有一些技术性建议，这些工具可以让原本烦人的工作变得轻松一些。

你进行的采访越多，你就越会意识到转录和编辑采访稿就像是在掘金。倒数第二部分讨论了对你的采访进行引用和引述以及提取"点石成金"之语的最佳实践。一个重要的原则就是永远不要改变引语的意义，或者让引语脱离情境。此外，因为人们在跟你交流时会出现错误，所以你需要有一些应对这些错误引语的策略。

最后，本章会用一个案例研究作为结束，这是一名科学记者为《科学》杂志对全球知名物理学家基普·索恩（Kip Thorne）进行的采访。其中包含很多你可以立刻应用到自己的采访之中的建议。作为采访的准备，请务必阅读本书附录中对基普·索恩的采访全文。

采访为何重要

在科学新闻中，采访有两方面的目的。其一，采访可以深化你自己对复杂科学议题的理解。其二，采访可以给你提供能够编排进报道中的第一手引语和鲜活的轶事。否则，对科学和背景进行解释的段落通常就会显得干巴巴的。

专家的引语还能给你的文章增加权威性，但这是一把双刃剑。一方面，他们的引语给你的文章增加了可信性，但另一方面，太多的记者和读者会不加质疑地接受受访者的主张。医生、研究人员，同时也是科学作家的本·高达可证实了这一点，他提醒有抱负的科学记者要避免从表面价值来看待科学家的陈述，并且要避免在没有质疑的情况下就把他们的陈述写下来（Goldacre，2016）。

绝大多数报道都能从采访中受益。如果在一篇报道中无法纳入好的引语，很有可能会让编辑在文章发表之前就把它给拒掉。"在英美传统中，对信源进行采访并且把事实和观点归属到他们名下，是新闻报道的一个关键部分。实际上，在很多报纸中，那些不能得到引语辅助的报道，即使非常合理，仍然得不到发表。"（Adams and Hicks，2009：2）

你可以用多种方式开展采访。第一，你可以从科学家的采访中提取引语或进行改写，并利用它们来支撑你的故事创意，或者给你的读者提供第一手素材，让他们了解研究是什么样子的。第二，你可以把采访本身作为一篇报道，或者以问答的形式在报纸或杂志中发表。

人物传记是严重依赖采访的另外一种类型的专题文章。《纽约客》通常会就有重要影响的人物发表传记性文章，比如政客、音乐家、演员和科学家。这些传记性专题通常会提及当前的世界事务，比如 1989 年 7 月 1 日有关海洋生物学家西尔维亚·A. 厄尔（Sylvia A. Earle）的传记文章，就引用了在 3 个月前发表的有关埃克森·瓦尔迪兹号（Exxon Valdez）漏油的文章（White，1989）。《纽约客》的档案中还含有描述如常青树般有影响力的人物的传记文章，比如关于阿尔伯特·爱因斯坦。你可以在本章末尾的网站链接部分找到《纽约客》传记文章档案的网址。

作为一个外行，采访同样是重要的，因为你通常会发现，要跟踪科学家对具体议题的立场是非常困难的。跟你交流的科学家通常会对其他已经发表的富有开创性的论文具有非常好的理解。他们知道这个领域中的其他重要人物，他们知道自己领域中的研究现状，所以他们通常会给你提供一些有意思的研究和多媒体素材，更重要的是，你应该去采访交流的其他人。

采访的原则

早在你真正进行采访之前，采访实际上就已经开始了。你需要充分地理解这篇报道是什么，以及为了支撑这篇报道你需要谁的陈述。正因如此，从逻辑上来说，发现并寻找潜在的受访者是策划你的采访的第一步。你还必须知道你在文章中需要多少个采访。然而，你不能对每个人都做好计划。在一些采访中，你的信源会告诉你去跟其他人交流；即使他们不能给你提供这些人，你也应该问他们一下。并非所有的陈述都要放到报道中；有些陈述只是提供了一些背景信息，让你对这个领域有更多了解。

要务实地决定需要多少个采访。把 10 个受访者编排进 200 个单词的新闻中几乎是毫无必要的。然而，2000 个单词的专题文章显然不能只有一个采访。

基本的原则就是要达到某种平衡，关照所有牵涉其中和受到影响的群体，以及独立的和反对的声音。注意这可能是一种虚假的平衡，从统计上来说，症结在于你获取样本的人口数量。如果你的文本中包括一个支持转基因玉米的人的陈述和一个反对者的陈述，这并不意味着全球各有一半的人支持和反对转基因玉米。

　　围绕着一个人的传记性文章很少只依赖于一个采访。实际上，有必要为一篇传记性文章采访更多的人，以决定拟做专访的科学家是什么样的人，以及他的批评者、家人、朋友和以前的同事如何看待他。《纽约时报》的一个作者建议围绕这个主题还要采访五个人。

　　　　要为你打算撰写的主题采访至少五个其他人，从而代表各种视角。让他们告诉你一些轶事……每个人都可能为你提供一些信息，有助于你对拟撰写的主题或者接下来要采访的人提出更好的问题。

　　　　　　　　　　　　　　　　　　　　　　　　（New York Times，1999）

　　在科学上，如果你报道的是科学研究，第一个明显的信源就是首席研究员（principal investigator，PI）。他通常会位于一篇论文的作者名单的最后一位（von Bubnoff，2013）。与那些对论文做出贡献的资历较浅的研究人员相比，首席研究员有助于你理解全貌。

　　　　通常做大量工作的硕士生或博士后可以讨论研究的细节问题，但是在说出他们真正的想法方面可能会令人担心——或者他们只是与这项工作的距离太近以至于不能对更高层面上的意义发表评论。

　　　　　　　　　　　　　　　　　　　　　　　（von Bubnoff，2013：43）

　　像编辑一样，绝大多数科学家不喜欢冷不防的造访。提前预约是常见的礼节，哪怕只是一个电话。在预约采访方面，邮件是最好的，因为这会让受访者核对自己的日程。不利的方面是，他可能要用很长的时间才会答复，或者甚至会忽视你的邮件，所以如果时间紧迫，你可能需要再打个电话。

　　科学家的知名度越低，你获得采访机会的概率就越大。像尼尔·德格拉斯·泰森（Neil deGrasse Tyson）这样的著名科学家通常难以被采访到。有些人甚至需要通过他们的代理人进行预约，但是很多科学家是在科研院所工作的，所以你可以试着通过新闻官员或者公共信息官进行联系。顺便说一句，范·布诺夫（von Bubnoff，2013）建议，当研究人员获得了大量媒体关注时，要经过公共信息官来联络，因为"与公共信息官进行交流可能是你通过电话采访到信源的唯一方式"（42）。

　　你会出于不同的理由而进行采访。有些是为了证实或否定你在文章中所作的主张，有些采访本身就是目的，而有些则会强化你对复杂议题的理解。不论你进行采访的原因是什么，由亚当斯和希克斯（Adams and Hicks，2009）

提出的下列四个原则总是有效的，并且是你成功开展采访的关键。

1. **计划**：了解你想知道什么，并且了解你的读者希望回答的问题是什么；准备问题清单。

2. **研究**：在开始采访前通过线上和线下渠道尽可能多地获取有关受访者的信息。

3. **倾听**：不要脱离采访的既定目标；保持沉默。

4. **共情**：把自己放到受访者的视角。

要注意，绝大多数这些原则是彼此相关的。比如，你对受访者开展的研究越多，你就越容易与他产生共情。最终，这在采访期间会得到回报，因为每个人都喜欢别人理解自己。绝大多数受访者，尤其对科学家来说，都会赞赏你花时间来了解他们是谁，他们做了什么，这反过来更容易激发出深思熟虑的回应，更好地来跟你交流。如果你认真地倾听，而不是经常打断，那么你就能够随着采访的进行而持续地在自己的大脑中提出问题。当你就这些后续问题进行追问时，这不仅会让你全神贯注，而且会让对话交流更顺畅自然。

在建立这种关系之前，你的受访者可能会认真衡量他是否应该披露任何信息给你。圣何塞州立大学（San José State University）的新闻教授理查德·克雷格（Richard Craig）认为，对你报道的人和主题表示出真诚的兴趣和尊重，是建立这种关系的一种良好方式，甚至会成为谈话的一部分（Craig，2015）。如果你的信源是善于隐藏自己的，你会发现恭维的话通常会奏效。就公职人员而言，你甚至可以要求他们披露信息（见本书第10章有关信息自由法案的要求）。

你所问的问题的类型和顺序在很大程度上决定着你得到的回答的质量。开放式问题会要求你的受访者思考一下，然后给出更详尽的回应。封闭式问题会得到简短的答案。如果你想让受访者证实一些事实，封闭式问题就很有用。

你还应该是一个积极的听众。让你的受访者知道你在跟着他的思路走，没有打断他。沉默是金，尤其是在开放式问题方面；在回答每个问题之后，要稍微停顿一下再提下一个问题。很多受访者认为他们需要对之前的陈述补充一些重要的内容。同样，这也让他们可以思考一下自己的回答。这通常会带来有趣且多彩的回应。亚当斯和希克斯（Adams and Hicks，2009）、范·布诺夫（von Bubnoff，2013）、克利里（Clery，2015）和曼切尔（Mencher，2011）都证实了这一点。

　　另外一个重要的原则是，在开始采访前要确定基本规则，表明你是否要对采访进行记录，讨论下什么可以记录，什么不可以。如果在发表看法之前，受访者没有表示这不能记录，那么你通常就可以使用这些陈述了。

　　同样，要注意你是掌控采访的人。作为采访者，你在某种程度上就是导演，因而你就有一定的权利，"要求受访者重复一些话是非常合理的，在后续追问中让受访者提供额外的细节以避免他提供太多的信息，或者如有必要可以要求他们说慢点"（Thomas Hayden in von Bubnoff，2013）。

　　另外一个需要记住的原则是，好的采访就像是好的摄影作品一样：你走得越近，效果越好。下面是按降序排列的采访类型：

- 面访
- 网络电话采访
- 电话采访
- 邮件采访（没有真正的对话）

　　"开放笔记本"的主编［与珍妮·艾德曼（Jeanne Erdmann）同为开放笔记本的联合创始人］希瑞·卡朋特（Siri Carpenter）证实说，邮件不是她选择进行采访的途径，因为在邮件中甚至受访人陈述的真实性都会是一个问题。

　　　　你不是很确定你所引述的那个人就是发送邮件的人。有些人可能会让自己的博士后来做这个工作。有时候，当我进行事实核查时，我会给研究人员发送附有补充问题的邮件，然后我可以看到他们把邮件抄送给了博士后或者同事。我希望做的最后一件事情就是，如果发送给我的陈述不是他自己说的，那么我希望在报道中引述研究人员自己的陈述。

　　　　　　　　　　　　　　　　　　　　　　　　　　　（Carpenter，2015）

必要的采访工具

　　一切都要未雨绸缪。当对科学家进行采访预约时，他可能会说："我只有五分钟时间。"如果你录音笔没电了或者内存已满，那就糟糕了。即便所有的设备都已经完全准备就绪，你仍然可能会失败。这也是我要从最没有技术含量的采访设备开始的原因，那就是笔和纸。

笔和纸

除非你丢失了它们或者它们被付之一炬，否则笔和纸就永远不会让你失望。但是它们也不会自己记录下任何东西，一字不差地记录下采访的内容是不可能的。速记是一种简短的记笔记的方法，它利用简化的符号来代表字母、词语、短语或语素。这方面有几个标准：在美国，最常用的速写系统是格雷尔（Gregg），而在英国是题栏（Teeline），它刚刚取代了皮特曼（Pitman）速记系统。在英国，全国新闻工作者培训委员会（National Council for the Training of Journalists，NCTJ）要求它的学员都要上 Teeline 速记课程。

用速记法可以让你的书写速度提高到每分钟 100 个或 120 个单词，有些系统甚至能让这个速度提高到每分钟 200 个单词。通过比较，绝大多数人每分钟能够手写 30 个英语单词，截至目前，这与说话的速度相比太慢了。很多记者仍然认为速记是一项重要技能，因为它不依赖于任何技术，并且可以在新闻发布会和采访期间迅速地做笔记。比如，在对全国新闻工作者培训委员会进行的一次采访中，BBC 新闻通讯员简·皮尔（Jane Peel）谈道：

> 很多人的印象是，速记太老套了，并且与如今的新闻编辑部无关了，但我恰好认为它的价值一如既往。显然，我已经用速记法很多年了。我认为最显著的一个例子就是法庭报道。虽然现在有很多人在法庭现场发布推文，但是如果你只能发布 140 个字的话，你显然不能把当场说了什么全部记录下来。

> （Jane Peel in Wilson and Tucker，2013）

虽然速记有优势，但也有弱点，尤其是与采访录音相比较的时候。物理上的灭失或损害可能意味着你的全部努力都白费了。比如，记者的笔记本在夜总会被盗了，然后在一个水坑里找了回来——因为小偷把它扔了（Adams and Hicks，2009）。

同样，笔记记录的采访可能会让受访者随后否认他的陈述或者声称记录错误；如果你有一个录音笔，那就不存在这样的问题。就像记者罗伊·格林斯莱德（Roy Greenslade，2010）在给《卫报》撰写的文章中谈到的那样，在他的录音陈述公之于众后，格拉夫汉姆的杨格勋爵（Lord Young of Graffham）辞掉了他作为大卫·卡梅隆（David Cameron）的顾问一职。在一次接受《每日电讯报》（*Daily Telegraph*）的采访时，杨格宣称削减抵押贷款利率使得绝大多数公民的经济状况都变好了。格林斯莱德怀疑，如果在同一个采访中利用速记的方式，就不一定会导致杨格的辞职，因为这样的表述会得到驳斥。但是录音采访使得他无法否任自己的这种表述。除此之外，在采访的同时做笔记会分散你的注意力，并且把焦点从真正的对话中移开。

　　　不论使用者多么擅长速记，与使用录音笔相比，速记的效率要低很多。录音笔可以让对话或采访按照双方预期的方式自然地进行下去。

（Greenslade，2010）

录音机

　　笔记只记录了文本，但是录音机则可以让你注意到你的受访者的声音是否颤抖，是否喋喋不休，是慢条斯理地交流还是犹豫不决，以及他的回答是否早已备好。更重要的是，对采访进行录音可以让你聚焦于自己的问题和受访者的回答。如果你在理解受访者方面有困难，可以按下暂停键并且回放，或降低播放速度，甚至是对录音进行数字处理，以便能听得更清楚。这是速记无法实现的。

　　数字录音机是一个非常有价值的工具，尤其是当与专业的麦克风一起使用的时候，它们就会产生能够在广播或电视上播放的高质量音频。如果你想对固定电话录音，可以购买置于电话和录音机之间的转换器。这个转换器可以录下双方的声音，价格不高。

　　在使用数字录音机时，有两个部件是非常重要的：电池和内存。首先，确保你的设备可以随时准备好开始录音。提前充满电，还要有备用电池；尤其是天冷的时候，电池放电会比平时快很多。其次，对内存进行备份并提前清空。你不想在采访马上开始时或者采访过程中再去决定要删除哪段音频吧？有些录音机有内置的内存（通常是2G到4G），但是大多数都有扩展内存插口，所以你可以升级内存，以录下更长的采访。同样，要选择压缩格式的音频，比如MP3格式，这会让你在2G的内存卡上存储长达30小时的音频。

　　你的电脑也是一个不错的采访记录设备。可以利用像网络电话或谷歌群聊（Google Hangout）这样的程序来开展视频采访。如果你需要给受访者打电话，这些应用程序也提供了廉价的网络电话服务。如果你必须打很多长途电话，这可以帮你省钱。网络电话并不支持对视频或音频电话进行录音，所以你需要购买专门的插件，比如通话录音机（Call Recorder）。这些设备可以在你通话时把你的电话（包括视频电话）存储到硬盘中。视频会很快填满你的硬盘，所以要确保把它们备份到外部硬盘里，或者存储到像多宝箱（Dropbox）、谷歌硬盘（Google Drive）等云存储设备上。在为撰写本书所进行的所有采访中，我都是用的这种方式。

毫无疑问，有个多面手已经在你兜里了，那就是你的手机。你可以用它来记录电话或面访。如果你在户外进行采访，一定要用一个风挡，就像你在用专业级别的麦克风一样。在图 4.1 中你可以看到类似的设备，它是 BBC 的记者尼克·加内特（Nick Garnett）的标准移动报道设备，包括他的手机、风挡、耳机、麦克风和记事本。从 2015 年 11 月报道巴黎袭击以来，他就一直用这套设备进行报道。你还可以用录音的应用程序记录来电和去电，以及现场采访。

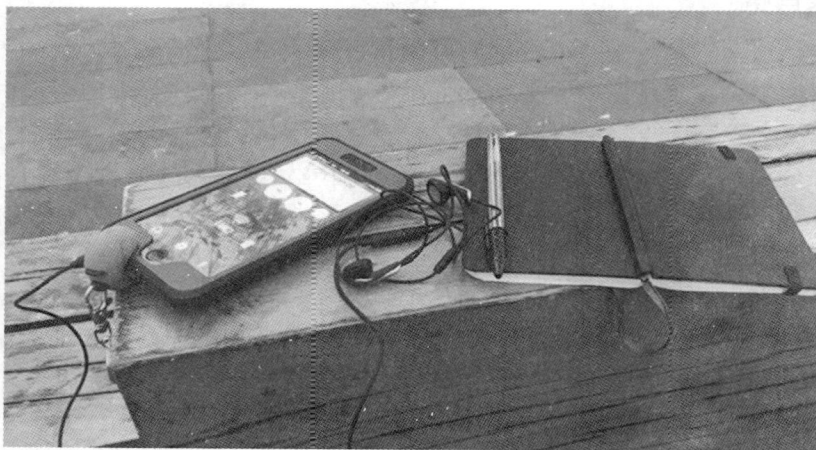

图 4.1　BBC 记者尼克·加内特的广播套装

来源：Nick Garnett

花点时间熟悉一下你的手机，试着打几个电话，然后存下来看一下设置。内存满了吗？麦克风与受访者之间的恰当距离是多少？虽然手机可以替代很多设备，但是它们的电量流失也很快。它们在存储方面会逐渐变慢，有时候录音程序不能正常运行。确保要有备用的解决方案。

布拉德肖和洛胡玛（Bradshaw and Rohumaa，2013）建议流动记者的工具包应该有一部移动电话、一个手提笔记本，有足够的充电器、电池和数据线，以及"作为最后选择的笔记本和笔"。

采访前的准备

一个有效的商务会面有哪些要素？你需要有一些投入，这就要求你做一些研究和准备。你需要确定会面的目的，决定采访的目标或者你希望达成的结论。采访并没有什么不同。尤其是在科学新闻方面，你要做研究。首先，你必须熟悉你要撰写的话题。如果你报道的是一篇学术论文，你就要读一下这篇论文，对你不理解的段落和主张做一些笔记。同样，要熟悉情境和背景。读一下本文作者和其他作者在相同话题上的文章，看看是否有什么模式，或者你是否发现了某些根本性的差异。自己要成为专家，然后再开始采访，就像获奖的调查记者马克·李·亨特（Mark Lee Hunter）所说的那样：

> 除非你读完了他们的论文，否则就不要开始采访。在跟他们交流之前，你应该努力理解他们的研究是有关什么的。记者应该学会如何阅读统计表格，如何查找数字，如何在论文中发现异常之处，以及如何给科学家打电话，在电话中你不仅仅是索要数据，而且要带来自己的数据。
>
> （Hunter，2016）

其次，要熟悉作者。看一下他们的简历，在网络上看一下他们的简介，以及其他人对他们写了什么。找到他们的专业知识领域，试着去理解全貌。利用博客、网站、维基百科、报纸简报、在线广播采访和视频来更多地了解你的受访者。你会惊讶于可以在互联网上找到那么多研究人员做过大会报告或者 TED 演讲。通常，在会前或会后，他们会对一个热点议题做简短评论；你在互联网上也可以找到这些内容。这样可以让你知道他们对什么话题或哪种类型的问题感兴趣，他们会回避哪些问题，以及如何应对刁钻的问题。理查德·克雷格跟我说，他通常会告诉学生，要把找到有关受访者尽可能多的素材作为准备采访的一部分，因为你准备得越充分，在提及那些你在其他地方看到的问题以获得证实性答案方面你就越能节省时间。

> 我一直努力去做的就是在采访之前尽可能多地去了解我要采访的人。我刚开始的时候，这要比如今通过互联网途径难得多。我一直告诉我的学生：做好功课，对采访进行准备。对这些人以及他们就职的公司获得尽可能多的信息。你需要反复核实有关受访者的事实。
>
> （Craig，2015）

同样，要有一份这个领域中你想联系的独立专家的名单。这个名单会随着你研究的深入以及采访的进行而不断扩大。比如，有些受访者会给你其他人的联系方式，并且建议你也跟他们聊聊。这会加深你对话题领域的理解，同时也帮助你思考更具体的问题。

实际上，你采访的人越多（即便只是背景采访），阅读、观看和收听的背景素材越多，你的大脑中提出的问题就越多。把这些问题写下来并进行编目，以便在采访时可以提到这些问题（尤其是对话交流陷入僵局的时候）。给你的问题清单补充更多的问题：为了让读者获得整体画面，你需要知道什么？他们想知道什么？在讲给读者之前，你需要知道什么才能全面理解这个故事？同样，你以前的受访者提出过具体的、尚未回答的问题吗？把这些都加入你的问题清单中。虽然准备的问题唾手可得，但是不要过于遵循这个清单，否则你就是在冒险开展一个讨厌、机械化的访谈。相反，要着眼于自然而然地进行交流，就像弗莱德曼（Friedman，2013）表明的那样："你知道自己想要一些特定的信息，但是你还要让受访者感到舒适，以便他们用一种有意思的方式来给你提供这些信息。没有人想被审问。"说到你想得到的信息：你需要知道问每个问题的目的是什么。有些问题可以引出生动有趣的轶事，有些可以证实一些事实，还有一些可以引出一些能够补充到文章中的迄今尚未揭晓的事实。这就是你在寻求的输出，与此同时你的问题清单和新习得的专业知识是你给采访带来的输入。确保提前确定你访谈的目的是什么。这样的目的也有助于更好地提出问题。

> 准备就意味着要对采访的目的界定清楚。你希望获取什么类型的信息？你的目的是了解目标对象的个人生活还是获得基于他的专业知识的信息？就像每篇文章都需要一个界定清晰的角度一样，采访也是如此。你问的所有问题都应该围绕着这个目的进行。
>
> （Sumner and Miller，2013：57）

有了大脑中的这个目的和手头的问题清单，接下来该做什么呢？那就是安排采访。就像推广稿一样，首先应通过邮件的方式来咨询是否可以进行采访。如果你找不到邮件地址，试试他们的代理人或新闻官。如果还是联系不上本人，那就打电话给他们的助理、代理人或所在机构的新闻官。我的经验是，你可以用搜索名字的方式找到很多英语国家的科学家的地址。这在欧洲大陆是不太可能的，因为在很多时候不用学术头衔来称呼科学家是令人难以接受的。作为采访者，你永远不能被知名科学家所吓倒，"科学家（对他的领域）知道的比你多，但是他们做不了你做的事情。你俩都是在做重要的事情。你俩都需要彼此"（Kunzig，2006：128）。表现得专业一点，进行自我介绍并清晰地陈述采访目的，以及你希望受访者对什么进行评论，这样你获得采访的机会就会很大。本章对文献进行的所有考察都一致表明，在预约采访时你总要清晰地陈述下列信息：

- 你的名字
- 委托你撰稿的出版物（或者你打算投稿的出版物）
- 你希望从受访者那里获得什么
- 采访需要多长时间

最后，在预约采访时持之以恒是非常重要的，这也是每一个记者最重要的特质之一。科学家忙于开展研究、参加会议、发表文章和作报告。此外，他们也有自己的私生活。不要太早放弃。曼切尔（Mencher，2011）对什么可以让你成为一个成功的采访者提出了自己的建议：

> 在新闻编辑部里，有一种说法是：好的采访要遵循两个 P——坚持（persistence）和准备（preparation）。坚持在说服人们接受采访时是必要的，在提出目标对象可能感到不舒服的一系列问题时，也是非常关键的。
>
> （295）

比如，在写本书的时候，我联系了大约 60 位受访者。他们有些非常迫切地想与我交流，有些则需要调整他们的日程好几次，还有一些开始感到受宠若惊，但随后就突然联系不上了，以致我必须找其他人取代他们。有些人我根本没法说服他们接受采访，因为他们忙于自己的项目或者只是不想说——这都不是问题。如果有人坚决地回绝了你的采访要求，那就找其他人吧。

提　问

构思问题是准备采访的重要部分。曼切尔（Mencher，2011）找到了采访者可能会问的四类不同问题。曼切尔补充说，后三类问题会让你的受访者絮叨不停。

1. 单刀直入的问题
2. 开放式的和封闭式的问题
3. 刁钻的问题
4. 骚扰性的问题

曼切尔（Mencher，2011）认为，单刀直入的问题直接源于采访之前所做的研究中发现的主题。开放式的和封闭式的问题都有其优点。前者会引导受访者对问题进行反思，然后滔滔不绝地回答；后者则会诱导出简短且具体的回答。如果你想证实一些事实，封闭式问题也会很有效。

刁钻的问题可能会冒犯受访者，提这些问题并不容易，因为它们可能会让你的采访突然终止。把最难以回答的问题放到采访的最后是非常重要的，其原因就在于此。不过，你的受访者可能会试着避开难以回答的问题。在规避这种风险方面，你能做的就是问一些缺乏细节和鼓动性词汇的非常简单的问题，把你这个问题的责任推给别人或者轻描淡写地说一下你这个问题是多么严肃（Adams and Hicks，2009）。或者，你还可以直接让受访者对你下一个问题有所警觉：

> 你告诉受访者接下来要问一个困难／鲁莽／不敬／冒犯的问题，然后你就问了。因为他们会有所准备，这会减少他们的不快，并且认为更能够——更有责任——去回答它。不妨试一下。
>
> （Adams and Hicks，2009：59）

科学新闻中开放式问题所引发的问题是，它们会让科学家接二连三地说出专业术语。虽然这种问题会带来生动的引语和妙趣横生的轶事，但它们也是最有可能会让你感到头疼的问题类型。转录、整理和找到可引述的部分会非常耗时。绝大多数时候，你能够利用开放式问题的答案中的一小部分。如果你的受访者不能给出可以直接引用的答案，你还要进行改写。最糟糕的情况下，你会放弃整个采访。

你可以创造机会来收集那些能够立刻编排进你的文章中的有用陈述。在获得原创的陈述方面，范·布诺夫（von Bubnoff，2013）引用了杰西卡·马歇尔（Jessica Marshall）推荐的下述策略：

- 直接地要求做个比喻。
- 让他们把自己的工作置于受众可以理解的情境中。
- 询问科学领域的现状或争议。
- 询问受访者的感受。

利用作为新闻教育者的经历，理查德·克雷格认为，为避免专业术语，你不应该害怕打断你的受访者并让他们进行解释。

　　对于某些学生来说，承认他们不理解某些事情就是承认某种失败。我告诉他们，问"你这样说是什么意思"并不是愚蠢的，而是一个聪明的问题。你需要有一种本能反应，每当你遇到一个专业术语并且不能立刻明白它的意思时，要打断受访者，让他们放慢速度，问一下："你这样说到底是什么意思？我不知道你的读者是否会理解。"

（Craig，2015）

　　但是克雷格迅速补充说，并不是每个科学家都能完美地总结并解释他的工作。如果你遇到了不能这样做的人，应该考虑采访一下相同专业领域的其他科学家。

　　在一次私人电话中，英国《科学》杂志的高级记者丹尼尔·克利里（Daniel Clery）证实说，提出激发情感的问题可以带来精彩的陈述，同时，你可以把它们作为一种从守口如瓶的受访者那里获得陈述的工具。

　　如果你从他们口中获得任何反应都有实际困难的话，那么就问一些会促使他们谈更有趣的事情的问题，比如："你对这些结果意外吗？"或者："你期待这些结果吗？"这类问题会让他们仔细思考一下对一项研究的感受。

（Clery，2015）

　　根据曼切尔（Mencher，2011）的看法，获得好的陈述的主要方法就是成为一个优秀且富有同情心的听众。同样，你应该留神那些可以让你的文章增色的好的陈述。一种办法就是注意那些与你的报道主题有关的陈述。现在你的准备工作就奏效了，比如找到目的和主题："记者对会阐明文章主题的陈述保持警觉"（Mencher，2011：300）。

　　问那些简短且清晰的问题有助于受访者理解这个问题的焦点是什么，以便他可以更好地给出自己的回应。通常，一个长的问题实际上隐藏着好多个较短的问题。请把它拆分成独立的、较短的问题。斯坎伦（Scanlan，2013）认为："双枪式的问题会给目标对象提供一种选择，从而使得他们回避那些他们想忽视的问题，而回答那个不太困难的。"你可以在两个独立问题的连接处轻易地找到双枪式的问题，比如这个例子：是什么促使你尝试这种新型的心脏保护液体，它可能会有什么副作用？

　　每个问题都应该有明确的目的或目标（Adams and Hicks，2009）。在提问之前，先问一下自己希望通过这个问题获得什么。此外，亚当斯和希克斯（Adams and Hicks，2009）补充了一些你应该考虑的问题类型，比如引导式问题。引导式问题在很大程度上会让人感到不悦，因为这些问题会潜在地引导受访者用明确的方式给出回应。因而，这些问题可能会影响你的采访的公正性。因为引导式问题可以带来简短的答案，亚当斯和希克斯（Adams and Hicks，2009）把引导式问题视为封闭式问题的一个亚类。通过给下列问题之一提供肯定的答案，你可以很容易地找到引导式问题：

- 这个问题是一个陈述而不是一个问题吗？
- 这个陈述是以"是吗？对不？"（或者它们对应的否定词）结束的吗？
- 它假定了一个未经证明的事实吗？
- 它含有一个预设的答案吗？
- 它只能用"是"或"否"来回答吗？

亚当斯和希克斯（Adams and Hicks，2009）进一步对引导式问题进行了细分。一个亚类就是你假定了事实的假设式问题。如果你错了，受访者可能会不断地更正你，这可能会影响采访进程。但是，你的假设如果是对的，这种问题就可能会带来有趣的回答。同样，你可以利用假设式问题来表明你在跟随着受访者的陈述，所以回顾这些陈述可以有助于强化你与受访者的融洽程度，除非你做得过火了。

提出一个与采访早期阶段相关的假设式问题可以讨好受访者，从而更加让你觉得他告诉你的事情是多么有趣。反指前面说过的内容并且搞错了，会带来复杂且有用的修正，但是不要太频繁地这样做，否则受访者会认为你不像他们起初认为的那样敏锐。

（Adams and Hicks，2009：50）

暗示性问题是指通常含有预设前提的、有偏见的棘手问题，充满感情的语言和情感性术语就是**鼓动性语言**（loaded language）。虽然预设前提可能被证明是对的或错的，但是情感性语言旨在从参与对话的人口中引出即刻的情感性反应。比如，假设你问一个科学家："你曾停止过伪造数据吗？"这就是一个误导性问题。因为如果他给出肯定的回答，那么就是在含蓄地表示他曾经伪造过数据；如果他给出否定的回答，那么他仍然没有否认涉嫌伪造。如果你有偏见的预设前提惹怒了他，那么他会对你另眼相看。但如果他之前承认过伪造，而这只是一个跟进式问题，那么你的预设前提就是正确的，这个问题就不再是暗示性的了。

放大式问题和澄清式问题是开放式问题的亚类。放大式问题的目的是让受访者对之前陈述的细节进行扩展，并"为这些陈述提供所有重要的、生动的或可见的案例——交流中用到的'比如'"（Adams and Hicks，2009：48）。你可以通过把以下列问题作为开场来明确地让受访者提供更多的细节（Adams and Hicks，2009）：

- 你可以告诉我更多吗？
- 你能描述一下……吗？
- 那到底是什么？

澄清式问题也同样重要。可以利用它们来证明自己的理解以及核查事实。澄清式问题是让你的受访者或证实或否认具体的事实。澄清式问题可以这样提出（Adams and Hicks，2009）：

- 那就是何时／什么／谁吗？
- 所以你说的是？
- 我这样认为是否正确？

在采访快结束时，你应该问受访者是否还需要补充什么。这通常会带来更有趣的对话，带来跟进式问题以及告诉你应该再去听听谁的建议。此外，问一下他们你应该再去采访谁。绝大多数时候，我的最后一个问题都是：

- 你觉得我们遗漏了什么读者应该知道的东西吗？
- 对我们今天讨论的内容，还有谁能提供更多的信息呢？

你提问题的顺序也非常重要。在采访的开始，你通常还没有与受访者建立融洽的关系。先让受访者发言可以打开局面；开放式问题也可以奏效。不要用棘手的、侵入式问题或封闭式问题来开始。相反，努力营造一种放松的氛围，并且提一些不会带来麻烦的问题。丹尼尔·克利里表达了他提问题的顺序：

我通常会用一些让受访者感到放松且进入自己节奏的问题作为开场。如果是有关一个研究项目的，我不会直接问他们争议性的结果是什么。相反，我会问他们："跟我说说这个项目的背景吧。它是如何开始的，有什么历史？"人们在回答这类问题时会非常舒服。一旦你涉及这些内容——顺便说一句，这也是非常有用的素材——你就可以问更困难的问题了。如果你有一些让他们感到不舒服的困难的问题，把它们放到最后来问。

（Clery，2015）

你的开场问题可以让采访顺畅进行，也可能会搞砸了。因而，在采访开始前，观察一下受访者的身体语言：他紧张、恼火还是放松？如有必要，实时调整你的开场问题。无论受访者的情绪状态如何，用肯定式的问题开场总是安全的（Clery，2015）。首先，解释一下你为何要采访他们，以及你希望得到什么。然后，对你认为会让他们感到舒适的研究和话题进行提问。如果他们感到紧张，这样的问题就是给他们热身。亚当斯和希克斯证实说，你应该避免用让受访者感到意外的突兀的开场，相反，要"给他们一点时间整理思路，做好回答问题的准备"（Adams and Hicks，2009：37）。

把难以回答的问题和责难放到最后。如果受访者站起来终止了采访，你仍可以用目前为止所采集到的素材。最重要的是，不要太遵循你的问题目录，而是要把它作为一个指引。每当认为机会合适时就要改变提问的顺序。如果你有机会跟进受访者的回答时，确保你的问题目录不要给你带来妨碍。新闻学教授理查德·克雷格证实说：

> 在新闻学中，我们会翻来覆去地谈及如何利用准备的问题。我希望可以从受访者那里获得回应，倾听他们的回应，然后提出跟进式问题。我不想被看成是死板地盯着这些问题。我从事采访的方式就是"什么是我不想忘了问的最重要的事情。"

（Craig，2015）

更多的采访技巧

你的问题可能准备得很好，也很聚焦，但它们并不是一次采访的唯一要素。如果不能与你的信源建立和谐的关系，你仍然不能获得好的回答。一种有助于你达到这个目标的方法就是在受访者身上花点时间。这可能需要去他的实验室几次，或者到他的家里，或者进行实地考察，如果他同意的话。跟受访者多聊聊。你们聊得越多，绝大多数采访就能获得更多内容，直到你找到了想得到的所有东西。所有这些都有助于建立信任，反过来又会放松说话的氛围。

如果你很了解你的信源，你可以采用一些幽默甚至恭维的话来活跃气氛（Adams and Hicks，2009）。当恭维的话是基于事实并且提及你的信源的成就时，这尤其有效。这也表明你做了一些功课。相反的方面有时候也会奏效。当受访者不情愿地证实或否认某些事实时，你可以试着去猜测一下统计上的事实，并且缩小可能的答案的范围。别被吓到，有些受访者会立即纠正你的错误，并且陈述真正的事实。

位于斯克内克塔迪的联合学院（Union College）的物理学家查德·奥泽尔（Chad Orzel）在一篇博文中指出，科学家和科学记者都要对采访的结果负责，所以不仅仅是科学家需要进行媒体培训。从一个经常被采访的科学家的视角，奥泽尔警告科学记者不要扩大或简化事实。他给出了在采访中最大限度地利用科学家的四种技巧（Orzel，2013）：

1. **告诉我们你知道什么**：建立一种共有的知识状况以避免误解是重要的。

2. **尽可能具体**：如果你的问题含糊不清，它的答案可能也会比较宽泛且模糊不清。比如，你对这篇论文了解多少？

3. **接受真相可能会很无聊这一现实**：如果科学家给你提供了不冷不热的答案，不要想当然地认为他在隐藏什么东西。

4. **预览你的转述**：在编辑的过程中，你有机会消除受访者认为至关重要的评论，所以每当可以时，要进行核对和澄清。这并不意味着受访者应该授权你的陈述。

如果你是一个积极的听众，你就具有一定的优势。要让受访者知道你在他们谈话的过程中正利用下述一种或多种技巧跟进他们的思绪（Adams and Hicks，2009）：

- 点头
- 使用"呃""我知道"或"对"这样的有感叹语气的词
- 回应受访者的身体姿势
- 歪头
- 前倾

所有这些都是你参与到了采访中并且希望受访者继续讲的信号。亚当斯和希克斯（Adams and Hicks，2009）还指出，绝大多数这些技巧都可以做得夸张一点，尤其是用感叹词。这样的感叹词在电话中尤其有效且让人感到安心，虽然你们看不到对方；不过，如果做得过于夸张的话，你可能会打断受访者的思路。

这些软性的技巧对于绝大多数受访者都有效，但当你面对的是不情愿的信源时，你需要利用某些额外的技巧。首先，任何时候都要保持公平，并且告诉受访者接下来的一个问题是否比较困难或存在争议。有些受访者会完全拒绝评论。其次，你可以激怒他们。理查德·克雷格说，能够奏效的是，你告诉不情愿的信源，无论如何你都会写这个报道，并且他建议你问一下信源，是否他们不愿意你的文章引述他们的观点。再次，把刁钻的问题转嫁给他人（某人对你的研究说了×××），就像亚当斯和希克斯（Adams and Hicks，2009）所描述的那样，这是你在电视上经常能看到的情况。这会给被认为想出这种评判的人带来不快；这通常会让受访者为自己开脱，从而去反驳这种评判。如果你仍然不能让受访者回答你的问题，要不屈不挠。试着问一些其他的问题，然后再回到刚才他试图回避的问题上来。

在科学新闻中，在受访者身上最经常出现的问题是，他们是没有媒体经验的科学家，他们在用可以理解的方式表达复杂议题方面有困难。当科学中涉及政治时，采访也会变得复杂，就像希瑞·卡朋特证实的那样：

> 我写过一些题材在政治上很敏感的报道，所以人们对于他们要说什么会很谨慎，或者他们不能让自己所说的被记录下来。这显然是一个报道中需要面对的难题，但是这种情况确实会发生。明显的是，这在有关令人敬畏的科学家开展的令人敬畏的研究的报道中并不多见。它往往更多地出现在调查类型的报道中。但是，我从来没遇到过挂断我电话的人。
>
> （Carpenter，2015）

克利里（Clery，2015）证实说，科学新闻中有问题的采访是例外，而非常规。他认为科学家并未持续地获得媒体关注，但是却喜欢在媒体上短时间的曝光。

让那些有不端行为、伪造数据甚至可能是行贿的科学家接受采访，可能会更加困难。在这种情况下，不要太武断，而是要持之以恒。可以问一些关键问题以及有关的指控，但是要避免冒犯你的受访者。如果他开始敷衍，要注意一下是什么话题引起了他的情感反应。让受访者说什么都可以，这是十分重要的。当人们完全失态时，尤其是当他们情绪化时，他们通常会表达出更多的东西。在采访的过程中要做一个敏锐的观察者。

对采访进行转录

在为本书所进行的采访中，我会用4—6个小时进行准备，然后采访2个小时（在真正开始采访前，我会用最后1分钟来进行准备），再用4—6小时对采访进行转录。是的，这需要用好几个小时来打字，没错，非常无聊。但是在打字的时候你也是在阅读，你对采访对象的理解也得到了强化。

对采访录音的转录是非常机械和重复乏味的，这并不需要太多的技巧：你听一点，然后在电脑上打出来一点。受访者的语速要比你打字的速度快很多，所以有时候你需要退回去，再听一遍，完整地记录下来。有很多因素会影响到对采访的转录：受访者谈话的速度、你打字的速度、录音的语音效果、是否有背景噪声、受访者发音清晰还是模糊不清。你可能需要经常暂停，倒回去重听那些不清楚的地方，这很浪费时间。在转录时，你所需的唯一软件就是媒体播放器（或者你的录音机），以及录入受访者所说内容的文字处理器。语音识别软件还无法承担这项任务。

如果你想把转录的稿子变成提交给报纸或杂志的素材，当然还需要压缩和编辑，因为几乎未整理的采访只含有相关的问题和答案。就像下一部分的案例中所展现的采访那样，素材中含有采访需要编辑和压缩的免责条款。

转录的最佳时机是采访刚结束时，因为你仍然记得你们讨论了什么。如果发现录音损坏了，你仍有机会写下来你记住的东西并进行改写，或者只是把它作为背景信息。你可能记下来了周围的环境，这可以捕获到借以丰富你的采访的所有视频线索。萨姆纳和米勒（Sumner and Miller，2013）补充说，这种手写的记录尤其可以让传略性文章更有活力："因为你的录音机记录下了他说的话，你的记录本就是一个记录多彩但无声的细节的工具。"（171）如果这些记录跟你的故事相关，那就把它们在恰当的位置编排进你转录的稿子中。

如果你有手写的记录，尽快地进行转录；它们可能会损坏或被盗。亚当斯和希格斯证实说，复读速记内容是重要的，因为它提供了额外的言论。

> 搭乘火车、汽车、地铁或者出租车回办公室之后，做了速记的采访者应利用第一时间来复读笔记，迅速写下额外的细节。在采访的当天不复读笔记是愚蠢的。我们总是会犯这样的错误。不止一次。
>
> （Adams and Hicks，2009：92）

　　他们还补充说，速记不适合用于逐字逐句的引述，对速记进行转录有错误引述的风险。利用普通书写的方法，你可能无法破译你写的所有东西。

　　一种有效的技术就是给采访增加索引。这会让你在后来有选择性，并且避免转录整个采访。在最简单的情况下，你所需要的就是准备一个电子表格。在采访中，每当受访者说了可引述的话时，你就做一个记录，并插入一个时标。大体上，你就强调了相关的部分。这种技术也很耗时，但是与转录整个采访相比要好一些，所用的时间也只有转录整个采访所用时间的 5% 到 10%。此外，存档的文件为你提供了可以对采访进行搜索的全部索引。视频编辑也采用类似的技术来跟进他们剪辑的内容，目前的视频编辑软件已经具有了给剪辑增加相应标签的功能。博尔扎诺博物馆专门从事当代艺术作品编目技术的美术史学家卡迪娅·康特（Katia Cont）让我关注到了这种技术的使用。如果你利用手机来记录采访，你可以利用像"语音记事本"（Audio Note）[科学记者大卫·多布斯（David Dobbs）友善地让我注意到了这个应用]这样的应用程序。如图 4.2 所示，"语音记事本"让你可以在录音的同时做好笔记，它会在你打字的同时自动地加上时标。

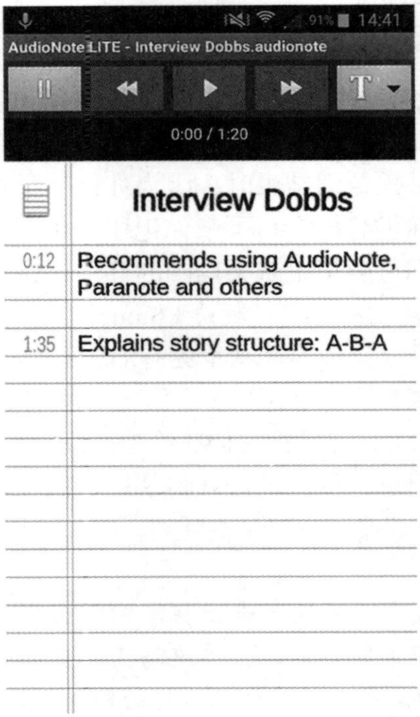

图 4.2　带有记录和时标的"语音记事本"截图

引用和引述的最佳实践

在你的职业生涯中，你进行的采访所产生的陈述质量各异。比如，在有关大型巡洋舰如何缓慢地损害威尼斯的一篇报道中，我曾经采访了一个环保激进分子，当地的一个威尼斯人。我做了功课，阅读了大量的科学背景信息，还读了他的所有文章，看了他之前的采访。我找了一个他非常容易回答的开场问题。但是他给我的所有回答都是预先备好的，他给所有人提供的都是反复利用的引述。他显然有自己的议程。这次采访很难，只在采访的最后我成功地获取到了一些新颖的陈述。还有一次，我采访了一名心外科医生，他告诉了我很多有关他刚刚开发的新的复苏技术的有趣事实。不幸的是，他的陈述含有严重的错误；我知道他意指的是某个事情，但是他却不小心说成了其他事情。

所以，面对无聊的或者错误的引述，你该怎么做？你可以改变他们的词句甚至意思吗？你能对它们进行随意编排吗？你应该逐字逐句引用，并冒风险让错误的陈述给你的受访者带来不利影响吗？

让我们从空洞的陈述开始。这不会给你的读者带来任何有意思的东西，所以你不能直接引用。在对采访转录后，整理一下，标出你不能直接引述的段落，但是不要全部删除。你可能需要用它们来提升自己的理解，或者稍后会用到。如果你还能联系到受访者，那就问他们一些澄清的问题。积极的一面是，这会让你立刻明白所转录的采访的哪部分是好的、可以直接引述的。早期采访过程中的这种清理转录稿的技巧，是发现可以激发出情感的重要陈述的一种能力，就像萨姆纳和米勒（Sumner and Miller，2013）所证实的那样。

如果你想直接引述，这会变得比较棘手。你的当务之急应该是保证事实正确。《卫报》的前编辑兼所有人 C. P. 斯科特（C. P. Scott）用下面这句著名的话表达了这个看法："评论是不受限制的，但事实却是神圣的"（Scott，1921：35）。虽然对发起人来说，一个引述可能就代表着一种评论，作为记者的你必须把它当成一种事实。就其本身来说，你绝不能胡乱修补——当然也有例外。

如果引述中含有你故意打算保持原样的错误，你可以利用"原文如此"（sic）这个副词，它是拉丁语 *sic erat scriptum* 的简写，字面上理解就是"原文就是这样写的"。在含有错误的引述后面括注这个词，表明你不是无意中对某人的话进行了错误引述。如果同一段引述中频繁地使用这个词，读者可能会认为说了这段话的人不够格，因而你总是可以在有关政治的文章中发现这个词多次出现，尤其是在评论性文章中。下述案例强调了这个词语的独特用法：

> 所以可能某人足够友善到可以借给他们一本词典，或者至少是一个可以照亮这个存有他们压来打出他们新闻稿的电脑的房间的灯泡……一个惹人喜爱的例子："我欢迎奥法雷尔政府（原文如此）认可了（原文如此）吉拉德政府的（原文如此）联邦劳工预算（原文可能如此，但很难确定）。"

> （Jeffrey，2011）

显然，杰弗里（Jeffrey，2011）在嘲讽用了这个引述的人。

中括号代表着引述的另一种最佳实践。每当你要插入引述中没有出现的词语时，就可以把它们放到口括号中。中括号中含有你自己的评论和解释。比如，如果受访者用了一个受众可能并不熟悉的术语，你可以在这个术语后的一个中括号中用自己的话来简要地解释一下。要保证你自己的解释尽量简短，比如一到两个词。用这种方式，你就可以让引述具有可读性。前面的引述还含有省略号，这意味着你省略了原话的一部分。只要你不断章取义，最终不改变原话的意思，你就可以采用这种方式。

只要保持原意，对引述进行整理也是可以的。比如，如果受访者进行了自我修正，或者开始说了一句话但没有说完整，那就要保留正确的语句。同样，去除所有的填充词，比如"嗯""你知道""像"或者"大体上"，因为它们会分散读者的注意力，并且对引述的信息没有任何价值。同样这种方法也适用于脏话。去掉所有杂乱的东西，除非你想让读者知道你的受访者不安、生气、犹豫或紧张。如果有疑问，你应该找到组稿编辑，以确保在对引语进行编辑方面你遵守了该出版物的编辑政策。

一旦你对引语增加解释并且进行了整理，那你该如何为它们安排版式呢？要把受访者的陈述放在双引号里。如果你的受访者在他的陈述中引用了其他人的话，要把它放在单引号里。

在一句引语结束后，要用众多具有归属性的动词中的一个来引出这句话的阐述者。最好的一个词就是"说"。这个词是中性且无感情色彩的。像"评论""认为""证实""确认""解释""提到"和"注意到"这样的词也可以，但是它们有点语境依赖性，因为并不是说了某些事情的每个人都必然地要"解释"或"证实"他们说的东西。要避免有价值负载的词语，比如"叫喊着""叹气地说""诅咒道"以及"带怒气地低声说出",因为这些词有情感意义,并且以有偏见的方式对受访者进行了引述。我建议把这些动词留给科幻作家,虽然著名的科幻作家埃尔莫·伦纳德(Elmore Leonard)也不鼓励作者用这些词语,因为它们会威胁到作者的隐蔽性:"对白是属于角色的,动词则是作家横插进来的。但是'说'没有'嘟囔''气喘吁吁地''警告'和'谎称'那么具有侵入性"(Leonard,2001)。

确保你充满了引述的段落要均衡且清晰;每一段只引用一个受访者的陈述。更多的声音会分散读者的注意力,也会让他们困惑;而且务必保证标明白这段陈述是谁说的。如果你是在撰写长文,你可能想在直接引语和间接引语间切换,因为过多的直接引语会让文本变得杂乱。理查德·克雷格告诉我说,他的偏好是:只要有可能,就利用直接引语。你可以频繁地使用这种方式,以至于让文章看起来像是一问一答也可以。不过有时候间接引语会更好。最重要的是,克雷格说你应该注意你的受访者对一个话题解释得有多好。他建议,要根据实际情况选择使用直接引语还是对受访者的话进行转述,这取决于哪种方式最有利于表达清晰(Craig,2015)。

案例研究:对一个著名科学家的采访

2014 年 11 月,好莱坞电影《星际穿越》(*Interstellar*)正式上映。科学家们广泛地赞誉它精确地描述了科学概念,比如黑洞、虫洞和时间膨胀。同时,理论物理学家基普·索恩出版了一本名为《星际穿越中的科学》(*The Science of Interstellar*)的图书,以作为这部电影的同伴书。索恩的图书为这部电影提供了科学解释。索恩在这部电影生产方面的重大作用;不仅在于他提出的原始处理方法日后成了乔纳森·诺兰(Jonathan Nolan)和克里斯托弗·诺兰(Christopher Nolan)共同编写的剧本的基础,还在于他是这部电影的执行制片人。最重要的是,他是导演克里斯托弗·诺兰的科学顾问。

那些收到索恩这本书早期版本的人中,就包括时任《科学》杂志新闻版副主编的丹尼尔·克利里。在电影发布的前期准备阶段,克利里就索恩的最初设想以及它如何最终变成了电影,对索恩进行了采访。在电影于美国和英国正式上映一周后,克利里以问答采访的形式在《科学》杂志上发表了对索恩的采访。采访全文附在本书最后的附录部分。

在我对丹尼尔·克利里(Clery,2015)的个人采访中,他跟我交流了他采访基普·索恩的经历,并且解释了所用到的采访技巧,以及他对成功的采访的看法。当被问及他是如何准备采访的，作为理论物理学家的克利里回答说：

> 我联系了图书出版商，并说："这真的很有意思，我想在电影出来前采访基普·索恩。"我认为他们回去跟吉普·索恩说了，然后回来告诉我说："当然可以，你可以采访他——但是你首先要去看下电影。"我很高兴去看这部电影。所以他们给了我媒体首映礼的票，那是一个位于伦敦的IMAX影院，我去参加了首映礼，那是在电影正式上映（周五）那一周的周一。所以我在周一看了电影，然后他们帮我把基普·索恩的采访安排在了周二。到那个时候，我就有了很多信息。我看了他在《连线》上的采访，我有了这本书，所以在采访之前我开始读这本书，全书的第一章都是有关他如何提出这个想法的过程的。这里有关于这本书的非常多的背景信息，它非常有用。到周二下午，我已经做了相当多的研究，准备好跟他交流了。

克利里证实说，安排和进行采访有四个阶段，每个阶段都需要大量的时间：

（1）开展研究
（2）安排实际的采访
（3）进行采访
（4）转录采访稿

理想状况下，用在研究上的时间是最多的。其次是转录采访稿，这可能要用好几个小时。进行采访实际上耗时会比较短，因为绝大多数受访者给你的时间都不会超过一个小时。克利里随后解释了他在对索恩的采访中是如何分配时间的，虽然他承认在这种情况下，转录用了较少的时间：

> 对基普·索恩这样的人进行的采访，你需要用几天时间来准备，在开始采访之前搜索互联网素材和阅读材料。采访本身可能会用45分钟，最多1小时。与进行研究相比，转录和写稿也相对快一些——大概几个小时吧。

如果你阅读附录中的这篇文章，你会立刻发现克利里所有的问题都是开

放式的。克利里评论了他准备了多少问题，详述了为什么没有把所有问题都
发表出来，以及他是如何选择问题来发表的：

> 起初，我可能准备了 10 个或 12 个问题。最后，有些问题的答案不
> 是非常有意思，所以它们就被我剔除了。有时候，我会把不同问题的答
> 案整合为一，所以我只发表了那些问题，因为有时候索恩在回答其他问
> 题时已经回答了我将要提出的问题。

克利里还解释了他为何喜欢开放式问题，它把所有这些都写进了文章中：

> 我很喜欢问开放式问题，因为我喜欢受访者说出我预期之外的事情，
> 用我尚不知道的东西来让我感到意外。因为你做了很多研究，你认为你
> 知道人们要说什么，所以当人们开始谈论研究过程中出现的轶事、非正
> 式的或者有趣的事情，是非常棒的。对我来说，那就是金沙了。那也是
> 你希望人们说的东西。你希望人们用流利的语言说出一些即席的内容。
> 那是可以让一篇文章增色不少的陈述，更像是一场对话，而不是非此即
> 彼的回答。对我来说，如果得到非此即彼的回答，那就是没用的问题，
> 因为你不会知道任何新的东西，你甚至可能已经提前知道了答案。但是
> 你不是在证实什么，你是在寻找可以引述的内容。

总　结

　　没有采访的新闻是不可想象的。如第二章所述的那样，人是科学报道的
最佳资源。在科学新闻中，对作者进行研究是一个非常好的起点，但是也要
确保去采访能对这些成果提供评论的独立的研究人员。科学家通常有他们自
己的议程，并且出于像增加经费这样的动机而宣传自己的工作。同样，要牢
记的是，从不同阵营中采访同样数量的科学家并不能自动地保证真实的新闻
平衡，尤其是当一个阵营的人员数量比另一个阵营少很多的时候。
　　准备是关键。一个问题清单是有用的，但它主要是作为一个指引。你应
该积极地倾听并且可以脱离开问题清单，在恰当的时候提出跟进式问题并获
得受访者的证实。在采访开始时，必须准备好技术设备。如果你用的是录音
笔或手机，在开始前一定要充满电，并且清空存储卡。同样，必须要带备用
电池和存储卡。在录音时对采访添加索引是有用的，因为这会非常有助于加
快你之后的转录过程。此外，当技术设备出故障时，速记也会派上用场，虽

然记笔记会分散你很多注意力并且可能会打乱采访节奏。

有同情心并且与受访者建立起友谊，非常有可能给你带来更好的引述；如果不是这种情况，你也可以直接地让他们打个比方、进行类比以及讲点轶事。有时候，恭维和幽默会非常奏效。一般来说，开放式问题比封闭式问题能带来更好的答案，虽然封闭式问题通常在证实某些事实时会有用。在大多数情况下要避免引导式问题，你应该在采访快结束时再去问困难的或有争议的问题，因为它们可能会让受访者感到不安，并且让他们终止采访。只要有可能，就尽量进行面访，视频电话是第二选择，然后才是电话采访。利用邮件进行采访只能作为最后的选择。

思考题

- 采访的四个原则是什么？
- 你的采访工具包都应该有什么？
- 主要的问题类型及其亚型是什么？
- 你喜欢电话采访还是当面采访？
- 你应该问受访者哪些类型的问题？
- 何时适合问引导型或揣测型问题？
- 应该什么时候转录采访稿？
- 什么时候应该对采访内容进行转述，什么时候应该直接引述？
- 如何让害羞的人开口？
- 改变采访陈述的正当理由是什么？

练习题

- 找一份目前你感兴趣的科学论文，找到首席科学家和一个独立专家，然后对他们进行研究。
- 或者，在你的大学找一个写了一篇非常有趣的论文的科学家，同样做上面的研究。
- 就这篇论文准备一些你想问作者的问题。
- 试着联系一下安排采访。陈述你的目的，录下采访，确保告诉他你在录音。
- 下载一个录音应用程序（绝大多数都是有限免费的版本），熟悉它怎么运行。利用它对同学进行采访，然后互换角色。

● 在科学栏目（见网站链接）中找一篇传略，然后看看每段引述的目的是什么。它提升了科学家的个人魅力，还是解释了科学？

● 针对同一篇传略，提取所有的引述和转述。二者的比例如何？

● 对同一篇传略，对通过采访获得的引述、转述和段落进行逆向思考。你能猜出这些答案的背后是什么类型的问题吗？

阅读清单

Adams, S. and Hicks, W. (2009) *Interviewing for Journalists*. 2nd edition. London: Routledge

Blum, D., Knudson, M. and Henig, R.M. (eds.) (2006) *A Field Guide for Science Writers*. 2nd edition. New York: Oxford University Press

Bubnoff, von A. (2013) Getting the story, and getting it right, In Hayden, T. and Nijhuis,

M. (eds.) *The Science Writers' Handbook*. Boston, MA: Da Capo Press, 40–52

Cartwright, M. (2009) *Teeline Gold Standard for Journalists*. Oxford: Heinemann

Mencher, M. (2011) Interviewing principles and practices, In Mencher, M. (ed.) *News Reporting and Writing*. 12th edition. New York: McGraw-Hill, 293–320

Sumner, D.E. and Miller, H.G. (2009) *Feature and Magazine Writing: Action, Angle and Anecdotes*. Chichester: John Wiley & Sons

Wilson, J. and Tucker, L. (2013) *NCTJ Shorthand Video* [Online Video] Available at: www.youtube.com/watch?v=S9_5Q1QrjeE [date accessed 11 August 2015]

网站链接

BBC Academy interviewing (video series): www.bbc.co.uk/academy/journalism/skills/interviewing

The *New Yorker* profiles archive: www.newyorker.com/magazine/profiles

The *New York Times* Profiles in Science: www.nytimes.com/column/profiles-in-science

参考文献

Adams, S. and Hicks, W. (2009) *Interviewing for Journalists*. 2nd edition. London: Routledge

Bradshaw, P. and Rohumaa, L. (2013) Technology, In Bradshaw, P. and Rohumaa, L. (eds.) *The Online Journalism Handbook*. Harlow: Pearson, 15–28

Bubnoff, von A. (2013) Getting the story, and getting it right, In Nijhuis, M. (ed.) *The Science*

Writers' Handbook. Boston, MA: Da Capo Press, 40–52

Carpenter, S. (2015) Personal phone conversation on 31 July 2015

Clery, D. (2014) The theoretical physicist behind Interstellar, *Science*, vol. 346, no. 6211, 800–801

Clery, D. (2015) Personal phone conversation on 13 August 2015

Craig, R. (2015) Personal phone conversation on 23 September 2015

Friedman, A. (2013) The art of the interview, *Columbia Journalism Review* [Online] Available at: www.cjr.org/realtalk/the_art_of_the_interview.php [date accessed 12 December 2016]

Goldacre, B. (2016) Personal phone conversation on 25 July 2016

Greenslade, R. (2010) The shortcomings of shorthand, *The Guardian* [Online] Available at: www.theguardian.com/media/greenslade/2010/dec/08/journalism-education-dailytelegraph [date accessed 11 August 2015]

Hunter, M.L. (2016) Personal Skype conversation on 13 July 2016

Jeffrey, J. (2011) Sic joke, *The Australian* [Online] Available at: www.theaustralian. com.au/opinion/strewth/sic-joke/story-e6frgdk6–1226109352225 [date accessed 29 August 2015]

Kunzig, R. (2006) Gee whiz science writing, In Blum, D., Knudson, M. and Henig, R.M. (eds.) *A Field Guide for Science Writers.* 2nd edition. New York: Oxford University Press, 126–131

Leonard, E. (2001) Writers on writing: Easy on the adverbs, exclamation points and especially hooptedoodle, *The New York Times* [Online] Available at: www. nytimes.com/2001/07/16/arts/writers-writing-easy-adverbs-exclamation-pointsespecially-hooptedoodle.html [date accessed 12 December 2016]

Mencher, M. (2011) Interviewing principles and practices, In Mencher, M. (ed.) *News Reporting and Writing.* 12th edition. New York: McGraw-Hill, 293–320

The New York Times (1999) How to write a profile feature article, *The New York Times (Student Voices)* [Online] Available at: www.nytimes.com/learning/students/writing/voices.html [date accessed 1 August 2015]

Orzel, C. (2013) How journalists can help the scientists they interview, *Physicsfocus. org Blog* [Online] Available at: http://physicsfocus.org/chad-orzel-how-journalists-can-help-the-scientists-they-interview/ [date accessed 24 October 2016]

Scanlan, C. (2013) How journalists can become better interviewers, *Poynter* [Online] Available at: www.poynter.org/news/media-innovation/205518/how-journalists-can-become-better-interviewers/ [date accessed 4 August 2015]

Scott, C.P. (1921) A hundred years, *The Manchester Guardian*, 5 May 1921, p. 35 [Online] Available at: https://archive.org/stream/701344-100-years-cp-scott [date accessed 29 August 2015]

Sumner, D.E. and Miller, H.G. (2013) *Feature and Magazine Writing: Action, Angle and Anecdotes*. 3rd edition. Chichester: John Wiley & Sons

White, W. (1989) Her deepness, *The New Yorker* [Online] Available at: www.new yorker.com/magazine/1989/07/03/deepness [date accessed 1 August 2015]

第五章
为杂志撰写科学文章

在本章你将了解到：

> 杂志特稿的基础／杂志特稿的类型／杂志特稿文章的结构／撰写有效的开头和结尾／奇闻轶事／科学特稿的叙事性写作／杂志特稿的语言／文章提纲／案例研究：对一篇获奖特稿的分析

引　言

特稿写作其乐无穷。你能够独创行文结构，引用生动的奇闻轶事，对议题进行扩展。有些特稿篇幅偏短，而篇幅更长的特稿可以方便你在上下文添加更多的报道和描绘性的科学内容。撰写硬核（尤其是短篇幅）的新闻报道更加容易，因为文章更具形式化，但是相对的创意空间也就更少。然而，特稿和新闻故事的差别不在于篇幅长短，就像《自然》杂志的资深物理科学记者戴维·卡斯泰尔维奇（Davide Castelvecchi）跟我说过的那样：

> 特稿故事和新闻故事的主要区别不在于长度，而在于结构、语调、声音和风格。

（Castelvecchi, 2016）

语调、声音和风格取决于许多因素：你的故事、文本类型、你为之工作的出版物，特别是作为作者的你本人。硬核新闻故事要求客观，因而在文章中要尽可能少地表露出你自己的声音，而在杂志中，作为作者的你的声音正是读者所追寻的，正如新闻学教授大卫·萨姆纳说的那样：

> 每本杂志都有其自身的编辑个性。你要给杂志写文章，我认为杂志应该有自己的观点。尤其是政治杂志，它们期望它们的作者拥有鲜明的观点。这并不是说要直抒胸臆，而是要通过你使用的材料和你引用的内容来实现。
>
> （Sumner，2015）

尽管新闻故事与特稿叙事性故事在结构和风格上截然不同，但是在主题和新闻要素上却相互连通。此外，它们的时事性使得科学新闻成为写作灵感的合理来源，通常也会产生主题有趣、思想更加深刻的故事。与此同时，特稿能够让你拓展话题，展开更多研究，采访更多的科学家，提供更多背景信息和情境。就回答问题而言，新闻故事回答了主题是**什么**的问题，而特稿额外强调了**为什么**的问题（Nick Morris in Pape and Featherstone，2006）。

本章的第一部分设计了优秀特稿的基础性构成，比如创意十足的轶事线索、反转的结尾和核心段落，还有"硬核科学"部分，比如解释性段落。在下一部分，你将会了解一些最常见的特稿类型，掌握其特点和使用方式。

我已经提到结构在特稿中有多么重要，你还会读到专门讲述特稿结构技巧的一部分。最基本的结构交替出现在个案介绍和科学解释之间，适合应用于许多特稿的撰写，让你轻松入门。此外，文章一开头就吊住读者的胃口至关重要，因此有一部分会专门讲述如何铺陈线索。我还会讨论一些结尾，因为与新闻故事不同的是，特稿的结尾是最重要的部分。它将你的故事串联起来，在理想状态下，会让你的读者产生阅读后的满足感，认为所有的问题都解决了。

奇闻轶事是故事主线中的小插曲，你只能通过访谈得到。它们也很重要，所以也会有一部分专门介绍如何写出好的奇闻轶事，你从哪里找到，如何写到纸上。结构、开头、结尾和奇闻轶事是特稿故事的创造力的本质。

即使是结构更加传统的特稿故事，叙事主要聚焦于人物和他们的目标、冲突以及他们实现目标的过程。比起生硬的科学事实，你的读者更容易记住叙事性故事。因此，你能够将两个世界（科学事实和故事世界）融合起来，将收集齐的原始材料用叙事的方式讲述出来，这样你的科学文章就更容易让人记住。除此之外，你还必须具备扎实的语言表达能力。因此，本章还有一部分会讲述你该如何最有效地应用语言来传达复杂的科学内容，同时还能牢牢吸引住读者。

在对有助于把你的原始素材按顺序布置并只选择相关素材的技巧进行综述后，我会剖析希拉里·罗斯纳（Hillary Rosner）的一篇获奖科学故事的一部分，内容是关于遗传学和保育的，并以此为例指出在本章前几部分讨论过的重要因素。

杂志特稿的基础

特稿故事让你能够扩展话题，深入挖掘，从特定的角度看待主题，同时让读者能够在更广阔的情境中阅读你的故事。这就是与传统新闻故事相比，写特稿需要报道更多内容的原因。同时，和硬核科学新闻故事相比，你还需要组织不同特稿的文章结构。根据倒金字塔结构，典型的新闻报道总是将最重要的事实信息写在最前面。这样的方法立刻就能让读者获取重要信息，但是这同时也让故事的紧张感完全消失了。按照这样的模式来写特稿故事是个错误的方法。这里需要讲故事的技巧：在正确的时候给出适当的信息量，将硬核事实散布于故事叙述元素之间。例如，一些科学特稿围绕科学家追求科学发现而展开，这一发现可能会改变世界，或者改变我们对世界的理解。其他特稿则描述身患绝症，需要继续救治的患者。共通点就是它们的故事中都有人物元素，能够和读者联系起来。与短篇新闻报道相比，特稿的作者需要让读者在长时间阅读过程中始终兴致盎然。正因为所有这些差异，有人将特稿定义为"不是新闻的任何东西"（Pape and Featherstone，2006：2）。但是，特稿常常基于近期发生的事件，从而具有新闻价值，所以它们与新闻密不可分。一个多世纪之前，新闻学教授哈里·哈灵顿（Harry Harrington）和《俄亥俄州杂志》（*Ohio State Journal*）记者西奥多·弗兰肯伯格（Theodore Frankenberg）这样描述特稿和新闻之间的关系：

> 写特稿或者大肆宣传一个故事是要展示它某些异常重要的元素，因为它具有新鲜感和广泛的吸引力。故事的特征就是在第一段讲出最有意思的细节。特稿故事中的新闻元素处于从属地位。
>
> （Harrington and Frankenberg，1912：294）

今天，这种界定的大部分仍然有效，但是关于在第一段就揭示最有趣细节的这一说法，则不再是正确方法；在文章开头，你通常要保留一些有趣信息。如果在开头你一下子全部写出来，要保持读者的注意力就很困难，因为

特稿故事往往要比新闻故事长很多。特稿故事字数一般在 600—2000 个单词
（Pape and Featherstone，2006）。但是实际上没有上限，因为一些获奖的故事
甚至在 5000—10000 个单词。

文章的最佳长度取决于你的故事本身。你用来讲述故事的特稿类型也是
同样的道理。但是你能在大部分故事中发现一些重复使用的元素，例如，适
当的名人名言和奇闻轶事是必要元素，引用某人讲过的话，讲个笑话，出个
谜题，或者描述故事展开的某个场景。这样会引导你的读者，让他们决定是
否要继续花时间读完整个故事。

结尾也同样重要，应该让读者产生满足感，就是说上文所涉及的每一个
公开的冲突或问题都应该得到解决，这样读者会有一种看到结局的感觉。如
果你的导语介绍的是与食品药品监督管理局积极斗争以努力让一种新药获批
的科学家，那故事的结尾就应该再次提及这场斗争，并讲清楚她到底是赢了
还是输了。

文章开头导语部分要介绍一个特殊的实例，或者陈述更大的主题，那么
接下来核心段落就要介绍提出的问题，告诉读者他们会在你的文章中读到什
么内容。核心段落也称为"广告牌段落"，通常是接在导语后面的第二段或第
三段。下面是《BBC 聚焦》杂志 2015 年 5 月刊登的一篇文章：

> 你的最后一个动作是张大嘴巴尖叫，但是却发不出任何声音。同时，
> 你吸入了过热的气体，破坏了你的气管，摧毁了你的肺部。
>
> 200 年前，印度尼西亚松巴哇岛上 12000 名居民就是在火山爆发中痛
> 苦地死去的。1815 年 4 月，岛上坦博拉火山（Tambora volcano）的爆发
> 是其有史以来最著名的一次爆发，也是自冰河时代起最大规模的火山爆
> 发。这座火山在经历了这次历史性爆发之后就分崩离析了。但是在爆发
> 之后的数周乃至数月之内发生了什么？我们在未来是否还会受到同样事
> 件的威胁呢？
>
> （McGguire，2015：61）

这一片段展示了从导语到核心段落的过渡。第一句话是场景式导语，让
读者置身于火山爆发的场景之中。第二句话将更加场景化的导语和事实信息
联系起来，将它置于更大的情境中并与现代的读者联系起来。这样一来，麦
奎尔（McGuire）给读者做出一个隐性的承诺：阅读这篇文章，你会有所发
现，这也是 5 月刊的封面故事，见图 5.1。

图 5.1 《BBC 聚焦》杂志 2015 年 5 月刊的封面
来源：《BBC 聚焦》杂志

在某些时候，你也必须要对真实的科学进行解释。因此，你需要将复杂的科学事实和科学术语进行简化处理，用简单平实的句子解释给你的受众。这有点儿像走钢丝：如果过分简化，你就会有把科学肤浅化并且让读者感觉很无聊的风险。但是，如果你扔出一堆科学专业术语，不做任何解释，你可能立刻就丧失了读者的注意力。请记住，杂志读者非常清楚地知道他们所感兴趣的主题内容。许多人都是长期订阅客户，经常阅读同一主题的相关文章。除此之外，杂志也会跟踪自家读者的阅读兴趣，为他们量身定制专属文章。如此一来，与报纸读者相比，杂志读者更像专业读者。

朗朗上口且生动鲜明的引述是每一篇优秀特稿必不可少的重要部分，在篇幅长、内容枯燥的科学段落中能够起到很好的解释作用。然而，你还能在特稿中适当夸大对引述的利用。每段只用一个受访者或者一种观点是黄金法则，因为这样不会让读者分心，在同一段落内来回切换。优秀特稿利用引述来推进故事，并拆解了可能是作者在东拉西扯的冗长的叙事段落。恰到妙处的引述也能让专家把复杂的科学过程解释清楚，这些引述并不是作为目的本身而出现在那里的。

让特稿真正散发与众不同光芒的要数趣闻轶事了。"anecdote"这个单词的意思就是小故事，你可以把这作为小故事编织进你自己的故事中。如果你有办法让你的受访者分享一些情感性的轶事，同时讲述一些科学概念，这些小技巧就能够激发读者的阅读兴趣，吊住他们的胃口。

杂志特稿的类型

特稿具有多种形态和篇幅。不同于硬核新闻故事，几乎所有的特稿故事都表达了作为科学作者的你的思想。例如，你对事实进行选择的方式，你的句子的长短，你使用正式的还是非正式的语言，你的语调是轻快的还是恭敬的——这些都是形成你作为作者的声音、语调和文风的特征。但是这一切也都必须契合你所撰写的特稿的类型。

新闻伴随型特稿

这一类特稿又分为三小类，清楚地表明了某些特稿与新闻故事有着多么紧密的联系（Pape and Featherstone，2006）：

（1）**以新闻为背景的特稿**：更多地阐述硬核新闻故事，通常会与相应的新闻报道在同一天发表。

（2）**浓墨重彩式特稿**：换个与新闻报道不同的角度，选取意想不到的，往往是另类或古怪的角度。

（3）**跟进式特稿**：即使过了相当长的一段时间，再次回到先前发表过的故事，考察自初始文章发表以来这个故事是如何发展的。

实际上，许多科学特稿（与传略一起）属于仔细考察一项热门的发现并提供额外信息的以新闻为背景的特稿（McKay，2013）。此外，这类特稿让你在找到一个原始的角度和故事创意方面更具灵活性："在以新闻为背景的特稿中，你可以问的问题类型实际上是没有限制的，这给记者提供了仔细思考这个事件的启示的机会"（McKay，2013：114）。一旦你仔细思考了这些启示，请确保用一两句话写下你的核心观点。

周年纪念是作者就非热门主题创作跟进式特稿的合理理由（Pape and Featherstone，2006），著名科学家的生日也是个很好的由头。这完美符合格雷厄姆·索霍恩提出的纪念日这个新闻因素（见本书第 2 章）。

专家特稿

除了以新闻为背景的特稿，还有许多专家特稿，比如科学、健康和教育特稿（Pape and Fetherstone，2006）。健康特稿可以分为两大类。第一，基于西方社会普遍富裕的假设，心理学方法聚焦于我们的心理健康问题和生理表现。第二，医学方法处理的是，指出医学问题并且表明新的医学研究如何可能解决这些问题。

下面是一则医学方法的文章案例。在《科学美国人》上一篇关于听力丧失的特稿中，哈佛医学院的耳鼻喉科教授查尔斯·利伯曼（M. Charles Liberman）解释了巨大的噪声如何损害内耳毛细胞，还伤害听觉神经纤维，这是像听力敏度图这样的传统诊断方法无法发现的。在文章的末尾，利伯曼提出，可以找到一种治疗方案，在某人因噪声导致听力丧失数年后仍能恢复破损的神经触突（Liberman，2015）。对读者来说，这样的结尾给出了很好的转折，因为它消除了噪声导致的听力伤害是不可逆转的这一广为接受的观念。这样的文章能够鼓舞有听力障碍的读者尝试新的治疗方法。所以，作为一个撰写健康方面内容的作者，你对读者们有着重大的责任，而其中最重要的就是你要提供正确的事实（Pape and Featherstone，2006）。

以采访为基础的特稿类型

每一篇好的故事都需要采访，但是一些特稿故事实际上是浓缩的采访。在最简单的形式中，一篇以采访为基础的特稿就是一连串的问题与回答，这样的采访有时称为问答型（Q&A）。

如果你要写出好看的问答型特稿，只要做个简短的采访可能就足够了。但你还是要问出好问题，与你的对谈者产生共情，并对你将要放到最终的特稿中的问答进行仔细挑选和编辑。

根据麦凯（McKay，2013）的观点，传略是另一种十分常见的杂志特稿类型。与问答型相反，传略是以采访为基础的更加深入的特稿。通过人物本身的因素，传略能够引起人们对一些被忽视的问题的关注：

> 传略是给重要议题提供一个"面孔"，让读者参与其中并关心他们可能忽视掉的话题的一种有效方式。许多杂志和报纸作者在对复杂议题筹备深度文章方面会使用这个技巧。
>
> （Sumner and Miller，2013：177）

"传略"（Profile）这个词的历史源头和定义可以追溯到 20 世纪 20 年代《纽约客》发刊之时，当时杂志的主编和记者写了不少有关著名人物的深度文章。与这些冗长的文章相比，如今我们还有被称为快照式传略（snapshop profiles）的短小传略。快照式传略只聚焦于人物生活中的某些特定方面，或者是他们就某些话题发表的评论或思考，这种文章的长度通常从一段到一页（Sumner and Miller，2013）。

专 栏

首先，撰写科学专栏听上去颇让人反感。科学始终携带着一种不偏不倚、确凿的事实和静态的真相的形象，尽管经常恰恰相反。与政治专栏或社论相比，科学专栏往往没有那么鲜明的个人观点，但这仍是质疑和批判科学的最佳方式。科学专栏作家经常挑出一些热门话题，比如最新的科学发现。这些作者往往在他们要撰写的某一领域习得了一定程度的专业知识。好的专栏总是通过研究透彻的事实来支持作者的主张和看法。最优秀的专栏会消除信息和娱乐之间的鸿沟。

许多读者会与他们最喜爱的科学专栏作家建立联系。例如，在《科学美国人》每月的专栏"技术档案"（TechFiles）中，大卫·波格（David Pogue）讨论了技术如何与我们的文化和生活息息相关。经年累月的写作为作者培养出了忠实的读者群，这对作者本人和出版商都大有好处。就像麦凯（Mckay，2013）说过的那样，专栏"有助于出版商建立自己的腔调和氛围，编辑们相信这反过来有助于激发读者的忠诚度"（113）。

工作原理

另一类诠释者风格的特稿常被称作工作原理类（how it works）特稿。你往往能在着重技术的科学杂志上看到这样的文章。《大众科学》（*Popular Science*）、《大众机械》（*Popular Mechanics*）和《BBC 聚焦》等杂志都有详细揭示一些新奇的科技玩意儿或者复杂的科学程序如何发挥作用的工作原理类文章。文章的结构也很简单，从一个新技术使用者的角度出发，然后按时间顺序一步步详细讲解具体的操作步骤。相伴随的信息图通常大体上支撑了文字解释。如果你想撰写你自己的技术揭秘类文章，可以从阅读相关出版物中的同类文章开始。在本章末尾，你会发现《大众科学》杂志"工作原理"栏目的链接。

杂志特稿文章的结构

你很快就会发现科学特稿的基本困境就是要在提供信息和娱乐大众之间找到微妙的平衡。这反应在你如何安排你的文章结构中。人情味和故事会吸引住你的读者，但是在某些时侯你必须要解释那些最初让你产生兴趣并促使你提笔撰写文章的真正的科学。

这也就诠释了为什么大部分科学特稿也是诠释型特稿。这可能就是科学特稿最不同于其他杂志特稿的方面。在科学特稿中，你需要做出比其他杂志特稿更多的解释，比如《大都市》（*Cosmopolitan*）这样的生活类杂志中的特稿。问题的症结就出在这里：如果你只是一味地解释，那么读者就会失去兴趣。此外，文章的娱乐性往往比信息更有优势：美国畅销的前 50 名杂志中，科学类杂志只有两本（根据美国审计媒体联盟 2016 年 6 月 30 日的调查数据），它们是《国家地理》和《史密森尼杂志》。而最受欢迎的杂志是以特定的人群为目标受众的生活类杂志，比如退休人士、园艺爱好者，女性或者男性。

科学文章的目的是透彻地解释科学知识，但又要把解释性内容保持在最低限度。科学作家卡尔·齐默在"开放笔记本"平台发表的科学解释型文章写作指南中建议，要找到将科学概念包裹在其中的恰到好处的比喻，而非让自己迷失在各种细节描述中："把某件事情解释到位的最重要步骤就是要清楚，要让读者理解你的全篇内容，需要给出最低数量的解释是多少。你又如何应对这么少的解释？"（Zimmer，2015）但是，他也承认，每当你要解释一个非常大的想法时，"将解释内容打碎，穿插在全文故事之间，往往是个好方法"。

考虑到这一点，你常常能在新闻伴随型特稿故事中发现的一个技巧就是在故事和背景之间进行切换。公平地说，这个技巧通常会奏效。不同的作者对它的称谓会不同，比如奈豪斯（Nijhuis，2013）称其为夹层蛋糕式结构，而格普费特（Göpfert，2006）则称其为 AB 式结构。

导语很重要，因为它要吸引读者。在导语中用一则出色轶事则会效果特别好。但是要保证这则轶事简短，并且只是为了说明性的目的，而不是为了阐释自身。在下一段，内容要从个别情况跳跃至对普遍问题的解释。尽管如此，这样的结构仍然是要讲述故事：总体框架要表明这个议题如何与社会相关，要描述问题并给出解决方案。在你故事的结尾，你可以再回到个案，得出你的结论。

如果故事主人公遭遇挫折，或者行为冒险，那么个案故事就更有戏剧性效果，也许你甚至可以给故事添上一个犀利的结局。然后你可以使用 AB 式结构来编制你的叙事线：用 B 面开场（个案）；第二段升华至更加普遍的 A 面；下一段深入发展 B 面的故事；接在这段后面的是 A 面，用客观事实解释 B 面中涉及的科学内容。你可以在段与段之间进行故事和科学的切换，或者你可以偶尔插入较长的解释性段落，但这都取决于你的故事本身。

（Göpfert，2016）

构建故事结构也意味着能够让它自然流畅地进展下去。决不能让你的读者意识到他们在叙事和解释之间过渡，所以必须在逻辑上把文章段落间的内在思想联系起来。如果两段之间的思想跨度太大，容易让读者分心。就写作技巧来讲，过渡句可以帮助你将段落与段落联系在一起（详见"杂志特稿的语言"那一部分）。如果可以的话，按时间顺序编排故事，这是最常见的结构组织原则（Mencher，2011）。如果某个人的行为导致了某种结果，请确保按时间顺序进行报道。按时间顺序组织故事的一种方式就是使用钟摆格式，文本框 5.1 中的内容会对此进行讨论。此外，还有常用的清单体格式和沙漏格式（见文本框 5.1），尽管清单体格式并非按时间顺序展开。你还可以根据空间因素来组织你的故事结构，如果故事本身是随着空间变化而变化的，但是要选择你觉得在逻辑上能把论点关联起来并让你的文章前后连贯的格式。

文本框 5.1　更多的故事结构

清单体格式

清单体格式是一种基于清单的文章（类似界于清单和文章之间的格式），早在印刷新闻时代就一直存在，但是在网络上大受欢迎。这类结构往往围绕一个核心观点展开，包括导语和一个结尾段。它们会列出支持核心观点的一些类似的结构性元素，往往还包括诸如照片、动画片段、视频以及简短的描述性文本这样的视觉要素。清单体格式尤为适合移动互联网时代的消费。

钟摆格式

这样的故事会从头到尾详述事件。并不是所有的新闻性故事都能够按照事件发生的时间顺序来讲述。实际上，出于某些原因，时间顺序可能是不合适的，正如《大西洋月刊》的专职作者梅根·加伯（Megan Garber）

写道的那样："时间线驱动的叙事是终极撒手锏，当作者想避免陈述个人观点时，这种格式相当便利。"（2006）

沙漏格式

沙漏格式是另一种编排故事结构的方法，它把硬核新闻故事（仿效倒金字塔结构）和叙事关联起来。你能够将沙漏格式分为三大部分。首先，你要按重要性降序的方式回答五个 W 和一个 H 的问题，就像倒金字塔一样。这部分往往长达四至六段。其次，写一个过渡段落，表明接下来是一种通常按照时间顺序展开的叙事。最后，按事件发生的时间顺序讲述，并表明故事如何展开。在这样做时，要包括引述和目击者证词（Scanlan，2003）。

从连贯性的意义上来说，请确保你的故事如格普费特〔2016〕所阐述的那样向前进展：文章每一段或者把 B 面向前推进，或者解释 A 面中的新内容。在任何类型的写作中，停滞就等于死亡，因为这会让读者无聊至极。遵循这一原则能够帮助你做出更好的选择，并筛选出会阻碍读者思路的段落。一旦你所有的元素都汇集完毕，并且分配好是用来叙述故事还是讲述科学知识，你就可以提笔写作了，除非你想要先列个提纲。

一些特稿作者喜欢在开始写作之前先列出结构提纲，其他作者则是在大脑中构思。如果你要写提纲，就要做好心理准备，你可能写着写着就要抛弃大纲了。就如写作本身一样，组织特稿的结构是一个连续性的过程，要求你调整思路，在研究主题的时候，围绕一些段落反复修改，同时剔除其他段落。一旦你要提交最终文稿，要做好心理准备，你的编辑也会修改你的文章结构。为了优化文章结构和阅读流畅度，编辑往往会移动或删除一些段落。

组织特稿结构的简易入门方式就是使用所谓的《华尔街日报》推荐格式（见表 5.1）。这也被称为典型的杂志特稿风格。基于这种格式的文章首先用一个吸引眼球的导语，接下来是不仅对故事进行总结而且将故事升华至科学层面的核心段落，通常是通过陈述什么是新的，并且提及研究人员的发现（Nijhuis，2013）。接下来是解释性部分，引入科学事实的第一个主体段落。第二个主体段落（或者接下来的连续几段）要么是深入发展角色（如果你在导语中提到人物的话），要么回答核心段落中尚未回答的开放式问题。就像格普费特（Göpfert，2016）所说的那样，文章结尾应该切中主题且鲜明。如果你能够用一个出人意料的事实、事件或者剧情反转来让他们产生惊喜感，那么效果会尤其出色。

表 5.1 《华尔街日报》建构特稿文章的格式

软性导语
人物、场景或者事件 现在时态 长度：至少 1 段
核心段落 陈述主题 回答 5 个 W 中的某些问题，但不是全部 长度：至少 1 段
正文（1） 用事实和引述来对主张进行支持 科学背景和情境 长度：至少 1 段
正文（2） 回答剩余的 W 问题（或者进一步发展内容） 剩余的 W 的情境 长度：至少 1 段
结尾 解决导语中提出的问题 展望未来发展 长度：1 至 2 段

撰写有效的开头和结尾

导语和结尾是文章中的重要元素。导语用来吸引读者注意，而结尾则给他们一种结局感。给开头和结尾打个草稿也能够帮助你划定故事的范围，因此这成了非常有价值的结构工具。

> 一旦你写定了导语和结尾段落，你就建立了文章的边界。下一个挑战就是要按照逻辑顺序来安排其余内容。当然，这并不容易，但是导语给出了文章行进的方向，而结尾段落应该就是文章的终点。
>
> （Summer and Miller，2013：111）

导语和结尾是特稿写作中有趣的部分，因为你可以有很多创造性的选择。而唯一的限制就是，导语要和你的故事创意、主题保持一致，除此之外，你能够决定是否想要按下面的方式来开头（Pape and Featherstone，2006）：

- 以电影方式描述场景。
- 介绍故事的角色。
- 使用警言妙语或者评论。
- 提出一个问题。

导语还必须与你的文章语气匹配：如果你想要赶走读者，那就给一个悲剧故事写个搞笑的导语。同时，提出问题的时候也要注意。只有当你确信读者会做出何种反应时，才能用提问开头。这就是评论性文章中适合提问题的原因——作者和读者相互之间可能非常了解。

从更加正式的角度来看，以下的导语类型特别适用于大部分特稿文章（Sumner and Miller，2013）：

- **场景式导语**：通过生动地描述场景让读者身临其境。
- **惊艳式导语**：让读者直面意外事件或解开一个谜团，吊住读者胃口。
- **佯装式导语**：保留重要的信息，在接下来的段落中叙述，这会激发读者的好奇心。
- **引言式导语**：直接引用被采访者的话语，当引用的话语直接点出了故事的观点或者其中一个主题时，效果最好。
- **直叙式导语**：开门见山地直接将故事主题展示给读者，用第二人称"你"开头就能达成这一效果。

让我们看一下埃德·杨在自己关于大马哈鱼夜视能力的文章中是如何用场景式导语开头的。他对周围环境和大马哈鱼的描写让读者觉得他们身处这样的场景中：

时值 11 月，大马哈鱼正在游离海洋，返回自己出生的河流。在这场跨越瀑布以及躲避狗熊捕食的史诗级的大迁移中，它们的身体也发生了变化。它们的颜色变深、变红。雄性大马哈鱼会长出钩状下颚，有时还有驼峰状隆起。

（Yong，2015）

这样的导语包含了很多可以理解的细节。记住这一点后，你应该就很容易避免写出假设性导语（Sumner and Miller，2013）。事实上，一些导语能够完全基于事实，并且加入一些惊喜的元素。如果你的导语能够解开一个谜团，或者扫除一个广为人知的信念，你的故事中就会立刻出现出人意料这个新闻因素。也就是说，让大部分导语奏效的因素就是前文提到的人类因素，就像新闻学荣誉教授大卫·萨姆纳说的那样：

> 有一个经验：在导语中加入一个人物。如果在第一段你能讲一则奇闻轶事、一个故事或者一句引述，这要比在故事中只是堆砌事实更加有趣。总而言之，我想说的是，在美国的绝大多数消费者杂志中，你会在各种各样的导语中看到人物的出现。最好的杂志文章导语就是讲段奇闻轶事，通过小巧的新鲜故事来描述你想表达的更加宏大的观点。但是奇闻轶事很难获得。唯一的途径就是开展好的采访，并直接让你的信源来提供故事和轶事。你无法总是找到好的奇闻轶事，但是有时候你会获得一些好的引述或者非常有价值的事实。无论如何，你的导语要直接指明故事发展的方向。
>
> （Sumner，2015）

结尾也要写得具体。要解决你在导语或者整篇故事中提到的开放式问题。如果你在导语中提了一个问题，要在结尾做出回答。如果你的故事描述了在为新的疗法获得食品和药品监督管理局批准时遭遇困难的一位科学家，那么要在结尾告诉你的读者，他（她）最终是否成功了。还要告诉读者一些他们不知道的东西。这就是为什么人物采访很重要：采访能够给策划好的开头和结尾提供最原始的材料。但是总结出你在写作过程中得出的观点——所有论证和观点的逻辑结果，也可以成为有效的结尾。请务必用坚实的事实来支持个人观点和总结性评论。此外，几乎总是奏效的一种技巧就是与导语关联起来。

> 好的结尾必须要有一个情感性的结论。你务必要有终结感，总结所讲述的一切。这也会给读者带来某种情绪上的满足感。你不能够让事实或者问题悬而未决。有时可以引用一句警言妙语，有时还可以讲一段名人轶事——就跟导语中一样。如果可能，也可以使用循环技术：回到你在导语中开始的地方，就这个故事给你的读者提供更多的内容，或者引用同一个人说的其他的警言妙语。这让整篇文章更加完整统一。
>
> （Sumner，2015）

　　和导语一样，结尾撰写也可以发挥创意。你也可以在结尾描述一段场景，如果场景合适的话。科学自由撰稿人罗宾·梅多斯（Robin Meadows）在一篇分析大马哈鱼游动的文章中表明了如何采用这种方法。在"开放笔记本"的同一篇文章中（详见阅读清单），她采访了科学作家史蒂夫·沃尔克（Steve Volk），后者说他在选择自己故事开头和结尾的场景时，会挑选那些最能触动情绪的场景。

　　如果你要在开头和结尾创造一种张力，你就可以对受访者所说的轶事的一部分有所保留。在导语中陈述一下，但是在文章的结尾才去解决。这会吸引你的读者把文章从头读到尾。

奇闻轶事

　　奇闻轶事是你故事中的小故事。它们有助于给复杂的科学议题添加有人情味儿的工具。这会推动你的读者去关心故事角色，能够更好地与故事关联起来。好的奇闻轶事短小精悍，直击主题，还常常会激发读者的情绪。《牛津英语词典》对"奇闻轶事"（anecdote）这个词有两层解释："隐秘的、私人的或者至今尚未公布的故事或历史细节"，以及"独立或者单个事件的叙述，事件本身有趣或者引人注意"。

　　奇闻轶事广受欢迎是因为其中包含着故事中人性的一面。有研究人员认为，人性化的一面和与之相关的情绪触动是优秀得奖新闻作品中的必要元素。在一篇写给《太平洋标准》（*Pacific Standard*）的文章中，威尔顿（Weldon，2016）认为，作为人类，我们不可避免地会与故事产生联系。她说，在阅读了叙述性故事之后，大脑的连通性会增加。这种增加的连通性会持续好几天。然而，要知道奇闻轶事的效果也有缺点："不利的一面是，寻找引人注目的故事的吸引力非常强大，收效甚丰，会诱使新闻记者开始胡编乱造，剽窃抄袭他人，或者伪造故事。"（Welcon，2014）威尔顿随后点了三位编造轶事的记者的名，并且指出，奇闻轶事的有效性反映在了得到著名奖项的频率中："是的，对记者来说，关于个人的叙述性故事位于赢得普利策奖的故事的核心，不只是今年，之前好几年都是如此。"

　　在科学新闻学中，你可以使用奇闻轶事来捕捉到科学家人生的光辉时刻。一些人会告诉你使他们成为自己领域中的专家的一些经历，另一些人则会告诉你他们第一次遭遇独特的科学问题是发生在什么时候。奇闻轶事总是和人有关，所以这样的故事总是新奇且原创。比如，科学记者亚历山德拉·维茨（Alexandra Witze）曾写过一篇得奖的《自然》特稿文章，内容是关于一对探索冥王星的兄妹科学家的，她在开头讲了一段幕后故事，作为整个文章的背景，说了这两位是如何在职业上结合起来的："有一天，她（吉米·艾略特的妹妹）来到了他的实验室，给他看了一张她做的电脑编码图像。尽管她还是哈佛大学的研究生，她的东西给他留下的印象足以深刻到可以给她提供一个软件方面的工作。"

要获得这样的好素材需要付出努力。如果你想要从受访者口中套出生动的轶事，你需要灵活地引导他们，不要模棱两可地问他们有没有什么好玩的轶事讲给你听。你可以这样提问："你们俩竟然都对同一颗行星充满研究热情，这是怎么做到的？"然后就会引出上文所讲的小片段。尝试提出开放但具体的问题，也可以问受访者在特定的情境下感受如何；如果故事允许的话，你还可以利用自己的奇闻轶事："当采访者处理受访者谈及的某一关键时刻或事件的具体细节时，一些最有趣的轶事也会在采访过程中浮现出来。另外一个能让人记得住的轶事的优秀来源就是作者自己的个人经历。"（Sumner and Miller，2019：139）

不使用奇闻轶事是特稿写作五大错误之一。因为通过利用非常具体的人物、地点和行动，奇闻轶事能够描述更大、更一般的概念，你应该在文章的开头和结尾用上。人物和事实是支撑科学故事的重要因素，但是你的读者真正会记住的则是有趣的故事，而不是枯燥的数字（Sumner and Miller，2013）。最好的故事和奇闻轶事将硬核的科学知识不知不觉地植入读者的大脑中。它们还能激发出情绪。我们来看一下科学作家凯瑟琳·舒尔茨（Kathryn Schulz）在美国可能发生地震的一篇文章中是如何用轶事作为开头的：

> 当 2001 年地震和海啸袭击日本东北地区（Tohoku）的时候，克里斯·歌德费因格（Chris Goldfinger）正在两百英里之外的柏市（Kashiwa）出席一场有关地震学的国际会议……会议厅里的每个人都笑了起来，因为地震在日本很常见……然后会议厅里每个人都开始确认时间。
>
> （Schulz，2015）

舒尔茨的导语在很多层面上都写得相当精妙。首先，导语讲的是关于一位地震学家的轶事，直接把读者拉入主题。其次，这个轶事颇有讽刺意味，因为灾难发生时人们毫无根据地笑了起来。这种讽刺会触动读者的感情，因为他们已经知道发生了什么。再次，她没有在导语中把整个故事都说出来，这就制造了一种紧张感。读者开始自问道：然后怎么样了？这些科学家受伤了吗？他们什么时候，又是如何发现了事情的严重性？最后，舒尔茨将她的故事和剩余的轶事交织展开。难怪她给《纽约客》写的这篇杰作为她赢得了2016 年普利策新闻奖特稿写作奖。她的写作技巧也表明了与受访者亲密接触的重要性：她在文章中写道，她拜访了歌德费因格，参观了他的实验室。如果不是直接从歌德费因格口中，她又如何得到如此私人化的故事呢？

虽然科学家在采访中会讲自己的轶事，但是你需要把他写进你的文章中。一些科学家会给你一些需要你为读者重新组织并且融合进奇闻轶事中的有趣的原始素材。这样，你就需要有选择性地注意下列特征：

- **简明扼要**：轶事要短。写完以后重复读几遍，删除不必要的形容词和副词。奇闻轶事不应该盖住而应该支持正文内容。
- **相关性**：你写的轶事要服务于你的目的，比如用引人注意的方式引出主题，树立文章的语气风格，或者和读者建立联系。
- **真人真事**：虚构性导语的影响力会较弱，更容易让读者丧失兴趣。
- **专人专事**：请保证要包含可验证、可测量、可理解的细节。这是你在读者头脑中投射画面的主要武器。
- **结构**：就其最基本形式来说（从亚里士多德式的意义上），每一个故事都有开头、中间和结尾。奇闻轶事的结构与此并无差异。

（Sumner and Miller，2013）

科学特稿的叙事性写作

每一个故事都包含开头、中间和结尾。这个结构本身可能无法指导作者写出令人信服的叙事，但是至少暗示着时间顺序在叙事中有多么重要。那么，什么是叙事？达尔斯多姆（Dahlstrom，2014：13，614）将叙事界定为"因果性、时间性和角色的三位一体"："叙事遵循特定结构，描述发生在特定时间段并对特定角色产生影响的事件之间的因果关系。"

《国家地理杂志》的执行三编杰米·史瑞夫（Jamie Shreeve，2006）认为，可以把故事分解为与一个故事的三个部分相关联的一系列事件。单凭这一点还远远不够。最重要的是，你需要按逻辑顺序编排这些事件。叙事要达到的目的就是让读者想去探究接下来发生了什么。是你的故事中的人物因素让读者把自己同故事关联起来，所以叙事得益于形象丰满的人物、良好的对话、角色的冲突以及最终产生的张力（Shreeve，2006）。你在剧本、小说、短篇故事中也会发现这些元素。

科学本身自然而然地适合于通过叙事的方式来讲述：它是根据时间顺序展开的过程（包括遇到的障碍和冲突），它由特定的事件组成，它涉及有趣的角色和对话。事实上，你能在许多科学程序、科学现象和发现中找到叙事线。有时候这就足以让你粗略地构建出一个故事（Shreeve，2006）。

也就是说，我们用不同的方式吸收科学和叙事。符合科学逻辑的传播并不像科学叙事那样连贯，因为后者在不给出情境的情况下可以让读者了解特定的信息片断（Dahlstrom，2014）。叙事可以更容易地被理解为我们人之为人的一部分；具体来讲，"叙事认知代表着人类思维的缺省模式，从而为现实提供了结构，并且成为记忆的根本基础"（Dahlstrom，2014：13615）。因此，叙事能够帮助你的读者更好地掌握复杂的科学议题，并在之后回忆起来。但叙事也有其弊端，技巧高超的叙事者会通过完全依赖于叙事而较少依赖真实的科学来说服读者。哪怕读者知道某些元素纯属虚构时，这也会很有效（Dahlstrom，2014）。

所以，你要如何来叙事呢？史瑞夫（Shreeve，2006）给出建议，要么随着事件的展开直接地观察事件，要么通过询问科学家来获得这种事件的一手信息。当你下笔的时候，脑中要有场景感，找到关键时刻和故事的高潮。关键时刻就是发生变化的时刻。在小说写作中，这些时刻被称作转折点，因为它们让你的故事有了崭新的，往往是出人意料的发展方向。这正是吸引你的读者继续读下去的方法。记住，停滞不前如同死水一样无趣。

有了这一系列场景和转折点，接下来你就能够很容易地重新组织文章结构。这是因为你不想在文章一开头就给出所有的关键信息，而是想吊足读者的胃口，直到文章结尾才出现高潮。那是从小说写作中借鉴而来的叙事技巧，在文章中不断交织着各种线索，在描写叙事性的 B 面（见 Göpfert，2016）与解释性的科学写作间进行切换。通过让它们彼此相关以把这些段落交织起来，所以读者就不会注意到从叙事转到了解释。

优秀的叙事包括四大要素，包括一到两个可爱的角色，情节（角色面对的障碍，以及他们追求的目标），解决方案，以及故事从开头到结尾清晰的时间线索。你的读者与角色冲突的关系越密切，文章的阅读效果就越好。同时，这些冲突也要让故事中的角色采取行动。每一个冲突都要有令人满意的解决方案，否则读者会感到他们被遗忘了。如果你要根据时间先后顺序来组织事件（这点相当可取），你需要有明确的日期和时间（Sumner and Miller，2013）。

首要的是，你可能还想要使用建构故事所需的经典情节类型（Sumner and Miller，2013）：

- **面对挑战**：这样的故事往往涉及主人公发现并接受新的挑战。（大部分情况下，最终会获得成功。）
- **没有成就**：故事发展线索如其名所示，这些往往都不是讲述成功的故事，在故事的结尾，主人公可能没有实现原定的目标，但是却实现了另外一个目标。
- **幸存的受害者**：这样的故事可能是一系列不幸的事件，在最开始给主人公带来了伤害，但是最终他（她）摆脱了不幸。
- **意义的混乱**：这类故事往往讲述了遭遇重大变故的主人公，比如亲人逝世等。
- **拯救世界**：这类讲述成功的故事往往聚焦于单个主人公，讲述他们在故事过程中发生的变化，通常是越来越好。
- **爱能战胜一切**：如名所示，典型的大团圆式故事。

这些情节类型可以完全适用于杂志的科学写作。阅读科学新闻是为可能的科学叙事找出关键点的好方法（有时甚至能找到一些转折点）。短新闻几乎从不涉及科学家本人的研究动机和困难，但是你往往能从中找出构成好故事的一些特质，并且评估是否值得继续跟进。与科学家交谈一番，也许能揭开新闻背后的有趣故事。

杂志特稿的语言

一旦你把初始的故事结构放到一起，并且找到事件的顺序，就需要在纸上描述出来，并且把它们结合到一起，以确保行文流畅。为此，你需要扎实的语言能力。写下令人信服的段落，并在读者的头脑中留下深刻的印象，这反过来能够调动他们的情绪。决不留下任何漏洞：每一句话，每一个词，都要服务于明确的目的。如果一句话无法推动故事的进展，也不能增加背景信息，就删掉它。

一切都从正确的用词开始。没人喜欢阅读一大堆专业术语。只要有可能，你就要选择简单明确的名词和动词，避免滥用形容词和副词。科学术语之类的单词从来都不简单，但是你无法完全避免，所以要确保非常好地引入和解释它们。

主题本质上可能涉及医学、自然科学或技术，但这不是让你胡乱堆砌日常不适用的单词和词组的借口——如果你偶然要使用医学、自然科学或技术术语，你要确保解释它们是什么意思。

（Pape and Featherstone，2006：125）

从尊重语言的角度来看，有一系列技巧能够帮助你改善解释性的写作，以让文章更吸引人，尽量减少枯燥性。邓伍迪（Dunwoody，Blum et al.，2006）建议使用下列技巧来解释科学知识，让它们能与你的故事无缝衔接：

- 使用主动动词
- 使用类比和比喻
- 在给出术语前，先进行解释
- 通过挑出重要的步骤来解释过程
- 避免过多的细节

尽可能地使用主动语态。只有当你无法表达是谁干了某事的时候，才用被动语态。在一些情况下，使用被动句式会很不合理，例如：“元素镭是被居里夫人和皮埃尔·居里发现的。”如果你知道是谁发现了镭元素，你为什么要用被动句式写出来？恰恰相反，你可以把句子改写为：“居里夫人和皮埃尔·居里发现了元素镭。”除非你想要把重点放在“元素镭”而不是研究人员身上时，被动句式才可以成为一种有效的方式。

被动句式不是你能犯的唯一语言错误。《纽约时报》的科学记者娜塔莉·安吉尔（Natalie Angier，2015）说，她会避免写下老生常谈的陈词滥调，因为这是一种非常糟糕的风格。作为科学作者，你的任务不是自动写下这些空洞的陈述句，把它们留给行政官僚就可以了。她与获奖的科学记者、教育家黛博拉·杜鲁姆（Deborah Blum）的观点一致，她认为你应该多使用类比和比喻，让科学故事更加生动。在布鲁姆的《科学作者专业指南》（*A Field Guide for Science Writers*）一书中，她给出了对于满纸陈词滥调故事的评价：

永远永远不要使用陈词滥调。如果你想要写出你自己的声音，通用语言是不行的。在我的课上，不会出现“一线希望”“真相大白”和“如沥青一样的黑夜”。只要有学生的文章中用到了这三个词组，我就自动打C了。

（Blum et al.，2006）

最重要的是，要做一个用词精练的作者。如果一个词无法描述或者解释科学，如果这个词无法让读者的头脑中产生画面，如果这个词无助于读者理解你句子所要传达的意思，那就弃用。有鉴于此，请删掉所有粗鲁的用词，用强力、具体的名词来替换模棱两可的名词。同样，不要用"有……"或者"存在……"这样的句子开头。此外，快速浏览一遍全文，找到多余的"the"和"very"，并删掉。最后，尽量少用副词（Ann Finkbeiner in Blum et al.，2006）。这与大卫·萨姆纳的建议完全一致，他倾向于避免使用副词和形容词：

> 你要尽可能多地使用名词和动词，因为要写出一篇有趣的故事，名词和动词占据了 50% 以上的功劳。我强调真正干净、明确、精准的写作。我每次写作的时候，都会做各种删减：你往往能删减掉很多的形容词和副词。这些词是演讲中最不必要的部分，因为如果你的动词用得好、效果强劲，名词色彩丰富，你就不需要再给它们添加许多形容词或者副词了。
>
> （Sumner，2015）

如果你想要让你的文章行文流畅，你还需要平衡句子的长度。这通常也被称作"节奏感"。你的句子越长，读者越需要费力地去理解其含义。例如，包含 8 个或 8 个以下的单词的一句话要比包含 29 个单词的长句更容易理解。句子的平均长度是 17 个单词（Mencher，2011）。曼切尔还建议你在两种极端之间保持平衡："长句（17 个单词）一句接一句，读者和听众就会觉得脑子被子弹狂轰滥炸。优秀写作的关键就是要式样多变，节奏鲜明，平衡有度。长短句之间要相互平衡。"（Mencher，2011：161）。当谈及自己的节奏感时，杂志特稿允许作者更富创意，就像大卫·萨姆纳证实的那样：

> 在特稿故事中，你能够使用更长的句子，你的句子可以更富变化性。新闻故事的句子往往保持在每句 10 到 15 个单词。而杂志写作中，句子可以更长，实际上，变化更多，效果更好。有时候，我的一句话只有两三个单词，但是接下来，我就会写出一句长达 25 到 30 个单词的长句。这样在写作中能创造出更强烈的节奏和韵律感。新闻故事的节奏则偏于单一。
>
> （Sumner，2015）

一些记者苦于写出长度足够的句子，因为在句子过渡时会遇到困难（Mencher，2011）。曼切尔将这一缺陷归结于对语言缺乏掌控力，尤其在使用过渡词的时候。可以利用下列四大类过渡，因为它们可以帮助你连接起你的句子和段落（Mencher，2011）：

- **代词**：使用代词指代前面句子中出现过的名词。
- **关键词和观点**：使用代词在句子和段落中重复你的主要观点。
- **过渡性词语**：使用过渡性词语来连接句子和段落。它们可以分为：递进词（此外、还、再说），转折词（然而、但是、尽管），对比词（同样地、类似地），位置词（这里、那里、之外）和时间词（同时、后来、很快）。
- **排比**：使用这种修辞手法能够帮你连接起句子。每一句话都用相同或类似的表达开头，比如"没有人……，没有人……，没有人……"。

一旦你写好了连续的段落，你可以大声诵读出来，简单检查一下段落之间的连贯性。"这样，你将会听到节奏感和语言的流畅性，这些在你默读的时候是听不出来的。"（Blum et al.，2006：26）最后，也是最重要的一点，永远不要屈尊讨好你的读者。

文章提纲

大多数经验丰富的科学记者不会花太多时间和精力去策划特稿文章。在他们的职业生涯中，他们内心能够自然巧妙地构思什么样的结构适合一个故事。经验越丰富，越不需要花精力来构思文章提纲。然而，文章越长，提纲能给你的帮助越多，即使它可能会是你随时会弃之不用的一个非常基础的东西。至少一开始，它能帮助你组织创意，按照正确的顺序编排事件。

获奖的自由科学记者希拉里·罗斯纳每个月要写好几篇科学文章。在我们交谈的时候，她正在写六篇不同的故事，大部分都是特稿文章。她列提纲的方法有点类似于剧本写作，使用索引卡片来简述场景和人物动作。

> 我的大脑中确实很有结构感。人们常问我："你会写提纲之类的吗？"会的，我只会写最基本的提纲。比如，我会列出我想要写的六大部分，但是每一部分都只有一句话，比如："引言部分——鳟鱼野外调查"。一旦我有了这样的清单，我会尝试开始写作，让文章前后连贯起来。之后，我唯一担心的就是这些部分是否合理。
>
> （Rosne，2015）

因为罗斯纳和她《连线》杂志的编辑彼此非常了解，他们会不断地修改提纲部分，直到两人都满意为止。你是采用场景式提纲、思维图还是使用包含每段主要思想的结构式提纲，取决于你自己。你还能使用《华尔街日报》格式（见上文文本框 5.2），围绕着它来组织和安排你的素材。每一部分包含一到两个段落，每一段必须要有你想传递的想法。提纲是筛选信息的有效工具，而不只是真正地完成文章的工具。这表明你只能在做了足够的报道之后，才能提笔写提纲。

调查记者马克·李·亨特说他不喜欢写提纲。因此，亨特认为，写作过程的一部分是创建包含着你做的所有研究的一个主文件包：信源、文件（链接，如有必要）、采访文稿、人物生平信息等。此外，你起初要按照时间顺序来编排数据。你还要找到材料之间的联系（Hunter，2012）。

基本的时间结构遵循现在—过去—未来这样的模式，但是可以灵活变动。在写提纲的时候，你应该从导语部分开始，因为这对读者来说是最有力量的，你还应该避免在时间上前后跳跃，因为这只会让读者越读越糊涂（Hunter，2012）。有鉴于此，亨特就如何让你的主文件包变成初步的提纲提供了一个分步指南（Hunter，2012：68）：

（1）打开文件夹，将所有文件通读一遍。
（2）保存一个编辑版本的文档。
（3）再通读一遍。
（4）去掉你不需要的内容。
（5）再通读一遍。
（6）以时间顺序或冒险故事的顺序为基础剪切粘贴你的材料。
（7）重复前两步，直到你觉得材料的效果和顺序达到了你心中的最佳程度。

按照顺序检查你最初的提纲并将主文件包中的事实编写成文本，你就可以开始撰写文章。如果你不想按照时间线顺序，而是使用冒险故事的结构的话，那么就要确认文章中要用到的场景，写下恰当的标题，并从主文件包中提取信息。确保每一段场景都会推进你的故事发展，同时包含关键时刻。同时，还要清楚这些场景之间如何过渡转换（Hunter，2012）。

亨特的组织方法是从文章的开头开始，另一些作者则选择从结尾处开始。像大卫·萨姆纳和大卫·多布斯这样的科学记者喜欢在这个过程的早期阶段就定下结尾，因为他们想要知道故事往哪个方向发展。在一次私人对话中，多布斯跟我说了他在一篇获奖文章中为何要在这个过程的早期阶段就指出结尾：

> 我尝试尽可能早地确定结尾。当我写完报告时，我就想知道，或者至少认为我知道要怎么结尾，然后怎么朝结尾这个方向写作。大约有25%到30%的时间，我会以另外的方式结尾，但是了解你的结局很有用。这样写起来更方便，也更容易围绕着结尾组织素材。我其实脑中想到的这篇文章（《抑郁症开关？》）的结尾就是他们驱车前往医院，因为我在之前已经提到过她住院了。我必须早一些解决这个问题，因为越接近文章的结尾，需要解释的东西就要越少。在文章完成3/4左右的时候，你的情境就应该全部讲完了。因此，最后无须任何解释性内容。
>
> （Dobbs，2016）

在本书的第八章，你会读到涉及上面这段内容的对多布斯的采访。

案例研究：对一篇获奖特稿的分析

如果你先读过希拉里·罗斯纳发表在《连线》杂志上的文章《变种魔鳉的进攻》（Attack of the Mutant Pupfish）（见阅读清单），你将会受益良多。在这篇文章中，罗斯纳讲述了一位生物学家如何试图拯救濒危物种——魔鬼洞鳉鱼——使其免于灭绝之灾：他引入的基因并非来自同属亚种鱼，而是来自另一种繁殖速度更快的鱼。他的方法引起了一些生物学家和保守主义者的批评，同时也有人支持他的做法。罗斯纳的这篇特稿荣获了2013年美国科学促进会科维理科学新闻奖杂志类文章大奖。

罗斯纳向我解释了她是怎么开始写这个故事的：她知道她想要写有关杂交物种的文章，并且讲述遗传学在我们对物种进行理解方面发挥的作用，但是还想写一下如何使用遗传学方法来保护物种。怀揣着这些想法，罗斯纳随后去了趟她家附近的两所大学，最终找到了她的故事主角。

> 我正试着写一篇关于气候变化和生物演化之间相互作用的文章，而且我其实想不用出去跑就能写成。我曾经因为旅行病过一场。所以，我搜寻了科罗拉多大学演化生物系的页面，然后又找到了科罗拉多州立大学的页面。这两所大学离我家不过一个小时的车程。我浏览了两所大学生物系的所有教员的资料，找到了十几个从事看上去可能跟我正在寻

找的主题有关系的人。然后，我就给他们所有人发了邮件，问他们说："我能跟您打个电话聊一聊，或者见面喝杯咖啡谈谈吗？"最后，我获得了至少四个不同类型的故事。我遇到的其中一人正是安迪·马丁（Andy Martin），也就是这篇故事的主人公。正如文章中所写的那样，他的研究是在内华达开展的，所以我不得不出发去一趟那里。我们坐了下来，我开始讲述我要写的主题，他也开始讲述他的研究。所以，在与安迪交谈之后，我确定了我的主题，并且缩小了写作范围。他告诉我他正在研究的鳉鱼项目，我当时正想，这真是个精彩的故事！

（Rosner，2015）

现在，我会一段一段地分析罗斯纳这篇文章的第一部分。导语非常具有场景性，描述了魔鬼洞鳉鱼的栖息地：位于沙漠中的一个含水层。这就是矛盾的地方，也是吸引住读者的好办法。然后，罗斯纳立刻在下一段挑起一丝冲突：这种鱼很罕见，已经逃过几次灭绝危机了。在第二段，她进一步阐述鳉鱼面临的灭绝威胁，并通过列举事实表明鳉鱼坚韧的性格。

从第二段到第三段的过渡简直就是教科书式的范本。罗斯纳另起一段，但是沿着同样的线索，进一步扩展内容：

> 濒临灭绝已让它们生存艰难，濒临灭绝却挑三拣四更是一种致命的组合。
>
> 濒临灭绝，挑三拣四，再加上运气不佳？更是糟糕。

（Rosner，2012）

随后在第三段中，她介绍了本故事的主角，生物学家安迪·马丁，讨论了他如何有了拯救这种濒危鱼类的想法。这一段比之前的段落都要长，也是典型的解释性段落。在描述实验、解释科学原理的时候，段落都会较长。但重点是段落的长短要有变化，这样能够增强文章的节奏感。罗斯纳的技术炉火纯青：第四段就缩短了不少，但是通过表明这个故事还有另外的一面来制造出紧张感。

在第五段和第六段，罗斯纳转而讨论细节——关于保守主义者对应该如何保护濒危物种的看法，以及马丁又是如何保护它们的（改变它们的基因组），这一做法也让保守主义者纷纷皱起眉头。第六段清晰地展示了文章的一个主题：在保护自然的过程中，我们扮演着怎样的角色？

在第七段，罗斯纳为这个讨论添加了更多的背景信息（佛罗里达州的黑豹杂交项目）。如此一来，她也证明了为什么马丁的建议是可行的。

接下来，罗斯纳在第八段比较了两个项目的差异。在提供了更多的背景信息之后，她用短短一段的篇幅解释了物种如何定义。通过引用达尔文和其他演化生物学家的理论，罗斯纳提供了历史背景，给出了区别不同物种的特征。

第九段讲述了文章的另一主题：什么是物种？她自己没有提出问题，而是借一位科学家之口问，她直接引用了他的话。引述同时舒缓了文章的节奏。罗斯纳又一次通过直接提及前面给出的信息优雅地将第八段和第九段承接起来。这样确保了稳定的阅读流畅感。

罗斯纳是如何做到自然过渡的？她告诉我她确保文章流畅的首要技巧就是：用自己的耳朵去听哪里好，哪里不好。

> 我确实有一条硬性规则：我会大声念出我写下的每一句话。这样非常有帮助，因为你虽然能够在你的头脑中默读一百万次，但随后当你大声念出来的时候，你就会发现："哦，这里有句话写得好奇怪。"这点对我来说真的非常重要。
>
> （Rosner，2015）

罗斯纳也承认，太大的项目会让人生畏。她一般会拒绝在自己的特稿文章中写上经典的核心段落。不过，她指出，尤其在文章开头，核心段落能帮你挑明文章的主要内容，在你越写越跑题的时候拉你回到文章主题。此外，罗斯纳还给出了一条更具体的建议，告诉你如何在段落之间自然过渡。

> 在写作时不要用分节符。我想很多学生把分节符当拐杖一样来依靠。如果你写作的时候不用分节符，你自己就得想办法把段落串联起来。比方说，想象一下，你刚把读者带入内华达大沙漠。现在你后退一步，要带领你的读者回到50年前的政治斗争中。这就是你要在接下来的一段写的，所以你必须写出平滑自然的过渡。唯一的方法就是晚些使用分节符。一旦你能够更好地运用过渡，你才能开始再次使用分节符。这样能够帮助你看清楚，段落之间应该无缝衔接，而不是像给书本分章节那样去思考写作，我认为人们在写作时往往会这么考虑。只有当你在提纲中组织好了文章结构，你才能像给书分章节一样去思考。
>
> （Rosner，2015）

总 结

不同于新闻故事，杂志特稿不仅仅要指出故事的主题部分，还要提供背景信息，大量的采访内容，以及不同的文章结构。尽管如此，杂志特稿常常与新闻故事紧密相连，因为许多特稿都有新闻由头。事实上，杂志特稿能够分为新闻伴随性（解释性）特稿、专家特稿和以采访为基础的特稿。专栏也是特稿的一种形式，它们往往基于某一主题性事件。

杂志特稿往往从导语开始，要么给读者描绘某一场景，要么加入感人的元素。接下来就是核心段落，让读者准备好接下来要发生的事情。杂志特稿结构编排的一个方法是故事段落（比如在导语中提到的故事）和解释科学背景、科学知识的段落交替出现。如果你遵循这样的夹层蛋糕式结构，你将需要不断变化段落的长度，以增强文章的节奏感，让文章读起来更加流畅。另外一种让文章流畅的方法就是在段落之间使用自然的过渡。通过改变句子的长短来增加段落内的节奏感，添加色彩丰富的奇闻轶事，运用类比和比喻，会让文章更加丰富。

对于篇幅更长、内容复杂的特稿，列出基本的结构提纲很有帮助，因为这可以在写作过程中事先设定开头和结尾段落。但一旦当你开始写作，没必要严格遵循那个结构，写的时候可以适当改变结构。杂志特稿要求创造性地使用语言，但必须选择简洁的术语、生动的动词，以在读者的脑海中产生画面感。总而言之，科学特稿可能是肩负科学新闻的娱乐和教育双重任务的最明确的表现方式。

思考题

- 好的特稿有哪些基本要素？
- 你使用哪种结构来编排特稿文章？
- 你能讲出至少四种特稿导语类型吗？
- 成功导语的最重要因素是什么？
- 写结尾的时候，哪种技术最受欢迎？
- 在编写奇闻轶事的时侯，要注意哪些方面？
- 经典的特稿结构和叙事写作有何区别？
- 优秀叙事的四个组成元素是什么？
- 写作中的节奏感指什么？

- 什么是主文件包？你在写故事提纲的时候，怎么使用它？

练习题

- 阅读至少三篇科学特稿，找出核心段落。
- 在同样的特稿中，找出文章的 B 面段落和 A 面段落（解释性的）。比较两者之间的数量。
- 采访你所在大学的一位科学家，了解他现在做的项目，找出其中有趣的故事。
- 在上述材料的基础上，写一段导语，可以使用本章提到的任意导语类型。
- 给每种情节类型找出至少一篇科学特稿，讲述给你的同学听。
- 分析《变种魔鳉的进攻》一文的剩余段落，注意每段的主要思想、长度、结构和过渡部分。
- 选一篇科学报道，写一段核心段落介绍其主要科学发现。然后，写一段解释性段落来支持核心段落，最后在两段之间写一段过渡。

阅读清单

Blum, D., Knudson, M. and Henig, R.M.（eds.）（2006）*A Field Guide for Science Writers*. 2nd edition. New York: Oxford University Press

Meadows, R.（2015）Good endings: How to write a kicker your editor–and your readers–will love, *The Open Notebook* [Online] Available at: www.theopen notebook.com/2015/11/24/good-endings-how-to-write-a-kicker-your-editorand-your-readers-will-love/ [date accessed 25 November 2015]

Mencher, M.（2011）Features, long stories and series, In Mencher, M.（ed.）*News Reporting and Writing*. 12th edition. New York: McGraw-Hill, 169–192

Mencher, M.（2011）The writer's art, In Mencher, M.（ed.）*News Reporting and Writing*. 12th edition. New York: McGraw-Hill, 140–168

Nijhuis, M.（2013）Sculpting the story, and getting it right, In Hayden, T. and Nijhuis, M.（eds.）*The Science Writers' Handbook*. Boston, MA: Da Capo Press, 75–86

Rosner, H.（2012）Attack of the Mutant Pupfish, *WIRED Magazine*, vol. 20, no. 12 [Online] Available at: www.wired.com/2012/11/mf-mutant-pupfish/ [date accessed 12 September 2015]

Sumner, D.E. and Miller, H.G.（2009）*Feature and Magazine Writing: Action, Angle and*

Anecdotes. Chichester: John Wiley & Sons

网页链接

Alliance for Audited Media, US magazine circulation: http://abcas3.auditedmedia. com/ecirc/

Nieman Labs, Nieman Storyboard: www.niemanstoryboard.org

Popular Science How It Works: www.popsci.com/tags/hiwReferences

WIRED, Writing Narratives about Science: Advice from People Who Do It Well: www.wired. com/2013/06/wcsj2013-narrative/

参考文献

Angier, N. (2015) Personal phone call on 9 October 2015

Blum, D., Knudson, M., Levy Guyer, R., Dunwoody, S., Finkbeiner, A. and Wilkes, J. (2006) Writing well about science: Techniques from teachers of science writing, In Blum, D., Knudson, M. and Henig, R.M. (eds.) *A Field Guide for Science Writers*. 2nd edition. New York: Oxford University Press, 26–33

Castelvecchi, D. (2016) Personal phone conversation on 20 September 2016

Dahlstrom, M.F. (2014) Using narratives and storytelling to communicate science with nonexpert audiences, *Proceedings of the National Academy of Sciences*, vol. 111, suppl. 4, 13614–13620

Dobbs, D. (2016) Personal Skype conversation on 6 May 2016

Garber, M. (2006) A time for tick-tock, *Columbia Journalism Review* [Online] Available at: http://archives.cjr.org/the_kicker/a_time_for_ticktock.php [date accessed 9 March 2017]

Göpfert, W. (ed.) (2006) *Wissenschaftsjournalismus: Ein Handbuch für Ausbildung und Praxis*. Berlin: Econ

Göpfert, W. (2016) Personal email conversation on 21 March 2016

Harrington, H.F. and Frankenberg, T.T. (1912) *Essentials in Journalism: A Manual in Newspaper Making for College Classes*. Boston, MA: Ginn and Company

Hunter, M.L. (ed.) (2012) *The Global Investigative Journalism Casebook*. Paris: UNESCO [Online] Available at: http://unesdoc.unesco.org/images/0021/002176/217636e.pdf [date accessed 14 September 2016]

Liberman, C. (2015) Hidden hearing loss from everyday noise, *Scientific American*, vol. 313, no. 2, 48–53

McGuire, B.（2015）Deadly mega eruption, *BBC Focus Magazine*, May 2015 issue

McKay, J.（2013）*The Magazines Handbook*. 3rd edition. London: Routledge

Mencher, M.（2011）*News Reporting and Writing*. 12th edition. New York: McGraw-Hill

Nijhuis, M.（2013）Sculpting the story, In Hayden, T. and Nijhuis, M.（eds.）*The Science Writers' Handbook*. Boston, MA: Da Capo Press, 75–86

Oxford English Dictionary（2016）"anecdote, n.", *OED Online*, Oxford University Press [Online] Available at: www.oed.com/view/Entry/7367?rskey=6eZD0v&result=1&isAdvanced=false#eid [date accessed 27 October 2016]

Pape, S. and Featherstone, S.（2006）*Feature Writing: A Practical Introduction*. London: Sage

Rosen, J.（2015）Narrative X-Rays: Looking at stories' structural skeletons, *The Open Notebook* [Online] Available at: www.theopennotebook.com/2015/10/20/ narrative-x-rays-stories-structural-skeletons/ [date accessed 24 October 2015]

Rosner, H.（2012）Attack of the Mutant Pupfish, *WIRED Magazine*, vol. 20, no. 12 [Online] Available at: www.wired.com/2012/11/mf-mutant-pupfish/ [date accessed 12 September 2015]

Rosner, H.（2015）Personal Skype conversation on 29 September 2015

Scanlan, C.（2003）The hourglass: Serving the news, serving the reader, *Poynter* [Online] Available at: www.poynter.org/2003/the-hourglass-serving-the-newsserving-the-reader/12624/ [date accessed 10 March 2017]

Schulz, K.（2015）The really big one, *The New Yorker* [Online] Available at: www.new yorker.com/magazine/2015/07/20/the-really-big-one [date accessed 28 October 2016]

Shreeve, J.（2006）Narrative writing, In Blum, D., Knudson, M. and Henig, R.M.（eds.）*A Field Guide for Science Writers*. 2nd edition. New York: Oxford University Press, 138–144

Sumner, D.（2015）Personal phone conversation on 26 September 2015

Sumner, D.E. and Miller, H.G.（2013）*Feature and Magazine Writing: Action, Angle and Anecdotes*. 3rd edition. Chichester: John Wiley & Sons

Weldon, M.（2014）Your brain on story: Why narratives win our hearts and minds, *Pacific Standard* [Online] Available at: www.psmag.com/books-and-culture/ pulitzer-prizes-journalism-reporting-your-brain-on-story-why-narratives-winour-hearts-and-minds-79824 [date accessed 18 November 2015]

Witze, A.（2015）Planetary science: The Pluto siblings, *Nature* [Online] Available at: www. nature.com/news/planetary-science-the-pluto-siblings-1.16987 [date accessed 18 November 2015]

Yong, E.（2015）How salmon switch on infrared vision when swimming upstream, *The Atlantic* [Online] Available at: www.theatlantic.com/science/archive/2015/11/ how-salmon-gaininfrared-vision-when-swimming-upstream/415368/ [date accessed 14 November 2015]

Zimmer, C.（2015）Carl Zimmer's brief guide to writing explainers, *The Open Notebook* [Online] Available at: www.theopennotebook.com/2015/07/07/zimmersguide-to-explainers/ [date accessed 19 October 2015]

第六章

为报纸写科学文章

在本章你会了解到：

> 新闻故事的结构和要素 / 报纸上的科学故事 / 撰写有效的新闻故事导语 / 新闻学的 ABC 原则和信源解释 / 新闻语言 / 撰写短篇科学新闻 / 案例研究：分析一篇获奖新闻故事 / 新闻故事写作的常见误区

引　言

你猜怎么着？其实，给报纸写科学故事也其乐无穷。就跟写杂志特稿一样，报纸文章也有独特的技巧，比如可以用尽可能少的词语来描述复杂的问题。事实上，在短篇新闻故事中，你无法和杂志写作一样尽可能地扩展情境和背景。而且，在写短篇新闻故事时也没有足够的空间让你讲故事。但是报纸也有特稿文章，尽管和杂志特稿相比，报纸特稿的语调更加严肃。

尤其你刚入门的时候，写短篇新闻故事可能会更有意思，因为现有的结构方便你把故事套用进去。这就是倒金字塔结构，在文章开头提供最重要的信息，因而并不给叙事技巧提供任何空间。本章将会专门详细介绍这种技巧以及每个新闻故事都应该包含的一系列关键要素。

在硬核新闻故事中，一个关键要素就是导语。实际上，你的读者哪怕只看了导语，也能抓住整篇文章的内容。写出好的导语意味着你需要用极简单的方式回答基本的新闻问题，同时要用清晰无误又不含糊其词的方式来撰写。这也就是为什么本章有两部分专门讲导语：一个部分讲述撰写不同类型的新闻导语，另一个则是介绍新闻学的 ABC 原则——精准（Accuracy）、简要（Brevity）

和清晰（Clarity）。后者还会就如何正确地将引述与其信源联系起来。

接下来的一部分会讲述新闻语言。根据成名科学作者的写作经验，这一部分会就如何运用生动的语言、避免委婉语和行业术语以及使用色彩丰富的动词和名词给出具体建议。使用过多的形容词和副词并不受读者欢迎，而《卫报》的蒂姆·雷德福（Radford，2016）告诉我："满篇陈词滥调是优秀写作的敌人，从来都是。"底线就是，保持语言简单具体。

接下来的部分为科学记者建构和撰写短篇新闻故事提供了方法和建议。这一部分表明，不是每一个科学新闻记者都喜欢用倒金字塔结构。实际上，一位科学新闻记者将会向你展示他写不同长度新闻特稿所用到的结构；他的结构是为报道科学专门定做的。另一位科学作家则将自己的短篇科学新闻写作思路转化为步骤明晰的列表。

本章的最后一部分分析《纽约时报》的一篇获奖文章。我会分析其结构和语言，展示作者在掌握了前一章所提供的技巧时，如何写出平滑的过渡文字。最后一部分会展示一些常见的错误，还会给出一串问题，让你在提交写完的文章之前先问问自己。这些问题涉及文章的研究内容、结构和风格。利用这些问题不仅能让你避免最常见的错误，而且每当你在研究或者写作过程中感到受阻时，还可以参考这些问题。

新闻故事的结构和要素

新闻故事写作也许是最明显地表明新闻写作实际上是一门手艺的领域。与特稿写作相比，新闻故事结构更加严格。短新闻写作的重点就是你在开篇就将最重要的信息进行浓缩的能力。如果你给报纸写作，你的写作时间往往有限，因为它们需要每天或每周发行。因此，事先准备好的模式化结构对于快速完成一篇能够发表的新闻故事是非常有用的。实际上，这些结构有点像模具，你可以把你要报道的事实全部放进去。

但是在提笔写作之前，你还要先完成作业：你应该找出所要撰写的事实和要采访的人物，清楚地知道主题和中心思想。你想要说什么？放弃叙事、转折点、高潮和追求自己目标的人物。在新闻故事导语中，人的元素也有帮助，但是极其有限。与特稿故事和叙事截然相反的是，新闻故事不需要与 B 面的故事线交织，而是要聚焦于解释性的部分——描述事件和事实。

如果你的新闻故事在开头就直奔主题，这就称为**直接导语**。相反，如果你的导语是和你的主要思想有关系的一段奇闻轶事，但又没有立刻给出关键事实（可能会在下一段给出），那你用的就是**延迟性导语**。无论怎样，就其最简单的形式来说，一个新闻故事包含以下几个元素：

● 　导语
● 　解释性或者导语放大性材料
● 　背景
● 　次要材料

（Mencher，2011：130）

　　以下是使用上述结构来完成新闻故事写作的可能流程（改编自 Mencher，2011）：首先要从原始材料中提炼出你的主要观点。在科学写作中，最初材料往往是已经发表的论文加上一些背景材料，比如相关研究。你可以把它想成要向读者证明的论文。好的论文往往来源于对研究论文含义和局限性的深度思考。接下来，做一些额外的研究来解释并支持你的主要观点。按照重要性降序编排你的次要材料。现在，选择一个直接导语或者延迟性导语。使用前文提及的元素开始写作，同时要不停地检查准确性和风格。最重要的是，重写一遍你的故事。写作是个渐进的过程。

　　显然，这种结构派生于新闻学中最著名结构之一——倒金字塔结构，见图 6.1。在倒金字塔结构中，延迟性导语是创造出一点张力的唯一方法。直接导语（或者是**总结性**导语）会立刻给出新闻中五个 W 和一个 H 的答案，不会留下任何开放性问题。如果要提供背景信息，那么应该放在文章结尾，这样即使被删减掉，也不会影响文章主题。尽管严谨，倒金字塔结构仍然是有效的工具，因为它促进了编辑的工作，也能满足读者的阅读需求（Mencher，2011）。现在读者的专注度要比以往任何时候都低。

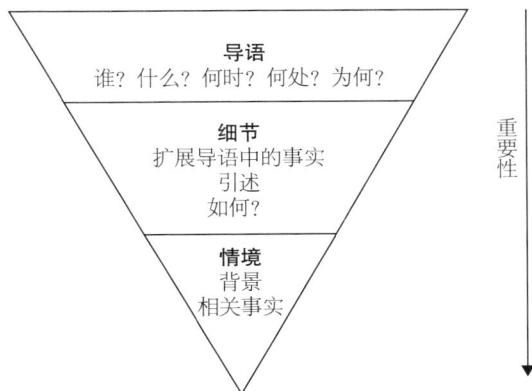

图 6.1　安排短篇新闻故事的倒金字塔结构

娜塔莉·安吉尔是《纽约时报》的科学记者，曾获过奖。她在写科学文章时脑中就有非常明确的文章结构。虽然她强调这一结构不是金科玉律，并且在恰当的时候应该也能够进行改变，但是她也说过，最终，所有的故事都应该有一段导语和宣传性段落，来吊住读者的胃口，给出一些最初的承诺。

> 我一直想写有趣的导语，导语不仅关系到你会把读者引向何处，还是文章中最能够发挥创意的部分。导语也给你机会让你写这个故事并将它视为不同于发挥功能的某些东西的一种创造性活动。尝试想一些不同寻常的东西出来。这是我的方法。我反对人们写作时用的很多方法，比如程式化写作。我讨厌问题式导语——就好像他们完全想要推卸掉作家应该肩负的创造性责任。因此，写一段创意十足的导语十分重要。文章的第二部分是核心段落。导语要带点趣味性，在核心段落你要告诉人们这个故事是关于什么的。导语难写，核心段落也不容易。所以这时候你必须要清楚：你的故事要讲什么？将其清晰地呈现给读者。这里是有趣的地方，这里是它意味着什么的地方，也是你为何要关注的原因。这一段既是核心，也是为引出后文。所以，你要把所有东西都放到这两三段里，包括故事是关于什么的，并且快速总结一下你要告诉读者的内容。每方面只写一句话。
>
> （Angier，2015）

这就是你的大纲，然后安吉尔还告诉了我可以同时用于新闻故事和特稿故事的写作技巧。她展示了她如何构思，如何将观点和段落连接起来，这表明了她是如何组织好文章结构的。

> 组织好导语和核心段落占到了工作量的 75% 到 80%。一旦完成这个工作，那就等于完成了你向读者所做的承诺。之后，你通常会给出一些背景信息，从陈述历史的部分开始扩展核心段落。每一后续段落都是对你前文已经许诺要讲的内容的扩展，这样就构成了一个故事。如果你能掌握基本结构，你就能应用到任何形式的文章中，可以是人物描写，也可以是新闻故事。在新闻故事中，你可能要在文章开头就写明这个新闻是什么，但有时候你也可以写延迟性导语。但是，你就要严格地按照我所说的去写：导语之后立刻接上核心段落，然后用更加扩展的形式完成故事的剩余部分。在每一段的开头，你可以写一句话来完美地承上启下，或者写一段好的介绍。每一段基本只陈述一种观点，第一句话要能完美地表述你的观点。一

旦你有能力做到这一切，你的文章组织结构看上去就十分完美，一切看上去都安排得恰如其分，而不是给读者胡拼乱凑的感觉。如果你能掌握这种形式，你什么样的文章都能写。这些就是写出好文章的方法。

（Angier，2015）

另一个重要的结构元素就是标题。这是可以将读者吸引进来的最浓缩的内容；同时，也可以帮助区分科学新闻故事和特稿故事。前者常见的标题开头往往是"科学家发现……"，或者"一项新研究表明……"；结尾可能是"……新研究这样表明"。这样的标题暗示科学新闻故事关注的是具体的科学成就，提供背景信息不是首要内容。除了这些直白的新闻标题，《卫报》的前科学编辑蒂姆·雷德福曾就如何撰写新闻标题给出了非常具体的建议（文本框 6.1）。在直接的新闻故事中，标题通常总结了主要思想，特稿的标题通常模糊一些，不那么准确。它们不会直接告诉你故事内容，往往通过内容提要来补充，这会将标题的范围缩小，并且在不给出所有必要信息的情况下给故事提供一些线索，以稍微揭示一下这个故事。

下面就是来自《新科学家》（*New Scientist*）的直白的科学新闻标题的一个例子。它明确地给出了故事的主旨：A 导致了 B。

蜂窝形街道可以缓解交通拥堵

（Young，2016）

文本框 6.1　蒂姆·雷德福：写出诗意的标题

如果你要用英语写一个标题，最好写成抑扬顿挫的五步格诗。这一韵律是莎士比亚十四行诗的主要特征。如果你去读任何一首诗，它都会很自然地表现出抑扬顿挫的韵律。诗歌就是要有一定的韵律。人们往往会记住标题，因为标题就和诗歌一样。标题就是一段话中的一句诗，它总是包含着某种文学意象。在大部分标题中，都有修辞变化、押头韵或者其他的用词形式。在英语中，也许有双重含义，但是标题中肯定会出现双关语。而且，你要多用主动动词，而不是被动动词，永远不要用动名词或分词。企业和研究机构非常喜爱用分词。他们用这种简洁精炼的陈述方式，仿佛在暗示他们给科学动力，给世界活力。但事实是相反的，他们用的语言软弱无力，反而破坏了真正的意思。如果你一定要说"他简洁地说道"，其实你根本没有帮读者理解。你要努力让读者彻底明白你要传达的信息，不要像在墙上贴海报那样，在标题中贴上形容词，那纯属乱使劲。

（Radford，2016）

与此相反的是，在给《新科学家》写的特稿文章中，作者克洛伊·兰伯特（Chloe Lambert）就没有和盘托出完整的因果关系。标题就好像会吊起读者胃口的预告片，而内容摘要给出稍微多一点的信息，并且预示了文章要告诉读者如何改善他们的饮食习惯：

控制渴望：食物如何搅乱你的大脑

我们对食物的渴望背后有奇怪的力量在发挥作用。而揭开我们食用错误食品的原因，可能让我们吃得更好。

（Lambert，2015）

报纸上的科学故事

在报纸上，你可以找到你在流行科学杂志中读到的所有类型的科学故事。而它们之间最大的区别就是这些故事的受众，编辑对科学受众的了解程度，每一类型发表的故事数量，这些故事发表的频率，以及编辑会考虑哪种新闻价值。

如果你为日报工作，那么你就要比为月刊类科学杂志工作生产更多的短篇科学新闻故事。主题性是二者的重要新闻因素，但是杂志通常使用趋势或热点话题的发展来作为特稿的新闻由头，深入且从不同的视角进行报道。与此相反的是，新闻报纸极度依赖热门的科学新闻故事，并且它们一出现就要发表出来。在线科学杂志逐渐在让这一区别日渐模糊，大部分在线科学杂志会每天发表一些短篇新闻故事，每隔一天发表一些长篇特写故事。

《洛杉矶时报》（*Los Angeles Times*）的科学编辑卡伦·卡普兰（Karen Kaplan）证实了印刷版科学新闻的流行趋势，同时还向我解释了她手下四五名科学记者生产科学新闻的节奏有多快：

在我们社里，当务之急就是要让你的新闻被报道。有那么几周，会有很多新闻出来，而另外几周真正值得报道的新闻就没那么多。那么我们利用一周的"平静"时光投入到生产故事中——我们称之为我们的特稿故事。你永远不知道接下来会有什么。科学新闻美妙的地方之一在于我们会事先从大型科学期刊那儿得到新闻提要，所以我们就能做好安排，把哪些故事作为优先事项……大部分短篇新闻故事都是我们一天之内写成的。

（Kaplan，2015）

当卡普兰的团队报道完所有重要又热门的新闻故事之后，他们就转而撰写长短不一的特稿故事：

一些特稿故事短小精美。仅仅因为有些内容很有趣，不代表着它只能写成"15英寸"的迷你故事。

由于生产短篇新闻故事的数量大、速度快，那么重要的就是要留出充足的时间来撰写这样的故事，卡普兰补充道：

每个人都有同样的机会，离开常规的新闻生产一周左右的时间。这不是真正的给大脑放假，而只是换一下节奏。

如果你给报纸写文章，必须要注意你的读者是普罗大众。他们中大部分人拿起报纸，阅读他们最感兴趣的文章。科学故事要与其他部门的故事争夺报纸的最佳版面，但它们通常以失败告终。政治故事总是赢得更好的版面，通常都是头版头条。所以，读者会在读完爆炸性新闻和政治版之后才会去读科学故事。报纸读者不像订阅流行科学杂志的读者那样会对科学故事抱有同样的阅读兴趣，后者天生就对科学感兴趣。仅仅依靠事实和数字不足以吸引住头脑聪颖的受众。这就是为什么卡普兰所有的属下，包括实习生，知道他们必须要做到：

能解释清楚为什么这些数字和数据能支撑他们所做的结论，还要能解释明白研究的意义，回答这个问题：为什么你要关注此项研究？

（Kaplan，2015）

有鉴于此，卡普兰要求所有的科学故事至少能回答以下三大问题：

（1）该研究的发现——这项研究所持有的主张——是什么？

（2）支持其主张的证据有哪些？

（3）证据的来源是什么？

请记住，报纸上的科学故事没有明确的故事讲述或者人物元素，这类文章本质上更具有教育意义，而不是娱乐属性。这种阅读说明文，甚至是从中学习新知识的意愿，相当适合读者。《纽约时报》的科学记者乔治·约翰逊也确认：

> 在《纽约时报》，我们假设我们写作的受众是渴望学习新知识的、理解力强的读者，而不考虑他们的真实教育背景，虽然每个人都可能有自己的教育背景。我的意思是，他们习惯于用解析的方法进行思考，也习惯吸收新的信息。所以，你要知道你在为真正的聪明人写作。他们愿意在阅读文章的过程中学习新知识。

> （Johnson，2015）

在更加长篇的报纸科学特稿中，约翰逊采用放大或缩小细节的写作技巧，也就是说，在一般性信息、背景信息和巨细无遗地表述的具体事件中来回切换。约翰逊的技巧类似于我们第五章中讨论的 AB 结构或夹层蛋糕结构。他还告诫说，当你放大细节的时候注意不要迷失在其中。

> 我通常将其想象为在飞机上看地球，就是说你从非常高的高度来写作，仅仅谈论一些普遍术语或泛泛而谈。但当有必要时，你能够稍稍下降一些，添加更多的细节，让内容更加生动，看上去更加真实，更好理解。

> 但是不要掉进细节堆里面，否则你只会失去读者。我认为你要经过多年训练，才能够培养出这种本能。当然，就给你提供反馈来说，与你合作的编辑是非常宝贵的。你能想象，如果你的编辑都没看懂，如果他们认为你描写的线索虽然有趣，但是过于细致烦琐，那么很可能大部分读者也会产生同样的感觉。

> （Johnson，2015）

你会在本章倒数第二部分看到乔治·约翰逊对这种写作技巧的运用，到时我会分析他发表在《纽约时报》上的一篇获奖文章。

撰写有效的新闻故事导语

用直接导语开头的目的是一下子吸引住读者，给他们提供最重要的信息。你需要在导语中回答有关五个 W 和一个 H 的问题。在实际操作中，许多新闻故事会回答所有的问题。事实上，你在导语中回答多少问题取决于你的故事本身。最起码，导语应该遵循"谁干了什么"（Hicks et al.，2008）这一公式。在科学新闻故事中，这一公式提供了你可以套用到任何类型故事中的一种模板。你能通过文章的标题、内容摘要和导语风格区分出科学新闻故事类型。以下是最常见的类型和最典型的引言：

- **科学发现类**：科学家发现……；研究表明……
- **经验上可证明的现象**：因为 B，所以发生了 A；X 地的一半人口死亡

在新闻标题中，你还能使用"谁干了什么"公式，但是要注意，标题要比已经很短的导语更加简短扼要。这就是为什么你需要通过遵循以下的指导原则来让你的导语准确又简短的原因：

- 使用可想象得到的名词和动词
- 避免形容词和副词
- 避免复句，将内容限制在一句话内
- 使用主—谓—宾句式
- 避免过于细节的描述（在科学文章中，简单地选择"科学家"或者"研究人员"来回答"谁"的问题）
- 避免具体日期
- 导语字数保持在 25—35 个单词

下面举一个有关第一类科学新闻导语类型（科学发现类）的例子。请注意，文章的主要观点是吸入电子烟雾有潜在的危害，作者道格·博尔顿（Doug Bolton）在 2015 年发表在《独立报》（*Independent*）的文章中这样开头：

　　哈佛大学的一项新研究发现，用于电子烟的一些液体中的化学物质

能够引发被称为"爆米花肺"的罕见病症，这种疾病不可逆，甚至危及生命，因为肺部的气道因瘢痕或者炎症而变窄、衰竭。

（Bolton，2015）

请注意在导语中博尔顿如何回答"谁"（哈佛研究人员）、"什么"（电子烟引发"爆米花肺"）和"哪里"（哈佛大学）的问题。除此之外，他还通过解释什么是"爆米花肺"对"什么"的问题进行了扩展。然而，他没有回答"什么时候""为什么"以及"如何"这三个问题。他在文章之后的段落回答了后两个问题，但是完全忽略了"什么时候"。鉴于《独立报》是日报以及文章基于单项研究，读者往往默认文章在研究发表之后很短的时间内就刊登出来了。

尽管导语应该回答"谁"和"什么"的问题，但你还是应该决定你的导语要重点关注哪个问题（Hicks et al.，2008）。了解你的读者是关键一步。是行动更重要，还是人物更重要？在科学新闻学中，行动的重要性往往超过人物的重要性。博尔顿（Bolton，2015）的例子清楚地表明了这一点，因为作者并没有给出研究人员的姓名，最新的科学发现才是文章的主要焦点。这条规则也有明显的例外，比如科学家相当有名，像奈尔·德葛拉司·泰森（Neil deGrasse Tyson）或者史蒂芬·霍金（Stephen Hawking）。在这种情况下，用科学家的大名开头是张安全牌，因为你默认你的读者应该知道他们的名字。

新闻导语用时间作为开头往往效果不理想，除非科学发现的时间对发现至关重要（Hick et al.，2008）。但是，这样的情况很少。让我们看一个虚构例子，讲述了一位神经科学家声称能够实现人类头部完整移植：

就在官称第一例人类头部移植的两年之后[1]，一位意大利神经外科医生再次宣称，他会割下一名将死患者的头部，移植到另一位受捐者的脖子上。

如果你想要跟进、比较或者重新审视科学家的主张，这种类型的导语才会奏效。在上面的例子中，文章的主要内容不仅仅是简单陈述神经外科医生的方法，还要对其进行批判，并提醒读者这不是他第一次宣称进行人类头部移植手术了。鉴于此，行动要比人物更加重要。它回答了"什么时候"（现在

---

① 原句为："Two years after announcing the first human head transplant..."在英文语序中，这句话是以时间作为开头的。

以及两年前)、"什么"(头部移植)、"谁"(一位意大利神经外科医生)和
(粗略的)"如何"(割下头部,再移植上去)的问题。这段话没有明确地解释
为什么、在哪里,虽然你可能猜到大概的动机。通过用时间开头,导语暗含
着对这位医生的言论的批判,而"再次"更是放大了批判效果。如果不是用
"什么时候"做导语的话,可能很难达到这样的效果。

上述例子还说明了在科学情境下传统新闻导语的基本风格特征。好的导
语在没有花里胡哨的装饰性语言的情况下给读者提供了故事要点,比如引
述,当然也没有扔出一堆需要解释的行业术语、缩略词和专有名词。鉴于
此,你还可以给你写出好导语的清单加上下列指导建议(改编自 Hicks et al.,
2008):

- 避免提出问题
- 避免使用引述和人物
- 避免首字母缩略词
- 大声朗读你的导语,看它是不是容易理解
- 写完文章之后回到开头,重写一遍导语

虽然这些规则在大部分情况下都非常好用,但不代表一成不变。你当然
可以在导语中提出问题,但是你必须要确保它符合你的主要观点,你还应该
能够预想到你的读者会如何回答。最重要的是,要保证在文章中做出回答。
此外,在导语中使用首字母缩略词也是完全没有问题的,但应该是那种众所
周知的缩略词。作为一般规则,不要使用太长或者需要解释的词,新闻导语
部分没那么多地方展开解释性写作。每个词都要用得恰如其分,如果你能用
另一个更好的词来替换已有的词,就换掉它。

新闻学的 ABC 原则和信源解释

作为一名记者,你需要传达出准确的信息,用最精准的词一针见血。同
时,你还需要在不浪费报纸空间或读者时间的情况下做到这点。失败会带来
以下后果:最温和但仍然不可接受的情况就是你的信息误导了读者,或者
浪费了他们的时间;最糟糕的情况则是,读者采取了行动,比如在读了你
写的健康建议类文章之后,采取行动并且可能做出错误的决定,将自己的
生命置于危险之中。所以你书写的内容必须始终要精确(Accuracy)、简要
(Brevity)、清晰(Clarity)(新闻学中的 ABC 原则)。

清晰意味着你传达出的观点要清楚，不含糊。这需要用到简单却引人注意的表达方式。写作清晰的好处有两个。第一，如果你挑选的词是最精准的，读者就会立刻领会你要表达的意思。这有助于避免误解，避免让读者失望。如果你写的是"实验室小鼠"，这不会有误解。但如果你写的是"啮齿动物"，你是要读者想象是一只仓鼠、豚鼠还是耗子呢？谁知道呢？第二，如果你写作用词准确，读者就永远不会觉得你在欺骗他们。经常会有这样的情况，标题写得令人眼花缭乱，暗示因果性，但研究只是指出了相关性。

新闻写作甚至比杂志写作更需要你精简地用词，向读者陈述科学进步。这确保你的文章简洁明了，用词精到，就无须进一步的解释，篇幅也比用不那么准确的名词更短，后者还需要添加形容词或者意义模糊的动词加上副词来传达你的信息。

精确可能是三大原则中最重要的一条。首先，作为一名记者，你报道的必须是事实，在报道之前要核实。这确实也是科学写作和科学的另一交汇点：科学上可验证的事实和过程也是所有研究的理想基石。为了保持准确性，你必须在发表文章之前核查所有的事实。反复检查文章中你个人或者其他人的假设，因为这些是最常出错的地方。受访者的言论也是如此（Mencher，2011）。要理清楚什么是事实，什么是某人的观点。不要让你的读者自己去猜。你可以通过录下受访者的主张，把它们转录出来，与验证或者否定受访者的观点的独立专家联系等手段，快速进行核实。请记住，仅仅有专家评论并不是正式的核实，你会在本书第九章发现更多的事实验证技巧。请确保将事实而不是个人意见放于首位，你需要有批判性思维。永远不要轻信他人，不要在没有验证他人言论之前就将其视为有价值的理论。质疑一切，哪怕是神圣不可侵犯的真理。最重要的一点，要敢于去否认并质疑诸如科学大突破或预测之类的煽动情绪的言论。

换言之，在某种程度上，也会发生事实性错误。如果真的发生了，出版物就要承认并发表更正信息，这点很重要。"一旦错误发生，修正就要跟上，这样记录在案的文章才是准确的。"（Mencher，2011：32）。印刷出版物往往在有错误的文章之后附上他们的更正声明。而在线出版物往往会更新文章内容，但是在原始文章后加一段话，明确陈述更正的时间和日期。更正要明白地指出在可验证、更正的事实中出现的错误。因此，更正往往简短，直击要点。比如，《基督科学箴言报》（*Christian Science Moniter*）会保留一页更正版面，文本框 6.2 就展示了一段其中的更正信息。你能在本章末尾的网站链接处找到《基督教科学箴言报》的更正页面链接。

文本框 6.2 《基督教科学箴言报》在线发表的一份更正

更正发表于 2018 年 8 月 25 日。

卡哈纳莫库公爵和让他成为传奇的一条一英里长的波浪

文章的最初版本中错误地将夏威夷成为夏威夷州的时间写成了 1950 年，而实际 1959 年。

即使你在自己的博客上发表文章，也请确保发表更正信息。许多博客读者会给出有价值的想法并提出更正意见，所以请确保阅读完所有的评论并发表更正信息，如有必要的话，请清晰地指出你在何时更正了什么内容。如果一个出版物没有更正那些明显的错误，你就可以放心地把这个出版物看作是毫无信誉的。在科学新闻业中，这一过程可以是互动的，因为许多读者本身也是经常可以进行事实检查并纠正文章中错误的科学家。

除事实验证假设和次要观点之外，获得经过验证的信息的最佳途径就是亲自观察并经历事件，曼切尔（Mencher，2011）也确认了这一点。第一手资料总是最好的，但是当科学发现出现在实验室或者野外调查中时，你不是总有机会亲眼见证。如果你不得不依靠观察者的陈述，你的故事就来自二手资料。如果你的故事基于第三人对他人陈述的复述，那就属于"三手资料"（Mencher，2011）。新闻资料的层层过滤会危及事实的准确性。准确性原则要求在这些情况下，你应该提供适当的信息出处。

对于每一条不是出自一手观察的信息，你应该给出信息来源。至于怎么做，这取决于你与你的信源之间的协商；除此之外，请确保核查清楚你所在的出版物的编辑政策，以便你的消息出处符合他们的政策。比如，通常情况下，匿名信源是不允许的，以下从美联社（Associated Press，简称 AP）的编辑政策中摘录的内容也证实了这种情况。

我们应该给出信源的全名，提供所需的尽可能多的信息来识别信息来源，解释为什么他／她的信息是可靠的……

如果我们从书面文献中引用，比如一份报道、电子邮件或新闻，我们要如实写下来源。

（www.ap.org/about/our-story/news-values）

另外，美联社确定了四种信息来源，并表明来源越明晰，效果越好。请注意，美联社不接受匿名信源，除非是故事必不可少的内容。

（1）**可记录在案**：你可以引用来源者的名称。

（2）**不予公布**：你完全不可以引用来源，也不可以公布任何所获得的信息。

（3）**背景**：你如何引用你的信源取决于协商结果。通常情况下，他们会让你公布他们的职务，而不是他们的姓名。

（4）**深度背景**：你不可以公布信源的名称，包括其任何附属机构。这相当于没有任何信息来源的出版。

请确保阅读美联社其他有关新闻价值和原则的指南，因为其中包含了具体的指导性原则，告诉你如何处理匿名来源。你可以在本章末的网站链接部分找到相关链接。

要点出信息来源其实很容易，可以用诸如"根据……"或者"一位神经科学家说……"这样的话开头。请注意，大部分科学家都支持自己的发言，所以你会遇到的最常见的信息来源是"可记录在案"或者"不予公布"的。如果你揭示的调查文章会让人蒙受金钱或名誉的损失，你可以使用"背景"或者"深度背景"的信息来源。

新闻语言

语言是你用来传达事实和想法、证明观点（中心思想）的主要工具。因为新闻文章要比杂志特稿短，你必须每个词都恰到好处。第一条规则就是要写得准确、简洁。曼切尔（Mencher，2011）说过，这个任务可不简单，所以他建议只使用读者能够理解的具体词语。描述要尽可能具体，不要夸张。比如，你可以像下面这样描述外科医生的手术过程：

外科医生用手中的一把工具打开了病人的身体。

或者

外科医生手握手术刀，在病人肚脐上方水平方向划了一道两英寸长的口子。

　　第一句话在事实陈述上没有错误，但是却不够精确。"工具"这个词太宽泛，意义太过模糊，所以只能让读者去猜外科医生到底用什么工具。第二句话视觉感更加强烈，很容易就想象出外科医生做了什么。避免使用意义空洞、含糊不明的术语。相反，要使用色彩鲜明、精确具体的名词和动词。但是多少是太多了呢？这里有两条规则：第一，每一个词要用得有目的。要严谨，特别是形容词和副词。比如说，前面提到的两英寸的口子可能就与此相关，如果你还要描述外科医生如何把内窥镜探入病人腹内的话。第二，删除那些有情绪导向或观点导向的词语，或者用事实来代替。举例来说，与其说"他去世后，病人家属都很伤心"，倒不如说"病人的母亲和兄弟站着不动，却已泪流满面"。前一种表述可能是一种猜测，但是后面一句就是事实陈述。顺便说一下，这种叙述方式也遵循叙事的"展示却不告诉"原则。

　　委婉语也会让你的文章失色不少。大部分政治家或政府官员用的委婉语，在新闻学中毫无立足之处。曼切尔（Mencher，2011）很好地概括了这一思想：

　　　　实际上，［委婉语］对我们只有害处，因为这会让我们远离真实。如果记者的任务能归结于一点，那就是指出真实。语言能够描绘真实，而不是粉饰、掩盖或扭曲事实。

（157）

　　你的文章是否简单易懂，这取决于你的用词。使用音节更短的单词更好，因为读起来更简单。你应该尽量避免外来词的使用，蒂姆·雷德福就建议过：

　　　　英语是各种语言混合的结果，我们有很多英语词来自德语，还有不少来自拉丁语。如果可以选择，你尽量使用英语，或者盎格鲁－撒克逊词汇，或者撒克逊词汇，因为拉丁词往往会有三个音节，而德语或英语词一般只有一到两个音节。这就是报纸使用的词汇：简单又直接。用另外一种语言中的词汇是个很糟糕的写法，除非你要用来表达一种特别的效果。我总是尽可能地使用简短有力的单词。

（Radford，2016）

　　雷德福（Radford，2016）还指出，他在科学写作中最常观察到的错误就是使用太多的行话。作为科学记者，你会读到、听到不能期望你的读者也能读懂的一大堆行话。理解行话，并用有意义的方式给受众进行翻译和简化是你的工作。

本章中采访到的所有记者都不约而同地认为，过度使用行话表明了作者本身并不理解自己所写的科学。《洛杉矶时报》的卡伦·卡普兰补充道：

> 当文章中堆满了行话，你基本上就读不下去了。所以如果能避免，我们尽量不用行话。我经常发现，比如和实习生在一起时，如果你看到行话，这就表明写报道的人其实不理解他们所写的东西。如果他们理解，他们会用平实易懂的语言翻译、解释出来。这点确实很难做到。如果你不确定，你就引用科学家的原话，这样你就知道你不会出错，因为你就是重复了他们的话。所以这不算是错误，但是如果读者不能理解它们的话，那么这对读者帮助不大。

（Kaplan，2015）

下面这段摘自《牛津英语词典》（2015）的定义特别值得我们考虑，因为该定义具体指出了行话会分散读者注意力的效果："愚蠢、无意义的谈话或者写作，废话、胡说八道（通常指对发言人并不理解自己在说什么的一种蔑视的术语）。"

正确的语法和拼写很重要，这也被归入精确性的范畴中。就是说，拼写错误总会出现。使用拼写检查软件是一回事，但是把正确的词放在恰当的位置又是另外一回事（Mencher，2011）。在某些情况下，拼写检查软件能够纠正拼写错误，但是单词纠正后则会改变其语义用法，从而让表达效果变差。让我们看看下面的例子：

> 就在撞上假人之前，汽车坏了。

在这句话中，作者的表达意图是想说，恰好在撞击假人之前，汽车及时刹住了。"坏了"（breaks）拼写是对的，但是作者显然是想用"刹住车了"（brakes）。

一本好的老词典将会是准确写作的主要工具。正如曼切尔（Mencher，2011）所主张的，词典能够帮助你建立起优秀的词汇库，理想状态下能够让你选择最精确的词汇。

在同一篇文章中，请不要用尽一个单词的所有同义词。从结构层面上来讲，你应该避免重复，你给读者提供的每一条信息都需要新鲜生动。然而，使用同义词只会让你的读者越读越糊涂，因为不断变化的词语会削弱术语本身的意义。举例来说，如果你在第一段讨论了"血液"（blood），而到第二段提到了"体液"（body fluid），你可能是为了增加语言的多样性，但是这可能会让读者搞不清楚，你到底是在说血液、尿液还是精液。

> 你能习得的新闻写作最糟糕的习惯之一就是不把铲子称为铲子，或者说，在导语引言中提到了铲子，但是在文章的剩余部分坚持称其为花园工具、挖掘工具以及园艺道具。
>
> 这样的操作基于两种误解：一是，重复使用"铲子"这个词总是不好的；二是，细心的读者为了自身的阅读乐趣欣赏变化多端的语言。
>
> （Hicks et al., 2008：37）

保持务实的风格，认真挑选每一个能最佳地传递你思想的词语。就像新闻过程的每一部分一样，写作具有高度的选择性。同一术语过于变化多端，或者使用不会增加任何内容的外来词，只是表明你在炫耀你那精英式的词汇库。这么做，反而会让读者疏远你，这也是大部分出版物（包括你本人）所不想的。你的词汇越简单，就能接触到越多的读者，你重复使用术语的时候就越容易。这也就是在对信源引述时重复用"说"这个词不会惹读者厌烦的原因。

让读者生厌的还有双重否定。双重否定所表达的意义并不明确，并且可能会把读者搞糊涂。误导性双重否定相当常见，比如用"不得不"（cannot help but）表达否定陈述（不能够做某事），其中的副词性连词"but"应该删掉。对于间接肯定法，双重否定表示肯定的意思，比如说"这不是一个坏主意"实际上的意思是"这是个好主意"。

一旦导语确定了文章的语气基调，随后全文保持一致也是个好方法。无论你的文章属于轻松愉快的还是严肃正经的，确保从头到尾都是同一风格。更加常见的情况是，新闻写作基本上以严肃为主，但这不代表你要远离生动的写作，不调动读者情绪。娜塔莉·安吉尔就建议道：

> 我们通过五感来理解我们的世界。所以，无论何时，你描写任何事情时，你都要尽量调动每一种感官，一定要这么做，因为这样人们才会认为他们接触了你所提供的材料。你可以说，这听上去、摸上去、看上去怎么怎么样，只要能够产生具体的图像，你的故事就会更加栩栩如生。要使用主动动词，不要用那些陈词滥调。在写作的每一步，你要问自己：你是在不假思索地写作吗？对我来说，写作过程总是处于来回运动中，不断拓宽我的思路，然后再拉回来，缩小范围，专注于某一主题。所以

这就是一种膨胀与收缩的过程。而且，不要只说显而易见的事情。这也就是为什么我无法忍受人们总是说："这是一件可怕的事情。"任何事情都很可怕。你在用自动生成的词组吗？作为作者，你的工作不是那样的。把那些事情留给官僚们吧。你应该让文章产生意义，让人们再次思考问题。如果你能掌握这些技巧，我认为你就能写出好故事。

（Angier，2015）

撰写短篇科学新闻

科学杂志上的许多短篇文章都是基于或者受启发于新闻通稿。使用媒体通稿来写短篇新闻的一个好处就是你能够很容易地确定主要思想和报道角度，还有就是一些人已经帮你干了一半的活儿。但这不意味着你可以不用阅读真正的研究论文或者采访论文作者和独立的信源，现实往往会不一样。作为报纸行业裁掉大量新闻记者的一个后果，越来越少的记者需要去报道更多的话题并且在更短的时间内写出更多的故事。在澳大利亚，没有那么多的科学记者。澳大利亚国家公众科学意识中心（Australian National Centre for the Public Awareness of Science，CPAS）主任琼·利奇（Joan Leach）注意到了澳大利亚的科学媒体景观是如何发生变化的。利奇（Leach，2016）告诉我，由于缺乏科学编辑部，许多科学记者加入了科研机构，成为公关作者，这反而让很多真正的科学公关作者失了业。

《澳大利亚人》（*The Australian*）的科学记者约翰·罗斯（John Ross）曾写过关于高等教育的文章，后来受聘为报纸的科学作者。他现在为这两个版面同时写文章。罗斯每天给新闻版面写一两则短篇科学故事，另外给世界版面写一篇文章。他报道的主题是关于医学科学的，包括潜在的癌症新疗法和精神健康话题，此外还有"关于医学技术潜力、基因组学、干细胞技术、抗生素抗性的想入非非的研究，因为这是一些庞大的问题"（Ross，2015）。他还报道天文学、量子密码学和古生物学。罗斯的短篇文章也就400多字，大部分基于期刊论文：

我撰写的大部分素材基于最新的论文，这些论文都是发表在一些顶尖期刊上，我通过科学媒介中心或像优睿科这样的服务来获取相关论文和消息。

（Ross，2015）

　　然后，他会阅读论文，联系论文作者和其他专家。对于有争议的论文，比如关于科学政策和科学媒介中心的资助问题，他有时候会采访更多的人，为400字的文章采访四五个信源。

　　罗斯解释说，他的文章并没有严格遵守倒金字塔结构。

　　　　我并没有真正遵守倒金字塔结构……你首先尝试将故事的要点在开头几段归纳出来，然后再回来补充一些细节。我对于文章长度确实心里有数，但是我还真没有写这些故事的具体蓝图。我还尝试的写作方式就是阐明文章的主张，而不是讲述某个客观真理——虽然它能够经得起同行评议并且是扎实的科学。

　　　　　　　　　　　　　　　　　　　　　　　　　　　　（Ross，2015）

　　正如你所见，虽然罗斯没有特别的写作蓝图，但是他在直觉上依赖安吉尔（Angier，2015）在本章关于结构的部分中所描述的技巧，不过是一种简化版本。写短篇新闻故事就是要做出经济性的选择，罗斯（Ross，2015）补充说，尤其是因为时间和版面都有限。这种经济性应该反映在你的文章里面，从第一段开始就能看出。

　　　　从结构上来说，第一段就要选择：是要开门见山，直接简单扼要地总结研究内容，还是要侧面地介绍那些仍然具有相关性和趣味性的内容。

　　　　　　　　　　　　　　　　　　　　　　　　　　　　（Ross，2015）

　　经济节约还应该反映在你的写作过程中，尤其当你作为一名科学记者，撰写短篇新闻故事的时候。罗斯认为自己的写作过程随着时间的推移而逐渐进步，与他第一次开始写短篇科学新闻相比，如今他的写作更加有效。一开始，他投入大量时间收集他从来都用不上的素材，但是随着时间的推移，他更加精于挑选之道。比如，他也使用将采访编入索引的技巧，然后挑选和转录那些会在文章中用得到的话语。

　　　　当我开始写作的时候，我曾倾向于收集所有可能用得到的素材。我经常转录整个采访内容，然后才把它们汇总到一起，并根据我所要的文章长度做出调整。如果你的文章只要400字，这个方法非常缺乏效率。现在，我认为要像盖房子一样，从头盖起。首先问你自己：文章是关于什么内容的？文章中要出现哪些观点？我要引用受访者的哪些话来表现这些观点？如果你认为这是一个非常好的引述或一个非常好的要点，那就记下内容或者讲话的时间点，这样你就知道去哪里找出原话，而不需要转录整个采访内容。

（Ross，2015）

罗斯不是唯一一个不用倒金字塔结构的科学记者。《自然》杂志的资深物理科学记者戴维·卡斯蔡尔维基告诉我，他使用另一种不同的结构来撰写科学新闻特稿，见表 6.1。

表 6.1　卡斯蔡尔维基组织科学新闻特稿的结构

导语
介绍科学问题 暗示现状 人类利益：很好但不是必须
背景
以前知道什么？ 解释必要内容 展示先前的研究
发现
描述发现 解释方法 阐释结果
评论
将发现置于更大的情境中 解释启示和意义 采访独立的科学家
展望
我们何去何从？ 接下来相关的研究是什么？ 还有哪些未解决的问题？

来源：基于 Davide Castelvecchi 的采访

我不使用倒金字塔结构。对于描述研究发现的文章，我发现一种符合科学出版物标准的有用的文章结构。这种结构包含五个部分：第一部分是导语（或者引言）；第二部分是背景，在介绍特定话题之前先讲述已经知道了什么；第三部分是描述科学发现，包括方法和结果；第四部分就是评论，将发现置于更大的情境中，讨论其影响以及与论文作者没有直接关系的人发表的评论；第五部分是前瞻性部分，我们接下来往何处走，下一步是什么？这就是我从我的科学写作培训中学到的报道科学研究新闻的结构。遵循这个结构，你就不会犯错。如果你在《科学》或《新科学家》杂志上看到这样类型的文章，你会发现它们的结构都是相同的。

（Castelvecchi，2016）

《卫报》的科学编辑伊恩·桑普尔（Ian Sample）提供了10条成功组织短篇科学新闻文章的指导规则。在《〈卫报〉优秀科学写作秘诀》（The *Guardian*'s Secrets of Good Science Writing）的系列文章中，他解释了这10条规则，并说你将要撰写的大部分科学故事文章都是基于研究论文的（Sample，2014）：

（1）**找到一篇优秀论文**：你可以抛弃大部分论文，因为绝大部分论文都不具新闻价值。要聚焦于具有新闻价值的论文，并考虑是什么让它对读者具有吸引力。

（2）**阅读论文**：关注科学家如何实现自己的科学发现。他们的方法是否合理？结论是否有表达力？

（3）**检查是否存在利益冲突**：仔细检查可能的利益冲突，就科学家与产业的关系展开你自己的调查。

（4）**研究背景和情境**：阅读相关研究，这样你就能向读者提供适当的情境。

（5）**采访论文作者**：用平实的语言解释作者的研究发现。检查语句的准确性。

（6）**采访独立科学家**：给独立的信源足够的时间阅读论文。来自其他科学家的评论会提高文章的质量。

（7）**确定主要观点**：筛选采访内容，回想一下论文中最能激起你写作兴趣的地方。

（8）**写作时要时刻记着读者**：用简单的词汇解释复杂的科学，切勿以居高临下的口吻和读者交流。

（9）**检查事实**：检查你自己的主张，因为科学论文已经包含了足够的错误。

（10）**好好写**：有逻辑性地将段落联系起来，每一段写一个观点；同时，确保在讨论中确实添加了一些内容进去。

　　桑普尔（Sample，2014）的写作过程中有趣的一点是他设法加入了一些调查元素，比如审查科学家与企业的关系，质疑研究方法和结果，对所有主张进行事实核查。你在本章已看到，撰写短篇科学新闻的实际过程会因作者的不同而稍微有所差异。你必须要确认一项研究的主要发现和影响，你必须要和作者以及一系列独立的信源进行交流，你还必须要向读者提供最重要的细节。作为一名科学记者，阅读你正在撰写的研究是必须要做的。从那个角度来说，短篇科学新闻尽管可能要比特稿浅显，有时候也许还缺乏相关情境，但是正因为文章简短扼要，你才能将其作为一种绝好的训练方法，学会如何处理更加复杂的素材。

案例研究：分析一篇获奖新闻故事

　　这里我将会分析一篇由乔治·约翰逊撰写的获奖科学文章。这篇文章属于三篇健康相关文章中的一篇，这些文章纠正了常见的迷思和关于癌症的错误观念，并最终赢得了 2014 年美国科学促进会科维理科学新闻奖（发行量超过 10 万份的大型报纸类别）。三篇文章都发表在《纽约时报》。在一份有关美国癌症统计的报告公布两周之后，《纽约时报》发表了一篇题为《为什么人人看上去都有癌症》（Why Everyone Seems to Have Cancer）（Johnson，2014）的文章。你能够在本章末阅读青单中找到全文链接。有关癌症统计报告的发表成为约翰逊的新闻由头，你会在文章开篇看到："每年新年，政府会公布《全国癌症状况报告》（Report to the Nation on the Status of Cancer），随之而来的是熟悉的种种哀叹。在与癌症的战争中，我们节节败退。"

　　在下一段，约翰逊将癌症与心脏病做了比较，但是仍然紧紧抓住文章的主要思想。他在第三段陈述了自己的思想，将癌症称作"深深地植根于演化和多细胞生命自然属性中的一种状况"。接下来，他承认，癌症研究能够赢得一些斗争的胜利，但是当发生在老年人身上时，能够做的并没有那么多。约翰逊在这一段没有做出进一步的解释，一直等到随后两段的出现，他的主张才得到了支持。

　　第四段包含两个主要方面。起初，约翰逊批评了癌症研究的修辞，在某种意义上来说它给读者描绘了一幅虚假图景：足够的金钱和研究将会彻底治愈癌症。随后，他用另一个观点来结束第四段：只要人们寿命足够长，那么大部分人不是死于心脏病，就是死于癌症。

　　接下来的四段内容包含大量合理的事实和数据，证明了约翰逊的观点。他回顾了文章开头提到的报告，表示癌症死亡率呈缓慢下降趋势，但是没有像心脏病死亡率的骤降那么明显。约翰逊引用了疾病控制和预防中心的时间线数据来证明这一观点。他正确地指出例外情况（阿尔茨海默病合并症），而没有让自己迷失在细节中，以此结束第七段。相反，他仅仅给出了一个链接，把这一题外话留给读者自己探索。约翰逊向我解释了他如何处理普遍信息和特定信息之间的相互作用（请参阅本章开头他给出的从飞机上观察地球的类比）。在第八段，约翰逊暗示了不断延长的寿命预期，（再加上前一段第二句到最后一句话），并清楚地表明癌症死亡发生在相当晚的时候："癌症死亡的年龄中间值为 72 岁。我们要活得足够久，才会让癌症打败我们。"（请注意这里他正确地使用了"中间值"这个词，而不是"平均值"。另外还请注意他的某些段落会阐述一到两个观点，而其他段落则用硬核事实来证明这些观点。）

在接下来的两段，也就是第十段和第十一段，约翰逊写道，与心脏病相比，其他疾病的根除则要容易得多。他还无缝衔接到了第十一段和第十二段。在第十一段的末尾他提出诸如血管阻塞和瓣膜功能丧失是导致心脏衰竭的原因。随后的第十二段，他用原因状语从句说明前文提到的干预措施，这一从句标志着内容的转变，让文本从上一段合乎逻辑地过渡到下一段。

在过渡之后，约翰逊立刻给出一个反转：癌症取代心脏病的原因是对后者医学治疗水平的提高。接下来，他解释了他是如何发现的以及发现的原因。首先，他表示癌症并不能算是一种疾病，而是一种自然现象。为了证明这一观点，他解释了身体细胞 DNA 复制的基本机制。

然后，他进一步阐释，大部分细胞能够修复 DNA 复制过程中发生的错误。为此，他使用了诸如"突变是演化的引擎"之类的比喻，还做了一系列类比，比如"就好比骤然出现在生态系统中的新物种，（细胞）转变成为癌性肿瘤"。最后，他用一句简洁明确的陈述结束了这一段，这种陈述证明了这种先天机制是癌症发展的关键。

在第十四段中，约翰逊再次使用了一个简单的比喻，"这些微观层面的叛乱"，鲜明地描绘了复杂的科学过程。请注意，他是如何在每一段里用一到两个比喻或类比的。除此之外，约翰逊生动地解释了复杂的科学流程。这些段落可能看上去属于纯粹的背景信息，但是所有这些都肯定了文章的基本信息。他似乎很同情癌细胞。

接下来的一段更短一些，它的作用是提醒读者癌症不可避免，其他所有的疾病都可以被忽视，但是每个人都会得癌症。虽然结构性重复往往不是个好主意，在像约翰逊这样的 1500 字的文章中，偶尔重提文章的主要观点可以算作是一种文体风格。第十五段的最后一句话是对接下来三段内容观点的过渡：约翰逊暗示，即使我们能够治愈大部分疾病，即使不存在致癌物，癌症也不可避免。

随后的四段扩充了这两话所引出的思想：虽然抵抗纯属徒劳，但是医学研究的进步还是取得了令人印象深刻的成果。按照时间顺序，接下来几段陈述的内容如下：

- 如果癌症发生在儿童时期（假设不是特别地来势汹汹），癌症更容易被治愈。
- 将近 1/5 的癌症可能由感染引发。
- 肥胖和糖尿病预示着癌症。

这四段都证明了约翰逊的主张，如果那样的话，预防是对抗癌症的最有效手段。他通过列举前文提到的例子，并用事实和数据与之结合来"证明"自己的观点。

第二十段提出了两个伦理问题：财富和种族问题，但没有深入分析。在文章快结束的地方出现的题外话更容易分散读者的注意力，而不能很好地为文章服务。但是，引导读者，给出次要信息的链接也是理想手段。

倒数第二段也是如此，这一段为研究前景提出前瞻性观点，旨在解决可能解决的问题（请记住文章的主要思想）。这里依然没有给出任何细节，文章就要收尾了。显然，最后两段就没有前面几段那么重要了。但是，这两段包含着加强读者对文章主题理解的辅助信息，但不是必不可少的。

最后一段快速回顾了前文陈述的事实。最后一句话是你促使读者思考以及给他们一些关键点的最后机会。约翰逊显然利用这次机会再次强调了癌症不会有明确的治愈方式，无论我们花费多少精力，取得多少科学成就，如果心脏衰竭杀不死你，那癌症就会出手。

如此一来，文章圆满结束，尽管这确实不是什么好消息。再次陈述起初的主张或例子往往是总结全文的好方法，因为这样能够让你的文本读上去有始有终，将会让你的读者获得满足感。

新闻故事写作的常见误区

科学写作不是件容易的工作，从理解你正在报道的学科开始到发表一篇科学文章，一路上遍布各种犯错的机会。你会查阅和引用研究吗？研究可能会有错误。你的信源实话实说了吗？是否有企业付钱给他们以让他们作为支持者？他们的结论正确吗？你的结论又是否正确？你用的同义词是否正确？

你正确地写出了信源的姓名和他们在研究机构中的职务了吗？你的标题与核心段落的主要观点是否简化了实际的发现？你是否错误地宣布或者暗示读者，某一人类疾病的治愈方法已被找到，而实际情况则是该方法只是在有限的条件下于小鼠特定类型的组织上进行了测试？

上述这些问题随时都会发生，并不取决于你所撰写的科学文章的类型。当你没有很多时间展开研究并撰写文章的时候，就更有可能出现错误。这就是为什么你会在这部分看到一张"必做事项"清单的原因，要在将一篇文章交付给编辑或者在线发表之前，对照清单检查一下你的文章。我已经将其分为研究、结构和文风三大类，这样你能够根据你处在哪个新闻工作阶段来相应地利用这张清单。

研究

你是否

- 阅读过整篇论文？
- 阅读过相关论文和其他文献？
- 采访过论文作者？
- 采访过独立的信源？
- 确认过主要观点？
- 检查过利益冲突？
- 已披露自己所存在的潜在利益冲突？
- 和科学家核对过你自己的主张和措辞？
- 对你使用的任何同义词和阐释内容进行重复检查？
- 把因果关系与相关性区分开？

结构

你是否

- 撰写了相关又有趣的导语？
- 在开头几段直入主题？
- 按照从上到下的顺序排列事实？
- 在每段至多写明一个观点？
- 在每段中引用至多一个采访对象？
- （按照时间顺序）编排好段落顺序？
- 删除所有包含与主题关系疏远、不太相关观点的段落？
- 交替使用引用语和叙述文本？

- 使用过渡句将段落连接起来？
- 使用过渡词将句子连接起来？
- 用令人满意的方式结束你的文章？
- 检查从一个观点到下一个观点之间的过渡是否符合逻辑？
- 大声朗读你的文章？

文风

你是否

- 使用，但是有限地使用比喻和类比？
- 使用主动动词？
- 偏爱用在读者头脑中描绘出清晰图景的名词和动词？
- 让长短句和长短段落交替出现？
- 删除了所有的无趣内容？
- 删除了所有的陈词滥调？
- 删除了所有的副词？
- 删除了所有的行业术语？
- 删除了所有的结构性重复？
- 在使用首字母缩写之前已经给出了解释？
- 编辑并重写你的文章？

　　如果你的回答中有好多个"没有"，那么你大概应该重新检查一下你的文章了。你可以花比较短的时间快速修改文风相关的问题。正如我们在前几章所建议的，大声朗读你的文章，你就会发现哪里读得通顺，哪里读不下去。这里还有另外一个有效的技巧：在报道故事的时候，重新检查一遍你所收集的材料。你是否对事件和事实的优先级做了排序？你是否只提炼出了那些包含故事主要观点的事件和事实？另外，这是否意味着你已经丢弃了90%以上收集到的原始素材？另外一条建议：永远不要提交你的初稿。虽然文稿可能会一改再改，但是进行好几轮的编辑肯定会提升文章质量。

　　最后，文章永远不要夸大其词。对于某一特定的科学进展，读者应该自己决定他们有何感觉。他们是非常聪明的读者，不需要你填鸭式地给他们提供感情或判断。想到这点，蒂姆·雷德福回忆起他在做助理编辑时所经历的一个插曲：

　　我记得有一次我试图向我的新闻编辑解释一篇文章。他转向我问道：

"这是一项革命性的突破吗？"答案是：你要是给你的文章贴上了这样的标签，那就是非常荒唐可笑的。满篇陈词滥调和粗心大意只会写出一篇糟糕的文章。我在编辑文章时寻找的是让你想接着读下一句话的一句话。优秀开头的全部目的就是会让你去读第二句。

（Radford，2016）

总　结

在科学新闻故事中没有太多的地方用来讲故事。安排短篇新闻文章结构的经典方式是倒金字塔结构。这一结构在开头就给读者提供了最重要的信息：即五个 W 和一个 H。因为新闻故事要争夺报纸版面空间，所以这样的结构也方便编辑直接从上到下删除文章段落，而不对新闻报道产生实质性的破坏。同时，读者能够一眼就抓到文章的最重要信息。实际上，读者有可能读完导语之后就不再读下去了，并仍能通过短短开头几段就了解文章大概。至于这一结构的缺点，就是倒金字塔结构不是可以构建悬疑或紧张感的有效方法，因为导语中一下子就给出了全部信息。

后续的段落进一步扩展事实，添加导语中没有写出的更多细节。此外，导语并不总是回答五个 W 和一个 H 的所有问题。事实上，有时候只点出了"谁"和"什么"（很少会讲"何时"的问题）。如果是这样的话，后续段落需要解决开放式问题。最后一到两段会添加次要素材，比如研究发生的背景信息。尽管这些补充信息给读者进一步提供了事情发生的情境，这其实也是可以删除且不影响文章核心内容的。

新闻学的 ABC 原则——精确，简要和清晰——在新闻写作中发挥重要作用。眼花缭乱的写作方式和各种修辞手段没有用武之地，它们只会占据空间并稀释文章的信息。引用信源时，请确认信源是可记录在案的、不予公布的、作为背景的还是可作为深度背景引用的。在引用他人话语的时候，用"说"这个词就可以，没有必要换成其他动词。同时在引用信源时也不需要考虑副词的使用。此外，炫耀你丰富的词汇，用各种同义词来替换每一处出现的同一个词只会把你的读者搞糊涂，还会破坏文章的精确性原则。

思考题

- 为什么倒金字塔结构仍然是构建新闻文章的有效工具？
- 每一篇新闻故事必须包含哪些要素？

- 你还能使用哪些其他的科学报道文章特有结构？这些结构有哪些区别？
- 从语言角度来看，新闻导语应该怎么写？
- 新闻学的 ABC 原则如何反应在你的写作中？
- 存在哪些信源类型？你如何在文章中使用？
- 使用太多同义词的危害有哪些？
- 撰写短篇新闻故事时你应该使用哪些调查技巧？
- 约翰逊（Johnson，2014）在他那篇关于癌症的文章中用到了哪一类型的导语？

练习题

为了实现简洁的效果，你可以找一篇报道近期科学发现的新闻通稿来完成以下练习。

- 确认文章的主要观点，找到五个 W 和一个 H。
- 就研究发现找一位独立的科学家，对其进行采访。
- 阅读相关论文，使用倒金字塔结构写出文章的主要结构。
- 使用卡斯蔡尔维基的模板，再写一个不同的文章结构。
- 给文章写一段直接导语和一段延迟性导语。
- 在前面练习的基础上，以最初的新闻通稿为基础，重新写一篇短篇新闻报道（按照倒金字塔结构来写）。
- 重写一篇，这次使用卡斯蔡尔维基建议的结构。
- 给前面两篇文章写个第二稿，这次要注意新闻学的 ABC 原则。

阅读清单

Hicks, W. (2007) *English for Journalists*. 3rd edition. London: Routledge

Hicks, W. (2008) News writing, In Hicks, W., Adams, S., Gilbert, H. and Holmes, T. (eds.) *Writing for Journalists*. 2nd edition. London: Routledge, 10–44

Johnson, G. (2014) Why everyone seems to have cancer, *New York Times* [Online] Available at: www.nytimes.com/2014/01/05/sunday-review/why-everyone-seemsto-have-cancer.html [date accessed 7 October 2015]

McKane, A. (2013) *News Writing*. 2nd edition. London: SAGE

Mencher, M. (2011) Features, long stories and series, In Mencher, M. (ed.) *News Reporting and Writing*. 12th edition. New York: McGraw-Hill, 169–192

Radford, T. (2011) A manifest for the simple scribe – My 25 commandments for journalists, *The Guardian* [Online] Available at: www.theguardian.com/science/ blog/2011/jan/19/manifesto-simple-scribe-commandments-journalists [date accessed 10 October 2016]

网站链接

Associated Press, News Values and Principles: www.ap.org/about/our-story/newsvalues

Christian Science Monitor corrections: www.csmonitor.com/About/Corrections

参考文献

Angier, N. (2015) Personal phone call on 9 October 2015

Associated Press, *News and Values* [Online] Available at: https://www.ap.org/about/ our-story/news-values [date accessed 5 December 2015]

Bolton, D. (2015) E-cigarette users could be at risk from dangerous 'popcorn lung' disease, Harvard research finds, *The Independent* [Online] Available at: www. independent.co.uk/news/science/e-cigarettes-popcorn-lung-diacetyl-dangerousa6767841.html [date accessed 11 December 2015]

Castelvecchi, D. (2016) Personal phone conversation on 20 September 2016

Hicks, W., Adams, S., Gilbert, H. and Holmes, T. (2008) *Writing for Journalists*. 2nd edition. London: Routledge

Johnson, G. (2014) Why everyone seems to have cancer, *New York Times* [Online] Available at: www.nytimes.com/2014/01/05/sunday-review/why-everyone-seemsto-have-cancer.html [date accessed 7 October 2015]

Johnson, G. (2015) Personal phone conversation on 8 October 2015

Kaplan, K. (2015) Personal phone conversation on 9 October 2015

Lambert, C. (2015) Craving control: How food messes with your mind, *New Scientist* [Online] Available at: www.newscientist.com/article/mg22830483–300-crav ing-control-how-food-messes-with-your-mind/ [date accessed 30 October 2016]

Leach, J. (2016) Personal phone conversation on 6 September 2016

Mencher, M. (2011) Features, long stories and series, In Mencher, M. (ed.) *News Reporting and Writing*. 12th edition. New York: McGraw-Hill, 169–192

Oxford English Dictionary (2015) "jargon, n.1", *OED Online*, Oxford University Press [Online] Available at: www.oed.com/view/Entry/100808?rskey=iyFwix&result=1&isAdvanced=fal

se#eid [date accessed 3 December 2015]

Radford, T. (2016) Personal phone conversation on 12 April 2016

Ross, J. (2015) Personal phone conversation on 9 October 2015

Sample, I. (2014) How to write on a science news story based on a research paper, *The Guardian* [Online] Available at: www.theguardian.com/science/2014/mar/28/ news-story-research-paper-wellcome-trust-science-writing-prize [date accessed 28 November 2015]

Young, M. (2016) Honeycomb-shaped streets would stop traffic from getting sticky, *New Scientist* [Online] Available at: www.newscientist.com/article/2110821honeycomb-shaped-streets-would-stop-traffic-from-getting-sticky/ [date accessed 29 October 2016]

在本章你将了解到：

引　言

在网络上，你最重要的财富依然是懂得如何写一个好故事。但和千篇一律的印刷品不同，网页和博客为你如何讲述这些故事提供了许多新的可能性。此外，网络还能让你更好地接触读者，并根据他们的需求来调整故事的格式、话题、内容和腔调。网络上的竞争也是残酷的，因为其中充斥着各种各样不同形式和水准的科学新闻。

基于上述原因，你可能需要在自己的记者工具箱中加入网络，甚至是编程能力。这些能力让你可以充分利用网络的特征，以互动的方式讲故事，这是印刷品不可能做到的。网络记者和新闻学教授罗伯特·赫尔南德斯（Robert Hernandez）告诉我，懂得如何编程并不是要把记者变成程序员，而是要让他们通过编程的方式解决问题，把他们变成富有创造力的思考者；由此而产生的创造性会影响他们如何讲故事。

我首先是一名记者，但我也是一个技术员或者一个极客，所以我总是在研究和摆弄各种技术，试着让这些技术乖乖听话，为我的新闻服务。

（Hernandez，2014）

这一章的目的不是要告诉你如何写代码。你将会在本章的第一部分把网络写作和印刷出版区别开来，对读者如何与网络文章互动有一些基本了解。此后，我会继续探讨科学博客平台如何有助于你扩大自己的影响并和其他科学博主建立联系。这常常可以带来有趣的科学话语和互相转贴。

和印刷品作者相比，科学博主的写作风格会更加非正式。他们也常会刻意发表更具观点性的声音。由此出发，你还会读到一些关于如何组织段落、如何运用语言以使文章更适合网络的直观建议。

你还需要完全了解是谁在读你的故事。幸运的是，网络提供了很多种方式，让你能够知道哪些博文是最受欢迎的、谁在读它们、读者来自哪里以及他们是如何利用你的在线文章的。一些博客平台，比如由福布斯网运营的平台，会依据每一次的独立访问向作者付费。如果你是这些平台的作者，那么阅读量最大化一定是你的目标之一，所以请一定不要错过理解你的读者这部分内容。

要想应用上述技巧，并检验不同表达方式的效果，创建自己的科学博客是最直接的方法。建立自己的博客看起来非常简单，但是你需要找到自己的定位，思考自己的未来受众，策划你想写什么以及你的写作频率；因而，本章也有专门的一部分来讲解这些问题。你还需要考虑图片来源，所以随后的一部分内容会聚焦于你在何处可以找到有偿和免费的图片并避免法务纠纷。

你越能通过网络相关能力，比如图片、视频、地图、图表，还有交互式的可视化呈现，来让你的博文丰富起来，你就越来越不只是一名在网络上发布作品的记者，而是成为一名真正的网络记者（Hernandez，2014）。成为一名网络原生作者也意味着你要懂得如何利用搜索引擎优化技术（search engine optimization，SEO），使自己的文章能够被搜索引擎检索到并获得尽可能高的显示排名。因为利用搜索引擎优化撰写文章会极大地影响你文章的语言、结构和长度，我们会用一整节来讨论相关问题。

在本章的最后，你会看到两篇在线科学写作的案例分析。第一篇是基于科学通稿的短篇新闻故事博文，我将分析它的结构。而第二篇是获奖的科学长文，文章作者充分发挥叙事技巧，在讲好故事的同时，也很好地传达了背后的科学信息。

网络上科学写作的基本要素

在很多方面，为网络读者进行科学写作都与印刷出版大不相同。网络新闻的即时性让人震撼而又兴奋。在文章发表前，一本月刊杂志可以用 3—6 个月的时间来对你的文章进行信息核对。日报要快得多，但在速度上没有什么能比得过博客和网络杂志；只要审校、编辑完文稿后，就可以马上在线发布。读者的反馈也是直接和具有互动性的。读者可以评论你的文章，指出其中的事实性错误，或者直接表达他们是否喜欢你的故事。他们可以追问；如果你愿意的话，也可以回答。而在只有纸质印刷的时代，读者只能通过一种相对静态的、给编辑写信的方式，来提交他们的反馈。

网络出版的开放和高速是有代价的。只需要几分钟时间，任何人都可以建立自己的博客并发布信息。这对读者来说是个好消息，因为这让他们可以读到更多的故事（而且通常是免费的）。但是与此同时，这对读者来说也是个坏消息，因为总量的提高降低了网上文章的整体质量。助理编辑可以用来做事实核查的时间变少了，我会在第十章再次谈到这个问题。新闻报道和社交媒体将读者淹没在大量的在线科学新闻中。这样的新闻海洋会让他们难以决定哪些故事是他们关心的。

信息过载的结果是，许多读者的注意力集中时长都变短了（Weatherhead，2014）。你组织文章、起标题的方式、段落和句子的长短都需要因这一现象而做出调整。此外，你还要学会用搜索引擎优化写作等技术手段，以保证文章能够被搜索引擎注意到。不止如此，你还需要利用各种互联网工具来创作出抓人眼球的故事。

抓住读者要从你的标题、导语以及组织文章的方式开始。最重要的是，直入主题。导语之后的每一段话都必须能够支撑你的核心论点。一个通用的准则是，让段落尽量简短并且不要在其中罗列过多的论点或观点。神经学家、喜剧演员和科学博主迪恩·伯内特（Dean Burnett）告诉我，他所有的博文长度都在 800 词到 1200 词之间，因为如果超过这个长度，读者就会丧失兴趣。而且，大多数在线读者都希望能在较短的时间里，比如在他们上下班的路上，找到能让他们短暂地快乐一下的文章。在伯内特的写作建议中，最重要的一条是要保持简洁，把复杂和冗长的段落分解成容易消化的小段：

关于结构，大段的文字通常是不好的，因为它们看上去就像是让人望而生畏的大量词汇的堆砌。大多数新闻网页中都没有这种长篇大论的文字，每一段通常只有四到五行。但这并不是说，你没有办法来解释复杂的科学问题。你只是把它们分成了小块而已。

（Burnett，2016）

事实上，你可以利用几乎所有的短新闻写作技巧来创作出引人入胜的短文。但是也有例外。比如说，在印刷品中，大段的文字可以具有可读性，但在网络上，读者常常需要更具寻览性的文章，所以你必须把长段拆散，在其中插入图片、视频以及分节标题。分节标题可以帮助读者把段落划分为独立的模块（Boyle，2006）。

如果你想让读者能在搜索引擎、脸书和推特上看到你的文章，你就要学会如何写出能被这些程序找到并关注的标题。做到这一点要比在印刷品中难得多，因为你的标题要同时满足人类读者和程序算法的品味。对人类好用的东西并不一定对机器有效，所以你常常会在搜索结果的前几条中看到读起来十分糟糕的奇怪标题。在网络上，标题可能比导语更重要，它决定着读者是否会点开并阅读一篇文章，这决定了文章的阅读量以及你的主页独立访问量。

这里有几条关于起网络标题的建议。如果你的文章是要回答某个特定的问题，那就直接在标题中提出这个问题（但也有些编辑强烈反对这个技巧）。你也可以用文字游戏或是双关语来吸引读者，但是一定不要为了双关而强行双关。在任何情况下，如果你的标题中没有包含文章的关键词，那这肯定是一个无效的标题（Marsh，2014）。

当你终于诱使读者点开了文章，接下来会发生什么？页面打开，你的读者开始浏览导语。这是又一个决定性的时刻：你的导语是否一语中的，或者至少足够震撼或者吸引人？如果没有，读者会很快放弃并关闭文章。时长过短的点击并不会被算作有效访问，而是被记作一次跳出。而过高的跳出率会反过来降低这篇文章的搜索引擎排名，让它更难在网络上被人发现。从商业角度看，这就是说糟糕的标题和导语意味着短时点击，也就意味着广告投入的流失。

所以，导语也要简短直接，直白地展示出文章的核心观点。不要写那种在印刷杂志上常见的延迟性导语（Boyle，2006）。好的导语同样包含搜索引擎友好的关键词。所以很多博客系统会要求你为文章设定单独的搜索引擎导语，这段导语会直接出现在搜索结果中标题的下方。这段节选会帮助读者决定哪条搜索结果与他们最为相关，并且是否应该点开标题仔细阅读。读到这里，你大概知道我们该走向何方了：在网络上写作有着技术的一面，也有着新闻的一面。这二者相互补充，正所谓"媒体塑造信息，也塑造着每个媒体最为看重的信息质量"（Boyle，2006：91）。

科学博客平台

科学博客已经不仅仅是充满热情的科学作者们的游乐场。直接性、互动性以及与读者的贴近性，使得科学博客成为一种全新的发表形式。人们希望能在新闻发生时获取信息与愉悦。很多人希望去探讨科学发现的价值，并使其成为自己话语的一部分。有这种愿望的读者常常会对文章做事实核对并提出自己的修改意见。让科学博客取得成功的另一个关键方面是，有很多博客是由科学家撰写的。比如说，《科学美国人》的科学博主大部分都是科学家。该平台的前任博客编辑柯蒂斯·布雷纳德（Brainard，2015）证实："科学家和科学作者之间的比例大概是 60：40，甚至可能是 65：35。"这意味着读者们能够读到从实验室中新鲜出炉的最新消息。写博客的科学家们可以从独特的视角切入科学问题，还可以在研究成果发布之前就分享自己的视角和观点。主流科学出版商都已经认识到了科学博客的潜力，并且雇佣专属的科学博主，让他们只在自己的平台上发布博客。

一名典型的科学博主常常拥有人文学科或科学背景，也可能二者兼具。他们中有拿稿费的博主，也有不拿稿费的博主。博主能拿到的稿费金额千差万别；有些平台向博主支付固定稿费，有些以奖励形式付费，还有些使用点击付费模式。许多拿稿费的科学博主都不是全职博主，他们需要每周或者每月发布一定数量的博文。即便如此，与印刷出版相比，科学博客所能支付的稿费也常常更低。

> 不幸的是，博客的稿费不高。比不上印刷品稿费是肯定的，甚至还比不上网站（科学美国人网站）中新闻版块的稿费。大部分科学作者和科学记者都清楚这一点，所以他们通常都会首先尝试在稿费更高的渠道发表，之后才选择博客。
>
> （Brainard，2015）

把钱的问题放在一边，和开设独立科学博客相比，加入科学博客平台的优势很多：你可以借助已经获得声誉的平台网站，来保证自己的文章在搜索引擎的搜索结果中位于前列。另外，博客平台的编辑还可以为你提供一定程度的编辑建议。大部分博客编辑不会编辑你的每篇博客。但当你提交一篇新的博文，他们会帮你确认博文内容是否坚实，能否吸引到特定的读者。你需要逐渐找到并细化自己的定位，从而吸引特定的读者群。你还需要确立自己的声音和风格。为了证明自己拥有这种能力，你需要拿出你在其他平台上的成功经历。如果你能把自己的读者带到新的平台上，博客平台会求之不得。运营自己的博客，即便是在某个平台上，其实都是在经营自己的一份生意。你必须知道你的博文为谁而写、写些什么，发博频率如何，能获得多少反馈。在这之后，你就能够转战更大的网络平台了。

2011 年，《科学美国人》开设了一个"更大的平台"。开设不久，这个平台的博客数就迅速增长到 60 个，博主包括科学家、编辑部成员以及科学作者。这个平台还设有特邀博客，新晋科学记者可以在这里发表他们的博文。现在，这个由柯蒂斯·布雷纳德管理的博客平台包含 39 个博客，其中两个为特邀博客。想直接加入这一平台仍然是困难的，除非你有独特的创意并且有取得成功的记录。如果你想成为一名科学作家，你可以考虑向他们的科学特邀博客投稿。这样你可以有机会得到编辑的帮助并获得在线发文的机会。

《国家地理》的博客平台名为"现象"，它采取了全明星策略，招募了一批已经在其他平台中成名的科学作者为其撰文。这种策略的好处是，卡尔·齐默（Carl Zimmer）、埃德·杨、玛丽·麦肯纳（Maryn McKenna）、罗伯特·克鲁里奇（Robert Krulwich）等成名科学博主将他们自己的忠实读者一并带入了平台。事实上，成名的科学博主已有的声望是博客平台成功的一个关键因素。2016 年，《国家地理》将其博客平台并入了新闻版块。

《卫报》也从无薪平台中招募人气科学作者。比如说，2012 年布里斯托心理学家皮特·埃切尔斯（Pete Etchells）在无薪科学博客平台 SciLogs.com（现已停止运营）上开设了博客。2013 年，《卫报》联系埃切尔斯并邀请他在其平台上开设博客。埃切尔斯接受邀请并成了该博客平台的协调员。有时候，《卫报》平台也会招募新博主，但他们还是更倾向于在特定领域中已经成名的作者（Etchells，2015）。

分子生物学家、科学作者克丽丝蒂·威尔科克斯（Christie Wilcox）就是成名的科学博主之一。她为《发现》杂志的科学博客平台撰写"科学寿司"（Science Sushi）专栏。她承认加入博客平台可以获得好处，不过前提是你要致力于此。

> 如果你想开启写作事业，那么加入主流科学博客平台大有益处——前提是你不能只将其看作副业。因为主流平台都要求一定的发文数量或者一定的活跃程度。如果你没有准备好致力于此，比如说每个月发表四篇博文，那你就会遇到麻烦。
>
> （Wilcox，2016）

威尔科克斯还告诉我，她的合同中规定了每个月要发布博文的最低数量。事实上，她发布的文章越多，文章所能吸引的读者越多，她就能获得越多的稿酬。

除了大众科学杂志和新闻媒体会运行科学博客平台之外，有些学术期刊，比如《自然》和《公共图书馆》（*PLOS ONE*），也开设自己的科学博客平台。同样，在这里开博客的大部分都是科学家，所以这种博客上出现的科学也主要是此前尚未发表的、新鲜的素材。即便不想在此开设自己的博客，你也可以在这些博客中获取许多可以作为写作灵感的有用素材。出于此种目的，你可以订阅自己感兴趣的内容并且定期查看。

科学作者的博客秘诀

如果你希望持续吸引读者的注意力，就要用一种容易被接受的方式写作。突然弹出像新邮件或脸书新消息这样的通知会随时打断读者的注意力。当他们被打断，你要为他们提供能接上之前思路、继续阅读你文章的简单方法。所以，你需要将文章在视觉上打散，每一个段落都尽量简洁并且只包含单一论点。段落应当短至 30—100 个词。单句成段也是不错的选择。更重要的是，段落的长度应当错落有致。节奏感是保持读者注意力的关键。

你可以利用二级标题将文章按照逻辑分节（Boyle，2006）。根据在微软全国广播公司（MSNBC）的经验，博伊尔（Boyle，2006）认为超过 1200 个词的文章应该被划分为 300 到 600 个词的小节，并且用二级标题标记每个小节。使用二级标题还可以"提高网络文章的可读性，因为这让文章看起来不那么让人望而生畏，读者也能够跳过自己不感兴趣的部分"（Boyle，2006：93）。此外，二级标题还能为被打断的读者提供继续阅读的简单入口。你可以对小节内容进行概括，或者直接引用文中内容作为二级标题。

科学需要解释，但是长篇的说明性文字并不适合网络写作。AB 结构（见第 5 章）适用于印刷文章和长篇网络文章，但它要求读者从前到后按线性顺序阅读。网络是非线性的媒介，此种结构不会像印刷媒体那样奏效。关于这一点，你可以充分利用网络的特性，不需要为了解释背景信息而把文章写得冗长臃肿。如果这些信息对于理解文章不是必需的，你可以添加链接，在链接中进一步解释这些内容，而不需要把这些内容写在正文中。对于不关键的术语和缩略语，你也可以用同样的方法处理。你可以添加指向这些词语概念的链接，你的读者可以自己决定要不要去了解、什么时候去了解这些概念。要务实地决定哪些内容和概念可以放在外加链接中，一个简单的原则是：如果读者不了解这些解释或者概念就无法理解文章内容，那就在文章中解释，而不要加在链接中。许多博客和内容管理系统（content management systems，CMS）还提供段落折叠功能，你可以将介绍背景的段落隐藏起来，如果读者想看，他可以点开阅读，读完再折叠起来。

网络写作同印刷写作不仅在文章结构上有差异。和知名的报纸相比，博客还允许不同语气、观点和风格的存在。博客的语气可以更加轻松和个性化，允许你充分表达自己的观点，更像是一个专栏。对于独立的个人博客来说尤其如此。然而，许多博客平台也会要求作者遵循一定的编辑政策和写作风格。

如果你想为网络杂志或科学网站写作，首先，你应该分析它们的文章，关注他们的作者的写作风格。其次，许多印刷出版物或网络出版物，比如《卫报》和《经济学人》都有自己的风格指南。这些指南中包含它们对标点、语法和拼写的特别要求，也常常包含对作者的要求和对读者的定位。比如说，《VICE 杂志》的在线科技杂志《主板》（和它的整个品牌一样）以其会话式风格而著称，作者可以用非常口语化的方式来表达个人观点、分享个人经历。但是和专栏写作类似，作者需要用事实论据或额外的论据来支持自己的观点和故事。下面这段文字就是这样：

> 这个过程分为四步，需要好几分钟，在感情上，等待的过程就像是要忍受……看着你爸爸对着马桶剪脚趾甲。那我们到底为什么还要这么搞？
>
> 所以事实上，我们这么做的时候越来越少了……从摩根大通（JPMorgan）到可口可乐（Coke），许多公司都取消了语音信箱，以此来削减成本。
>
> （Rogers，2016）

罗杰斯（Rogers）的风格显而易见：她用生动的比喻（"看着你爸爸剪脚趾甲"）在读者脑海中勾勒画面，这几乎一定可以抓住读者的注意力。她用口语化的措辞（"到底为什么"）说明自己的目标受众是喜欢直白表态而非委婉措辞的年轻读者。最重要的是，她的文章是有立场的。她在后面写道："如果你像我一样，讨厌那些落伍的、浪费时间的东西……"。而且，她对"你""我们"这类人称代词的喜爱也符合《VICE 杂志》的出版风格。直接与读者对话是她建立与读者关联的有力手段。在导语中这样说话尤其有用。而在后面一段，罗杰斯写了一段逻辑分析，她引用麻省理工学院科学家的观点和其他信息来支撑自己的论点。这是在线写作与专栏文章的共同特点：在个性化的同时注重事实依据。

罗列式文章是 Buzzfeed 最成功的在线科学文章类型，见文本框 7.1。

文本框 7.1 罗列式文章及其标题

Buzzfeed（英国）的科学编辑凯利·奥克斯（Kelly Oakes）告诉我，罗列式文章是 Buzzfeed 最成功的在线科学文章类型。你可以通过标题一眼就认出这类简短的列表式文章："X 个最重要的 Y"，"关于 Y，你必须知道的 X 件事"或者"让你 Y 的 X 张惊人图片"。

奥克斯补充说，这类文章成功的关键不是形式本身，而是其中罗列的内容：

> 你不能随便拿来一篇 500 词的新闻稿，把它扔在一个列表中，然后就希望能有 30 万的阅读量。不是这样的。你写在列表中的内容一定要是读者愿意读的。所以我们会写许多同一性文章（identity posts），这是我们对这类文字的叫法。读到这样的列表，人们会说："哦，每一条我都符合，这说的就是我。"然后就会把文章转给自己的朋友。

（Oakes，2016）

标题是罗列式文章在 Buzzfeed 大受欢迎的原因之一。关于如何取标题，奥克斯的建议是：

> 用对话的方式来写——你会怎样把这个故事讲给朋友，就用同样的方式来取标题。另外，关于罗列项目的数目，要用类似 27 这样特别的奇数，因为这样会显得列表中的每一项都是名副其实的，而如果你列举了刚好 10 项，就会让人觉得我们是事先决定要写 10 项，然后再去拼凑内容的。

（Oakes，2016）

最后，迪恩·博内特告诉了我他认为在写科学博客时需要考虑的问题。直入主题，内容可信，但是不要假装自己是个专家。

> 我的建议是在文章的第一段或第二段写出你想表达的主题。很多人总是忍不住要去设置悬念、娓娓道来。但是人们越来越发现这种标题党的做法太讨人厌了……这有些故意又做作，而事实也正是如此。学生们

在提交学术作业时常犯的一个错误是：他们试图用带有小聪明的语言来显示自己的权威性，或者是显得自己能够完全理解自己正在讨论的问题。这样做是很有风险的，如果你试图解释一些你自认为看上去是正确的内容，还是会有人站出来说："这不对，你在说些什么？"这种情况的出现，会毁掉你说过的所有其他内容。

（Burnett，2016）

理解你的读者

如果你是一名有稿酬的科学博主，那么你的收入主要取决于你能为博客平台带来多少流量。这一点非常合理：在线出版商的主要盈利来源依然是广告。读者的点击就意味着收入。了解你在为谁写作并且知道哪些人还不是你的常规读者非常重要。科学博三克丽丝蒂·威尔科克斯非常清楚自己的目标读者是谁：

> 我想说我非常了解自己的读者。我的目标读者包括对科学感兴趣但还并不真正了解科学的所有人。他们至少接受过高中教育，但是很可能不是科学工作者。他们可能是护士或者电工，而不是专业的科研人员。这就是我的目标读者：有技能、有理性，但不一定是科学家。但是，一名对海洋动物感兴趣的心理学家也可以成为我的读者。

（Wilcox，2016）

威尔科克斯承认，在刚刚开始写博客时，她对事先分析潜在读者这件事毫无概念。但是回头看时，她尽认理解读者、正确认识博客并且找到自己的定位是非常有用的建议（Wilcox，2016）。

如果想要开办个人博客，你需要对未来读者进行市场调研。比如说，你可以调查已经存在的类似主题的博客，分析它们的话题范围以及读者评论的数量和质量。读者们对这些博客的反应有多热情？你还需要研究这些博客的社交媒体指数。哪些主题、哪些故事、哪些形式是人们分享最多、最愿意推荐给朋友看的？读者增长的核心方式正是朋友的推荐。要获取博文的社交媒体指数，你可以在 Like Explorer（见网站链接部分）等在线工具中输入博文的网址。Like Explorer 将会告诉你这篇博文在脸书、推特、品趣志（Pinterest）等平台上被分享了多少次。媒体公司还会使用社交媒体管理工具 Hootsuite Insights（见图 7.1）或者操作系统

Brandwatch 旗下的社交数据分析服务（PeerIndex）等专业分析工具。这些工具可以对你的读者进行详细分析，并以信息图表的方式展示分析结果。然而，如果你是一名个人科学博主，无论是否归属于博客平台，你最常用到的很可能还是谷歌分析工具（Google Analytics）或类似的在线服务。

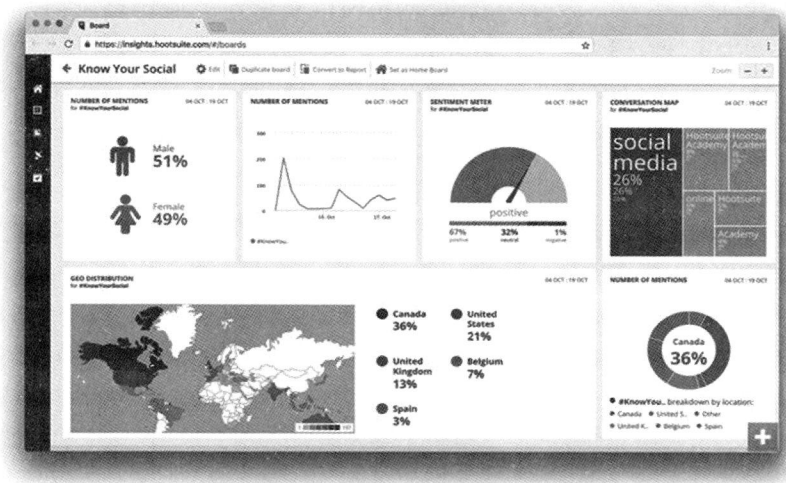

图 7.1　Hootsuite Insights 以图表形式展示读者人口统计学信息的面板

来源：Hootsuite（2016）

你刚刚发布的一篇关于基因编辑的帖子是不是效果不好？这可能是你的读者对这个主题缺少共鸣。或者你发布博文的时间不对，你发文的时候读者们都还在上班。如果你想快速了解自己博文受欢迎程度的变化情况，网络分析工具是必要的。它们可以帮你解析读者的人口统计学信息，了解读者的所在地和上网习惯。这些工具可以提供有力的分析结果，让你了解读者是在什么时候点开了你的博文，他们在某一篇文章上花了多少时间，还有更重要的，他们是在哪个平台点击了你的文章。文本框 7.2 展示了你应该了解的基本指数，以及这些指数的含义。克丽丝蒂·威尔科克斯告诉我，她博客流量的75% 来自以脸书和推特为主的社交媒体，因为《发现》杂志会在其社交媒体账号中推送博客内容，为博文提供阅读保证（Wilcox，2016）。威尔科克斯也会用谷歌分析工具分析自己的流量，她所在的博客平台为她提供了了解博文数据的直接入口。

要想了解读者群体的变化趋势，你还应该查询像尼尔森（Nielsen）、康姆斯科（comScore）（媒体矩阵 Media Matrix）这样的计量公司，或皮尤研究中心这类新闻研究机构发布的报告。它们会对读者进行常规分析并发布可以免费获取的报告。这些报告会说明最新流行的主题和形式，并允许你从同类读者群出发预测自己的读者群。

如果你想在由所有作者共享的读者蛋糕中分得一块，就必须在自己选定的领域里成为专家。这正是你需要找到自身定位的原因所在。在起始阶段，你的领域越具体越好。正如 2014 年 2 月新闻学教师丽萨·洛胡玛（Liisa Rohumaa）在爱丁堡龙比亚大学（Edinburgh Napier University）的培训课程中所说，你需要成为这样一个人，在你的领域中，人们遇到问题时马上会想到你。

文本框 7.2　指数

下面这些基本指数可以帮你掌握博文的传播效果：

- **页面浏览量**：有多少人打开了某个页面或者所有页面？其中相同读者的多次浏览会被重复计数。
- **独立访问者数量**：有多少人访问了你的网站？该指数为独立访问者数量（不包含重复访问）。
- **跳出率**：有多少人进入你的网站，但没有打开或阅读任何内容就离开了？
- **平均会话持续时间**：在退出前，读者在你网站上的平均活跃时长。
- **单次会话页面数**：在一次会话中，读者点开了几个页面？

大部分网站分析工具都可以提供上述数据，但常常不会提供社交媒体指数，比如你的博文被分享、点赞和转发的次数。这些数据对于理解你的读者同样十分重要。下面几种工具可以提供社交媒体分析（大部分是商业工具，但其中很多都提供限时试用版本或功能演示版本）：

- Buffer.com
- Buzzsumo.com

> - Hootsuite Insights
> - Keycole.co
> - TweetReach（仅适用于推特）

很显然，拥有更高级科学背景的人会更愿意阅读科学博客。为了研究科学博客如何促进或阻碍公众对科学的参与，库珀（Kouper，2010）分析了隶属于《连线》《发现》和科学博客（Science Blogs）平台的 11 个博客。库珀发现，这些博客的大多数读者与科学之间的关系要比本章中出现的博主们所估计的高得多。

> 科学博客的读者也和科学多少有些关系，也就是说，他们不是与科学完全无关的非科学家或普通人。一位作者发了一条"你是谁？"的帖子，征集读者的信息和背景。这条帖子下面的留言以及对读者评论的综合分析都显示，发表评论的读者大部分与科学之间有着这样或那样的联系。他们是研究生、博士后、有教职的科研人员，是生物学、物理学、神经科学、医学等各个领域的科研工作者。
>
> （Kouper，2010：6）

她唯一的例外是，"在这次调查中，'连线科学'可能是唯一一个拥有相当多非科学家评论者的平台"（6）。她说，这一类评论者常常希望在评论中让自己显得像个专家。她还说这些读者"会立即在评论中做出主观判断，发表带有侮辱性和讽刺性的言论，并加入很多私人化的细节"（89）。克丽丝蒂·威尔科克斯承认，要想成为一个科学博主，你必须快速练就厚脸皮，才能承受那些侮辱性和讽刺性的评论。而且不要忘了，如果这是你的个人博客，你有权决定对评论的容忍极限（Wilcox，2016）。

创建科学博客

日常更新博客是非常棒的写作训练。你不需要等待编辑的许可，就可以频繁地写作和发布内容。正如克丽丝蒂·威尔科克斯所说，博客所能提供的这种密集式训练也可以帮助你找到自己的态度和风格。

> 因为博客是"低风险"的——博客内容不需要被人编辑，你也不需

要为了发表而费力向人推荐自己的文章——你可以写任何你想写的东西，你可以尝试不同的风格、不同的语气、不同的文章结构。

（Wilcox，2016）

然而，读者不会仅仅因为你在努力提高写作能力就来阅读你的博客。关键在于，如果没有人读你的博客，你的动力就会下降，你的写作频率开始降低，变成只是偶尔发布，而这又会反过来减少读者对你的关注。

在优质平台上创建自己的博客之前，你需要考虑下面这些问题：

- 你为什么想写博客？
- 你的定位是什么？
- 你的专业领域是什么？
- 谁会愿意读你的故事？
- 有哪些博主和你的领域相同？
- 你要发布哪些类型的帖子？
- 你多久发布一次新帖子？
- 你怎么为自己的博客做广告？

此外，你还需要知道如何组织自己的博文，如何了解和分析你的读者，如何利用搜索引擎优化来让更多人看到你的博客。最重要的是，你要问问自己，你为什么要写博客。你是一名想要传播自己的研究的科学家？你想要成为一个优秀的科学博主，并希望最终成为主流科学博客平台的常客？或者你只是单纯地希望成为更好的科学写作者？博客可以同时满足上述多个愿望："这不仅仅是个人形象的问题。写博客可以提高你的新闻水平，可以增强你在特定领域中的专业程度，还可以和你所感兴趣的多个领域建立联系。"（Bradshaw and Rohumaa，2013：78）克丽丝蒂·威尔科克斯也同意写博客是很好的写作训练，而且正如其他技能一样，你练习得越多，技能就提高得越多。而且，运营一个成功的科学博客还可能引起编辑的注意，并最终为你赢得出版印刷出版物的机会。

写博客的核心原因在于职业发展。博客可以帮你整理自己的在线资料。如果你是一名多产的博主，有人会在谷歌上找到你的文章，阅读之后他可能会找到你，说：'我是一名杂志编辑，我们正想要一篇特定主题的文章。你很了解这个主题，我读了你的相关博客，很喜欢你的写作风格。你愿意为我们写这篇文章吗？"我已经遇到过好多次这样的事情了。我现在的撰稿工作有大概一半是受邀写作，而不是我主动寻求机会的。

（Wilcox，2016）

总体来说，你可以按照下面的三个步骤来开创自己的博客（Bradshaw and Rohumaa，2013）：

（1）选择自己的关注点。
（2）开始发帖。
（3）发表评论，添加链接。

选择关注点是决定博客成败的关键。如果不知道自己博客的定位，所有后续步骤一定会失败。要找到定位，你需要选定一个范围很窄的核心主题。

成功的博客常常有清晰的特定关注点，与面向大众市场的传统媒体相比，博客的关注范围常常更窄。比如说，一个关于"太阳能"的博客很可能会比关于"环境新闻"的博客效果更好。

（Bradshaw and Rohumaa，2013）

你可以将博客细分为三类：有独特定位的博客、幕后故事博客以及消息汇总型博客。作为有抱负的博主，你可以从拥有独特定位的博客开始（Bradshaw and Rohumaa，2013）。上述三个步骤中的最后一步"发表评论，添加链接"是你与外界之间的直接沟通。开启博客后，你会逐渐被他人了解。要记得在你的友情链接（一组指向其他博客的链接）中添加你所关注的其他人的博客，并且一定要在他人的博客下发表有建设性的评论，这可以让你成为科学讨论的一部分。

Buzzfeed（英国）的编辑凯利·奥克斯也认同找到自身定位的重要性。在《卫报》的《优秀科学写作的秘密》（Secrets of Good Science Writing）系列在线文章的一篇中，奥克斯提出了创建科学博客的10条策略。其中包括，如果你想写长篇博客，可以选择博客程序WordPress这样的平台，而如果你更喜欢基于图片的短篇帖子，微博客Tumblr会是更好的选择。而且你需要日常更新，并通过评论和链接与读者互动（Oakes，2014）。你可以加入"ScienceSeeker"等博客共同体（见网站链接部分）以扩大自己博客的影响力，这些共同体可以为你的博文添加索引，并为它们提供更多被人看到的机会。

如果你已经是一名知名的博主，可以考虑加入一个博客平台，"你会遇到很多能帮上你的同伴、更多的点击量以及全新的读者群"（Oakes，2014）。

如果你还无法加入科学博客平台，奥克斯的建议是，你可以在既有的出版平台上开设博客，并充分利用平台上的社群和分享功能来获得关注：

> 不要把自己的博客做成独立网站。而应该把它建在拥有分享功能的平台上，这会让你的博客更容易被人找到。那也是人们现在接触媒体的越来越多的方式：不是去它们各自的网站，而是在脸书和照片分享应用上浏览它们的信息。在脸书上，"我真他妈爱科学"（I Fucking Love Science）是最成功的科学博客，而它现在已经拥有了自己的网站。它在脸书上获得了大量关注，而我肯定脸书及其分享功能是它成功起步的关键助力。在既有网站上建立自己的博客后，你还要记得关注领域内的所有博主。但是不要在发博的时候@他们，这会招人反感，正确的交流方式是去参与他们正在进行的讨论。
>
> （Oakes，2016）

在写作中贯彻搜索引擎优化

如果你希望自己的文章能被谷歌或必应（Bing）这样的搜索引擎检索到，你需要按照搜索引擎优化的规则来改进自己的文章，你要使用合理的文章结构，添加关键词和分节标题，对文章进行标签分类，再取一个搜索引擎友好的标题。搜索引擎优化的目的在于，让你的文章在搜索结果排名中尽量靠前。谷歌是全球领先的搜索引擎（Statista，2016），所以，将精力首先用于提高文章在这一搜索引擎上的排名，是基本不会出错的。

搜索引擎使用多种要素来计算页面排名，其中一些要素是你根本无法施加影响的，另一些则可以被直接或间接地操纵。比如，指向你文章的链接数（反向链接数）越多，你文章的排名就会越靠前。此外，域名的长度（越短越好）、网页加载速度、页面在推特和脸书上被分享的次数都有影响。能够提高文章排名的一个直接方法（如果不是最主要的方法）是使用搜索引擎友好的标题标签。这是一种隐藏的 HTML 标签（不会显示在文章页面中），可以通过博客程序 WordPress 的 Yoast SEO 等免费工具生成。在谷歌和其他搜索引擎的搜索结果中，会以可点击链接的形式展示这些标题标签。

在为 BBC 学院制作的一个视频中，前 BBC 阿拉伯语数字编辑马丁·阿瑟（Martin Asser）介绍了 BBC 是如何利用搜索引擎友好的标题来推广其在线文章并引导读者点击的。所谓搜索引擎友好的写作，不是用"'性'和'足球'这种经常被搜索的关键词"来引诱读者点击，而是在读者试图寻找相关内容时，"保证他们能在搜索结果中看到 BBC 网站的内容"（Asser，日期不明）。亚瑟还介绍了以搜索引擎优化原则为文章选取标题时应当遵循的四条黄金法则：

（1）标题中包含关键词。
（2）尽可能避免使用不明确的非关键词。
（3）把最重要的关键词放在最前面。
（4）在标题中加入适当的人名，常常可以是故事的主人公。

在这些法则中有一个重要变体，这被称为**传递球**（kicker）。一个传递球包含两个最重要的关键词，并由冒号分隔。这样的标题包含多个关键词，可以提高文章在搜索引擎中被找到的可能性。此外，标题不应超过 55 个字符。

这一原则背后的原因非常实际：搜索结果显示页面的空间是有限的。如果标题太长，浏览器只会显示标题的一部分。冗长的标题有可能被截断，而无法得到清晰展示。还有一个问题是，大部分浏览器采用比例字体，不同字母的宽度不同。也就是说，大写的 W 要比小写的 i 占据更大空间，所以你需要仔细斟酌标题中的字符。

谷歌有可能截断标题，所以要尽可能把最重要的关键词放在前面。在谷歌（英国）中搜索"基因编辑（CRISPR）与伦理"，搜索结果首页中包含三条来自《卫报》网站的内容，如图 7.2 所示。你可以发现，其中第三条结果是最没有表现力的。这些被截断的标题显示为：

Scientists genetically modify human embryos in ...
www.theguardian.com › Science › Genetics ▾
23 Apr 2015 - The Chinese group used a genome editing procedure called Crispr to ...
of human embryos, citing "grave concerns" over the ethics and safety.

Genome editing: how to modify genetic faults – and the human
www.theguardian.com › Science › Genetics ▾
2 Sep 2015 - Scientists believe that a debate should be had about the ethics of
modifying human embryos, ... **Crispr**: is it a good idea to 'upgrade' our DNA?

Scientists must be part of the ethical debate on human ...
www.theguardian.com › Opinion › Genetics ▾
21 Sep 2015 - If that were to be done, the **ethical** issues are more complex than they ...
medical applications justifying the use of **Crispr**/Cas9 in embryos".

图 7.2　在搜索结果中被截断的标题

来源：Google

"科学家必须是有关人类的……伦理讨论的一部分"这样的标题不会让读者愿意点击,因为它没能显示文章的主要内容。如果编辑没有使用"必须成为一部分"(must be part of the)这样的表达,他就能得到标题55个字符中35%的额外配额,并在其中添加关键词。此外我们还可以发现,虽然"CRISPR"是一个热词,但是在上述三个标题中,都没有直接出现被搜索的"CRISPR"一词。

除此之外,还要利用你所使用的内容管理系统中的分类和标签功能,来提高读者搜索这些词语时能够看到你文章的可能性:"分类是你通常关注的大的'领域',比如'拳击'或者'健康';而标签是文章中具体的人、地点或者组织,比如'糖尿病'。"(Bradshaw and Rohumaa,2013:36)

你要用分节标题、链接、项目符号和图片来丰富你的在线文章,还不能忘记给图片配上关键词丰富的图片说明。这可以帮助读者和搜索引擎浏览你的文章。特别是,西方读者常用F式阅读来浏览文章(Bradshaw and Rohumaa,2013):他们从左到右、从上到下地阅读,而且越读到后面,注意力就越分散。

分节标题也可以帮你提高文章的搜索排名。要在写作中使用HTML标签,其中 <h1> 表示文章标题,<h2> 表示分节标题。搜索引擎可以识别这些标签,并为标签中的文字分配更高的计算配比。在大多数内容管理系统中,只要你使用系统默认的标题格式,比如标题1和标题2,系统就会自动为你的文章添加HTML标签。文中的关键词格式也有关系,搜索引擎更重视加粗和斜体的关键词。但也不能为了追求关键词格式而破坏文章的可读性。如果没有人愿意读你的文章,那么搜索排名再高也毫无意义。

好消息是,你不需要把自己变成一名程序员就可以利用这些技术。有些工具,比如博客程序WordPress的Yoast SEO插件可以实现搜索引擎优化标题的插入,并允许你编辑一段将会在搜索结果页中显示的文章摘要。Yaost还可以分析你的标题长度和关键词质量,并评价它们与正文之间的关联程度。另外,Yaost还可以提供预览,让你在发布文章之前就能看到它将如何显示在搜索结果中。你可以在图7.3中看到这些功能。

最后的一点提示是:要重视搜索引擎友好的写作,但也一定不能过度追求。你首先是为人类读者写作的,搜索引擎只能排在第二位。反向链接数才是提高文章排名的最佳方法,所以最重要的是能写出与读者息息相关的引人入胜的文章,只有这样,他们才会分享、引用,贡献反向链接。

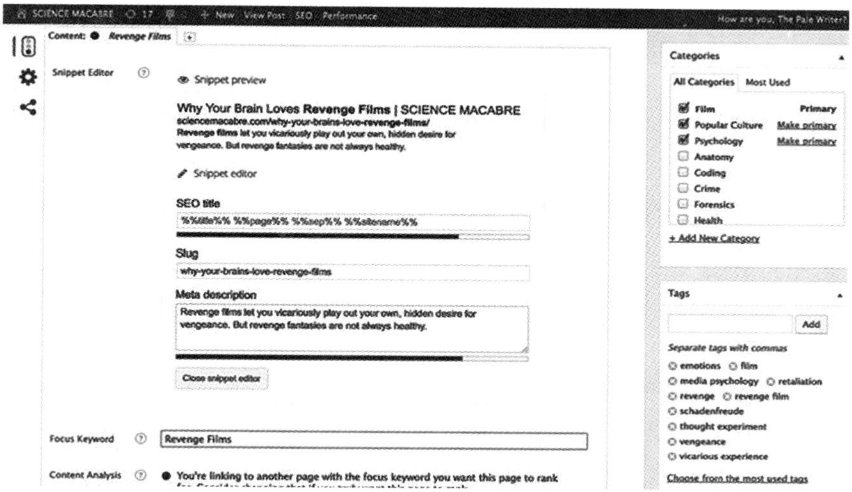

图 7.3　利用 Yaost SEO 插件设置关键词、搜索引擎优化标题和文章描述的页面

来源：sciencemacabre.com, 2016

获取图片

可视化是传达科学的有效方式之一。图表、地图、信息图、历史照片以及所有其他可嵌入的多媒体内容可以将长篇的文字分隔开来，并帮助你的读者简单地理解复杂问题。毕竟，人类是视觉动物。所以，你至少要为每一篇在线科学文章配备一张可以概括文章主旨、帮助读者在文章列表中做出选择的图片。克里斯汀·塞纳尼（Kristin Sainani）是斯坦福大学临床助理教授兼科学作者，她还讲授一门在线开放的科学写作课程（见网站链接部分），她认为：

> 我确信在网络写作中，你需要考虑的内容超越文章本身。你可以在文章中添加图片、互动图表、视频以及链接——在创作文章时，你需要考虑所有这些元素。

（Sainani，2016）

如果你向在线出版物投稿，编辑可能会选择一些图片来丰富你的文章，在这种情况下，他们会处理图片相关的问题。如果你是某个科学博客平台的一员，平台发布方通常会注册图片数据库账号并为你选取图片，或者允许你直接在数据库中选择图片并在博文中插入或引用。如果你是独立博主，就必须自行选取图片并在使用之前处理版权问题。网络上有如此多的图片，人们常常会复制一张图片，使用它并且注明来源。在大多数情况下，这都会构成侵权。

在不同国家，关于图片、视频、文字和音乐使用的版权法规各不相同，但是无论在哪里，一旦某人创作出了原创内容，这些内容就会受到版权保护。所以，在网络上获取图片并发布在博文中可能会将你卷入法律纠纷。社交媒体上的照片也是如此，你不能在未获得照片拍摄者授权的情况下随意使用它们。

> 在网络上传或交流的内容遵循与印刷、广播资源相同的版权法规。当人们将他拍摄的图片或视频上传到脸书，这并不意味着他们允许你在自己的网站、杂志或电视节目中再次使用这些内容。
> （Bradshaw and Rohumaa, 2013：154）

版权持有者有权决定你是否可以，以及以怎样的形式在你的网站或博客中使用他的图片。有些时候，直接向所有者提出申请并获得书面授权后，你就可以使用这些图片了。另一些情况下，他们会为自己的图片配上版权声明，告诉你可以怎样使用这些内容。比如说，这些声明会要求你不能修改图片内容、需要备注作者全名，或者不能用于商业用途。在像照片分享网站 Flickr 或 500px 这样的公共照片分享平台上，你通常都能看到这样的图片版权声明。但要知道，你不能随意使用没有版权声明的图片，它们同样受到作者版权的保护。

幸运的是，你可以在免版税数据库，或者公共领域图像（public domain image）中找到很多图片。你可以在专门的网站上搜索并下载这些图片（见网站链接部分）。"维基共享资源"（Wikimedia Commons）就是这样一个数据库。公共领域图像是指版权已经到期，或者由创作者公开授权的图片。使用公共领域图像无须注明作者，但注明作者无疑是一种良好的习惯。还要知道，部分公共领域图像只能在某些特定的国家使用。所以，一定要仔细阅读每一张图片的附加说明。

创作共用（Creative Commons，CC）许可更加自由，它允许图片创作者自行决定图片可以被怎样使用。比如，知识共享署名（CC BY）协议要求在使用时正确署名。更加严格的知识共享非商业性使用（CC BY-NC）协议禁止将图片用于商业目的。在包括照片分享网站 Flickr 在内的许多图片共享平台上，作者都会为图片配备某种创作共用协议。这让图片的使用更加轻松，因为这些协议会清楚地告诉你可以怎样使用这些内容。如果你遇到了没有协议但声明"版权所有"的图片，那么这张图片受到最严格的保护：如果版权所有者没有授权，你就不能使用该图片。在这种情况下，你需要联系版权所有者并与其洽谈使用规则。

一定不要在没有书面授权的情况下使用媒体公司的图片。大多数大型公司都有复杂的版权许可流程，要求你说明你文章的发行量有多大，你想要在多长时间内使用图片，你会在哪里展示你的文章，以及许多其他项目。这之后，会有专业的版权许可中心计算你需要为在上述前提下使用这些图片所支付的费用（通常是不小的数额）。

收费图片库是另一个选择。在注册后，它们通常会允许你在遵守一定规则的前提下下载并使用一定数量的图片。但是要知道，这些网站的注册费通常也很昂贵，所以你很可能还是希望选择创作共用协议图片或者公共领域图像。

有一些非常好的图片档案库，其中包含可以免费使用的图片及其描述（其中一部分附有 CC 协议）。这些档案库属于政府机构，也可以独立或归属于私人公司。创作共用搜索中心（Creative Commons search hub，见网站链接部分）就是其中之一，可以成为你为博文寻找配图的起点，你还能利用谷歌图片、免费版权图片网站 Pixabay、照片分享网站 Flickr、"维基共享资源"等常用平台来搜索其中的内容。甚至连"盖蒂图片社"（Getty Images）等收费图片库也在近期开始尝试允许人们在正确署名和非商业用途前提下，在网站和博客中免费使用它们的部分图片。美国国家航空航天局、欧洲航天局、美国国家医学图书馆、疾病控制和预防中心等政府机构的数据库也是重要的图片来源，其中包含大量图片，且通常为公共领域图像。国会图书馆（Library of Congress）汇总了一长串公共领域科学图片数据库的链接，包含农学、天文学、生物学、工程学、医学等各个领域（见网站链接部分）。

案例研究：对一篇科学新闻博文的分析

开始写作第一篇博客时，你要决定自己要讲一个什么故事，以及哪种形式最适合讲述这个故事。大多数科学博客文章都是短篇的科学新闻。事实上，这种简短、倒金字塔式的文章结构是容易上手的，"介绍最新科学论文的基本信息是许多科学博主的起步方式"（Jarreau，2014）。

在本节，我会分解一篇新闻形式的科学博客文章，并详细分析它的结构和语言。这可能不是一篇获奖科学博文，但确实有其优点。和印刷版的新闻故事一样，短篇新闻博客让读者获得对一项最新科学发现的大致印象，规律性地发布此类博文可以帮你快速丰富自己的博文列表。对于一个博客来说，没有什么比博主不能够经常发布新鲜内容更糟糕的了。这篇博文的题目是《长颈鹿基因组揭示四个狐立（且濒危的）物种》。作者是为《科学美国人》博客平台写作"灭绝倒计时"专栏的约翰·R. 普拉特（John R. Platt，2016）。在继续阅读之前，请尔先看看这篇博文（见网站链接部分）。

普拉特的文章结构非常简洁，特别是在文章的开头。他用毫无华丽辞藻的一句话开启全文。在影视剧本创作中，这种手法被称作"诱发事件"（虽然是非常抽象的）：

长颈鹿保育界刚刚被翻了个底朝天。

这句话创造了一点紧张氛围，并让读者想要知道到底发生了什么。接下来，普拉特按照新闻故事的写作风格，按倒序的方式从最重要的信息开始写起。第二段的第一句话概括了论文的发现：新的基因检测显示非洲长颈鹿并不属于同一物种。接着，普拉特简单扩展了上述信息并引用了几个重要数字：发现了几个物种（四个）以及现存长颈鹿的数量（90000 只）。更重要的是，他指出将这些长颈鹿划分为多个物种意味着每个单独的物种都濒临灭绝。普拉特又进一步将长颈鹿数量和非洲象数量进行对比，以此来证实自己的观点。在短短三句话中，普拉特回答了几个问题：有什么新发现，谁会受到影响（长颈鹿），以及这些发现意味着什么。

接下来，他不加任何转折，直接过渡到下一个段落。这一段同样是三句话。这一段中，普拉特具体指出了这些结论出现在哪篇论文中（他添加了论文链接），并且提供了次级信息，也就是几个亚种的存在。在这一段的结尾，他用一句话呼应了前面的导语，回答了读者之前提出的疑问：有什么是和从前不同的？

人们之前认为长颈鹿是一个单一的物种，并且包括多达 11 个亚种，这些亚种中的一部分已经受到争议。

接下来，普拉特列举了新发现的几个非洲长颈鹿物种和亚种，对于普通读者来说，这一部分可能没什么意思。到此为止，这篇博文还缺少来自论文作者和 / 或其他研究者的评论意见。

下一段的核心观点是长颈鹿比人们之前以为的更加濒危，并先后间接和直接引用了动物保护学家芬尼希（Fennessy）在新闻通稿中的话。在写作自己的博文时，这个位置是你插入受访者观点（而不是新闻通稿内容）的最后位置。在这篇文章中，引用部分补充了几个具体数字，这位动物保护主义者还指出了这些长颈鹿物种／亚种中面临最严峻威胁的几个。由于直接引语有 47 个单词长，这一段成为了全文较长的一段。

下一段更短一些，只包含三个短句，又提供了几个来自新闻通稿的数字。这可能是全文最不重要的一段，因为普拉特之前已经提到长颈鹿四个物种中有两个是濒危的。

之后，他用一个推测性问题来结束这篇文章，也就是这些发现是否有助于相关的动物保护活动。虽然这一段本身逻辑通顺，但在风格上似乎有些奇怪，因为在最后一句话中，忽然出现的代词"我们"展示出了浓厚的个人化风格：

> 现在我们获得了比预期更丰富的认识，从长远来看这一定是有益的。

整体来讲，这篇博文给人的印象是，它几乎完全建立在链接中新闻通稿的基础之上。看起来，普拉特没有对论文作者或其他专家进行任何采访（至少在文章中看不出任何采访的迹象）。即便如此，这几乎是一篇可以在报纸上发表的短文，虽然它存在以下问题：

- 没有提到完成这项工作的研究者是谁，他们的工作地点在哪里。
- 没有对"最新的基因检测"进行具体说明。
- 没有提到科学家是如何进行这项研究的。
- 作者似乎没有进行采访。
- 长颈鹿濒临灭绝这一点被强调了太多次。
- 结尾是主观性的推断。

作为一个简化的案例，这篇博文正是你可以尝试的在线写作类型，但其中还有可以改进之处。我选它作为例子是因为它的简洁性，而且容易模仿。按照这篇文章的基本结构，你也可以利用新闻通稿创作出自己的第一篇博文。但是这样的文章是缺乏新闻价值的（它只是新闻通稿的缩减版），所以从长远来看这很难让你的读者保持兴趣。我希望你们可以采用类似的结构，同时尽量补足前面提到的不足之处，从而创作出自己的模式。最后，你可以在结尾处呼应文章开头，或者试着添加更有价值的结论。

案例研究：对一篇获奖网络科学长文的分析

在线科学写作不只是为了获取人们的短时间关注。正如你将在这一节看到的，长篇新闻报道也可以很有效果。就像克里斯汀·塞纳尼指出的那样，你不需要每一次都遵循固定的语言风格和阅读时长限制：

> 网络文章没有字数限制，所以你可以写作比印刷版文章更长、更深入的文章。"科学写作"在线课程（MOOC）告诉我，你文章的阅读时长不应该超过 6 分钟，否则你的读者就会丧失注意力。我没有遵循这条经验法则，但我依旧有很多读者。我认为我们不应该假设网络上的所有读者都只能短时间集中注意力。

（Sainani，2016）

只要你能留住读者的注意力，长篇网络新闻也可以大获成功。单靠陈述事实是做不到这一点的，你需要将引人入胜的故事与科学事实编织在一起。菲尔·麦肯纳（Phil McKenna）的长篇在线科学文章《起义：正发生在你身边的环境丑闻》（Uprising: The Environmental Scandal That's Happening Right Beneath Your Feet）（McKenna，2013）是一个很好的示例。麦肯纳的这篇文章获得了 2013 年美国科学促进会科维理科学奖（网络组）。文章有 6500 个词，这个长度对于网络科学故事来讲几乎是无法想象的。麦肯纳在这篇文章中讲述了天然气探测员鲍勃·阿克利（Bob Ackley）的故事，他曾经为大型天然气公司工作，但最终成为了一名环保活动者。现在，阿克利正在与他曾经服务过的公司进行斗争；在这个过程中，他最终和波士顿大学教授纳森·菲利普斯（Nathan Phillips）结成了同盟。他们共同调查天然气泄漏及其对环境和天然气公司议程的危害。

检查一下这篇文章的视觉结构，我们马上可以发现它的主体元素是文本本身。文中还包含 16 张图片，其中大部分都是新闻报道风格的照片。其中也包含两张展示波士顿天然气泄漏位置分布的信息图，以及一张展示世界天然气产量预测的图片。此外，麦肯纳还插入了一个视频。除此之外，文中不包含更多的多媒体内容，甚至没有添加被引用文章的链接。而且，文章内容也没有经过特别的搜索引擎优化。

至于文字结构，文中段落的长度从 50 个词到 120 个词不等，其中较短的段落更多出现在文章的开头和结尾部分。较长一些的段落，比如那些介绍背景信息的段落，主要位于文章中部。麦肯纳用了大约 6 个分节标题，而且是能够吸引读者注意力的生动表达，对文章进行了分割。但与传统的分节标题不同，它们是最精彩的部分，而不是能够概括段落大意的真正的分节标题。总体上，文章共包含 95 个段落（包括分节标题），其中最短的只包含一个句子。

在如此多的段落之间，作者需要进行平滑的过渡，而他采用了一种富有描述性的、生动的写作方式。比如，麦肯纳描写了鲍勃·阿克利生涯中的一个关键时刻：

> 一棵挪威槭树站在路边一片已经死掉的草地中间。这棵树自己也快死了，露出头顶上光秃秃的枝干。空气中飘荡着烂鸡蛋的腐臭味——硫醇，一种为了方便检测泄漏而添加在天然气中的化合物。

在这一刻，阿克利学会了如何通过观察环境来检测天然气泄漏。从文章写作的角度看，麦肯纳选取了一种电影式或场景式的写法。就像运用于电影时一样，这种方式是他获得读者注意力并驱动他们继续阅读的关键因素。麦肯纳向我解释了他为什么要用这种方式来讲述这个关于天然气泄漏及其对气候变化的影响的故事。

> 我的编辑丹·鲍姆（Dan Baum）让我一定要把这个故事看成电影中的场景，并且要格外关注鲍勃·阿克利故事中的关键转折点。比如说，有一个转折点是鲍勃第一次发现可以通过死去的树和草地来寻找泄漏的时刻。所以，我会努力抓住这个点去做深入的探究，把这个关键的转折点写成一个场景。我采访工作中的很大一部分就是去反复与两位主角沟通，请他们把那些关键时刻里的细节讲给我听。
>
> （McKenna，2016）

麦肯纳写作描述性段落的方式会让人想起虚构性的写作，后者也常常包含人物、行动和对话。他的写作很少是被动的，他会让故事中的人物来推动故事的发展。为了达到这个目的，麦肯纳实践了一个著名的写作原则：展示而非讲述。比如说，他本可以用一个漂亮的句子来介绍纳森·菲利普斯，说他是一位环境学教授，也是一位名副其实的理想主义者。但他没有这样做，而是用下面这一整个段落来描述菲利普斯，让读者在他的行动中了解他的性格：

菲利普斯迷恋自己的工作，并且尝试用尽一切方法来降低自己生活中的碳排放。每天早上，他骑车接近 15 千米去上班，有时还会把儿子学校里没有吃掉的食物运到当地的食品慈善机构。到达校园里的办公楼之后，他会爬四层楼到自己的办公室。这间办公室里有一辆连接着发电机的单车，他缓慢而稳定地踏动踏板，为办公室照明，为自己的笔记本电脑供电。在他的桌子旁边还有一台手摇发电机，他有时会用它给自己的手机充电。

很明显，要想获得如此多关于受访者的个性化信息，最好的方法就是去观察他的实际生活。这又可以归结到麦肯纳当时的编辑丹·鲍姆告诉过他的那些话中。麦肯纳指出，一个有理想的科学作者一定要是一个好的观察者：

尽你所能去观察。尽你所能去记录。要一边采访一边拍照——不是去拍那些可能出现在文章中的照片，而是你在第二天或者接下来的几个星期中，可以一边写作一边回顾的照片。

（McKenna，2016）

最重要的，麦肯纳向我介绍了造就这篇获奖作品的关键要素：他发现在这些有趣的人物故事背后，他能够讲述一个关于天然气泄漏如何引发气候变化的更大的科学故事；他有两条能够在故事中段交汇起来的人物故事线；就像虚构故事中的一样，他的故事中也有转变和冲突。

总　结

在某种程度上，开启在线科学写作生涯要比涉足印刷出版行业容易得多。在已有博客上发表第一篇特邀博文可以让你的写作生涯获益颇多，因为这是你获得大量曝光的好机会。但是与此同时，在线写作的稿费更低，许多发表特邀博文的机会甚至是无偿的。好在许多大型出版商都建立了自己的科学博客平台，将知名科学博主聚集在一起进行写作。这类机会通常是有偿的，但是依旧比印刷出版物的稿费低。另外，要想进入这样的博客平台，你必须证明自己能够写作特定主题的文章，并且知道自己是在为谁写作。要想做到这一点，最好的方法就是在深思熟虑的基础上开启自己的博客。

要想做好科学博客，找到未被其他人占领的独特定位是个好主意。而且，你还需要弄清楚自己是在为谁而写作。在网络上，确实有一些很有才华的博学者，但作为新人，你最好还是要缩窄自己的写作范围，而你的读者可以帮助你逐渐进步。网上写作和印刷出版物写作很不一样：你必须抓住读者转瞬即逝的注意力。如果你没能直入主题地吸引住他们，他们会马上放弃你的文章。你的文字，包括标题，要能够被搜索引擎检索到。在线写作的风格和语气常常是非正式的，即便科学文章也要如此。那些经过验证的叙事结构和转折方法可以帮你提高文章的可读性。

还有一些需要注意的法律问题。直接使用其他网站或出版物中的图片早晚会给你带来官司。如果感到不确定，一定要向拥有版权的作者或公司申请许可。别忘了还有最重要的，将印刷出版的内容照搬到网上是远远不够的。一定要按照在线媒体的方式对内容重新加工，你需要添加视频并且充分利用多媒体、互动式工具等各种可能的技术手段，只有这样，你才能吸引到读者，并且更好地传达复杂科学问题。

思考题

- 在结构、风格和主题上，网络文章与印刷文章有哪些区别？
- 加入科学博客平台的一般方式是什么？
- 你该怎样安排科学博客文章的段落结构？包括段落长度、主题和博文长度。
- 在网络文章中，你可以怎样插入不重要的背景信息？
- 如何知道是谁在读你的科学博客？
- 在开启自己的科学博客之前，你需要做哪些计划？
- 在哪些情况下，你可以在博文中使用网络图片？
- 如何组织短篇科学新闻的文章结构？

练习题

- 阅读菲尔·麦肯纳2013年发表的《起义：正发生在你身边的环境丑闻》一文，找到并写出文中的关键转折点。
- 做一份科学博客计划。列一份话题清单，再将其缩减，直至找到自己的定位。找到类似定位的已有博客，并描述你的潜在读者。
- 完善上一题中的计划，补充你的更新频率、文章类型及宣传推广方案。
- 选择三篇近期发表的印刷版科学文章，按照搜索引擎优化方法改写它们的标题。

- 按照搜索引擎优化方法，改写上述三篇文章的导语。
- 选择一篇近期的新闻通稿，写一篇 400 词左右的博客文章。注意避免案例中提到的不足之处。
- 为上一题中的博客文章选取合适的配图。

阅读清单

Blum, D., Knudson, M. and Herig, R.M.（eds.）（2006）*A Field Guide for Science Writers*. 2nd edition. New York: Oxford University Press

Bradshaw, P. and Rohumaa, L.（2013）Writing for the web, In Bradshaw, P. and Rohumaa, L.（eds.）*The Online Journalism Handbook*. Harlow: Pearson, 29–46

Bradshaw, P. and Rohumaa, L.（2013）How to blog, In Bradshaw, P. and Rohumaa, L.（eds.）*The Online Journalism Handbook*. Harlow: Pearson, 73–91

Reid, A.（2014）9 ways to hone a headline to perfection, *Journalism.co.u k* [Online] Available at: www.journalism.co.uk/news/9-ways-to-hone-the-perfect-headline/ s2/a555848/ [date accessed 23 February 2016]

Wilcox, C., Brookshire, B. and Goldman, J.G.（2016）*Science Blogging: The Essential Guide*. New Haven, CT: Yale University Press

网站链接

BBC Academy search engine optimisation（SEO): www.bbc.co.uk/academy/journalism/article/art20130702112133608

Buzzfeed, Using Triggers to Know What the ?$# is Going on at Buzzfeed（SlideShare presentation by Jane Kelly): www.slideshare.net/dominodatalab/realtime-learningusing-triggers-to-know-what-the-is-going-on

Creative Commons search hub: https://search.creativecommons.org/

Daniel Bailey, Like Explorer: www.likeexplorer.com

The *Guardian* science blog network: www.theguardian.com/science/series/scienceblog-network

Library of Congress, Government Resources for Science Images and Video: www.loc.gov/rr/scitech/selected-internet/imagesources.html

National Geographic blog network: www.nationalgeographic.com/ng-blogs/

The Open Network, Science Blogging–The Resources: www.theopennotebook. com/scienceblogging-essential-guide/resources

Poynter News University, Online Media Law: www.newsu.org/courses/online-medialaw-basics-bloggers-and-other-publish

ScienceSeeker（blog aggregator): www.scienceseeker.org

Stanford University, Writing in the Sciences（self-paced MOOC): https://lagunita. stanford. edu/courses/Medicine/SciWrite-SP/SelfPaced/

参考文献

Asser, M.（no date）Search engine optimisation（SEO), *BBC Academy* [Online Video] Available at: www.bbc.co.uk/academy/journalism/article/art20130702112133608 [date accessed 23 February 2016]

Bradshaw, P. and Rohumaa, L.（2013）*The Online Journalism Handbook*. Harlow: Pearson

Brainard, C.（2015）Personal phone conversation on 26 June 2015

Boyle, A.（2006）Popular audiences on the web, In Blum, D., Knudson, M. and Henig, R.M.（eds.）*A Field Guide for Science Writers*. 2nd edition. New York: Oxford University Press, 90–96

Burnett, D.（2016）Personal Skype conversation on 3 March 2016

Etchells, P.（2015）Calling all paleo bloggers! Do you want to write for the Guardian science blog network? *The Guardian* [Online] Available at: www.theguardian.com/science/blog/2015/oct/02/calling-all-palaeo-bloggers-do-you-want-to-writefor-the-guardian-science-blog-network [date accessed 30 November 2015]

Hernandez, R.（2014）Personal Skype conversation on 15 October 2014

Jarreau, P.（2014）Blogging tips for science bloggers, from science bloggers, *From the Lab Bench Blog*（*Scilogs.com*）[Online] Available at: www.fromthelabbench.com/ blogging-tips-for-science-bloggers-from-science-bloggers/ [date accessed 10 December 2016]

Kouper, I.（2010）Science blogs and public engagement with science: Practices, challenges, and opportunities, *Journal of Science Communication*, vol. 9, no. 1 [Online] Available at: www.researchgate.net/profile/Inna_Kouper/publication/44279727_ Science_blogs_and_public_engagement_with_science_practices_challenges_and_opportunities/links/00b7d51e821ea99cbe000000.pdf [date accessed 27 February 2016]

McKenna, P.（2016）Personal phone conversation on 18 February 2016

McKenna, P.（2013）Uprising: The environmental scandal that's happening right beneath your feet, *Matter*（*Medium.com)* [Online] Available at: https://medium. com/matter/theenvironmental-scandal-thats-happening-right-beneath-your-feet406a9f0d4166#.qly9j41ya [date accessed 12 February 2016]

Marsh, D. (2014) Secrets of great headline writing, *The Guardian* [Online] Available at: www.theguardian.com/commentisfree/2014/jan/09/secrets-great-headlinewriting [date accessed 10 February 2016]

Oakes, K. (2014) How to create a successful science blog, *The Guardian* [Online] Available at: www.theguardian.com/science/2014/apr/17/science-blog-wellcometrust-writing-prize [date accessed 12 February 2016]

Oakes, K. (2016) Personal phone conversation on 23 March 2016

Platt, J.R. (2016) Giraffe genetics reveal four separate (and threatened) species, *Extinction Countdown Blog* (*Scientific American*) [Online] Available at: http://blogs.scientificamerican.com/extinction-countdown/giraffe-genetics/ [date accessed 10 September 2016]

Rogers, K. (2016) Why is voicemail still a thing? *Motherboard* [Online] Available at: http://motherboard.vice.com/en_uk/read/why-is-voicemail-still-a-thing-technology-outdated-messaging [date accessed 12 February 2016]

Sainani, K.L. (2016) Personal email conversation on 3 March 2016

Statista (2016) Worldwide market share of leading search engines from January 2010 to October 2015, *Statista.com* [Online] Available at: www.statista. com/statistics/216573/worldwide-market-share-of-search-engines/ [date accessed 23 February 2016]

Weatherhead, R. (2014) Say it quick, say it well–The attention span of a modern internet consumer, *The Guardian* [Online] Available at: www.theguardian.com/ media-network/media-network-blog/2012/mar/19/attention-span-internet-consumer [date accessed 20 February 2016]

Wilcox (2016) Personal Skype conversation on 25 February 2016

第八章
科学记者与讲故事

在本章你将了解到：

在新闻中讲故事的技巧 / 科学写作中的叙事 / 科学故事的种类 / 在科学故事中使用文学技巧 / 讲述科学故事的三幕式结构 / 识别科学写作中的叙事 / 案例研究：有关科学中讲故事的辩论 / 案例研究：理解长篇故事

引　言

写有关科学的报道有很多优点。你可能永远不会缺少创意和原始素材，因为有大量的故事等着被传播。同样，科学也可能会吸引住读者。但是科学也是复杂的，并且通常难以理解，这会吓跑很多读者。实际上，通过简单的枚举事实而不叙述它们之间关联的方式，可以非常容易地写出干瘪且枯燥的科学故事。如果那不是你想要的，叙事结构和故事能够帮你对科学进行报道，并且让读者理解哪怕是非常复杂的话题。

"讲故事是所有艺术中最诱人的。"蒂姆·雷德福在为维康基金会制作的一个视频中这样说（*Guardian*，2013）。与难懂的科学相反的是，讲故事在传达事实方面似乎是一个富有创造性但含混不清且通常具有随机性的机制。但是一个好的故事绝非偶然。相反，它利用了你可以学习的技巧和工具。这也是本章的第一部分对优秀故事的基本要素进行入门介绍的原因，比如角色、对话和行动。每一个好的角色都有他自己的故事。在最基本的形式中，一个故事应该至少包括一个想实现某种目标的主人公以及试图阻止她这样做的反派力量（有他们自己故事的反动者）。这个程式有时候可以完美地用在科学家身上。

> 一个好的科学故事跟任何其他好的故事一样：它有张力和运动；有读者可以关联起来的冲突；通常是关于非常想要某个东西的某个人的，并且这个人在获得这个东西的过程中会面临着阻碍。古生物学家想找到什么或证明什么，为什么呢？在做的过程中有什么阻碍？
>
> （Dobbs，2013）

优秀的故事还可以传递和激发情感。有很多技巧可以达到这个目的，但是总而言之，让你的角色自己通过行动或者陈述来表达出情感要远好于你来告诉读者。如果你可以把事实与这些情感关联起来，受众就非常有可能记住这些事实。实际上，很多获得普利策奖的报道总是有意识地利用情感。

本书的第二部分延续了这种思路，并且表明这种情感和优秀的叙事通常可以通过大量的报道来发现。经过认真研究后撰写出来的报道有能力说服读者，无论是否存在事实性错误。因而，毫不奇怪的是，科学家经常严厉地批评讲故事的人对科学进行了不精确的描述，尽管他们讲述了吸引人的故事。同样，你还可以发现一些你能用来塑造你的故事的基本模式。

叙事新闻大量地使用了文学中丰富的结构性和语言因素。所以你会在本章的一个部分找到你可以用哪些文学手法来传递科学，比如隐喻。三幕式结构是可以追溯到古希腊的一种叙事构成要素；致力于这个结构的部分阐明了你该如何对其进行细分，并且把它运用到科学写作中。那个部分还含有能帮助你找到故事的一些工具。

一旦写完了故事，你可能需要对叙事合理性进行检查。接下来的一部分指出了你可以在报道中识别关键叙事要素的一系列标准。其中一项技术会帮助你在阅读有关科学的内容时改善你的文学素养。倒数第二部分是一个科学家和一个视觉新闻教授对科学家是否应该利用讲故事的方式来传播成果的辩论。

最后，得过奖的科学记者戴维·多布斯（David Dobbs）讨论了他最优秀的作品之一，并且解释了他在撰写有关抑郁症的一篇富有情感的科学故事时是如何利用了古典音乐作品的结构的。他解释了如何改变节奏，如何把背景信息无缝地编排进你的叙事，以及如何在自己的报道中应对众多的叙事和主人公。

在新闻中讲故事的技巧

在新闻故事中利用小说写作的技巧乍看起来好像有点矛盾。但是故事有助于你把复杂的科学变得更真实。在每一个优秀故事的深处都隐藏着情感。就像你在本章会看到的那样,这对于获得普利策奖的报道也不例外。实际上,让受众感受到一些东西是讲故事的基本要求,澳大利亚《公报》(*The Bulletin*)杂志的前主编加里·林内尔(Garry Linnell)这样说道(Linnell,2014)。林内尔认为记者应该从小说作家那里学点东西:

> 优秀故事的内心深处隐藏着的是优秀的报道:对主题细微差别的把握,在对话方面的认真聆听。我们每天都在读一些东西,有时候我们记者在引述方面做得很糟糕,写一些毫无意义的长篇大论。我们的记者要变得更好——他们需要像小说家一样有一双善于聆听的耳朵。
>
> (Linnell,2014:113-114)

实际上,小说家和其他非虚构作家在讲述叙事故事时利用的就是角色、对话、冲突以及非常优美的散文。借用小说作家的文学手法的观点并不"新颖":如今叙事新闻的先驱之一是可以追溯到 20 世纪 60 年代的新新闻主义(New Journalism)。像汤姆·沃尔夫(Tom Wolfe)、亨特·S. 汤普森(Hunter S. Thompson)和盖伊·特立斯(Gay Talese)这样的著名作家从主观性的看法上倡导利用文学手法并讲述有深度的故事:

> 像沃尔夫认为的那样,通过叙事性写作和通过利用小说作家的技巧中的一些要素,新新闻主义在讲故事的手法上取得了成功。这些工具包括对行动得以开展的个体、对话、场景设置和悬念的强调。它把"展示而非讲述"的机制发挥到了极致。
>
> (Mencher,2011b:153)

曼切尔枚举了好的非虚构写作的三个要素:角色、行动和对话。你还记得前一章菲尔·麦肯纳有关天然气探测员的故事吗?它就含有这三种要素。另外一个重要的要素是情节(见第五章)。你的故事情节决定了事件展开的顺序。一个经典的故事可以对单一的主人公进行描述,她在追求一个目标,并且沿途遇到了阻止她达到那个目标的障碍(冲突);此外,一个故事需要有一个高潮，表明主人公是否实现了目标。无论如何，你提出的任何问题都要解决，因为绝大多数读者都不会对未解决的故事产生共鸣。

一个相当公式化的故事结构是单一神话或英雄之旅，就像约瑟夫·坎贝尔（Joseph Campbell）所界定的那样：主人公开始了一项探索，遇到了障碍，控制了一项重大危机，结果得以改变和改善。有时候，没有这样的结构也是合适的。并不是所有的事件都适合用讲故事的手法；有些时候一个新闻故事只是一个新闻故事。在那种情况下，叙事写作就不合适，相反你应该坚持用倒金字塔结构，而非曼切尔提出的结构（Mencher，2011a）。

大多数作者都认同（包括本书的受访者）时间顺序法通常对于作品的叙事是有效的。在《纽约客》的一篇文章中，享有盛名的记者约翰·麦克非（John McPhee，2013）认为，'在时序与主题之间经常存在着巨大的张力，一般来说获胜的是时间顺序"；他还补充说，这并不总是可取的。顺带提一句，时间顺序并不必然意味着你需要完全地按照现实中的顺序来讲述你的故事。当你利用像 AB 这样在故事和情境之间交替的结构时，要保证在恰当的时候离开主题。"好的讲故事者通常会在有意思的行动暂停时离开主题，而不是在行动结束之时。"（Kramer，1995）

好的讲故事者还会做的事情是激发起读者的情绪。实际上，最成功的新闻故事会利用人们的情绪。在一项研究中，卡琳·沃尔-乔根森（Karin Wahl-Jorgensen，2013）认真检查了 101 篇获得普利策奖的文章对情感性的使用。她发现记者们通过展示情感以让读者参与进来，尤其是在文章的导语中，但是所表达的情感并不是他们自己的：

> 即便记者受限于他们自己的情感表达，新闻体裁仍然因为一个巧妙的花招而充满了情感：记者依赖于把情绪劳动外包给非记者——故事的主人公及其他信源，他们是①在公众中有表达情感的权限的人，以及②在不告诉他们本人的情况下，记者可以非常权威地描述他们的情感的人。
>
> （Wahl-Jorgensen，2013：130）

情感性和客观性并不互相排斥。相反，它们彼此补充。客观的品质，比如精确性、平衡、公平性和不偏不倚都不足以产生获奖的报道（Wahl-Jorgensen，2013）。

在她研究的 101 篇各种体裁的报道中（特写、解释性的、国家的、国内的、公共服务、调查性的），轶事性的导语超过了 60%，而倒金字塔式的导语不到 20%。当特别考察特写体裁时，在所考察的特写文章中，占主导类型的导语是轶事性导语，比例几乎达到 94%（Wahl-Jorgensen，2013）。她发现在大多数情况下利用了消极情绪的导语，这完美地符合了新闻价值（见第二章）。

最后，沃尔－乔根森（Wahl-Jorgensen，2013）认为，情感并不必然要明确地表达出来，虽然这是最常见的形式。

有时候，记者可以利用预设前提（比如，儿童的死亡总是悲剧性的）来在他们的受众中激发出情感反应。记者几乎从不表达他们自己的情感，但是却会让主人公来谈论自己的情感，他们称之为**情感外包**（outsourcing of emotions）。这种能激发出情感的讲故事的能力不仅是有重要价值的，而且"还明显地被视为选择获奖报道的标准"（Wahl-Jorgensen，2013：141）。

除了可以用情感来填充你的叙事之外，你还可以利用下面的讲故事的技巧来提升你的叙事（Lillie，2016）：

- **从中间开始**：从一个与故事相关的重要时刻开始，确保它还有某种行动。
- **该结束时就结束**：在起初的问题走到终结时，文章也应该结束了，否则你的受众会感到厌烦。
- **不要泄露结尾**：即便你迫切地想告诉读者你的故事会走向何方，也不要告诉他们。这是保持悬念的关键。
- **提前安排好事情**：你故事中重要的要素，尤其是有关科学概念的，应该提前进行解释，以便你的受众知道它们在行动中有什么作用。
- **知道叙事弧度是什么**：知道你的角色如何随着故事的进程发生变化（即便你不会透露给你的受众）。
- **确保我们知道你的感受**：你不能强迫受众与可能干瘪且无聊的概念产生共情，但是你可以向他们表明你对这些概念有什么感受，它们为何对你很重要，这反过来会增加他们的兴趣。

科学写作中的叙事

叙事新闻（也被称为文学新闻或讲故事新闻）是叙事性非虚构写作的一个子集，比如传记或百科全书。在讨论科学中的叙事之前，我会简要地概括并界定什么是叙事。很多人把叙事与情节搞混了，但是情节只是一个事件的时间顺序或因果顺序；因而，它是一个好的叙事的众多要素之一。其他要素是角色、行动、对话、场景和叙事者及其声音。叙事新闻利用了文学技巧，但是仍然遵循新闻的核心价值，比如精确性（不必然具有简洁性）和清晰性。作为叙事记者，你既可以通过观察采集事实，又可以通过跟证人交流或者查询已经发生过的事件的文件来对它们进行重构。实际上，著名的叙事记者，比如约翰·麦克非和马克·克莱默（Mark Kramer），认为大量的报道是好的叙事的中心。这通常涉及要在受访者身上花大量的时间，不是用在采访他们上，而是用在他们的自然生境之中。在科学上，这意味着你需要访问科学家的实验室，跟随他们做野外考察，参加会议和集会，或者去他们家里拜访。

这正是德国数字科学杂志《物质》（*Substanz*）的联合主编丹尼斯·迪尔巴（Denis Dilba）和乔治·达姆（Georg Dahm）鼓励他们的作者所做的：完全沉浸在一个话题之中。迪尔巴告诉我说，《物质》的作者撰写报道的方法是：

> 我们的方法是展示科学是如何运作的。我们认为绝大多数出版物并不会那样做。显然，这也取决于文章的长度：在网络上一篇 600—800 词的文章最多会火半个小时，然后另一篇文章就会替代它。网络读者的点击量是最重要的。但是大多数报告并未把科学按照它原本的模样呈现为一个长期的过程。相反，科学通常被描述为一个科学家利用某种魔法突然解决了一个科学问题。这种方法把也许要花费十年或者更多时间的负责的科学发展过程压缩了。那些报道遗漏了研究通常涉及汗水、泪水、大量团队工作、给人打电话、寻找灵感和动机。我们尝试的是聚焦于这个过程并同时凸显位于这背后的人。我们想从科学家那里了解到，你实际上做的是什么？是什么让你对这个研究话题如此着迷以至于你决定把生命的最后十年都用在研究上？这些研究人员通常甚至不知道他们的结果是否有助于治疗一种疾病。找到是什么激励了他们，这应该是每个记者的能力的一部分，对我们来说也是重要的。

> （Dilba，2015）

迪尔巴补充说，《物质》着眼于具有叙事潜质的故事，并且认为这是该出版物的长处。但是只有一个来自实验室的主人公是不能成为一个好故事的。他们试图从很多视角彻底地报道复杂的话题，通过迷人的角色和叙事把事实和事件关联起来，并且采用生动的风格来传播科学。理想状况下，读者不会意识到他们了解了科学；相反，他们却在阅读一个扣人心弦的叙事的过程中了解了科学（Dilba，2015）。

　　与信息性新闻相反，叙事新闻传达了触动人的信息，这不是你在网络上阅读到的短小的豆腐块科学的情况。虽然后者也迷人且有趣，但是它们传递的信息不打动人。倒金字塔结构也是一样，就像前博客编辑博拉·兹夫科维奇（Bora Zivkovic）在《科学美国人》的一篇博文中写的那样：

　　　　与读者的专注度在读完标题后会迅速丧失的倒金字塔式文章不一样，叙事保持住了读者的焦点（在读者阅读的过程中甚至可能会增加专注）……读者实际上会学习和保留住新知识，而不仅仅是暂时性地被告知。

（Zivkovic，2011）

　　你还可以利用"与一种困惑斗争的科学家""与时间赛跑"或者"与另外一个科研机构赛跑"这样的叙事方略（Hornmoen，2006：176）。但是这种叙事要求有终结、有解决方案，有时候所描述的科学进展并不会提供这样的方案。结果，很多科学记者转向了"半叙事的且不太吸引人的形式"（Hornmoen，2006：176）。实际上，你通常可以利用叙事要素以及技术来收尾，而不是写出全部的叙事，因为并不是每个主题都适合讲故事。

　　　　用叙事场景作为开始相当常见，接着是致力于讨论的一个更扩展性的部分。在某些情况下，这个部分的特征是，在文章回到之前的叙事以收尾之前，试图描述和解释当前的研究及其发现，从而带了一种循环的结构。

（Hornmoen，2006：174）

　　科学作家不愿意撰写全部叙事的另一个原因是这种故事通常会招致批评。有些科学家抱怨说叙事冲淡了科学的复杂性，并且导致对重要事实和情境的遗漏。你应该谨记的一个注意事项是叙事的说服性力量。如达尔斯多姆（Dahlstrom，2014）指出的那样，读者会把叙事本身视为有效论点，不论是否有支持性证据："叙事在本质上是说服性的。因为它们描述了一种独特的经历而非一般性真理，叙事没有必要去证实它们主张的精确性；故事本身呈现了这种主张"（Dahlstrom，2014：13616）。除此之外，叙事的结果会让读者相信，事件在逻辑上存在着不给反面观点留下空间的因果顺序，因为叙事过程给人留下的印象是，叙事的结论是必然的，而科学事实要更加复杂（Dahlstrom，2014）。

科学中的叙事是不同的。科学家阅读量很大，他们习惯于批评彼此的工作。在 2016 年《纽约客》一篇题为《同中有异》（Same but Different）的文章中，医生悉达多·穆克吉（Siddhartha Mukherjee）在试图表明环境如何改变了基因时写到了优生学和双胞胎。穆克吉的文章受到了知名科学家的大量批评，包括《当代生物学》（*Current Biology*）的高级编辑弗洛里安·马德斯拜奇（Florian Maderspacher），他给《纽约客》的编辑写了一封信，其中纠正了穆克吉对基因调控的歪曲。有些科学家还指出穆克吉的文学手法，比如隐喻，是不切实际的。科学作家泰贝莎·保莱奇（Tabitha Powledge）向穆克吉发起了挑战，并且明确表达了她认为什么是文学科学写作："新闻写作扭曲且削弱了解释性散文。叙事科学／医学新闻是时髦的——并且在一些出版物中是必须的——这一事实并不会使它成为正确的也不会使它成为具有信息性的。"（Powledge，2016）穆克吉后来补充说，他起初增加了其他基因调控的一部分，但是却成为编辑过程的牺牲品。编辑上的限制，加之缺乏时间全面地报道和研究你的话题，这些都是你作为记者确实需要面对的一些主要问题。当缩减复杂的科学概念时，你总是要面临过度简化的风险。最重要的是，你是否以及如何利用叙事来讲述科学故事取决于故事本身。然而，如果你所要做的就是解释性写作，那么可能就没有人愿意去阅读它，就像澳大利亚科学媒介中心（Australian Science Media Centre）的首席执行官苏珊娜·艾洛特（Susannah Eliott）所指出的那样：

> 认为讲故事导致了科学的傻瓜化没错，但相反的是，如果没有好的叙事的话，即便有价值的故事也是没人去读的。所以，如果你愿意让科学沉沦为只有科学极客去阅读的那种有价值但无聊的文章的话，那也没关系。对此给出硬性规定是困难的，因为它很大程度上取决于故事类型。显然有些话题需要谨慎地应对，并且讲故事的因素更多的是关于你用来产生叙事的情境的——有一个有意思的叙事并不总是要令人惊呼、诡异或具有幽默感。

（Eliott，2016）

科学故事的种类

如何讲述一个故事还取决于你报道的是什么类型的科学故事。在大多数情况下，似乎科学作家会考虑两种类型：有关科学进展的轻松、愉快的故事和提供更多背景的深度调查性的故事。鉴于此，在 2010 年的一次采访中，得过奖的科学记者戴维·多布斯对两种类型的科学报道进行了区分。第一是"太酷了的"故事（他后来表述为"灵便的"故事）：可以激发读者情感的有关新的科学进展的解释性故事（Schultz，2010）。

多布斯把第二种调查性类别的科学故事称为"听起来很有趣的"故事，随后又表述为"可疑的"故事（Schultz，2010）：这些是批判性故事，它不仅根据论文中的结果和科学家的主张，而且要考察其背后的情景，更深地发掘和调查各个方面，而非仅仅报道科学事实：

> 那种类型的故事是有关资助的，是有关科学的社会学的，是有关人们的动机的。它是有关是否进行着一些滑稽的事情，研究是否出于这样或那样的原因而扭曲了。你知道的，被利益冲突所扭曲了。
>
> （Schultz，2010）

多布斯还表明，他喜欢写这两种类型的报道：科学家做得非常好的很酷的故事，以及科学存在不少问题的批判性的故事。他认为这两种类型的故事在科学新闻中都是必要的（Schultz，2010）。

同类（得过奖）的科学作家和博主埃德·杨在他"科学不难懂"（Not Exactly Rocket Science）的博客（现在已成为《国家地理》博客网络的一部分）中证实了这种看法。在他的博客中，杨补充说，他喜欢写酷酷的故事。即便他写过有关突破性医学进展的深度故事，这种文章通常吸引到的读者要比关于新发现的动物行为或恐龙羽毛颜色的文章少很多；读者只是更关心后者。也就是说，跟多布斯一样，杨也认为两种类型的科学报道都重要（Yong，2010），并且在撰写灵便的故事时，他不会特别关注故事的相关性。"我通常在这个博客中讲述那些一点没有实际相关性的故事。它们的目标是逐步培养一种对这个世界的惊奇感和好奇心，这是最好的科学传播者对我做过的事情。"（Yong，2010）

博拉·兹夫科维奇也加入到了有关故事种类的讨论中，并且扩展了多布斯和杨的故事种类。在有关讲述科学故事的一篇博文中，兹夫科维奇补充了另外一个种类：相关的故事。他还就如何对科学故事的这三种类型搭建基本结构提出了建议。相关的故事是信息性科学新闻和教育性科学新闻之间的一个混合体，因为它帮助读者对他们的生活、政治和金融做出更好的决策。每个类型都会对你的故事的叙事产生不同的效果："在酷酷的故事中，科学是一个英雄，通常研究人员也是。在相关的故事中，英雄主义是沉默的，虽然可能也会有所暗示。在我的值得怀疑的故事中，科学家（有时候是科学）

是作为反面出现的。"（Zivkovic，2011）如果你想讲述任何一种类型的故事，你应该把故事的叙事分成下列三个要素，每个要素都集中于科学发现上（Zivkovic，2011）：

（1）对科学发现之前的世界进行描述。
（2）对科学发现进行描述。
（3）对世界如何因科学发现而发生了变化进行描述。

这个三部分的区分已经暗示了基本的故事结构，你可以在下面的部分中看到相关内容。

要注意，你故事中的英雄未必总是人类；它还可以是一种动物或者一个无生命之物（Zivkovic，2011）。如果你想给无生命之物（或者其他类型的科学主人公）赋予活力，你选择的手段就应该是诸如情节或比喻这样的文学手法。它们可以把艰涩乏味的科学概念变成引人入胜的读物，即便你需要做很多解释。下一部分就讨论这种支术，并且向你表明如何利用它们进行叙事。

在科学故事中使用文学技巧

科学记者安吉拉·波萨达－斯瓦福德（Angela Posada-Swafford）告诉我说，"我们总是对故事和叙事感到兴奋"；她还补充说，这通常是传递信息的重要方式之一。她还跟我说，她会在晚上阅读文学作品，对它进行分析并且重点标注她希望在未来的科学文章中用到的修辞格，比如头韵法。除了在科学写作中会用到文学技巧之外（包括一首关于引力波的颂歌），波萨达－斯瓦福德说，终极目标是要在读者的大脑中描绘一幅多彩的图像。她建议对场景进行思考，并且创造一种类似于特写和广角的场景，这就类似于电影导演。这会让读者进入故事之中（Posada-Swafford，2016）。

> 叙事写作实质上是在讲述医学故事和科学故事中非常有用的虚构技术的组合。即便你不是在撰写一个叙事，也要把自己想成讲故事的人。在整篇文章或一个故事的一个部分中利用叙事写作。其基本原则是：注重细节，预测，引述。
>
> （Mary Knudson in Blum et al.，2006：31）

设定一个节奏，以便读者可以一口气看完你的文章。有助于你变换节奏的技巧就是主动语态和生动的动词。它们传达了冒险感和紧迫性。如果那不重要，就用一般过去时。用短句子过渡，并且通过在长短句间切换来制造节奏感。头韵法是传达节奏感的另外一种方法（Knudson in Blum et al., 2006）。

一篇有节奏感的文章也是汤姆·沃尔夫利用四种独特的文学手法的结果（Kallan, 1979）。

（1）**用第三人称**：用角色的视角来讲述每一个场景。
（2）**一幕一幕的场景搭建**：从一幕转到下一幕，制造一种紧迫性。
（3）**大量的对话**：通过对话让角色为自己说话。这会让他们更真实，并帮助受众与他们建立起关联。
（4）**记录生活状况的符号**：如果细节有助于揭示和表征角色，哪怕最小的细节也要关注。

注意，沃尔夫的第一个、第三个和第四个手法都着眼于一个故事的人性方面。你可以在科学新闻中利用类似的手法。以人为中心的话题，比如医药，尤其适合这些手法。医学记者索尼娅·柯林斯（Sonya Collins）认为，当对医学进行写作时，你还可以通过给没有受到影响的受众引入"让故事活了起来的"主人公的方式来打动他们。"这些主人公是把情节往前推移的角色"（Collin, 2015：222）。

跟沃尔夫一样，她也建议你利用细节并且写作时有背景设置。但是在科学中，你还需要解释复杂的科学过程，并且在不让它们傻瓜化的同时对其进行压缩。对科学进行解释的文学工具就是比喻。在她的文章中，柯林斯举的一个例子就是，把细胞描述为显微镜下的一个煎蛋。科学家有时候可能对这种描述感到不悦，但是这种生动的描述有助于读者理解复杂的科学话题；更好的是，这样的段落可以给读者留下令人满意的印象，他们成功地习得了新的科学知识。利用来自小说的文学手法以及"利用这些工具可以让普通读者参与到他们认为太复杂而难以理解的话题中"（Collins, 2015：222）。

你可以利用很多文学手法来讲更好的科学故事。下面是很多小说作家会利用的文学手法和修辞手法的清单（绝不是完整的）：

● **倒叙**：如果故事是从中间开始的，你可以及时地跳到开头，并对时间进行解释，把背景穿插交织进来或者对角色进行更多的叙述。倒叙是独立的场景。
● **提前叙述未来事件**：跟倒叙类似，但是方向相反——及时向前跳跃。跟伏笔不同的是，这是一个告诉读者／观众未来会发生某些事情的线性场景。

- **契诃夫之枪**：你故事中的每件事都必须有原因。一个东西可能在故事的开头出现，然后在高潮部分再次出现，只有这样才会达到目的。

- **伏笔**：没有明确地阐释会出现什么的一种提示。比如，叙事者可能明确地说："但是当史密斯先生进入实验室时，他对自己会被放到担架上一无所知。"伏笔也可能暗示着即将到来的事件的一种迹象。契诃夫之枪也可以作为伏笔的工具。

- **转折点**：也被称为情节转折，这是故事发生了（对读者来说）预料之外的方向改变的一个值得记住的点。（见第七章有关菲尔·麦肯纳的案例。）

- **戏中戏**：由你的故事中的一个主要角色讲述的嵌套的故事，对角色揭示出更多内幕或者提供有关外部故事的更多背景。

- **母题**：帮助你传递故事主题的一个象征性物体或语言结构。注意利用母题时不要表现得太明显。你还可以试着把关联松散的一组独特的物体作为母题。

- **隐喻**：一个词语的属性（喻体）转移到另外一个词语（本体）上。喻体通常更多彩且众所周知。这是你对术语和所有有意义的问题进行解释的首选工具。

- **明喻**：与隐喻的作用一样，但是更直接。你可以找到明喻，因为它们会利用"比如"和"像"这样的词语。

- **逆向照应**：重复一个句子的开头。逆向照应有助于你对陈述进行强调，并且说服读者。它也会给你的文本增加节奏感。

- **反语**：作为一种修辞手法，反语通常陈述了你的意思的反面。作为一种叙事手法，你可以向读者表明你的角色并不知道这个事实。

你应该在有必要的时候才去利用特定的手法，永远不要把对手法的利用作为目的本身。比如，对话并不总是至关重要的，但是这要取决于叙事弧，就像安吉拉·波萨达－斯瓦福德认为的那样。一方面，有些故事最好通过科学家的视角去讲述，那就是你该去访问那个科学家的时候了。另一方面，尤其是在科学写作中，有时候你的主人公不是人类，而是一个中微子或一条鲨鱼。在这种情况下，你就可以利用想象出来的内心独白，或者利用完全描述性的语言，这仍然能写出一个吸引人的故事（Posada-Swafford，2016）。

讲述科学故事的三幕式结构

在故事中，三是一个神奇的数字。三的法则意味着以三条的形式发送的信息是最容易被记住和最有说服力的。把世界以及一个人的思维过程划分成三类可以追溯到新柏拉图主义的哲学家普罗克鲁斯（Proclus）。德国哲学家约翰·戈特利布·费希特（Johann Gottlieb Fichte）采用了这个概念并且构想了三位一体的正题—反题—合题：正题是起初的想法；反题反驳了正题；而合题则合并了二者，它通常是对起初断言的重述。

在故事中，你在像《三只小猪》这样的童话故事中通常可以找到三的法则。在某些笑话中也能找到这一规则。在这两种情境下，通常两个角色的行动无法克服一个问题，然后第三个角色最终解决了这个问题。比如，三只小猪都在造房子以保卫自己不被狼吃掉。结果两个房子倒塌了，只有第三只小猪建了一个足够强大的房子，从狼的攻击中幸免于难。政客会利用三的法则来发表说服性的演说。商业界会利用三的法则来发布令人难忘的产品演说和广告。比如，当史蒂夫·乔布斯（Steve Jobs）在 2007 年介绍苹果手机的时候，他把手机称为"一个苹果播放器，一部手机，一台互联网连接器"，他把这种介绍重复了三次。实际上，苹果一直在他们的产品发布中使用三的形式，有时候会用到嵌套式的"三"。在文学中，三这个数字被用来打造杰作。比如，但丁把他的《神曲》分成了三部分（地狱、炼狱和天堂）。每个部分又被分成了三十三个篇章。教编剧的老师悉德·菲尔德（Syd Field）也把剧本分成三幕：

● **第一幕**：介绍故事的主要角色，并开始真正的故事。煽动性事件是改变了主人公生活现状的一个特定的转折点。长度：这个故事的四分之一。

● **第二幕**：主人公面临障碍，张力就出来了。这个故事的最大一部分可以出现在第二幕。到中间的时候，出现一个改变命运的转折点。第二幕也是最长的一幕。长度：整个剧本的一半。

● **第三幕**：故事的主人公面临危机，这会最终在故事高潮中结束，从而带来皆大欢喜或悲惨的结局。有时候其结尾会含有另一个最终的情节转折。长度：剧本的四分之一。

每一幕由情节点连接。情节点是最值得注意的变化发生的时刻。第一幕中的煽动性事件让故事开始了，第二幕中的高潮（中点）通常是运势逆转，第三幕中的顶峰表明你的主人公是否解决了主要问题。要清楚的是，这是虚构写作的技巧。作为一个记者，如果事实并不支持你这样做，你就不要把素材套入这种三幕式的剧本中。但是在恰当的地方，你可以利用具体的因素，有时候你可以利用三的原则或者三幕式结构来谋划你的整个故事。

诺拉·艾芙恩（Nora Ephron）在《叙事作家可以从剧本作家那里学到什么》（What Narrative Writers Can Learn from Screenwriters）的短文中，解释了记者和剧本作家可以从彼此身上学到什么：

> 当我做记者时，我也经常从我愿意了解的剧本中学东西。作为一个年轻的记者，我认为故事就是**发生了什么**。作为一个编剧，我意识到我们通过给发生在我们周围的事件增加叙事来**制造**故事。
>
> 结构对于叙事来说是关键。任何一个讲故事的人必须回答的关键问题是：**它从哪里开始？这个故事的开始到哪里结束，中间从哪里开始？这个故事的中间到哪里结束，结尾从哪里开始？**在电影学院，你会了解到这三个问题是典型的三幕式结构。这种结果在制片人中实际上成了一种宗教。学习是记者更加本能的东西。
>
> （Ephron in Kramer and Call，2007）

那么，这种三分法如何能帮助新闻呢？海洋生物学家兼纪录片导演兰迪·奥尔森（Randy Olson）提出了一个把整个故事压缩成一句话的模板：与用"**和**"（and）这个连接词把所有的事实罗列出来相反的是，ABT（和，但是，所以）模板呈现了一些事实，用"**和**"（and）把它们联系起来，进展到出现了问题（but），最终用"**所以**"（therefore）把这两个部分结合起来：

_____**和**_____，但是_____，所以_____。

（Olson，2015：16）

注意，奥尔森的模板与费希特的正题—反题—合题多么相像。实际上，奥尔森把他的书分成了三部分（引言除外）：正题、反题、合题。他还把科研论文的结果（引言、方法、结果和讨论）搞成了可以用开始（引言）、中间（方法和结果）与结尾（讨论）进行总结的三部分的结构。

奥尔森还表明，亚伯拉罕·林肯在他一次演说中用到了ABT模板，他在有关DNA的一篇开创性论文中也找到了ABT模板（Watson and Crick，

1953）。虽然 ABT 结构可以产生一句话，但是在一名遗传学家首次使用之后，奥尔森也提出了一个他杜撰出来的字词水平上的模板，那就是有助于你在故事中找到统一主题的杜布赞斯基（Dobzhansky）模板：

_____ 中的东西是讲不通的，除非从_____角度来看。

（Olson，2015：84）

在第一个空格中写下你想要报道的话题，第二个空格中就是你的故事中想要传达的主题或信息。奥尔森还提出了第三模板——段落模板，它有两个变体：线索标记和故事圈，二者都不同程度地取决于坎贝尔的英雄之旅，以及相应的十二大结构步骤。最强的情感点是主人公面临一个重大危机的黑暗时刻。要求科学家对这些时刻进行描述。表明一个科学的缺点（也许是后来导致更大发现的一次事故）是你可以利用的另外一种技巧（Olson，2015）。

这两方面都会让你的受众更认同主人公。在一篇写给"尼曼故事板"（Nieman Storyboard）的文章中，新闻学副教授约翰·坎布亚（John Capouya）就如何让你的受众感到与你的主人公有关联提出了建议："尽早迅速且生动地揭示出你的主要角色最吸引人的特质——他们是积极的还是消极的。"（Capouya，2014）

剧本通常不会直接用煽动性事件开始，而是首先展现日常生活中的主人公（例如英雄之旅）。然而，在叙事科学写作中，你可以直接地用煽动性事件开始，并且把它变成故事的导语，就像得过奖的科学记者戴维·多布斯跟我说的那样：

编剧非常有用，有一阵子我抵制过这种观念，因为它看起来太程式化了。但是它变成了一门学科。你不应该像数字填图一样固守它，但是有一些可以吸引读者关注的特定原则——比如煽动性事件。也许你不会把它称作煽动性事件，但是你每次写导语时，你都在制造吸引读者并推动故事前进的某种煽动性事件。

（Dobbs，2016）

坎布亚也建议你用煽动性事件来撰写一个好的故事导语：角色的特质、方向的改变、意外感都被证明是会吸引受众的成分。但与剧作家不同的是，作为一个记者，你千万不要伪造这些情节点中的任何一个。事实是神圣不可侵犯的。如果你想用情节点，你需要通过报道来找到，只需问一下你的信源那些改变人生的事件。"你可以直白地问:'是什么时候一切都发生了变化?'最可能的情况是,他们是知道的。"(Capouya,2014)

这个部分的要点是:在利用这些技巧时要务实。用那些能支持你的故事的技巧。很多成功讲述科学故事的人,比如戴维·多布斯、本·莉莉(Ben Lillie)和兰迪·奥尔森,都建议把三幕式结构的某些部分作为传达可能会被读者认为枯燥无趣的复杂科学的一种工具。所以,确实可以用三幕式结构和其他叙事技巧,但是当你利用这些技巧时,确保你不是以误解事实或歪曲科学的方式把事实放到了故事中。总之,永远不要为了把事实归结进一个原本不存在的故事而瞎摆弄事实。

识别科学写作中的叙事

有些科学故事会让读者感到快乐,有些是解释一些事情并教育读者。最好的故事兼有这两种功能。如果故事带有科学内容并且让信息能够吸引住读者,那么它们显然能成为向学生传授科学的有效工具。那也是温尼伯格大学(University of Winnipeg)物理学教授斯蒂芬·克拉森(Stephen Klassen)在一篇文章中阐明你如何分析并最终建构一个科学故事的原因。利用下述十种叙事要素,你可以分析科学故事,但是无法建构它们(Klassen,2009)。

1. 事件记号:事件是支撑一个故事并代表着变化的、通常按时间顺序安排的核心要素:"与以前事件相关的一系列后续事件会更加重要。事件导致了状态的变化。"(Klassen,2009:410)

2. 叙事者:这可以是一个观察者,也可以是一个故事的角色之一。叙事者选择事件,安排它们的顺序,最重要的是安排故事的重点。你可以通过自己的视角来讲故事,也可以对它进行评论。

3. 吊胃口:也就是制造悬念,这也是一个好故事中三个要素之一。这是你的故事提出问题的能力。悬念会让读者好奇接下来会发生什么,这是一个吸引人的故事的关键要素。

4. 过去时:你报告的所有事情都是按特定顺序已经发生了的,但可以通过增加倒叙来扩展这种时间顺序,这会让你的故事不是线性的。通过把关键事件保留一会儿的方式来讲述故事会增加悬念,并讲出更好的故事。

5. 结构:检查两种类型的故事结构。第一种是遵循一系列相关联事件的经典结构的经典故事:"这个故事的首要结构就是有开场,产生情节进展的复杂情况，和最终的解决方案"（Klassen，2009：411）。第二种结构是由现状的变化所界定的一系列小故事，因而产生了一种故事流。

　　6. **代理**：这种因素指的是，通过角色做出结论并随之处理后续的结果。

　　7. **目的**：你为什么要讲这个故事，你的读者为什么要关注？在写故事之前，这是你应该问自己的第一个问题。

　　8. **读者或听者的作用**：写故事时脑中要有读者。理想状况下，他们会与角色共情，并参与到故事中。你能引导读者提出高水平且批判性的问题（怎么了，为什么）吗？

　　9. **未讲述的影响**：对事件要有选择性。你永远不能把所有的都说出来，所以你必须抛弃特定的事件。这个空白点会促使读者用他们自己的信息来填补信息或者对丢失的信息提出问题。

　　10. **反语**：颠覆读者的预期。这个因素不是必需的，但却是一种讲好故事的工具。读者会记住出人意料的转折。

　　作为一个科学教育者，克拉森着眼于学生如何从好故事中了解科学——他主张这是区分科学故事和人文故事的一个特征。他补充说，好的科学故事会证明论点，可以通过在阅读之后尝试着去总结论点的方式来测试学生对一个故事的理解程度。此外，他还认为好的科学故事会带来问题，这反过来会在读者的预期和这个故事实际上对他们阐明了什么之间产生矛盾。这也是情境反讽会奏效的原因。这个隔阂会促使读者提出问题，为什么会发生某件事情或者事情是怎么成为可能的。因而，他认为学生可以从作为对科学故事的回应而形成的问题中受益（Klassen，2009）。

　　问题可以是涉及谁、怎么、何时与何处的事实层面的问题，也可以是涉及如何以及为何的更高层面的问题。了解了这些，克拉森提出了根据科学史而对科学故事进行分析和批判的一种方法。他的方法由五点组成，最后一点包含着对叙事要素的事实核查：

　　（1）在写故事之前列出历史依据。
　　（2）在你的历史研究中用可靠的资源。
　　（3）所用的历史必须相关。
　　（4）写故事时头脑中必须有读者。
　　（5）分析前述的十个故事要素。

　　你可以从这种方法论中获得什么益处？首先，作为一名科学作家，你是你要报道的科学的学习者。如果你自己不能理解这种科学，你就不能解释给读者。因而，在读到新的科学概念和问题时，试着写下你自己的问题。看看你的问题是属于事实层面的问题还是更高层面的问题。其次，利用前述的十种要素来检查你自己写的故事和其他作者写的故事，看看各自的叙事影响，这是改善你自己的分析性阅读技能的很好方式。

案例研究：有关科学中讲故事的辩论

2013 年 7 月，《自然方法学》（*Nature Methods*）在它的"观点"（Points of View）专栏中发表了一篇文章，亚伯特·开罗和马丁·克孜文斯基（Alberto Cairo and Martin Krzywinski）认为，当科学家把讲故事的元素应用到图像上时，这也能给图像本身带来一定的益处。

> 绝大多数故事中都隐含着熟悉的因素：引言、问题、冲突、累积和解决方案。这些也可以用于数据图形。比如，利用故事弧的理念并让你的报告变成片段式的——层层拆解，而不是倾巢而出。
>
> （Krzywinski and Cairo，2013b：687）

此外，他们还认为专栏的读者可以对图像中呈现的信息具有选择性，注意到自己是在给普通公众和其他科学家呈现信息（认为两个群体都能从讲故事的因素中受益），并且想象他们的研究在报纸上会是什么标题。此外，他们阐明了利用像情节转折这样的讲故事的因素可以把信息图拆解成五块（Krzywinski and Cairo，2013b：687）。

这篇专栏文章促使哈佛医学院（Harvard Medical School）系统生物学的部门成员兼布洛德研究所（Eroad Institute）的前博士后研究员亚登·卡茨（Yarden Katz）在一篇给编辑的文章中做出了回应，并于后来发表在《自然方法论》（*Nature Methods*）上。卡茨反对他们提出的方法，因为讲故事不能有效地捕捉到科学复杂且实验性的本质。

> 讲故事鼓励了认为科学项目符合一个单一叙事的不切实际的看法。生物系统难以测量和控制，所以几乎所有的试验都会有多种阐释——但是讲故事积极地否定了这种科学事实。
>
> （Katz，2013）

克孜文斯基和开罗（Krzywinski and Cairo，2013a）再次做出回应，澄清道：他们的建议省略了"谈及控制信息量以避免无法理解的图像以及把它推迟到了文本中，在那里可以对其设置更合适的框架"（Krzywinsiki and Cairo，2013a：1046），并且否决了卡茨有关"不合时宜的事实被消除了"的主张（Katz，2013：1045）。

亚登·卡茨向我解释了为何他认为讲故事无法公平地对待科学真实性：

> 我所主张的是，讲故事不足以充分地捕捉到科学话语。当科学家彼此交流时，他们谈论的是有利于特定假设的论点和证据。他们谈论的是可以用来解释数据的可能假设，他们谈论的是注意事项，是噪声；这里有关于假设一的证据，也有关于假设二的较弱的证据，但仍然是证据。也许这是一个在当前工作中尚未得到解决的疑惑。他们用这种语言进行交流，一种更像是有关论点、理论和模型的语言。在那个（讲故事的）框架中，存在提出说服性论点或者写作上乘的论点又或者对一个论点进行有效传播的非常大的空间。在写得非常好的文章中，这并没有错。我反对的不是那种意义上的叙事。但是语言是非常丰富的，不只是讲故事的语言。讲故事的语言实际上冒充成了一种传播小窍门或建议。像开罗这样的人认为，"我们只是尝试着让科学家更好地传播他们的科学"。但实际上，这里有一种意识形态，因为你可以用他们讲故事的方法为其设置框架，这种事情是特定类型的结果。所以，他们的结果有清晰的开始，非常线性的流动，以及非常清晰且鲜明的结论。科学家知道这些，因为那些努力提升自己职业的人要迎合期刊编辑，而编辑在很大程度上会用人们判定什么才是一个好故事的方式来对科学进行判断。
>
> （Katz，2016）

然后卡茨补充说，像开罗这样提倡讲故事的人利用这种似乎无恶意的传播方法来声称他们在向科学家表明如何在他们开展研究之后更好地对研究进行传播，同时他们也声称他们没有改变科学。

> 但实际上，他们在改变科学。在某种程度上，开罗的专栏实际上是一种可视化专栏。他们在假装给你提供可视化的建议，但是我在其中看到的是，如果你能看出言外之意，这里有一种你的科学应该看起来是什么样的潜台词，什么才算是好的科学以及什么才算是吸引人的故事。科

学家实际上对此非常清楚，他们试图把他们的科学转变成这种形式。

（Katz，2016）

卡茨还表明，他并非从根本上反对利用讲故事的技巧（比如，在新闻中），但是他认为，作为在期刊论文中传达科学复杂性的一种工具，这种技巧太有局限性了。

> 讲故事在根本上限制了你要说什么，它鼓励科学家寻找特定形式的科学，这实际上是一种反常的形式。通常情况下，实验室中发生的事情并不是通过这种方式捕获到的。这是我反对讲故事的主要理由。它并非意味着你不能写得很好、写得强劲有力或者用非常好的方式传播你的结果，它恰恰意味着你需要更丰富的语言，而讲故事不够丰富。

（Katz，2016）

我问开罗，他认为是什么引发了对他在《自然方法论》上的第一篇文章的激烈讨论。

开罗首先指出，你可以利用叙事结构和因素，他把这些与讲故事进行了区分。当你通过把这个故事在情感上更吸引人的人文因素引入，开始强化这些线性叙事时，讲故事就开始发挥作用。另外一个加强叙事效果的讲故事的技巧是，利用阐明了会有更重大要点出现的轶事。然后开罗对他认为自己的文章所激发出的批判来自何处进行了评论：

> 很多科学家对"**故事**"这个词语非常不信任，因为他们认为作为作者和记者——这包括视觉记者——我们太关注于故事有趣、吸引人且有吸引力的部分了，并且我们没有太关注实际的科学，或者我们试图创造一种不能描述他们所拥有的数据的、不确定性的明确叙事。新闻和科学之间有一种关键的张力，从某种意义上来说，科学不够精确。科学永远不是精确的。数据结果总是不确定的，总是会有注意事项，总是会有例外，新闻的推动力就是提出一种明确的叙事。这才是重点，这才是关键。所以，你如何平衡这两件事情？这非常困难。但是可以找到一个中间点。

（Cairo，2016）

实际上，开罗指出这种平衡已经达到了：

当我们在迈阿密大学向科学家解释这种张力时，他们告诉我说，有可能建立一种清晰的叙事，但随后他们纳入了例外、注意事项，并且表明了可视化的不确定性以及置信区间。所以这是可能的，但是如何做呢？那要看具体情况，但是这里有可以达到的中间点。我认为《自然方法论》中那篇文章的问题在于，这个博士后［卡茨］在看待这种观点时用了一种错误的方式，他没有真正地理解它到底是有关什么的。他只是说："不是的，我们需要呈现所有的信息。"在我看来，他在科学过程或者科学传播到底是什么这一问题上有一种相当老套的观点。如果我还记得那篇文章的话，他是这样说的，"但是作为科学家，我们只想自己看看这些数据并且对它进行考察"。这完全是不正确的。当科学家阅读科研论文时，那些论文有让你可以审视它们并找到关键点的非常清晰的结构。科学家花时间去复核数据是非常罕见的。他们只是阅读论文。所以这篇论文从根本上来说就是传播。对我而言，这并不与写一个新闻故事有什么不同，只能说它会更深入，并且利用了不同的语言。但最后，它也是一种叙事。

（Cairo，2016）

案例研究：理解长篇故事

2006年，大卫·多布斯对当时还算新颖的治疗抑郁症的方式——深部脑刺激（deep brain stimulation，DBS）——撰写了一篇长长的特写故事，这涉及为植入必要的电极而进行的脑外科手术。他的故事以两个主人公为特色：一个是患者狄安娜·科尔-本杰明（Deanna Cole-Benjamin），她的抑郁症对所有传统的抑郁症治疗方式都会有抵抗。另外一个是要求科尔-本杰明参加到一项突破性研究中来的神经学家海伦·梅伯格（Helen Mayberg）。让多布斯的这个故事引人注目的是，它非常轻易地保持了读者的兴趣，尽管这个故事长达5000多字。如果你想最大限度地利用这个部分，那就在继续看下文之前先去读读多布斯（Dobbs，2006）在《纽约时报》上发表的这篇文章吧。同样，在继续阅读之前，先找一张舒伯特第十三弦乐四重奏胶片听一下。

多布斯以那首音乐作为文章的架构，因为他当时正在研究这首四重奏，他跟我解释说（Dobbs，2016）：

我用舒伯特的四重奏作为这个故事的模板。那恰恰是偶然事件：我当时正在学习小提琴，我们的乐团正在表演舒伯特的四重奏。老师在理解这首四重奏的结构上给人印象非常深刻。这确实会有共鸣……如果你知道这个结构，你就会有一个目的。你知道这句话为什么会在这里，会出现在这个段落中。这个段落为何会在此，在这个部分？故事的这个部分是做什么用的？如果你第一个知道了这些问题，那么较小的、细节的问题就比较容易回答。比如，你会理解我在这里需要明快一些。你不一定要这样，但是通过这种方式，你会把它放到计划中。由你来决定。也许你只是有一个需要读者付出很多精力去阅读的很长的部分，它只是让他们吸收了关于神经科学的很多技术性信息，他们在学习新术语。现在，不要再用另外一个很长的段落给他们增加负担了。这是提供一些快捷的东西的好时候，所以句子的节律应该短一些。通过急速的快板，你改变着音乐的速度。我发现在写那篇文章时这非常有帮助。

节律的这种变化在下面这段《抑郁症开关？》的节选中变得非常明显。第一段是情感性的。第二段长度是第一段的五倍，读者放到了一边，从具体的案例进展到了情境解释，并且提供了背景信息。同时，这个段落表明，通过提醒读者什么是岌岌可危的，多布斯如何把两个段落联系了起来（这是一个巧妙的讲故事的技巧）：

> 我们好像尝试了所有的事情但都毫无效果。不过我们对此进行了讨论并决定："好吧，你有什么可损失的？"
> 当然，她希望失去的是她的抑郁症。但是抑郁症，任一年中都有5%到10%的美国人会受到它的折磨……
>
> （Dobbs，2006）

除段落长度方面的这些节律变化，多布斯解释说，他的故事基本上是一个侦探故事。他解释了如何把背景信息编排到叙事中，又不让它对读者来说变得太枯燥和厌烦：

> 《抑郁症开关？》这篇文章的基本结构是一个双轨式的叙述，这种结构在科学中有很多。这在像侦探小说和犯罪小说这样的体裁中很常见。在一章中你写到了警察，在另一章就写到了罪犯。如果每个部分都是800字，这就不会奏效。你需要变换各个部分的长度。每当可能的时候，如果我必须要解释某些事情，比如背景或情境，我不是去解释它，而是讲述这个故事是如何出现的。通过这种方式，人们就能理解得更多。在某些地方，我需要解释梅伯格正在测试的假设，以及在这些年中她是如何

应对的。所以，我可能只是说"梅伯格认为"，然后用她所有的想法对读者进行轰炸。但是如果你表明了她是如何有了这些想法的，你就看到了这个想法的发生和扩张，你看到了它的开端，然后就进行更多的扩展。你还对追求这种渴望的某个人有了一种叙事。她想要什么？她想要找到抑郁症是如何发作的。在这里，她要侦查出来。这是一个侦探故事。绝大多数科学都是侦探故事，你不用那种模式就一定是疯了，因为人们喜欢侦探故事。

他还注意到，当你在不同的叙事线之间切换时，你必须注意，没有一条线会占上风。

> 你不必刻意为之，但是如果在一个长长的部分之后你有机会写点非常短的东西，那就去做吧，但是只有它非常适合这种情况时才能这样去做。在故事进行到一半的时候，在两个长长的部分之后，我意识到狄安娜面临着要从故事中消失的威胁。这在科学写作中是常见的问题：如果你追踪的是一个科学家和一个普通人，然后是科学，那么 A 的部分就可能会占主导。所以，你需要回到 B 的轨道上来。你不能把它从只占 10% 变成占到了 80%。这是可能发生的。这在科学写作上是一个真正的威胁，因为对科学进行解释所用的篇幅通常要比对故事进行解释所用的篇幅长很多。所以我意识到我需要科尔－本杰明回到故事中。我需要提醒人们这里的利害关系。其中有一个场景我不知道该怎么处理，那就是我与狄安娜以及盖里（Gary）共进晚餐的场景，他担心的是，只有狄安娜自杀才会结束这一切。那个晚餐的场景起初是一个更长的场景的一部分。但是我意识到，不对，那应该是这个晚餐场景的全部目的——也就是写下那六行文字的目的。所以我尽可能地对这些进行了压缩，直到只剩下一句话，我把它放到了文章三分之二的部分。

多布斯解释说，他插入那个关键场景的地方与推进故事的进展是相关的。在改变节律方面，段落的长度会逐渐缩短，直到故事达到高潮。最后，你需要回到你叙事的初始建构中，虽然这看起来或听起来很类似，但是你要确保它在故事的进展中也要不断变化。

> 那在一定程度上受到了舒伯特的启发。如果你听过这首音乐，它展现了两种不同的音乐理念。一个是非常富有旋律且极其美丽的，另一个

是和弦的突然碰撞，这里有很多张力。这两种理念得到了发展，然后开始彼此影响，一小段 DNA 交叉在另一段中。舒伯特并不是先谱写第一组24 韵律，然后是第二组，以此类推。相反，他在切换。有时候，一组会长一点，然后下一组会短一点。但一般来说，当我在台上看乐谱的时候，我发现他通过平均地压缩两种表达方式的长度，在建构一种张力，即 A主旋律和 B 主旋律，直到前进到了大约 60% 的核心部分，这与在叙事文章中构建高潮非常类似。在两个部分之间有非常快速的交流和变化，并且它们达到了顶点——然后一个延长音把它停止下来。然后又重新出现了作为整首曲子开始的这个美好的旋律。听起来跟开头几乎一样。因为它只是给你带来了洗礼。这太好了，我要在故事中采用这个。

最后，多布斯回忆起了他如何用本书第二章所提供的三点式问题清单来测试他的故事创意。他说找到最重要的标准——一个能讲得很好的科学家，只是巧合。

梅伯格可以交流。她可以令人满意地交流。她会倾泻而出。

总 结

硬核的新闻故事并不适合用叙事的方式讲述，但是很多特写专题却可以。一个故事需要有一个追求某个目标但目标并不容易实现的主人公。在故事的高潮阶段，它会揭示主人公是否实现了目标。虽然冲突通常对于保持受众的注意力是有帮助的，但是所有的冲突都迟早需要得到解决。小的冲突也可以在高潮之后解决。

讲故事的技术涉及通过有意地在一开始不给读者提供信息来制造张力，并且让故事随着文章进展而逐次展开，并且有可能在最后来一个逆转。自相矛盾的是，获得大奖的新闻故事的共同特征是它们都涉及情感，无论是由信源明确地说出来（通过对话）还是含蓄地激发读者去思考。最起码，故事都要有开头、中间和结尾。转折点会缓解从一个部分到另外一个部分的过渡，通常会刻画出在追求目标的过程中出现的需要当机立断的时刻。作为记者，特别地要求描述这些推动故事进展的煽动性事件是你在采访信源时可以利用的一种技巧。

选择事件、人和对话，并且把这些要素按顺序放在建构叙事结构的中心位置。如前所述，选择在新闻中是一个至关重要的技能，这对长篇故事来说尤为重要。叙事新闻的批评者认为叙事本身是说服性的，并且会诱使记者自行挑选事实，并且把它们放到叙事的模板中。有时候，那并不太困难，因为有些科学家已经利用新闻友好型的结构来呈现他们的成果了。从这个意义上说，有些科学家和记者激烈地辩论着讲故事的技巧是否是描述科学的复杂性及其相关的不确定性的一种恰当工具。

思考题

- 一个科学故事的基本要素是什么？
- 情感在新闻故事中的作用是什么？
- 最常用的讲故事的方式是什么？
- 在吸引读者方面你可以利用哪种叙事策略？
- 科学写作的类型是什么，每一种类型都有什么优势？
- 汤姆·沃尔夫在撰写叙事故事中所用的文学手法是什么？
- 什么是三的原则，政客和作家如何利用这个原则？
- 什么是情节点，你如何在一个报道中找到它？
- 克拉森在分析科学故事时所用的标准是什么？
- 科学家和记者之间为什么会存在张力？

复习题

- 找三篇长篇的科学专题文章，并找到下面的要素：角色、目标、对话和行动。用不同的颜色标出来。
- 利用同样的故事，用不同颜色标出叙事的段落和背景信息段落。
- 找到能激发你作为一个读者的感情的段落。它们激发了什么感情？它们是如何传递这种感情的（比如，通过对话还是暗示）？
- 利用科学故事的类型对它们进行分类。注意是哪种因素让你得出了自己的结论。
- 看看文本中的修辞手法。写下采用这些手法的目的是什么。
- 用奥尔森的 ABT 目标把每个故事压缩成一句话。然后用杜布赞斯基的模板，找到每个故事的主题。
- 用克拉森的十条标准检查这三篇故事，写下它们满足了哪几个标准，缺失了哪几个标准。
- 如果有一个故事是关于科学史的，利用克拉森扩展了的五步法来对它进行评估。

- 在读完三篇故事后形成一些问题。它们都是更高层面的问题（如何、为何）还是事实层面的问题（什么、何时、何处、谁）？

阅读清单

Blum, D., Knudson, M. and Herig, R.M. (eds.)(2006) *A Field Guide for Science Writers*. 2nd edition. New York: Oxford University Press

Capouya, J. (2014) Want to write great narrative? Study screenwriting, *Nieman Storyboard* [Online] http://niemanstoryboard.org/stories/want-to-write-great-narrativestudy-screenwritin/ [date accessed 31 March 2016]

Crumpton, N. (2015) Why the science manuscript must also have literary merit, *The Guardian* [Online] Available at: www.theguardian.com/science/blog/2015/ mar/11/why-the-science-manuscript-must-also-have-literary-merit [date accessed 19 November 2016]

Dobbs, D. (2011) How Led Zeppelin + Franz Schubert = Writing, *Neuron Culture* (Blog) [Online] Available at: http://daviddobbs.net/smoothpebbles/led-zeppelinfranz-schubert-writing/ [date accessed 9 September 2016]

Kramer, M. and Call, W. (2007) *Telling True Stories. A Nonfiction Writers' Guide from the Nieman Foundation at Harvard University*. New York: Plum

Olson, R. (2015) *Houston, We Have a Narrative: Why Science Needs Story*. Chicago, IL: University of Chicago Press

网站链接

ABSW, UKSCJ conference video: Narrative in Science Journalism: www.youtube.com/watch?v=1KQVG7515F4

Nieman Foundation, Nieman Storyboard: http://niemanstoryboard.org/

Wellcome Trust science storytelling (five online videos): www.wellcome.ac.uk/Funding/Public-engagement/Science-Writing-Prize/WTVM054698.htm

参考文献

Blum, D., Knudson, M., Levy Guyer, R., Dunwoody, S., Finkbeiner, A. and Wilkes, J. (2006) Writing well about science: Techniques from teachers of science writing, In Blum, D., Knudson,

M. and Henig, R.M.（eds.）*A Field Guide for Science Writers*. 2nd edition. New York: Oxford University Press, 26–33

Cairo, A.（2016）Personal Skype conversation on 11 April 2016

Capouya, J.（2014）Want to write great narrative? Study screenwriting, *Nieman Storyboard* [Online] Available at: http://niemanstoryboard.org/stories/want-towrite-great-narrative-study-screenwritin/ [date accessed 31 March 2016]

Collins, S.（2015）Elements of storytelling in medical journalism, *Medical Writing*, vol. 24, no. 4, 222–224

Dahlstrom, F.（2014）Using narratives and storytelling to communicate science with nonexpert audiences, *Proceedings of the National Academy of Sciences*, vol. 111, suppl. 4, 13,614–13,620

Dilba, D.（2015）Personal Skype conversation on 6 October 2015

Dobbs, D.（2006）A depression switch? *The New York Times Magazine* [Online] Available at: www.nytimes.com/2006/04/02/magazine/02depression.html [date accessed 16 March 2016]

Dobbs, D.（2013）David Dobbs on science writing: 'Hunt down jargon and kill it', *The Guardian* [Online] Available at: www.theguardian.com/science/2013/apr/19/science-writing-david-dobbs [date accessed 16 March 2016]

Dobbs, D.（2016）Personal Skype conversation on 6 May 2016

Eliott, S.（2016）Personal email conversation on 3 November 2016

Field, S.（2005）*Screenplazivy–The Foundations of Screenwriting*. New York: Delta Trade/Bantam Dell

Guardian（2013）Tim Radford on how to be a science writer, *The Guardian* [Online Video] Available at: www.theguardian.com/science/video/2013/mar/06/tim-radfordscience-writer-video [date accessed 4 March 2016]

Hornmoen, H.（2006）Constructing Karl Popper. How does science journalism employ literary devices? *Nordicom Review*, vol. 27, no. 2, 169–183

Kallan, R.A.（1979）Style and the new journalism: A rhetorical analysis of Tom Wolfe, *Communication Monographs*, vol. 46, no. 1, 52–62

Katz, Y.（2013）Against storytelling of scientific results, *Nature Methods*, vol. 10, no. 11, 1045

Katz, Y.（2016）Personal Skype conversation on 24 March 2016

Klassen, S.（2009）The construction and analysis of a science story: A proposed methodology, *Science & Education*, vol. 18, no. 3, 401–423

Kramer, M.（1995）Breakable rules for literary journalists, *Nieman Storyboard* [Online]

Available at: http://niemanstoryboard.org/stories/breakable-rules-forliterary-journalists/ [date accessed 7 November 2016]

Kramer, M. and Call, W. (2007) *Telling True Stories: A Nonfiction Writers' Guide From the Nieman Foundation at Harvard University*. New York: Plum

Krzywinski, M. and Cairo, A. (2013a) Reply to: "Against storytelling of scientific results", *Nature Methods*, vol. 10, no. 11, 1046

Krzywinski, M. and Cairo, A. (2013b) Points of view: Storytelling, *Nature Methods*, vol. 10, no. 8, 687

Lillie, B. (2016) Science and the art of personal storytelling, In Wilcox, C., Brookshire, B. and Goldman, J.G. (eds.) *Science Blogging: The Essential Guide*. New Haven, CT: Yale University Press, 96–103

Linnell, G. (2014) Storytelling in the digital age, In Potts, J. (ed.) *The Future of Writing*. New York: Palgrave Macmillan, 105–114

McKenna, P. (2016) Personal phone conversation on 18 February 2016

McPhee, J. (2013) Structure, *The New Yorker* [Online] Available at: www.new yorker.com/magazine/2013/01/14/structure [date accessed 8 October 2016]

Mencher, M. (2011a) Story structure, In Mencher, M. (ed.) *News Reporting and Writing*. 12th edition. New York: McGraw-Hill. 125–139

Mencher, M. (2011b) The writer's art, In Mencher, M. (ed.) *News Reporting and Writing*. 12th edition. New York: McGraw-Hill. 140–168

Olson, R. (2015) *Houston, We Have a Narrative: Why Science Needs Story*. Chicago, IL: University of Chicago Press

Posada-Swafford, A. (2016) Personal Skype conversation on 29 March 2016

Powledge, T.M. (2016) That Mukherjee piece on epigenetics in the New Yorker, *On Science* (*PLOS Blogs*) [Online] Available at: http://blogs.plos.org/onscienceblogs/2016/05/13/that-mukherjee-piece-on-epigenetics-in-the-new-yorker/ [date accessed 11 November 2016]

Schultz, C. (2010) Interview with David Dobbs, *Colin Schultz Blog* [Online] Available at: https://colinschultz.wordpress.com/2010/03/13/interview-with-daviddobbs/ [date accessed 17 March 2016]

Wahl-Jorgensen, K. (2013) The strategic ritual of emotionality: A case study of Pulitzer Prize-winning articles, *Journalism*, vol. 14, no. 1, 129–145

Watson, J.D. and Crick, F.H.C. (1953) Molecular structure of nucleic acids, *Nature*, vol. 171, no. 4356, 737–738

Yong, E. (2010) The value of 'this is cool' science stories, *Not Exactly Rocket*

Science（*DISCOVER Magazine*）[Online] Available at: http://blogs.discovermaga zine.com/ notrocketscience/2010/03/16/the-value-of-this-is-cool-science-stories/#. VurTMPkrKHs [date accessed 17 March 2016]

Zivkovic, B.（2011）Telling science stories...wait, what's a story? *A Blog Around the Clock* （*Scientific American*）[Online] Available at: http://blogs.scientificamerican. com/a-blog-around-the-clock/http:blogsscientificamericancoma-blog-around-theclock20110713telling-science-stories-wait-whats-a-story/ [date accessed 17 March 2016]

第九章
事实与数据

在本章你将了解到：

基本的统计学素养 / 常见的误区 / 新闻从业者的失范行为 / 事实核查工具 / 监察者 / 在科学记者中普及统计学知识 / 法律问题：文字诽谤、准确性以及剽窃 / 案例研究：分析一篇有关健康的文章，该文作者对统计数据存在误读

引　言

数据是能让你的读者信服的强有力工具。就像科学本身一样，数据带有客观性和权威性的光环。这也是为什么在实践中所有的记者都会通过数据来支持自己的主张或观点的原因。你能想象一篇缺乏统计数据或有力图表支撑的足球、政治或科学报道吗？可能很难。如果你在报道一篇科学论文，你会阅读并准确地解释科学家在文中提到的数字。只有这些，才是你展示给读者的事实。这也是你面临的很棘手的问题：如果你是一位没有科学背景的记者，你可能冒着看不懂或者是误读文中数字的风险。而且，这些数据可能本身就是错误的。它们有可能是科学家编造的。这并不是对统计数据感到恐惧的理由。为了理解、解释甚至质疑文中的数据和方法，你并不需要重新计算它们。换言之，你需要具备质疑的精神，以及理解不同统计数据表达的是什么意思。

这也就是本章第一部分将介绍的内容，一些你平时阅读论文或写科学报道时经常碰到的核心术语和定义。一些记者倾向于使用数据去掩盖问题，或者说服读者。出现这样的问题，并不总是要去苛责记者。科学家在追求自己

的目标，这些目标中通常也包括争取更多的研究经费。为此，科学家有时候也会对研究发现进行包装，这些可能会误导你，让你相信该项研究比它实际的意义更为重要。

为帮助你避免落入上述陷阱，接下来的两部分内容将会向你表明存在哪些常见的陷阱，以及应该如何去避免。然后，我也会对科学记者的一些失范行为进行界定，例如，没有阅读论文，提供虚假的平衡观点，以及围绕虚构事实，而实际上相反的观点才是合理的。

说到事实，互联网中充满了表面看似事实的东西、被人为操控的图像以及其他内容，在你将它们视为事实之前都需要证实。在关于事实核查工具的部分，你可以获得一些方法，来证实图片的作者和出处，以及发现这些图片是否剽窃而来或是在不同情景下重复使用的。但是，你最首要的事实核查工具就是你的怀疑意识，这会让你警醒，那些表面的事实是否有点不对劲。

这些意识还能够让你避免陷入法律纠纷。如果听信谣言或武断的说法，只是简单地进行报道，你可能会损害他人的声誉。在这种情况下，他们有权起诉你。在最坏的情况下，你可能会坐牢。这就是为什么会有一节致力于介绍、讨论诽谤的基本概念，并比较英国和美国法律的一些不同之处。

在向科学记者普及统计学的这个部分中，有关于如何就科学家获得数据的过程而向他们提问的建议。此外，如果你想让自己对统计学有更多的了解，我还推荐了一些可供选择的课程（这些课程都是我强烈推荐的）。在本章的最后一部分，一个生物统计学家会解释，当撰写有关癌症研究的文章时，某些科学记者如何错误地阐释了期刊论文的统计数据。甚至某些错误的阐释暗示出癌症同环境因素和人们的生活方式无关。这些文章所造成的损害是巨大的，因为一些人可能仅仅因为一个记者错误地阐释了统计数据便会相信这些说法，并偏离健康的生活。

基本的统计学素养

作为一名科学记者，你需要知道科学家是怎样工作的，这样才能让你准确地阐释科学家的研究方法和研究结果，对研究进行报道。并没有人希望你能够重新进行计算，但是所有人都希望你能够将事实讲对。因此，你需要能够解释科学家的研究方法和研究结果，并告诉你的读者这项研究的要点是什么。如果存在疑问，可以向统计学家或其他专家咨询，以明确你应如何对一项统计数据进行解释。事实上，这也是本章我将要讨论的内容。我咨询了科学记者和统计学家，请他们为记者列出一份基本的统计学术语。在我呈现这些术语之前，列出了关于使用数字或统计数据的一些基本概念。

- **不确定性**：在科学中，你很少会碰到绝对的事实。因此，要谨慎使用（或接受）牵涉百分比或其他数字的简单又普遍的事实陈述。科学是复杂的，常常提供部分的解决方案，而不是简单的结论。

- **数据质量**：数据代表了客观性，对吗？并非如此。这些数据可能代表了不准确观测产生的错误。科学家们可能已经处理并进行了数据清洗。他们可能在计算时排除了数据的子集。他们可能选择小样本或大样本的数据。问问科学家他们做了什么，以及为什么要这么做。这些问题在很大程度上反映了新闻调查的五个 W 和一个 H。

- **局限性**：研究结果的可靠性通常仅在非常特殊的情况下才得以成立。注意文中提及的研究局限性。如果科学家没有提及，你就应该敲响警钟了。

- **错误的权威**：读者很少会质疑数字。记者很少质疑科学家的观点。两者都传递了一种权威性，但是数字和科学家都有可能出错。研究者也是人，他们有自己的议程，其中往往涉及研究经费的问题。

- **常识**：拥有批判性思维，并对科学家提供给你的每一个数字提出质疑。问问自己，为什么科学家会告诉你某个特殊的数字，以及他们为什么现在告诉你？此外，尤其是，你面前的数据是否合乎逻辑？

- **情境**：一定要将数据放在更广泛的情境中来看。统计数据很有说服力，但是如果缺乏既定的场景，则会产生误解。在一项新的药物试验中，携带某种疾病的小鼠 66% 被治愈了，这听起来可能令人印象深刻，直到你发现死亡的是第三只小鼠。

我就经常碰到的统计学术语咨询了以下人员：《英国医学杂志》（BMJ）调查编辑德波拉·柯恩（Deborah Cohen），约翰莫尔斯大学新闻学教授史蒂夫·哈里森（Steve Harrison），剑桥大学高级调查统计学家西蒙·怀特（Simon White），斯坦福大学传记作家 / 科学作者克里斯汀·塞娜尼（Kristin Sainani），森肯伯格生物多样性和气候研究中心生物统计学家鲍勃·欧哈拉（Bob O'Hara）。以下列出我挑选出的一些统计学基本术语：

- **百分数和百分点**　当你报告百分比时，还要说明绝对基数值：多少人中的 5%？百分点则是两个百分比之间的差值。如果一种新药的使用让治愈的患者从 24% 上升到 30%，也就是说上升了 6 个百分点。同时，你也可以用比例来表示，即患者治愈率上升了 25%。有些科学家和记者倾向于使用后一个概念，让结果看起来显得更令人印象深刻。

- **绝对风险和相对风险**：同样，标题经常将绝对风险和相对风险混淆。如虚构的标题"糖尿病患者得心脏病的概率是 25%"，实际指的是得了糖尿病和没有得糖尿病这两个人群患心脏病概率的不同。如果基线风险为 10%，那么将其增加 50% 将成为 15% 的绝对风险。但是，如果将 50% 告诉你的读者，你可能会误导其中的糖尿病患者，让他们认为自己患心脏病的绝对风险是 50%。

- **比例**：绝对值有时候具有误导性。如果你在报道中说城市 A 和城市 B 的谋杀率分别是 500 和 29，听起来好像城市 A 的谋杀犯人要比城市 B 多（事实上，从绝对概念的理解上来说是正确的）。但是，这将产生一种错误的印象。将这些数字除以各自的城市人口，然后乘以 10 万，所得到的谋杀率更为直观。假设 A 城市的人口是 850 万，B 城市的人口是 23 万；A 城市的谋杀率是 5.88，而 B 城市的谋杀率则是 12.61，其结果就非常不一样了。还要注意的是，以上的计算只在一个特定时间段内有效，例如，2015 年。

- **相关性和因果性**：假如科学家在考察同一时间段内发生的两个现象或事件，他们称之为"相关性"。这些事件之间有所关联，但是并不意味着它们之间存在因果联系。相关性是通过正的（两个值同时增大，1 意味着它们之间存在完全正相关）或者负的（一个值增大的同时，另一个值减小，−1 表示两者之间存在完全的负相关）十进制值来表示。当你试图简化文章的标题或核心段落时，很可能将相关性与因果性混淆。

- **研究设计**：有些研究是观察性的，科学家只是记录而不是控制病人的情况。因此，这类研究方法显然是依靠病人是否准确地汇报他们吃了什么，使用了多少剂量的药物。观察性研究很少会在研究结果中显示出因果性。相反，在随机对照试验（randomised controlled trials，RCTs）中，研究人员将药物用于标准治疗，将安慰剂用于对照组。研究人员和病人均不知道谁拿到了药以及谁拿到了安慰剂的双盲随机对照试验在许多学科领域被称为"黄金准则"，因为能将偏见最小化。

- **P 值**：P 值告诉科学家他们的研究结果随机发生的可能性。许多人将 P 值视为统计学的典型代表。P 值等于或小于 0.05（5%）被认为具有统计学上的显著性。需要注意的是，P 值的表达依赖于假设的可信性（这无疑是正确的）（Nuzzo，2014）以及观察到的效果有多强。例如，一种药物的使用使得患某种疾病的患者的生存率从 74% 上升到 75%，你可能会得到一个统计学上的 P 值为 0.01，虽然具有统计学上的显著性，但是并不代表具有临床上的显著性。

● **样本规模**：通常，对所有人群进行药物测试是不可能的，也不符合伦理。因此，科学家通常会从全部人口中抽调有代表性的样本，从而进行推断。如果样本规模太小，可能没法检验一项治疗是否具有效果。这也会让 P 值作为指标衡量一项研究结果是否具有显著性失去意义。如果样本量非常大，那么它也可能使 P 值失去表达能力。

● **选择偏见**：受到选择偏见影响的样本是不具有代表性的。例如，先假设 500 名风笛手代表苏格兰人，这显然是不真实的，因为并不是所有的苏格兰人都会演奏风笛。选择性偏见会让研究结果变得无效。通过常识，可以判断研究方法中抽取的样本是否无偏见。

● **无效假设**：这是对最初研究假设的否定。例如，如果科学家的假设是一种新药对某个特定人群具有疗效，那么无效假设则意味着不具备疗效，因此，在两个现象口没有关系。为了证明最初的理论，研究者会努力驳斥无效假设，以证明确实是有效的。需要注意的是，无效假设只有在一项研究发现具有显著性的情况下才能被驳斥。通常，无效假设用 H_0 来表示。

● **统计效能**：统计效能帮助研究人员确定零假设被拒绝或接受的可能性有多大。统计效能越高，其统计学意义上被拒绝的可能性就越高。研究应该说明统计效能，如果没有的话，就有理由受到质疑，需要具体去询问研究者。

● **统计学和临床显著性**：所有 P 值等于或小于 0.05 的数据均有统计学意义。要注意非常大的样本量，因为很容易就获得统计学上的显著性，即便其效应值可能很小。如果效应值太小，或者执行一种新的治疗方案的成本太高，对患者而言，使用一项具有统计学显著性意义的药物仍然是不现实的。

● **效应值**：效果大小这个值与临床意义密切相关，告诉你一个现象有多严重。效应值通常作为一项独立值显示在报告中。如果你观察的变量没有显著的变化（比如死亡率），那么影响的范围就会变小。优势比和相对风险发挥着衡量效应大小的作用。

● **标准偏差和标准误差**：标准偏差向你展示了分布内的可变数据及其分布。你的值是否集中在样本均值周围，以及存在多大的偏差？相反，标准误差是统计量（相对于总体样本）的标准差。

● **证据等级**：在生物豆学研究中，证据层次根据不同类型的证据和研究设计进行了排序；通常以金字塔的形式展现出来：排名最低的因素在底部，排名最高的因素在顶部。通常看法和观点位于顶部，然后是试管研究、动物研究、病例报告、观察性研究（病例对照和队列研究）、随机对照试验及其元分析（meta-analyses）。一定要记住，在动物实验上的研究发现并不同样适用于人体。

请记住，P 值不能提供绝对的确定性，例如，"P 值不能表明这项研究的重要性。比如，某一种药物可以在没有治疗效果的情况下，对患者的血糖水平产生统计上显著的影响"（Baker，2016：151）。美国统计协会（The American Statistical Association，ASA）提醒避免单独使用 P 值去评价科学发现，因为 P 值既不能表明研究假设的真实性，也不能表明研究的重要性。令人担忧的是，P 值的错误使用会导致科学发现的不可重复性（Baker，2016）。所以需要通过常识来判断一个效应到底有多可信，正如里贾纳·努佐（Regina Nuzzo，2014）所言："研究假设越不可信——如心灵感应、外星人、同类疗法——获得的令人激动的研究发现是错误的可能性就越大，而不管 P 值是多大。"（151）

常见的误区

科学报道中最大的缺陷之一源于语言上的歧义。在统计学里，上述几个概念已经有清晰的定义，例如显著性、比率、风险等。问题是，以上概念也存在于日常语言中，但是具有不同的含义。在使用这些概念的时候，应该明晰使用的情景。为了准确和清晰，在使用的时候不要模棱两可。

这是一个例子："显著性"（significance）在日常用语中意味着"重要"。在非统计学上，主张推平热带雨林对红毛猩猩种群有显著的负面影响，完全有理由表明砍伐森林对野生动物是有害的。但是，从科学上来讲，这样的表述并不精确，因为缺乏支撑上述观点的可检测的信息。相反，使用统计学的研究方法可以对上述提出的显著性（见上一章）进行判定。虽然红毛猩猩的数量实际上可能已经减少了，但科学家们在发表一份有科学依据的声明之前，还需要对某个具体影响的显著性进行检测（例如，推土机的数量或被它们摧毁的区域）。

另一个没有正确使用的概念是"比率"（rate）。百分率有时候被错误地视为比率。例如，科佩（Cope，2006）举了一则发表在《华盛顿邮报》上的例子，这篇文章使用了具有误导性的标题"在过去 13 年中空难的发生率是最高的"，这则标题中没有实际提到空难发生的比率，而只是说了一个绝对值。

这个事例，与其他错误使用"比率"概念的文章一样，完全没有报道任何比率，而只有死亡和坠机的总数。必须刊登一份更正，指出每10万次离境事故的数目——包含准确的比率，"多少数据中的多少"——已经是逐年递减。

（Cope，2006：23）

另一个错误是关于"数据遗漏"的问题。当你在报道某项研究发现时，你需要对某个具体的事件或事实进行选择并忽略的时候，需要非常谨慎。如果你的遗漏扭曲或歪曲了研究的实际信息，那你就犯了一个错误。这个错误就像从引文中挑选语句（参见第四章）并将它们从上下文中分离出来，从而歪曲了它们的含义。在医学研究上，仅仅报告治疗组的研究结果是不够的，你还需要询问对照组的效果。如果文章的作者没有提到这些影响效果，那就需要询问他们。例如，如果在一篇关于镇静剂副作用的报道中，报告中称有50%的研究参与者患有失眠，这个结果令人担忧。但是，如果你说在对照组中也有45%的研究参与者患有失眠，那就很不一样了。事实上，如果你遗漏了后面的部分，读者可能会拒绝服用镇静剂，而事实上服用镇静剂可能对他们有好处。

斯坦福大学的健康研究专家及教育学家克里斯汀·西奈（Kristin Sainani）告诉了我另一则关于数据遗漏的案例。她明确指出大部分她所碰到的关于数据遗漏造成的失误案例中，主要的责任在于科学家，而不是记者。

当你进行一项随机实验时，明确的目的是将治疗组和安慰剂组进行对照。即便经常发生的情况是，你可以在治疗组发现有显著的改善，但在安慰剂组发现没有显著的改善。但这是在拿这个群体和它自己做比较。这并不意味着这两组本身是不同的。你可以想象这样一种情况，安慰剂组只是不具有统计意义，而治疗组的改善只是做到了这一点，但是两个组可能实际上并没有很大的不同。我经常看到这样的错误，而且，很大程度上是因为科学家希望发掘一些东西表现在文章中。他们说"好吧，治疗组具有显著的改善，这难道不好吗？"因此，媒体在报道时就指出，在治疗组中具有显著的改善效果。

（Sainani，2016）

使用平均值是另一个容易犯的错误。平均值有不同的类型，不能在面对问题时同等使用。算术平均数是指所有数值的和除以数值的个数，通常用来描述数值的正态分布。这里有一个例子：假设你在实验室中用 3 只成年老鼠做实验，它们的年龄分别是 4 个月、5 个月和 6 个月。将这些老鼠的年龄加起来（15 个月）除以 3，平均值是 5。因此，用平均值 5 个月来表达老鼠的年龄是恰当的。但是，如果你有一个极端的离群值，比如一只非常老的老鼠，那么分布就会发生偏差，平均值不再是描述种群的好方法。例如，3 只年龄分布为 4 个月、5 个月和 51 个月的老鼠的年龄平均值是 20 个月。也就是说，对于家鼠来说，用平均值来表达也不合适，更不用说用来描述实验室里的老鼠年龄了。

你可能发现使用中位数更合适，中位数将样本分为高、低两个部分。在试验中，一组数值的中位数即位于中间的数值。例如，在上述提到的案例中，在 4 个月、5 个月和 6 个月大的老鼠中，中位数就是简单地取位于中间位置的数值即可，也就是 5 个月。如果存在一个极端的离群值（年龄很老的老鼠），中位数也不会发生变化。在 4 个月、5 个月和 51 个月大的老鼠中，中位数仍然是 5 个月。因此，中位数很少受到离群值的影响。考虑到科学中的测量会产生误差，这是一个重要的考虑因素。

作为一个有抱负的科学作家，你还可能遇到许多容易犯的错误。避免这些错误的最佳途径就是多问。包括质疑研究设计，例如，样本究竟有多大，是如何获得的，以及能够代表怎样的群体，是否是随机样本？在民意调查中，应该使用随机样本（Cope，2006）。

基于研究设计缺陷的陷阱的一个典型例子是塔拉·帕克－波普（Tara Parker-Pope）为《纽约时报》撰写的一篇关于个人健康的文章。文章标题是"脂肪的困境"（The Fat Trap），内容是关于节食后如何保持身体健康面临的困难。弗里曼（Freeman，2013）在《哥伦比亚新闻评论》（*Columbia Journalism Review*）中指出，帕克－波普的这篇文章受到许多科学家和博主的批评。虽然，弗里曼认为这篇文章是"一篇报道详尽、文笔优美、可读性强且令人信服的个人健康科学新闻"，但是他列出了许多专家关于这篇报道的批判。例如，专家认为这篇文章是基于小样本的、短期的研究，而如果基于大样本、长期的研究可能并不能印证文中样本得出的结论（Freeman，2013）。帕克－波普的文章也是当样本量相对较小时对效果影响的一个主要例子。

新闻从业者的失范行为

新闻从业者一定要时刻秉持诚信原则。你所告诉读者的应该是真实的、充分的研究。作为新闻学 ABC 原则之一的精确性应该是首要准则。你的读者和编辑都相信你。如果你撒谎、伪造事实或者剽窃，总有一天你的行为会被曝光，而你新闻从业者的职业生涯也会断送（本章将讲述一则案例）。这完全是不值得的。你可以用以下列表中提出的问题来问问自己，以避免错误的发生。在你开始写故事之前，问问你自己：

- 你是否做到了详尽的报道？以及完全掌握了相关概念？
- 是否只是挑选了仅仅支持你所写故事观点的那部分事实？
- 对受访者的观点有没有存疑？或是仅仅接受？
- 对所有的事实有没有证明？
- 查阅的是主要资料还是二手资料？
- 请独立科学家帮你解释一项研究的观点？
- 查阅足够的信息以全面了解一个主题？
- 将自己的语言与引文进行清晰区分，并正确地标注引文出处？

如果你的报道带有偏见、错误或者受到其他因素的影响，将会误导读者。因为，读者会认为你讲述的是事实，他们会根据你写的内容来做出决定。读者可能会将赌注压在某一匹马身上而损失很多钱，而这正是因为你推测说这匹马在比赛当天状态非常好。读者们可能会将选票投给某一位参选人，正是因为你告诉他们这样的选择是符合逻辑的。读者可能不会服用某一种能够挽救生命的药品，因为你指出这个药物没有疗效。因此，永远不要构造或散布谣言。这是严重的渎职行为之一。

剽窃也是一项严重的渎职行为。此类不当行为的一个主要例子是约拿·莱勒（Jonah, Lehrer）。2012 年，科学新闻的查尔斯·塞菲（Charles Seife）教授调查了莱勒发表在他的博客"额叶皮质"（Frontal Cortex）上的 18 篇在线科学文章。塞菲发现，莱勒从新闻稿中摘抄了一些引文和段落，并将它们作为自己的文章重新发布，但没有注明出处。尽管调查人员认可"关于新闻发布的新闻原则是模糊的"（Seife，2012），但是他们同时指出"关于为其他新闻从业者作品获得荣誉的相关规定并不模糊"。塞菲用莱勒剽窃其他记者或博主内容的大量案例来印证他的上述观点，莱勒要么逐字复制他们的文字，要么在重新发布之前对文字稍做编辑。

还有一些针对科学新闻类的新闻业的失范行为。其中之一就包括在报道之前没有阅读原文。由于时间紧张，科学记者往往只阅读新闻稿，并只做到从字面上去理解内容。2014 年，伊万·欧兰斯基（Ivan Oransky）在英国科学记者大会（Conference of Science Journalists）上的演讲中，明确指出上述做法属于新闻业的失范行为。遗漏事实、以某种方式构建其他事实以支持议程是科学新闻的另一种行业失范行为。伊万·欧兰斯基和德波拉·柯恩（Deborah Cohen）认为，尤其是在健康类新闻中，报道倾向于正面的研究结果，而漏掉研究的局限性（Cohen and Oransky，2014）。

事实上，当记者和科学家倾向于用特定的统计数据来达到某个目标时，比如淡化风险，也会出现对事实的歪曲，以及随后对科学信息的歪曲。例如，科亨指出，滥用相对风险去人为地扩大好处或淡化风险都是一种常见的失范行为。

> 一定要尽量使用绝对风险，而不是相对风险。因为，正如你在这个标题中所看到的："如果你患有糖尿病，你将有 50% 的概率得心脏病"，这并不意味着糖尿病患者中，两个人中就有一个人有得心脏病的可能。这就是你所称的相对风险。你需要做的是观察人群中心脏病发作的基线风险。从辩论的角度，我们假设这个绝对风险的概率是 10%。而上述标题中所说的糖尿病患者得心脏病的概率比 10% 高 50%，所以他们的患病风险是 15%。显然，这个标题更缺乏吸引力。研究人员将非常内疚把这一点写在论文中，并且是依赖于相对风险。如果你正在报道一篇论文，需进一步询问作者绝对风险是多少。
>
> （Cohen，2016）

科学家兼科学作家克丽斯蒂·威尔科克斯告诉我，她无法忍受记者和科学家滥用数字来冒充权威。她的博客中有三分之一的内容是揭露不准确的统计数据以及对数据夸大使用的内容。其中一个例子是她在博客上发表的一篇关于阴谋论的文章：牛津昆虫技术公司（Oxitec）的转基因蚊子引发了寨卡病毒病的爆发。阴谋论认为寨卡病毒与释放牛津昆虫技术公司的转基因蚊子发生在同一个地点。但是，威尔科克斯指出，这两个地点实际上相隔了 400 英里。显然，如果你从地图上缩小来看，两地离得很近。威尔科克斯对为什么会产生这样的错误报道有一套自己的理论：

> 我认为这类事情的发生，部分是为了提出各自的观点，然后试图寻找证据来支持观点。然而，他们应该看看证据，然后形成自己的观点，并找出是否与特定的想法一致。正是这种寻找证据的行为让你陷入了危险的境地。如果我努力寻找，我能够让某个事情看起来像真的一样。
>
> （Wilcox，2016）

相反，威尔科克斯建议采用科学的方法。假设你提出的假设是错误的，然后努力寻找证据去驳斥它：

> 一开始，一定要假设你是错的，然后为此去寻找证据。你能做的第一件事情就是，承认我一开始的认识是错误的。就像在塞卡病毒的案例中我所说的，"400英里，听起来确实很远。也许蚊子每天都在飞，或者水里含有四环素，让蚊子飞很远也存活下来了"。从不同的观点出发，将你的立场剥离出去，然后为此去寻找证据。
>
> （Wilcox，2016）

新闻失范行为的另一种表现形式就是偏见，不能以平衡的观点去报道。选择支撑你的观点的研究和引文并不难。毕竟，几乎每一个科学论证，都有一个已发表的反论证，等待着从无数的期刊论文中被发掘出来。仅仅这样的话还不能被认定为失范行为。但是，你选择引文的方式可能会带有偏见。如果你只是采访了一项研究的首席科学家（PI），并且在文章中没有涉及其他的观点，这只能呈现关于该项研究的非常有限的观点，因为大部分的研究者不太可能将各自碎片化的观点纳入其中。因此，在报道过程中，至少再采访一位额外的、有独立信息来源的观点是有必要的。

但是，即便你采访得到了两种完全相反的观点，也难以确保报道的观点是不带偏见的。伊利诺伊大学芝加哥分校的医学和药理学教授加里斯·拉赫曼（Jalees Rehman）认为，当你作为一名科学记者在陈述科学观点时，有责任反映社会共识的现实观点。

> 如果98%~99%的科学家认同人类对全球变暖负有责任，那么，对另外1%否认气候变化的边缘科学家的观点赋予同等的重视，并将此视为"平衡观点"的做法将是错误的。
>
> （Rehman，2013）

事实核查工具

因为互联网、智能手机和社交媒体，当今信息的传播速度比以往任何时候都要迅速。积极的方面在于，即时新闻、图片、视频或其他类型的信息均比以前传播得快，即便有些地方是记者不能到达的。今天，每个人都能低成本地制作有新闻价值的素材并进行宣传。缺点在于，大部分素材是无用的、假的或者是伪造的。但是，作为新闻记者，你不可能对互联网上广泛传播的信息视而不见。尤其是对于即时发生的事件，新闻机构也通常会使用居民用他们的智能手机记录的材料（在征得拍摄者同意的情况下）。然而，不幸的是，由于时间紧迫，一些记者在发表他们所获得的素材之前并没有进一步证实。这就使新闻记者不自觉地传播了虚假或捏造的内容。

无论什么时候，当你遇到不可信来源在网上发布的未经证实的图片、视频、声明或指控时，都要对其真实性表示怀疑。这条信息很有可能经过了篡改，或者本身就是谣言。州立密苏里大学的讲师格里·柏恩泽（Gerri Berendzen）为雷诺兹新闻学院（Reynolds Journalism Institute）写的一篇文章中提到，作为一名有抱负的记者，你至少应该问自己这样两个问题：是谁说的？他们是如何知道的？而且，柏恩泽（Berendzen，2014）还认为，虽然有很多有用的资源可以检查网上信息的真实性，但记者应该接受专门的培训，学会正确运用事实核查技术。其中一个工具就是"真实性核查手册"（verification handbook），这是免费使用的工具（参见网站链接）。

图片尤其容易被篡改。拍一张照片，上传到网上，贴上标签，给照片标注一个位置，然后写一条评论，和你的朋友在网上分享。整个过程不过几分钟。传播虚假信息（不管是否经过精修）从来没有像现在这样容易。互联网上广泛传播的经过篡改的图片主要有两种类型：重新出现的照片本属于一个事件，但现在被归为另一个事件；主题事件和被篡改的照片，主要特征是被剪接或改变了信息，或是把照片主题放在一个完全不同的背景下使用。

去揭露被篡改的图片和其他多媒体的内容很棘手，同时也很耗时，因此需要使用特殊的工具来应对。从好的方面来看，数字传播的内容通常包含可以验证的信息。而且，会留下传播痕迹。互联网不会遗忘。只需要查看图片的文件属性，通常就能发现图片的拍摄日期，甚至拍摄地点和拍摄人。

陶氏数字新闻中心（Tow Center for Digital Journalism）的研究负责人克莱尔·瓦德（Claire Wardle）指出，使用"真实性核查手册"意味着"记者以及秉持人道主义的专业人士，应该始终从内容不正确的立场出发"（Wardle，2013：26）。她进而具体指出，作为一名记者，应该从以下四个方面对用户制作的在网络传播的内容进行验证：

（1）**出处**：你能确定该图像或视频是原始内容，还是一个简单地抓取和重新上传的图像或视频吗？

（2）**来源**：原创者是谁？

（3）**日期**：图片拍摄或视频制作于何时？

（4）**地点**：图片拍摄或视频记录的地点在哪儿？

至于照片，附加的元数据提供了关于数字记录照片来源的大部分可靠信息。可交换图像文件（EXIF）格式实际上是记录和读取技术数据的标准，比如相机的曝光设置、快门速度、制造商和型号。但更为重要的是，附带的可交换图像文件数据包含了图片的拍摄日期和时间。如果相机在拍照时还具有全球定位系统（GPS）接受功能，那么元数据中就还可能带有地点信息。大部分专业的图片编辑软件都能读取可交换图像文件数据，通常文件属性中就能显示图片元数据。但是，可交换图像文件数据通常并不包含文件出处的相关信息，除非在相机中做了明确的专门设置。注意，可交换图像文件数据不是防篡改的，可以使用从互联网下载的免费工具进行数字化修改。

有一些简单的工具可以让你至少检查一下图片是否曾经被上传到网络上，因此可以让你发现图片是否是原创的。例如，谷歌的反向图像搜索可以让你插入 URL 链接或上传图片，然后在网络上搜索相似和相同的图片，并以大家熟知的格式来呈现检索结果。天眼（TinEye）也能提供同样的搜索，而且也是免费的。如果没有找到任何结果，也并不保证图片就是原创的。你还可以使用这些工具去检测是否有人盗用了你的图片。

除非它们被明目张胆地篡改过，否则被篡改过的图像通常更难被发现。大多数图片机构允许对图片稍敲编辑，如对比度和水平调整，以及做一些裁剪等。首要原则是，不能剔除图片的关键信息或者图片的背景，不能增删人物或物件。这些都是不允许的。在纪实摄影中，摆拍是不被允许的，虽然也有这样的例子。例如，意大利的摄影师乔瓦尼·特罗伊洛（Giovanni Troilo）被剥夺了曾获得的世界新闻摄影奖（World Press Photo Award），因为他所拍摄的一对夫妻在车后座上发生性行为的照片其实是摆拍而被曝光了。

也有一些工具可以验明图片是被篡改过的还是直接来自相机的拍摄。例如，Izutru 可以让你上传图片，然后通过一系列算法进行处理。该软件使用三点量表对图像质量进行评分：无操作、某些操作或可能的操作。为了避免这种情况的发生，路透社加入了"直接摄像运动"（straight-off-the-camera movement），并宣称将不再接受自由摄影师的原始照片。相反，路透社要求自由摄影师提供经过相机处理的照片，这些照片以后不能修改（Zhang，2015）。

德国新闻周刊《明镜周刊》（*DER SPIEGEL*）拥有世界上最大的事实核查机构，它雇佣了 70 名文档记者（截至 2011 年），拥有大约 50 年的经验，见图 9.1。《明镜周刊》的事实核查人员已经开发出一种文本流，用来确定谁来检查提交的文本的哪些部分，以及每个角色可以和必须检查什么。"这包括在文档中对每个单独的词汇进行标注，这有助于防止有的错误被'忽略'，并识别相互关联的错误。"（Schäfer，2011：4）舍费尔（Schäfer）进一步指出，并不要求文档记者去进一步论证科学发现，他们主要是负责核实记者及其观点和解释的出处。

> 然而，在任何情况下，最重要的原则是最终新闻的原始来源。即使这则新闻是由某个大学发布的——通常认为不是一个坏的来源——也有可能歪曲研究内容（除了打字错误和其他常见的错误）。
>
> （Schäfer，2011：2）

图 9.1 文档记者正在核查和验证图片及图片标题，2010 年
5 月 5 日在位于汉堡的《明镜周刊》前总部拍摄

来源：《明镜周刊》

也就是说，最佳的事实核查工具不是计算机，而是你自己的质疑意识。这促使你对科学家、说客或政客灌输给你的每一点信息都提出质疑。同时，还要具有良好的常识，这个工具在很长时间内都发挥作用。史蒂芬·哈里森（Steve Harrison）证实了这一点：

> 最重要的是要有常识。事实核查的常识基础是估计。如果可以的话，一定要估计一下。例如，有人说在英国有 8000 万人将要参加英国

脱欧的公投，问问你自己，这个数据听起来合理吗？是不是太高了？8000 万人有可能去参加公投吗？这就应该拉响警钟了，去核查一下这个数据。如果你不站在后面思考，从常识的角度看，这个数据对我来说合理吗？不幸的是，你将这个数字写进了你的故事中，并对这个错误的数字进行各种统计分析。如果故事是从错误开始，那么故事的进展和解决也将是错误的。

（Harrison，2016）

监察者

时间和金钱的缺乏常常是我们无法履行最重要职责的原因之一：让当权者承担责任。这在一定程度上反映了科学记者如何看待他们的日常工作。在《全球科学新闻报道》（*Global Science Journalism Report*）中，鲍尔等人（Bauer et al.，2013）对 592 名科学记者进行了一项调查。研究发现，66% 的被访者认为科学新闻的批判性不够。当被问及他们认为好的科学记者应该具有怎样的品质，99% 参与回应的受访者认为是"对事实进行报道"，而仅有68% 的受访者认为是"计算或理解统计数据的能力"，35% 的人回答中选择了"具备科学相关的学位"（Bauer et al.，2013）。

关于作为一名科学记者应该在社会中扮演怎样的角色的提问，592 位受访者中有 43% 选择了"告知"的选项，而只有不到 10% 的人认为，新闻记者在社会中扮演着"监察者"的重要角色，这个数据是很低的。如果只看北非和中东的数据，这个选项的回答者则是 23%（Bauer et al.，2013）。

资源减少可能是产生上述回答结果的原因之一，但绝对不是决定着谁能、谁不能担任科学记者角色的唯一因素。一些科学新闻教师，如格拉摩根大学（Glamorgan University）的托比·默科特（Toby Murcott）认为，作为一名科学记者，你所具备的批判性程度也取决于科学家。默科特（Murcott，2009）在《自然》上发表的一篇文章中写道，科学家与科学记者的关系就像神与牧师的关系：大部分科学记者只是单纯地从科学家那里获取信息，然后将这些信息传递给公众，不添加其他知识。这也是科学记者与时政类记者的不同之处。尽管他承认这一问题可能部分地与资源匮乏有关，但是他提出需要打破这种关系，以及需要让科学的过程更加透明。"有一种很好的方式，如果科学家能帮助揭开科学的产生及其评审的非常人性化的过程的话，那么科学家类似教会的、不容置疑的权威角色也就得到了化解。"（Murcott，2009：1054）与政治家不同的是，大部分科学家都具有客观性的态度。这就是为什么如此多的科学文章只是附和科学家和公共信息官的说法。许多科学记者也不会对他们的访问对象的观点提出批判性的质疑，而这正是好的时政类记者会做的事情。但是，与政治家一样，科学家也是一群追求实现个人目标的人。正如德波拉·柯恩（Deborah Cohen）所说的，科学家们的目标往往也涉及金钱，他们的研究计划往往是以科研经费为中心而展开的。

> 一些科学记者对待科学家和医生，就像他们和我们其他人是不同的道德物种一样。这让我觉得很疯狂。科学记者成为了科学家的公关机器，而不是去质疑他们的观点。同样让我感到困扰的是，科学记者认为科学家和医生是不带有偏见的。所以，要经常问他们有关资金的问题，因为大学就像其他公司一样，变得越来越像商业机构。如果你在写葛兰素史克（GSK）或罗氏（Roche）等大型制药公司的新闻稿，你会以怀疑的眼光去看待科学。但是，对于大学，人们似乎会放弃他们对科学的质疑或怀疑。但是，应该对所有的事情秉持同样程度的质疑。你必须记住，研究人员绝对需要宣传他们专业的重要性。慈善事业也是如此。所有的研究人员都在争夺资金。

> （Cohen，2016）

像科恩一样，监察平台对科学监督者进行着系统的观察。这些网站揭露有瑕疵的科学新闻，指出事实性错误以及错误的报道，并提醒科学记者要对他们的读者负责。这对于个人健康类报道者来说尤为重要，因为他们的报道对公众做出的与其健康相关的决定的影响不容小觑。弗里曼（Freeman，2013）在其发表在《卫报》上的一篇文章中论述了这方面的责任。他指出，即使个人健康内容相关作者试图按照良好的实践或指导原则进行报道，"他们仍然会写一些严重误导公众的文章，这往往会导致糟糕的健康决策，并带来灾难性的后果"。

但是，这些科学新闻的监察者也会列出经过好的研究、带有批判观点的科学新闻报道，作为好的案例。这些文章是优秀的学习工具，因为大部分都明确地表达了它们所追求的标准。其中，一个关于科学新闻监察网站的突出例子就是"骑士科学新闻追踪者"（Knight Science Journalism Tracker，KSJ）。但是，很不幸的是，该网站在 2014 年被叫停了。但是，"骑士科学新闻追踪者"团队的新负责人德博拉·布卢姆（Deborah Blum）对"追踪者"（Tracker）博客进行了重整，并将其纳入一本由她发行的数字化杂志《不黑暗》（*Undark*）的一部分。此外，"追踪者"再次在网上发布了 1 万多篇旧帖子。你可以在本章末尾的网站链接部分找到"追踪者"过去和现在发布的文章的链接。

同样，健康新闻评论网（Health News Review.org）是针对健康相关的科学文章质量的评论，并按照"五星系统"对这些文章进行排名。评审员名单很长，包括许多有名望的研究人员和可敬的记者。健康新闻评论网的独特之处还在于其开放性，你可以看到它如何审察文章。审稿人会公开他们所有的评估标准，并附上关于一篇文章是否符合这些标准的详细信息。除此之外，他们还会解释是如何对这些文章进行星级评估的。

虽然上述网站非常具有代表性，但是它们并不是仅有的监察网站。《尼曼报告》（*Nieman Reports*）和《哥伦比亚新闻评论》（*Columbia Journalism Review*）的门户网站上也设置有监督部门，虽然并不是专门针对科学新闻的。在德国，多特蒙德技术大学（Technische Universität Dortmund）的"medien-doktor.de"相当于健康新闻评论网，该网站也发布它们的评价标准。在澳大利亚、日本、加拿大和中国的香港特区也有类似的媒体监督网站，还有很多其他的媒体监督网站，你应该在学习过程中参考一下。

在科学记者中普及统计学知识

如果你具有科学相关的教育背景，或许就不太需要额外的统计学方面的培训，因为这不是必须要上的课程。并不是所有的科学家都具有良好的统计学知识，也不是所有的科学家都能弄对统计数据。但是，如果你的确有科学方面的教育背景，你可能比训练有素的科学记者更有优势。后者构成了科学作者的大多数，因此许多机构专门为这些科学记者开设了统计学相关的培训项目或者在线课程，例如世界科学记者联盟（World Federation of Science Journalists，WFSJ）和科学与发展网络（SciDev.net）合作提供的科学新闻自学在线课程，其中包括科学记者学习统计学的一个模块。

这样的课程是有必要的，因为在许多大学的新闻专业课程设置中，统计学所占的比重不足。根据英国皇家统计学会（The Royal Statistical Society）关于科学新闻学的调查，在 374 个被评估的本科新闻课程中，没有一个包含或提到专门针对统计学的核心模块（Kemeny，2014）。但是，有的课程将统计学并入其他的课程模块中。史蒂芬·哈里森（Steve Harrison）根据他在约翰莫尔大学（John Moores University）修读本科生新闻学专业的个人经历，也证实了这一点。

根本没有针对性的计算方面的训练。唯一相关的课程是一个可选择的课程模块。学生可以在没有任何正规的计算方面培训的情况下完成整个三年的学习。现在，我用好的案例密集地举办讲座、讨论会和研讨班，并讨论如何写作与数字相关的报道。

（Harrison，2016）

最引人注目的是，英国皇家统计学会发起了一项倡议，对公众和记者进行统计素养教育。这个项目的一部分是让大约24名统计大使接受专门培训，并在英国皇家统计学会回应媒体的要求。作为科学新闻课程的一部分，英国皇家统计学会负责在BBC这样的媒体机构中组织培训学习班。其中一位被任命的大使是统计学家西蒙·怀特（Simon White）。怀特告诉我，他教各个层次的学生和记者，统计素养可以归结为对统计数字的批判性思考（见图9.2）。虽然他相信大多数记者都习惯于提出批评性的问题，但他认为"许多记者缺乏的关键技能是批判性地质疑统计数据的能力"（White，2016）。

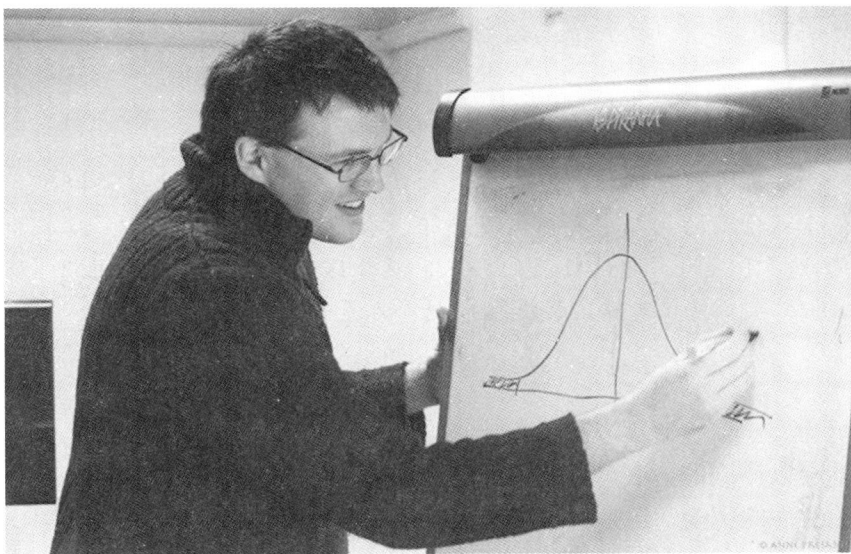

图9.2 简易信息聚合大使西蒙·怀特正在教学生和记者统计学

来源：Anne Presanis

怀特告诉我，记者应该对统计学知识的四个核心领域有所理解：

（1）对数据收集的质疑。

（2）对定义界定的质疑。

（3）对数据多大程度上存在着不确定性的质疑。

（4）对数据表述的质疑。

关于数据的收集，怀特列举了许多问题，这些问题是科学记者（也包括其他记者）在面对统计数据时应该提问的。这些问题基本上包括了五个 W 和一个 H 的问题，而这些问题是所有的新闻故事都必须回答的。

> 要得出一个统计数字，必须有一些证据或数据。从哪里获取？谁收集的数据？他们为什么要收集这些数据？什么时候收集的数据？如何收集起来的？这些数据用来做什么的？从统计素养的角度来说，以上这些问题构成了新闻学的五个"W"和一个"H"的问题。
>
> （White，2016）

怀特同时强调界定对所观察到的或被测量的现象进行描述的变量的重要性。此外，他提醒要注意文本中数据传达出来的固有的权威性。为了说明这一点，怀特举出了一个虚构的统计学例子：

> 如果有人说伦敦的每个男人都是秃子，你可能会质疑。但是，如果他说，伦敦的男人中有 26% 是秃子，有的人或许就相信了，也不再继续询问。突然间，通过数据的引入，就让这个数据具有权威性了。现在，我们需要训练记者像这样提问："这个人是如何得出上述数据的？"
>
> （White，2016）

另外，定义也很重要，因为每当复杂的现象被归结为简单的术语时，读者可能会以不同的方式解读这些术语。根据上述例子中所提到的怀特关于伦敦秃顶男性的例子，作为一名记者，你应该问一问：在这项研究情景中，"秃顶"究竟是指什么？男性的年纪多大？秃顶意味着完全没有头发，还是留着马蹄形的头发也算秃顶？在研究中应该对秃顶有明确的科学定义，而不是按照日常用语来使用（关于秃顶有一个分类等级，即汉密尔顿－诺伍德等级，Hamilton-Norwood scale）。

怀特告诉学生的另一个重要概念就是，数据必须具有可关联性。如果一篇文章中提供的数字太大，可能会立即给读者留下深刻的印象，也可能不会。怀特援引了一则英国国家医疗服务体系年度预算的例子。他说，读者很难想象出 1000 亿美元的预算。除了认为这是一个很庞大的数字之外，很难想象这么大的数字意味着什么。因此，他建议将类似大额的数据进行分解，并用日常的语言来解释。在英国国家医疗服务体系的例子中，怀特首先将年度预算除以一年中包含的周数。然后，用获得的周预算数除以英国的人口数，大约是 6000 万人。结果得到英国国家医疗服务体系的花费相当于每人每周 32 英镑（1000 亿英镑除以 52，再除以 6000 万），这个数据的尺度是人们能够理解的，不像 1000 亿英镑这样庞大的数据那样难以想象。

就像本章中所有受访者一样，怀特提醒不要只从表面上来看待数据，并强调了上述提到的不确定性的概念。新闻中有许多精简的数据，例如失业率。

（失业率）并不是准确的概念，因为我们通常是通过民意调查或家庭抽样的样本预估数据。这也就意味着这些数据中存在一定的不确定性。还需注意假的准确性。如果我说英国的人口是 63181775 人，你可能立马回答说：不，不对！你怎么可能知道精确到个人的数据？如果我说英国的人口是 6300 万人（最接近的百万数），你可能就认为这个数据没有问题。即便如此，我们对这个数据的确证度有多高呢？每天都有人出生或死亡。当你得到一个单一的数字，通常它只代表所谓的点估计。然而，这个数字通常是不确定的，通常归因于自然的可变性和我们计算出这个数字的方式。这种不确定性可以用区间或范围来表示，我们相信真实的数字就在这个区间内。例如，英国国家统计署指出，英国 2015 年年中的人口数为 65110000 人，并在上下 2% 的区间浮动（64979780 ~ 65240220人）。为什么我们不能知道人口规模的确切数据？这是因为上述数据是根据 2011 年的普查估计出来的，包含了死亡人数、出生人数和移民的人数。

（White，2016）

怀特认为，不确定性存在于所有的单个数据或点估计值中。这也是他提醒人们应该注意不确定性的原因。而且，作为记者，在文章中使用类似数据的时候，你有责任向你的读者表明这种不确定性。这种不确定性往往使我们无法从统计报表中得出绝对、简单的结论。同时，你不用被复杂的统计方法吓到：

你不需要掌握特别的或复杂的数学方面的技能，通过常识就能进行批判性思考和对数据提问。

（White，2016）

法律问题：文字诽谤、准确性以及剽窃

好的科学故事是关乎人的故事。也许你讲述了他们的故事，也许他们帮助你阐明了复杂的科学问题，也许你不得不起诉他们以获取信息。所有这些人都可能会失去生命、工作和名誉。尤其是一旦你开始对科学新闻进行调查，这些人很可能会觉得你的文章、电视节目或电台报道玷污了他们的声誉，迫使他们寻求法律援助，起诉你，或你的潜在有害文章的出版商或广播公司。显然，如果你写的是不加批判的、不痛不痒式的科学文章，并扮演为科学鼓掌呐喊的角色，这种情况是不大可能发生的。

如果你报道的是个人或公司，你对他们采取的任何方式的质疑都有可能给他们的名誉带来损害，他们也会自我辩护。诽谤在世界上的大多数国家都是要受法律惩罚的，而且惩罚的类型和程度因国家而异。在意大利，以诽谤的罪名将记者投监的情况并不罕见。2012年，时任意大利《新闻报》（*Il Giornale*）总编辑被判坐 14 个月的监狱，因为他 2007 年在《自由报》（*Libero*）上发表专栏文章。在专栏文章中，作者以笔名德雷福斯（Dreyfus）发表的文章中，要求判处一名少年法庭法官死刑，因为他给予一名 13 岁女孩堕胎的权利。

还记得第六章提到的新闻学的 ABC 原则吗？面对诽谤诉讼的非常重要的工具之一即是"精确性"。无论是公众还是政府，都能要求你对所报道的内容进行解释。因此，证实你在文章中提到的所有信息是保护你自己和你所在机构的最佳方法。另一方面，推测则可能给你带来麻烦。从定义上讲，在传统的新闻文章和杂志特稿中，弄清事实并尽量不去猜测，要比在观点类的专栏和社论中容易得多。

在英国，《英国诽谤法》（English Defamation Law）规定了原告是否以及何时能够以诽谤罪起诉被告人。《2013 年诽谤法》（Defamation Act 2013）对《英国诽谤法》进行了修正，在一定程度上明确了你在何种情况下可因诽谤而被起诉，以及你如何为自己辩护。在本章最后一部分可以找到完整的《2013 年诽谤法》修正案的链接。

在对《英国诽谤法》进行基本概述之前，我将快速界定一下诽谤和诽谤的基本术语：

- 诋毁（Libel）：撰写了不实的陈述，对主体（或者其声誉）造成潜在的伤害。

- 造谣中伤（Slander）：通常指针对客体的语言或口头上的不实陈述。

- 诽谤（Defamation）：针对某第三方（例如，新闻读者或脱口秀观众）的关于个体的不实陈述。以上诋毁或造谣中伤都是诽谤的一种。

诋毁可以是关于个人或公司的任何的书面虚假陈述，包括在线论坛、电子邮件（不是直接发给原告）和任何公开可读的电子或印刷出版物（如 BBC Academy，无日期）。在《英国诽谤法》修订之前，要求被告证明事实。诽谤性的言论被认为是事先虚假的陈述，这使被告处于证明其陈述属实的地位。《2013 年诽谤法》扩大了可能的抗辩事由，并增加了一个新的抗辩事由：为了公众利益而发表。有必要指出的是，《2013 年诽谤法》目前只在英格兰和威尔士生效。

如果你改变引文内容，你本质上违反了新闻学 ABC 原则中的精确性原则，尽管这可能会让引文内容更为清楚。也就是说，编辑指南通常在允许引用多少或引文如何被编辑方面具有一定灵活性。例如，美联社的指南中针对引文有非常严格的规定，不允许任何修改，即便是对语法错误的修正也是不允许的。因此，美联社记者必须转述被采访者的意思，或者完全避免引用。

最后一点是，观点不受诽谤的约束。这意味着你通常不会因为那些明确表达你的观点的批判性的陈述而被起诉。但是要注意，标注了"我认为"或"在我看来"开头的陈述，并不能为可能损害当事人声誉的具体指控辩护。就像这个例子："我认为约翰·多伊（John Doe）博士在研发治疗方法的过程中进行了非法的测试。"这类陈述会让你陷入麻烦，因为对医生的实践行为有权进行调查。这句话已经是一个具体的质疑了，而不仅仅是观点陈述。

BBC 学院的《诽谤法指南》解释了修改后的诽谤法的最重要方面（参见本章末的阅读清单）。美国的诽谤法被认为更有利于被告，因为它与《美国宪法第一修正案》（First Amendment of The US Constitution）紧密相关。《美国宪法第一修正案》的出台是为了保护新闻自由。在美国大多数州，有关某些疾病（如性病和精神疾病）、不贞行为以及参与犯罪活动的言论本身就被认为是诽谤。诽谤法因州而异，因此，还需要参考《数字媒体法律项目》（Digital Media Law Project）立法指南，其中包括各州关于诋毁或造谣中伤的相关规定（请参考网站链接）。此外，如果你是一名科学博主，你应该阅读电子前沿基金会（Electronic Frontier Foundation，EFF）为博主制定的法律指南（见网站链接），该指南包含了美国视角关于网络诽谤的规定。

案例研究：分析一篇有关健康的文章，该文作者对统计数据存在误读

经过以上理论层面的解释，现在让我们来看看现实生活中的这些术语和概念。以下内容是关于因为缺乏统计知识，科学发现如何被误读的很好的一则案例。2015 年，许多文章报道了发表在《科学》上的一则研究发现，即不同组织类型的癌症的发病率差异与干细胞分裂引起的随机突变有关。这些文章对该项发现的表述非常不同。例如，博斯利（Boseley，2015）写了一篇题为《2/3 的成人癌症主要是因为"运气不佳"，而不是基因问题》（Two-Thirds of Adult Cancers Largely "Down to Bad Luck" Rather Than Genes）的文章，该文发表在《卫报》上，而 BBC 网站上则又发表了一篇题为《大部分癌症类型"只不过是运气不佳"》（Most Cancer Types "Just Bad Luck"）的文章。在你继续阅读本章内容之前，务必先阅读一下博斯利的文章（见阅读清单）。

生物统计学家鲍勃·欧哈拉（Bob O'Hara）和演化生物学家 GrrlScientist 在一篇文章中指出，上述《卫报》中的标题和整篇报道文章都是"胡扯"（O'Hara and GrrlScientist，2015）。他们指出，《科学》杂志上报道的原文所提及的差异性，并没有讨论发展成不同癌症类型的绝对风险，"文章作者博斯特·沃格尔斯坦（Best Vogelstein）和克里斯蒂安·托马塞蒂（Cristian Tomasetti）直接告诉你的是他们研究了癌症风险发生存在的差异性，但是并不是指绝对癌症风险"（O'Hara and GrrlScientist，2015）。

相反，在沙拉·博斯利的文章中，她按照如下的内容解释了研究者的发现：

> 有 2/3 的癌症——22 种癌症，驱动癌症的基因的随机突变可以解释这种疾病发生的原因。而另外 9 种癌症的发生，往往不是随机变异率可以预测的，这就意味着内部基因或生命因素是导致癌症发生的主要原因。
>
> （Boseley，2015）

此外，在她这篇文章中（《2/3 的成人癌症主要是因为"运气不佳"，而不是基因问题》）还提到成年人得癌症的绝对风险是 66.66%。欧哈拉指出，在期刊论文中并没有这样的发现。欧哈拉对我说，不仅仅博斯利弄错了，所有他提及的作者都错了：

　　研究者对一项被称为 R 平方的基础统计数据进行了解释，它是由模型解释的变化量。但是，记者们错误地把这个统计数字理解为这个模型产生的癌症数量。这就好像你在拿苹果与梨子进行对比，或者说你是在拿苹果和高尔夫球进行对比？

（O'Hara，2016）

　　欧哈拉和 GrrlScientist 进一步仔细分析了博斯利的文章，并指出她的文章中提到癌症风险和任何特定类型组织中细胞分裂数量之间的关系。但是论文作者完全没有提及因为细胞分裂而导致了癌症发生。而且，标题中提到的癌症的产生是因为"运气不佳"暗含着一种因果关系，这显然是站不住脚的，因为期刊作者所描述的只是一种相关性。一些新闻出版物的解释甚至向读者暗示，环境和生活方式与癌症的发生没有关系，这与几十年来的癌症研究形成了鲜明的对比。

　　在欧哈拉和 GrrlScientist 的文章中，他们好奇为什么博斯利以及其他记者会得出 2/3 比例的结果。他们指出，这个比例指的是"在癌症风险的日志中，细胞分裂可以用于解释变异产生的比例"。他们进一步解释说，这里的变异并不决定癌症风险发生的高或低。为解释清楚这个观点，欧哈拉举了一个马里亚纳海沟的例子：虽然海沟深度的变化可以通过月相的变化来解释，但是这并不能说明海沟的绝对深度是多少。

　　那么，到底为什么作者会误读期刊论文的研究发现呢？欧哈拉告诉我，当然是由于缺乏科学知识，以及模糊的定义使然。"坏运气"究竟指的是什么？只有通过清晰的定义，人们才能知道究竟有多少癌症案例的发展是由于坏运气而导致的。他还指出，有一个很容易的办法去指出癌症的发展并不是由于坏运气，例如因为吸烟等生活因素所导致的癌症。这一点体现在原文中，作者研究了吸烟与产生肺癌之间的关系。

　　欧哈拉还明确指出，不能因为上述错误就只是抱怨科学记者，因为一些科学家还可以从传播培训中受益，以便传达他们的研究方向，并降低科学和新闻之间的语言障碍。他补充说，通常情况下，误解开始于新闻稿，然后被许多依靠科学新闻稿的新闻记者进行了传播。

　　最后，欧哈拉提出了一些非常明确的方法，以提高科学记者的统计学素养，从而避免对科学研究的误读。首先，他推荐阅读本·戈德契（Ben Goldacre）的《坏科学》（*Bad Science*）（"介绍统计学的非常好的书"），以提升你的统计学思维，而并不要求处理复杂的数字。他告诉我，主要是形成正确的统计学习惯。其次，他推荐花时间与科学家相处。

更多地了解科学研究的过程将有所帮助。尝试着花几天时间与一些科学家接触。而且，如今有许多公民科学家。与这些人接触是另外一条了解科学如何运作的途径。

（O'Hara，2016）

总　结

用事实和数字来支持观点在新闻工作中是必不可少的，尤其是当你在行为中需要解释发现、硬科学及其背景的时候。作为一名科学记者，掌握工作知识和基本的统计学词汇非常重要，因为你必须阅读许多描述新发现的学术文章。将因果关系与相关性、相对风险和绝对风险分开来看，"百分数"和"百分点"听起来好像区别很小，但媒体上太多的科学文章表明，它们的作者经常混淆这些术语。原因之一是，同样的术语，在科学文章中表达的含义与在日常生活中的含义存在很大的区别。

在数字时代，并不是所有的信息都会在期刊上发表。信息通过社交媒体快速传播，让信息的获取变得容易，但是有时候却很难证实它的真实性。尤其是视频和图像，对这类信息内容的验证是一项艰巨的工作。至少，你应该验证它们的出处、创作人、日期和使用场合。如果以上这些信息都不能得到验证，就不要使用。传播没有经过证实的内容被视为新闻失范行为。对于科学新闻而言，没有阅读期刊论文就进行报道也是一种新闻失范行为。你不能简单地从论文中挑出一些数据就对结果进行报道，而你并不知道这些数据的重要性，也不知道实验设计是否恰当，研究方法是否合理。了解以上信息非常有必要，这些让新闻记者发挥着监察者的角色。

错误地报道研究结果或报道错误的事实同样会导致法律方面的诉讼。永远不能篡改或捏造事实，这点非常重要。一定要熟悉你所在国家出台的诽谤法或任何有关篡改行为方面的法律。

思考题

- 记者和科学家们用什么数据来淡化风险，又是如何做到的？
- 哪些因素决定了 P 值是否是研究相关性的良好指标？
- 统计意义和临床意义有什么不同？
- 你更倾向于哪种方法：让事实适应你的观点？还是让你的观点适应于事实？

- 你需要哪四个方面的因素去发现并证实网上的内容？
- 你如何证明一个数据图片的真实性？
- 你应该经常询问科学家哪些问题以确定这项研究是否可能存在偏见？
- 诽谤和造谣中伤有什么不同？
- 你应该询问科学家关于他们论文数据的哪些问题？

练习题

- 阅读三篇关于特定研究的科学论文，检查文章是否讨论了研究局限、资助情况和功率计算等问题。
- 浏览全文，即便文章是建立在以下几个方面基础上：样本大小、效应范畴、P 值检验、局限性、功率计算以及研究资助等，也一定要检查文件的补充材料。
- 找出关于药物和治疗在人体适用，但是其中提到的药物仅仅在大鼠或小鼠身上进行过测试的三篇文章。
- 将这些观点与作者的观点进行比较，你能找到他们形成这种误解的段落吗？
- 使用标签分类法在推特上下载一张图片，并验证图片是什么时候、在哪儿以及由谁拍摄的。
- 根据同样的图片找出有没有其他人在其他场合使用过它。
- 使用一篇关于新的期刊论文的新闻报道，进行阅读，记录该文章的第一个假设，并从新闻报道中找出支撑该文章假设的相关事实。
- 再次阅读期刊论文，比对上述练习中你所记下的假设是否仍然成立。你是否会从论文中选择不同的事实来支撑假设？

阅读清单

BBC Academy (no date) Defamation, *BBC Academy* [Online] Available at: www. bbc.co.uk/ academy/journalism/article/art201307 02112133651 [date accessed 15 June 2016]

Berkhead, S. (2015) 11 tools for verification and fact-checking in 2016, *International Journalists' Network (IJNet.org)* [Online] Available at: https://ijnet.org/en/ blog/11-tools-verification-and-fact-checking-2016 [date accessed 24 November 2016]

Borel, B. (2015) The problem with science journalism: We've forgotten that reality matters most, *The Guardian* [Online] Available at: www.theguardian.com/ media/2015/dec/30/problemwith-science-journalism-2015-reality-kevin-folta [date accessed 5 July 2016]

Boseley, S. (2015) Two-thirds of adult cancers largely 'down to bad luck' rather than genes, *The Guardian* [Online] Available at: www.theguardian.com/society/2015/ jan/02/two-thirds-adult-cancers-bad-luck [date accessed 6 July 2016]

Cope, L. (2006) Understanding and using statistics, In Blum, D., Knudson, M. and Henig, R.M. (eds.) *A Field Guide for Science Writers*. 2nd edition. New York: Oxford University Press, 18–25

Freeman, D. (2013) Survival of the wrongest, *Columbia Journalism Review* [Online] Available at: www.cjr.org/cover_story/survival_of_the_wrongest.php [date accessed 4 July 2016]

Goldacre, B. (2008) *Bad Science*. London: Fourth Estate

Harris, M. and Taylor, G. (2003) *Medical Statistics Made Easy*. London: Martin Dunitz (Taylor & Francis Group)

Johnson, J.T. (2006) (ed.) *Ver 1.0 Proceedings*. Santa Fe, NM: Institute for Analytic Journalism

Silver, N. (2012) *The Signal and the Noise — Why So Many Predictions Fail — but Some Don't*. New York: The Penguin Press

网站链接

The BMJ, How to Read a Paper (article series on statistics): www.bmj.com/ about-bmj/ resources-readers/publications/how-read-paper

British Medical Journal, How to Calculate Risk: http://clinicalevidence.bmj.com/x/ set/static/ ebm/learn/665075.html

The Digital Media Law Project legal guide: www.dmlp.org/legal-guide

Electronic Frontier Foundation legal guide for bloggers: www.eff.org/de/issues/ bloggers/ legal/liability/defamation

Emergency Journalism Toolkit for Better Reporting list of verification tools: http:// emergencyjournalism.net/useful-links-verification-tools/

European Journalism Centre, The Verification Handbook: http://verificationhand book.com/

HealthNewsReview.org: www.healthnewsreview.org

HealthNewsReview.org journalists' toolkit: www.healthnewsreview.org/toolkit/

Izutru (online photo-manipulation spotting tool): http://izutru.com

Legislation.co.uk, Defamation Act 2013 (UK): www.legislation.gov.uk/ukpga/2013/26/ contents/enacted

Massachusetts Institute of Technology, Knight Science Journalism Tracker: http:// undark.org/

tag/tracker/

Poynter News University, Math for Journalists: www.newsu.org/courses/math-forjournalists

Royal Statistical Society, Statistics for Journalists (online course): www.statslife.org. uk/rss-resources/statistics/story_html5.html?lms=1

SCIJOURNO, Understanding Statistics and Numbers (online course): http://scijourno. com. au/portfolio-item/understanding-statistics-and-numbers/University of Wollongong, Statistical Literacy (online course): www.uow.edu.au/student/qualities/ statlit/World Federation of Science Journalists, Science Journalism (online course): www.wfsj.org/course/

参考文献

Baker, M. (2016) Statisticians issue warning over misuse of P values, *Nature*, vol. 531, no. 7593, 151

Bauer, M.W., Romo Ramos, Y.J., Massarani, L. and Amorim, L. (2013) *Global Science Journalism Report*. London: Science and Development Network (SciDev. net)

BBC Academy (no date) Defamation, *BBC Academy* [Online] Available at: www. bbc.co.uk/ academy/journalism/article/art20130702112133651 [date accessed 15 June 2016]

Berendzen, G. (2014) Even with new fact-checking tools, journalists still need a dose of scepticism, *Reynolds Journalism Institute/Missouri School of Journalism* [Online] Available at: www.rjionline.org/stories/even-with-new-fact-checkingtools-journalists-still-need-a-dose-of-skeptici [date accessed 7 May 2016]

Cohen, D. (2016) Personal phone conversation on 25 April 2016

Cohen, D. and Oransky, I. (2014) *UKCSJ Statistics in Science Journalism, Association of British Science Writers* (via YouTube) [Online Video] Available at: www. youtube.com/ watch?v=3eOxyxYSXnU [date accessed 12 April 2016]

Cope, L. (2006) Understanding and using statistics, In Blum, D., Knudson, M. and Henig, R.M. (eds.) *A Field Guide for Science Writers*. 2nd edition. New York: Oxford University Press, 18–25

Freeman, D. (2013) Survival of the wrongest, *Columbia Journalism Review* [Online] Available at: www.cjr.org/cover_story/survival_of_the_wrongest.php [date accessed 4 July 2016]

Harrison, S. (2016) Personal phone conversation on 10 June 2016

Kemeny, R. (2014) The statistical foundations of the Fourth Estate, *Significance*, vol. 11, no. 4, 34–35

Murcott, T. (2009) Science journalism: Toppling the priesthood, *Nature*, vol. 459, no. 7250, 1054–1055

Nuzzo, R. (2014) Statistical errors *Nature*, vol. 506, no. 7487, 150–152

O'Hara, B. (2016) Personal phone conversation on 9 June 2016

O'Hara, B. and GrrlScientist (2015) Bad luck, bad journalism and cancer rates, *The Guardian* [Online] Available at: www.theguardian.com/science/grrlscientist/2015/ jan/02/bad-luck-bad-journalism-and-cancer-rates [date accessed 7 May 2016]

Rehman, J. (2013) The need for critical science journalism, *The Guardian* [Online] Available at: www.theguardian.com/science/blog/2013/may/16/need-for-criticalscience-journalism [date accessed 16 July 2016]

Sainani, K. (2016) Personal phone conversation on 16 March 2016

Schäfer, M. (2011) Science journalism and fact checking, *JCOM Journal of Science Communication*, vol. 10, no. 4, C02

Seife, C. (2012) Jonah Lehrer's journalistic misdeeds at Wired.com, *Slate* [Online] Available at: www.slate.com/articles/health_and_science/science/2012/08/jonah_ lehrer_plagiarism_in_ wired_com_an_investigation_into_plagiarism_quotes_ and_factual_inaccuracies_.html [date accessed 5 July 2016]

Wardle, C. (2013) Verifying user-generated content, In Silverman, C. (ed.) *The Verification Handbook* [Online] Available at: http://verificationhandbook.com/downloads/verification.handbook. pdf [date accessed 20 May 2016]

White, S. (2016) Personal phone conversation on 5 July 2016

Wilcox (2016) Personal Skype conversation on 25 February 2016

Zhang, M. (2015) Reuters issues a worldwide ban on RAW photos, *PetaPixel.com* [Online] Available at: http://petapixel.com/2015/11/18/reuters-issues-a-worldwideban-on-raw-photos/ [date accessed 22 May 2016]

第十章
调查类科学新闻

在本章你将了解到：

何谓调查类科学新闻 / 发掘调查性科学故事 / 基于故事的调查方法 /
评审健康故事的标准 / 证明科学不端行为的方法 / 信息咨询的自由 / 案
例研究：关于揭露医疗欺诈行为文章的分析 / 案例研究："黄禹锡门"

引　言

　　大部分科学新闻称赞科学的新进展，但是却不能看到科学的局限性、不
端行为和更大的影响。更有甚者，有的文章认为科学进步马上就能转化为应
用，而事实上并非如此。这些文章会引起人们短时间内的敬畏，增加流量，
从而带来广告收入。而且这类科学新闻只报道科学家、慈善机构或大学想让
你报道的明显的事实。正如科学作家法比奥·图隆（Fabio Turone）告诉我的
那样，他们并没有履行新闻业追究责任的基本职责。

　　　　有一种倾向认为科学新闻与其他类型的新闻不一样。科学新闻，尤
　　其是健康类新闻，往往被视为促进健康运动的一种工具。这不同于以追
　　究责任为目标的批判性新闻类型。相反，它们属于解释性新闻，这类新
　　闻往往会披露一些本应该由研究机构来传播的信息。

（Turone，2016）

　　更重要的是，调查性新闻也不同于公共关系的新闻报道方法。它试图发

掘错误背后更大的问题，并揭露助长和鼓励不当行为的体制问题。

但是，对科学的调查需要大量艰巨的工作和长期的研究。而且，往往不能获得好的报酬。因此，为什么要这样做呢？物理学家及科学作家本·高达可告诉我说，调查性科学文章通常是无报酬的，这与记者是按小时收费还是按字数收费确实是有区别的。如果你是按字数收费，深入研究一个问题需要更多的时间（没有报酬），但是如果你的动机是要写出高质量的科学文章，这是唯一的方法（Goldacre，2016）。

调查记者的一个重要动力因素是他们的道德责任感，正如你将在第一部分看到的那样。调查类新闻还有许多其他的特点，例如，揭露某些人试图掩盖的文件或数据信息的能力。事实上，法庭记录、监管决定、纪律决定和警告信都是调查类观点的良好来源。本章有关于寻找调查性报道灵感的部分，将告诉你在哪里可以找到上述文件和其他资料的渠道。

当你把文件、抄本和数据堆在一起时，很容易忘记你要讲述的真实故事。这也就说明了为什么你应该将原始研究材料组织起来，按顺序排列，剔除不相关的干扰信息，确保你的报告具有连贯性，并围绕提出的假设展开。调查记者马克·李·亨特曾研究出一种结构化的方法，他称之为"基于故事的调查方法"（story-based inquiry，SBI），这可以讲述所有类型的新闻故事。调查记者所面对的两个最主要的调查领域是健康和环境问题。新闻监察平台健康新闻评论网曾提出了关于审查和评价健康故事的一系列标准。你可以在本章看到这些标准，而且我强烈建议你对照这些标准看看你写的故事。此外，如果你阅读了他们对健康故事的评论，你会很快感觉到是什么使得批判性的、负责任的健康故事与肤浅的、不痛不痒的文章区别开来。

在接下来的两部分内容中，首先，你将阅读到科学的不端行为和监管机构用于检测伪造和剽窃的工具。你可以自行使用大部分的软件去检测科学家的数据或图表。其次，在《信息自由法案》（Freedom of Information Acts，FOIA）那一节中，指出了美国和英国规定的不同。通过向《信息自由法案》提出问题申请，你能获得更多的信息，但是你必须按照正确的方法提问。最后，等待的时间可能很长，而且有些公共权威机构可能会回绝你的提问，因为有可能你的问题触犯了其他的法律。最差的情况就是，你可以起诉他们。

这也就是调查记者查尔斯·塞菲曾经对美国食品和药品监督管理局所做的事情。他们没有披露记者所要求的记录，或者他们对记录进行了大量修改，以至于查尔斯无法使用这些记录。你可以在本章第一个案例中读到美国食品和药品监督管理局如何发现科学不端行为但是却不能采取合适的做法将此告知公众。本章第二个案例，也是最后一部分，是关于揭露科学不端行为而导致韩国一位可疑的干细胞研究人员辞职的一个案例。让人感到不安的是，揭露科学不端行为的人所面临的批判比当事人还多。

何谓调查类科学新闻

如果你想调查科学，你不仅要看科学家给你提供了什么，还要找出他们有意（或无意地）隐瞒了什么。而且，关键是要有所选择：有些被隐藏的问题值得继续追问和进一步调查，而有些则不值得这么做。《卫报》前主编艾伦·罗斯布里奇（Alan Rusbridger）曾说，你必须区分哪些是符合公众利益的故事，哪些不是（De Burgh，2008）。涉及临床试验、健康研究和环境污染的研究属于与公共相关的信息领域，因为这些研究影响大部分的人群，涉及大量的税收。作为一名调查记者，你必须挖掘出科学家与相关行业之间隐藏的联系。毕竟，假如一项关于吸烟导致肺癌发生的研究是由烟草公司资助的，那么该研究究竟有多大价值呢？

从这个意义上来讲，作为一名调查类科学记者，你就像是在履行侦探的工作。时任《技术评论》（*Technology Review*）的生物医学主编安东尼奥·雷加拉多（Antonio Regalado）证实了这一点，并指出在科学中没有什么是理所当然的。

> 成为一名科学"侦探"需要对事物有更批判性的观点。例如，我会倾向于认为研究者并没有告诉我故事的全部。我往往会对隐藏的动机感到好奇。而且就科学数据而言，我相信这对于棘手的问题来说也是公平的。
>
> （Regalado，2006：119）

加入你希望能够对科学家的观点提出批判的问题，以及发现他们试图在隐藏的内容，你就需要深入了解他们学科领域的实践。事实上，你需要成为该学科领域的专家，而一般记者往往不是。调查记者马克·李·亨特告诉我说，如果你具有专业知识，会让你的记者工作变得更为灵活：

> 如果你具备专业知识，你也可以做一般性的事情。而如果你只有一般性的知识，你就不能做专业的事情。
>
> （Hunter，2006）

因此，让你自己全身心投入到研究的主题中。如果你在你所涉及的更广泛的领域有一个学位，这可能是有帮助的，但不是绝对的要求。

不管你是否有一个更高阶的学位，你都必须进行严肃的研究，而不是你仅仅在某处读了一本书就认为有能力把工作做好了。

（Hunter，2016）

这种专业知识可以让你在科学家的论文和出版物中发现任何奇怪的东西。有经验的调查记者经常说，在他们开启一项调查前，他们会有预感。这样说可能比较模糊，但本质上就是归结为经验和专业知识。你对一个领域越是了解，你就越能发现科学陈述中不合规定或奇怪的地方。这本身就可以成为故事创意的来源。当你成为能够胜任报道某一特定的科学领域的记者后，更有可能从内部人士和举报者那里得到消息。这两个渠道都是故事创意的重要来源，而往往是一般的记者很难获取的。

专业知识的增长需要花费许多时间和精力。调查类新闻是一项艰巨的工作。例如，相比于写一篇称赞某个新发现相当厉害的科学故事，调查新闻需要更多的报道；调查类研究意味着你需要超越一篇期刊上的论文内容，并且参考许多相关的研究和其他利益相关者不想让你看见的资料。有的时候你还需要与政府机构交涉以获得需要的文牍。这种能够发现事实，而且不是科学家想让你看的那部分事实的能力，将调查类记者与那些不具批判性思考能力的记者区分开来。已经退休的科学记者 K. S. 扎亚拉曼（K. S. Jayaraman，2013）发表在"科学与发展网络"（Science and Development Network）上的文章证实了这个观点："大部分的科学故事是基于科学家发现的二手故事。相比较而言，调查性报道则依靠记者自己主动去搜寻其他人隐瞒的新闻。"与他们的同行相比，调查记者要与更多的人去交谈。你咨询的来源越多，对问题的理解越透彻，也将提升你文章的质量。事实上，"一项学术研究发现，获得普利策新闻奖的专题故事，平均至少是对 53 个人进行了访谈"（Summer and Miller，2013：9）。

调查性采访在某种程度上会变得非常紧张，因为你会提出一些令人不愉快的问题。要对受访者试图提供给你的所有信息提出质疑。问问他们是如何知道这些信息的，以及他们的行业关系，排除了哪些数据，以及为什么要这么做。这也是你开始进行第一次访谈之前，必须从初始报道开始展开的原因。

详细的报道是调查类新闻报道的特征之一。例如，在发表于《尼曼报告》上的一篇文章中，科学记者德博拉·布卢姆阐述了她是如何对核武器实验室展开调查的。在文章中，她强调了时间的重要性（她的调查花了六个多月时间），同时她还强调要对调查结果"检查再检查"（Blum，2002）。她还在文中指出，她不仅仅在破译文件上花了很多时间，同时还必须确保文章在见刊前，所有专业术语都没有错误。这也是调查类新闻的另一个特点，即对准确性的更高要求。

你可以将金钱因素排除在动力因素之外，事实上，促使调查类记者勤奋工作的内在重要动因之一是道德上的目的。作为记者，我们有这种感觉，当我们的道德标准被违反时，通常的回应是震惊。这可能会促使一些记者成为调查类记者（De Burgh，2008）。在本章的第二个案例中将谈到伦理因素发挥的作用。在这个案例中，科学家违背了伦理标准，从人类卵子中提取干细胞研究，并且伪造了"实验结果"。在首次曝光这位不光彩的研究人员十年后，《自然》杂志的两位作者跟进了此案。他们发现，该研究者目前仍然是韩国一家克隆研究所的领导。对于科研不端行为问题后续行为是否承担了道德责任，以及发现随着时间的推进，这种令人反感的情况是否发生了改变，是如何发生的，则是调查类新闻的另外一个特征。

你可能认为正是道德义务驱使你去讲述这样的故事，但是调查工作，例如要求人们提供试图隐藏的资料，提起诉讼，对不情愿接受采访的信源进行访谈，最后写成复杂的故事，需要很多的时间，甚至金钱。如果你刚刚开始从事记者工作，编辑可能不会委任你去写这样的故事。但是，不要让那成为阻止你自行开展调查类报道的障碍。

> 我认为，对于一个新的、还未得到认可的记者来说，让别人给他们安排一个大新闻是浪费时间。你只要写故事就行。我花了几个月的时间写一些没有人批准的提议，然后我就开始写那些让我兴奋的故事，突然它们就被发表出来了。是这个模式吗？如果你认为故事很好，你就写，然后某一天它们就被发表出来了。而如果你不能让故事发表出来，可能有其他的原因，但是继续做下去。大部分是不值得的，但是有许多机会发表出来。重要的是，你要记住你所做的事情是你认为重要的。
>
> （Hunter，2016）

发掘调查性科学故事

毫无疑问，人是科学故事的最佳来源之一。当涉及揭露科学不端行为和欺诈时，举报人是不可或缺的。这些内部人员可以给你提供许多关于科学家实验室中哪些地方出错的第一手资料。他们也会给你证明他们指控内容的文件或图片。

当然，这其中也存在一个如何找到举报人的问题。发现举报人是非常难的，通常是他们找到你，而不是反过来。成为一个举报人可能会毁掉他作为研究人员的职业生涯，当然也取决于举报人所生活的国家及该国的法律如何规定（Gewin，2012）。极低概率的情况是一个研究人员主动接近你，然后冒着职业生涯被毁的风险告诉你他的同事有科学造假行为。举报人和记者之间需要建立起互相信任的关系。以下因素会增加研究人员对你的信任，如果他在自己的实验室中遇到不当行为，将可能会委托你来处理。

- **你在一家知名的出版社工作**：例如，《华盛顿邮报》和《卫报》最先刊登了爱德华·斯诺登（Edward Snowden）披露的美国国家安全局的信息。劳拉·普瓦特拉斯（Laura Poitras）是斯诺登最初接触的两名记者之一。她在接受《沙龙》（Salon）采访时指出，斯诺登最初对主流媒体持怀疑态度（Carmon，2013）。在知名的报纸上发表爆料能产生最高影响力，并让各个渠道都知道。
- **你曾经报道过科学欺诈行为**：如果你曾经报道过科学欺诈行为，举报人会认为你知道如何保护他们，以及如何处理敏感材料。经验很重要。
- **你发展了许多科学资源**：这意味着你认识许多科研人员，定期跟踪他们的研究，慢慢地建立起他们所在科学学科的专业知识。你能建立一种眼神交流的关系，并表明你真的对他们的问题感兴趣吗？如果能，他们可能会像你吐露他们碰到的科学不端行为。

科学家喜欢批评同事的工作，而且他们通常喜欢在个人博客上这么做，因为他们可以立即发表他们对这些新论文的意见，并指出其中的缺陷，或许还会要求撤回这些论文。你也可以在一些期刊上找到同样类型的评论或反馈意见，例如，《自然》的评论区和《科学》的信件区。但是，发表在个人博客上的评论不会经过编辑修改，而且能够比任何印刷媒体更快地处理科学问题。有一些科学家甚至用笔名写作，比如《发现》杂志发表的"神经怀疑论者"博客的作者。神经科学家和"神经怀疑论"的博主，以对神经科学进行批判性评论和提出批判性问题而闻名。这类博客成为发现科学不端行为故事来源的非常好的途径。

像"撤稿观察"（Retraction Watch）这样的在线监视者出版物是揭露和曝光科学不端行为的专业途径。它的作者伊万·奥兰斯基（Ivan Oransky）和亚当·马库斯（Adam Marcus）是医学记者，他们经常写一些正在调查或刚刚被撤回的研究。根据他们自己的说法，他们经常揭露生命科学领域的欺诈或不端行为。奥兰斯基还负责另外一个平台"限时禁发观察"（Embargo Watch）。该平台主要调查媒体和科学封锁之间的关系，以及这样的封锁对新闻产生怎样的影响。平台的这种定位本身就是一种有效途径，指出了有时候期刊会采用的特殊实践。

数据库和文献资料通常是很好的调查文章的来源。每天有如此多的报告或论文发表出来，以至于许多值得调查的故事被忽略了。第一类的相关文件是指由监管机构发布的。例如，你可以在美国食品和药品监督管理局的网站上找到有关医学或兽医学的科学不端行为、药品召回信息或食品安全问题的报告。但是，鉴于你阅读的时间会稍微滞后一些，这些信息可能已被严重修改过了。在欧洲，欧洲药物管理局（European Medicines Agency，EMA）也履行类似的职能，并公布相关文件和警告信。像医学委员会的执法数据库这样相对较低一类的资源则是调查故事的另一个很好的来源。许多医学委员会，例如在美国、英国和澳大利亚，会公开发布最初的指控和罚款、吊销医生执照等纪律处分。你可以查询并过滤大部分这些在线数据库。如果你对医生的不当行为感兴趣，你可能还想查一下"庸医观察网"（Quack Watch）和"坏医生"（Bad doctor）数据库。文本框 10.1 中包含了美国和欧洲国家的数据库列表以及网站，这些信息提供了许多法律资料，供你查阅。大部分是免费获取的资料。

文本框 10.1　美国和欧洲法律文件资源列表

Patexia 公司：www.patexia.com

美国专利和商标局，专利诉讼资源：www.uspto.gov/patents-maintaining-patent/patent-litigation/resources

PACER：https://www.pacer.gov

欧盟 InfoCuria 数据库：http://curia.europa.eu/juris/recherche.jsf?cid=191901

欧盟国家判例法数据库：www.juradmin.eu/index.php/en/dec-nat-en

欧盟成员国数据库：https://e-justice.europa.eu/content_member_state_case_law-13-it-en.do?member=1

欧洲专利诉讼：www.epo.org/learning-events/materials/litigation.html

欧洲专利局判例法与诉讼：www.epo.org/law-practice/case-law-appeals/recent.html#201611

美国专利诉讼：http://us.practicallaw.com/6-623-0657?q=&qp=&qo=&qe=

美国国立卫生研究院运行注册临床试验结果的在线数据库 ClinicalTrials. gov 目前已经有超过 23 万条记录信息，可供你查询和选择。因为注册的试验涉及人的参与，而且鉴于临床试验对健康政策和药品制造有很大的影响，并对大部分人群产生影响，因此，临床试验非常适合成为调查的对象。并不是所有科学家都会对试验进行注册登记。本·戈达克尔（Ben Goldacre）告诉我，临床试验信息被隐瞒仍然是调查性健康新闻中值得关注的最大问题。媒体关于这类不端行为的大部分报道都支持他的观点。因此，他发起了一场名为"All Trail"的运动，戈达克尔与《英国医学杂志》、考科蓝合作组织（Cochrane Collaboration）（以及其他机构）联合发起了一项倡议，要求全世界所有的试验（甚至过去的试验）都要注册，并报告结果。戈尔达克说，对记者来说，调查缺失信息的案件绝对是一个有效的起点。健康类新闻应负有高度的责任，因为人们往往会基于其提供的建议行动。但是作为一名医生，他必须掌握完整的信息，才能决定是否开新药（Goldacre，2016）。

追踪资金一直是调查类新闻非常关键的内容。从这个意义上来看，制药、生物技术和环保公司的支出绝对值得关注。事实上，企业和公共行政部门越来越有义务公布支出报告，其原因要么是为了解决法律纠纷，要么是因为透明性和反腐败法律的要求。有公司收集这些数据，对其进行改进，并将其作为预先打包的数据集提供给购买的记者。在一个突出的例子中，非营利性新闻调查机构"ProPublica"曾发表一系列名为《医生的钱》（Dollars for Docs）的文章，揭露了制药公司花了多少钱让医生推广公司的产品、为他们做演讲和研究，这让人们对这些医生的客观性产生了怀疑。"ProPublica"对于它所使用的方法以及数据的来源都是透明的。

有些数据来自公共诉讼数据库。你可以通过这些数据库找出与科学相关的大型公司涉及的法律辩论和未决诉讼。例如，当病人使用某种药物产生了副作用，他可以提出法律诉讼，像"安德鲁·麦卡伦诉霍夫曼－拉罗奇公司"（Andrew McCarrell vs Hoffman-La Roche Inc.）。1995 年，麦卡伦服用了抗痤疮药物维 A 酸（Accutane），后来患上了炎症性肠病。大西洋郡高级法院判决麦卡伦获 250 万美元的赔偿。医药巨头提起上诉，结果法院将赔偿金提高了 10 倍。作为一名调查记者，你可以只看这一个案件，然后找出背后的系统是如何运作的。药物测试是否存在问题？美国食品和药品监督管理局不应该批准该药吗？

查询美国法庭记录，你可以使用在线数据库，例如"公共查阅电子法庭记录"（Public Access to Court Electronic Records，PACER），以及个别地区、国家和上级法院在其网站上以可搜索、可过滤数据库的形式发布的记录。"公共查阅电子法庭记录"上有大量这类法院及其电子记录的列表。你还可以通过在线数据库"InfoCuria"查询欧盟法院、一般法院和欧盟公务员法庭的案件。但是，你也可以检索某个国家层面的案件。制药案件很有趣，是因为这类案件通常以和解结案，也就意味着内在的、根本性的问题没有得到解决。

如果你想找到调查故事的灵感，专利诉讼也值得一看。科学在专利诉讼中起着非常重要的作用。普华永道（Pricewaterhouse Coopers）发布的一份报告显示，生物技术和制药公司获得的赔偿金中间值最高。1996 年至 2015 年，十笔数额最大的初步裁定损害赔偿金中，有五笔是生物技术和制药公司获得的（Barry et al.，2016）。而且，这类案件的大部分信息都是在网上公开的。针对美国的专利诉讼案件，美国专利和商标局（US Patent and Trademark Office，USPTO）发布了一个详细的数据库列表，你可以查阅这些数据库来寻找案例，例如"Patexia.com"。针对欧洲的专利诉讼案件，你可以查询欧洲专利局（European Patent Office，EPO）的判例法和上诉网站，其中包括一个可搜索的数据库。

你还可以从其他人的工作中找到灵感，并感觉出哪些主题（和公司）适合被调查。例如，以下给出了若干调查记者协会（有些关注环境）和平台的名单，你从上面可以获得许多案例（有的要求你成为会员）。此外，你还将从演讲或他人的技巧中获得一些资源，其中包含来自资深调查记者的建议，内容涉及他们在策划、报道和撰写调查报道时使用的技巧。

- 调查报告中心（Center for Investigative Reporting，CIR）
- 调查记者和编辑（Investigative Reporters and Editors，IRE）
- 由调查报告中心负责运行的"揭秘新闻"（Reveal News）
- 由调查报告中心负责运行的"加利福尼亚观察"（California Watch）
- 牛椋鸟环境新闻调查中心（Oxpeckers Center for Investigative Environmental Journalism）

正如新闻学教授黛博拉·纳尔逊（Deborah Nelson）所强调的那样，最重要的技巧之一是运用批判性思维。在为调查记者与编辑提供的技巧列表中，她详细阐述了她是如何帮助学生形成一种怀疑精神的。她告诉我，她首先让学生找到并制作每日快速周转的故事。然后她再让学生出去，但这次的任务是提供具体的例子和统计数据，并询问受访者他们是如何知道具体事实的。

> 有时候，学生倾向于相信权威人士的话语，并想当然地就接受了。但是，他们做进一步的报道时，当他们发现他们最先被告知的事情并不一定是真实的，真的是很吃惊。这就引入了怀疑主义的概念。这不意味着人们是因为邪恶的目的而对他们撒谎。有时候可能只是因为他们所询问的这些人并不知道全部的事情。

（Nelson，2016）

基于故事的调查方法

当你找到了故事灵感，就将开始进行调研，整理原始素材，并周期性地对事实进行核查，看看是否这些材料仍旧能够支撑你最初的想法。最后，你将写成故事。在这一部分中，你将学习到涵盖调研和写作一则调查故事全过程的具体流程：马克·李·亨特（Hunter，2011）提出了一种"基于故事的调查方法"。亨特本人是"全球调查新闻网"（Global Investigative Journalism Network）的创始成员之一。为什么这很重要？调查性故事比浅显一些的故事需要更多的研究。在你的研究过程中，海量的原始材料很容易就将你压垮了。这时候，基于故事的调查方法就发挥作用了：它不仅帮助你组织材料，而且也不会让你忘记故事的内容。

虽然，基于故事的调查方法并不是专门针对科学故事的，其研究过程有时候与科学方法相似。首先，亨特指出，与传统新闻相比，调查类新闻既不是积极应对型的，也不是消极被动型的，而是需要你去收集所有必要的证据；这也证实了之前所提到的这些方法之间的差别。虽然，使用基于故事的调查方法的重点不在于寻找故事灵感，但是亨特指出了三个他认为可以有效形成调查性故事创意的来源。这也是你应该关注的（Hunter，2011）。

（1）**媒体**：读完一则故事后，你是否仍然认为有的地方存在疑问或没有答案，是否需要进一步的询问？如果是这样的话，其背后可能存在一个调查性故事。

（2）**周围环境的变化**：关注你的周围，做一个好的观察者。一旦你所熟悉的任何事情发生了变化，问问你自己，为什么会这样。

（3）**人们的抱怨**：当人们聚集在一起的时候，听听他们要说些什么。他们的处境真的是不可改变的吗？

此外，不要仅仅关注那些涉及错误行为的负面故事，也要看看积极的故事，这些故事一味强调事情做得有多好。当你选择故事的时候，要确保你对这个故事抱有热情，否则你会因为调查新闻的艰难工作而坚持不下去。你的动机不应该是复仇，而应该是减轻"痛苦、残忍和愚蠢"的愿望（Hunter，2011：12）。

除了有正确的动机之外，你还需要确保你的故事观点满足一些基本的标准，这有助于明确是否应该花费时间和精力去做这件事情：

> 有多少人会受到影响？（我们称之为"野兽的大小"。）
>
> 影响力有多大？（质量和数量同样重要。即便只有一个人死亡，或其生活被毁了，这样的故事也是重要的。）
>
> 如果存在积极的影响，其原因在其他地方是否能够复制？
>
> 或者，这些人是否是受害者？
>
> 这些人所遭遇的事情能否避免？
>
> 我们能否说明如何避免这些遭遇？
>
> 这些做错事的人是否必须受到惩罚？或者，至少被公开谴责？
>
> 在任何情况下，应该告知发生了什么，因而将来可以避免发生或不发生同样的事情，这一点是否很重要？
>
> （Hunter，2011：12）

亨特的技巧手册提出了八个步骤的过程，从发现主题开始，然后到定义一个假设。事实上，基于故事的调查方法是建立在假设基础上的，在调查的过程中，你要么证明假设，要么驳斥它。如果假设得到了驳斥，你可能需要提出一个新的假设，或者改变初始假设。从你的假设开始，你将提出一些你可以证实的问题。《基于故事的调查方法手册》的作者阐释了你如何提出假设并基于此来开展工作："你根据所掌握的最佳信息提出你认为事实应该是怎样的观点，然后进一步寻找更多的信息去证明或驳斥你的观点。这就是验证的过程。"（Hunter，2011：18）。

一个结构良好的假设应该不超过三句话：当前面临的问题（现在），问题由什么造成的（过去），面对这个问题能够做什么（将来）。当你剖析你的假设，分析单个术语并试图对它们精确定义时，上述问题就会出现。他很快补充说，这样精确的定义是一个好的假设的四个关键要素之一（Hunter，2011）。调查记者兼新闻学教授黛博拉·纳尔逊使用了类似的技术，将假设分解成基本的构成部分，然后分别进行检测。

> 我实际上在我的课堂上使用了迈克·李·亨特的书。我喜欢他的书，而且我还有一个正在使用的可兼容的技巧，可以与他分享。我做了一个关于土地交换的环境系列的问题，我刚刚开始思考：西北地区最大的土地交换是什么？我尝试做的一件事是提出一个理论，然后我对其进行了分解，为证明这个假设需要哪些事实为真。我试着把它归结为几个必须为真的事实。这并不是我写整个故事所需要知道的全部。但这是我需要知道的，以确定是否有这样的一个故事，而我是否沿着正确的轨道前进。将理论归结为三个必须证明为真或为假的事实的好处是，我就可以选择哪一个最容易得到证明或反驳。如果理论得到驳斥，我就知道这里不存在一个故事。如果我的理论正确的话，将存在需要我去证明的基本事实。你总是试图对一个事实进行证明或驳斥。
>
> （Nelson，2016）

以下是对亨特（Hunter，2011）完整的基于故事的调查方法进行稍加修改的版本。在他的手册中，他用了一章来描述这些步骤：

（1）发现一个主题。
（2）提出一个可证实的假设。
（3）查阅公开数据以验证假设。
（4）咨询人力资源以验证假设。
（5）按照叙述顺序归纳数据并组织成故事。
（6）质量控制检查。
（7）故事的出版、宣传及其辩护。

在你确定了假设之后，剩下的过程主要按照时间顺序的步骤展开，因为你要不断地收集和验证你的事实。开放的门户，即公开可访问的数据，是找到一些官员可能不愿谈论的信息的最有价值（也是被忽视的）的来源。当你对相关人士进行访谈时，要提出有针对性并准确的问题，显示出你具备对所调查的领域的相关知识。这些明确的提问能够获得更好的回答。为了推进你的调查，并对最初的疑问进行验证，你至少应该有四个方面的信息来源。而且要将获得的证据在一个主文档中组织好，这不仅有助于你及时了解研究的进展，还可以显示出信息文件之间的关联性，另外，还能帮助你评估调研还需要多少时间和资金。此外，主文档是一个有价值的工具，可以对事件进行排序，消除优先级较低的事实，并在完成研究后最终编写故事。亨特认为，基本上有两种类型的故事：基于时间的故事和基于空间的故事，故事的类型定义了连接和记录事件的顺序。

本章的内容只是简要归纳了研究方法，为了解基于故事的调查方法的全部，需要进一步阅读手册，并将其运用到你将来的故事中去。手册只有89页，用易于理解和简洁的方式编写，可免费下载（见网站链接）。

评审健康故事的标准

以下内容介绍调查记者的方法和最佳实践。本节首先介绍健康媒体监督机构用于评估健康文章科学质量的因素。这有助于你在读文章的时候，区分高质量和低质量的健康文章，这些标准构成了一个方便的清单，供你将文章提交给编辑或发表之前使用。

健康媒体监督平台健康新闻评论网事实上是一个权威机构。以下是该机构关于健康类文章必须遵循的一些标准。你可以在本节末尾的网站链接部分找到整个列表的链接名单。

（1）故事是否充分讨论了干预措施成本？成本应该是定量的，而不仅仅是大致的预估。如果没办法做到，可以告知替代方案的成本；70%的故事都没有对这些成本进行报告。

（2）故事能否充分地对治疗、测试、产品或过程的益处进行定量说明？健康新闻评论网的审稿人要求进行量化，指出许多报道只包含患者的相关数据或非代表性描述。

（3）故事有没有充分解释或定量阐释由干预措施带来的危害？不仅要提到所产生的副作用，还需要对此进行量化，不管这种副作用是主要的还是次要的。过度依赖病人的解释或科学家的评论都是不好的实践。

（4）这个故事是否抓住了证据的质量？不指出现有证据的局限性，或不指出研究结果不能推及其他（例如，暗示在动物身上的研究结果将对人类产生同样的影响），都是一种不好的做法。

（5）故事是否会造成"疾病的贩卖"（disease-mongering）？使用这个标准，健康新闻评论网的审查员详细地寻找对疾病的夸大其词或夸张，以及对正常疾病的错误解释，例如，作为医疗状况的秃顶或胆怯。

（6）故事是否使用了独立的信息渠道以及明确了利益冲突？健康新闻评论网的审查员将这个标准分为两部分：第一，至少有一个独立的研究者对研究结果进行评论；第二，利益冲突问题必须得到解决。

（7）故事有没有对新的方法和现有的替代方案进行对比？缺乏可比较的、明确的或替代性的程序被认为是坏的实践。新的治疗方案应该在具体的情况下来看待。是否完全不适用于具体情境也应该被纳入考虑范围之内。

（8）故事有没有明确某种治疗、测试、产品或过程的可行性？文章中是否有对某种新药的宣传？文中是否暗示这种药物将获得美国食品和药品监督管理局的官方批准，而其实没有证据支持这种观点？文章应该明确指出某个药品的可获得性，不管该药物是处于试验阶段还是已经可以在药店购买到。

9. 这个故事是否确立了这种方法真正的新颖性？文章有没有夸大某个药品或治疗方法的新颖性？又或者仅是一种销售战略？健康新闻评论网审查员建议咨询独立专家，或寻求外部信息来验证。

10. 从故事内容来看，是否主要依赖或大部分取自某个新闻报道？健康新闻评论网审查员明确指出，从新闻稿中逐字逐句摘录是一种糟糕的做法（如果没有说明你做了什么，会让这种糟糕的实践更为糟糕）。从这个角度来说，使用独立信息来源是保证文章质量的标志。

其他期刊论文也对健康相关媒体报道的质量状况进行了评估。例如，汉森等人（Hanson et al.，2016）研究了1024篇包含以"类风湿关节炎"或"研究"为关键词的英国地方和全国性报纸文章。研究发现，在医学研究中，100篇文章中有91篇关注的是医学研究的正面报道，因而他们形成了一种普遍正面报道的模式。汉森等人（Hanson et al.，2016）将这种正面的医学研究报道模式分为三个组成部分："所有积极的故事都包含这样的叙述：面对'压力'，'创新'带来了'希望'。很少有文章反映患者的声音，甚至更少有文章包含患者参与研究的经验。"（Hanson et al.，2016：8）假如文章提到了医疗创新，"作者往往使用这样的词语，如'突破性''革命性''领先性''新途径'以及'世界第一'"（4）。然而，对于"压力"的描述主要表述为："使用巨大的数据来表明对社会层面的成本，例如'70万的患者'等"（4）。

如果你对媒体关于医学研究报道方式的深入学术分析感兴趣，一定要阅读罗宾逊等人（Robinson et al.，2013）撰写的具有里程碑意义的论文。文章采用统计分析和横断面分析相结合的方法，对英国报纸健康相关文章的质量进行了分析。他们还对报刊新闻原始材料的质量进行了评估，发现与《卫报》相比，最高产的报纸《每日邮报》的质量要低得多。《卫报》发表的健康类文章最少，但是发表出来的文章的研究级别都是 A 级（Robinson et al.，2013）。

证明科学不端行为的方法

有的科学不端行为的案例通过软件很快就能被发现。例如，抄袭监测系统（Turnitin）或投稿中反抄袭软件（iThenticate）可以通过将一篇文章与现有的作品进行比较来检测是否有抄袭（Gewin，2012）。有的大学也使用这些软件，来确认学生的论文是原创和不存在剽窃行为，尽管让学生主动提交他们的作品到抄袭监测系统的在线服务也曾受到批评。

同样，为了审查和揭露乔纳·莱勒（Jonah Lehrer）等记者的剽窃行为，浏览器插件可以让你在阅读任何一篇文章时验证其原创性。这些工具操作起来比抄袭监测系统或投稿中反抄袭软件更简单，它是将一篇文章与现有的新闻稿和公告进行比较，并突出显示匹配的段落。浏览器插件抄袭新闻（Churnalism）就是一个这样的例子，在美国可以使用。

最后，德国著名的网络协作式抄袭调查平台"GuttenPlag"和"剽窃维罗尼"（VroniPlag）等监管机构和公民调查科学新闻网站联手，揭露了数名德国高官论文中大量涉嫌剽窃的段落，包括前国防部长卡尔 – 特奥多尔·祖·古滕贝格（Karl-Theodor zu Guttenberg）和前教育和研究部长安妮特·沙文（Annette Schavan）（注意其中的讽刺意味）。这些指控促使他们的母校开展调查。结果，祖·古滕贝格和沙文辞去了他们的职务。这类平台在一定程度上促进了论文抄袭检测的民主化，并表示，目前已有多家平台在对政客论文进行调查。也就是说，剽窃必须与上述伪造数据及其结果或伪造结果的行为区分开来。

文本框 10.2　什么是科学不端行为

研究人员正式投诉科研不端行为前，需要了解所在大学对科研不端行为的界定。同样，作为一名科学记者，也需要知道什么行为被认为是科研不端行为，什么行为不能认定为科研不端行为。有两种定义方式。第一个是由自由科学记者弗吉尼亚·葛文（Virginia Gewin）给出的一个直观、简短但不太正式的定义：

> 不端行为不仅仅是指不良行为，而且是指对研究结果的伪造、捏造或剽窃。诚实的错误、对结果解释上的差异、作者身份的争议、性骚扰或威胁性语言都是值得关注的问题，但都不属于不端行为。不端行为的核心是故意为之。
>
> （Gewin，2012：138）
>
> 第二种定义来自维康基金会。这个定义被一些大学作为裁定科研不端行为的基本标准。该定义对哪些行为可以被认定为不端行为有更详细的规定：在研究计划、研究执行过程中或撰写研究结果报告过程中存在的伪造、捏造、剽窃或欺骗的行为，或者在研究过程中故意的、采用危险或疏漏的以及与已接受实践相悖的做法。不端行为还包括不遵守既定的规程，而且假如这种失败的结果对人类、其他脊椎动物或环境造成不合理的风险或伤害，并通过他人或串通他人隐瞒这类研究中的不端行为。还包括故意地未经授权使用、披露、删除或损坏他人与研究有关的财产，包括在进行研究过程中使用或生产的仪器、材料、著作、数据、硬件或软件，以及任何其他物质或设备等。
>
> 不包括在评估研究方法或结果过程中的设计、执行、解释或判断等方面诚实的错误或差异，以及与研究过程不相关的不端行为。同样，也不包括差的研究，除非该研究涉及欺诈的故意。
>
> （Wellcome Trust，2005）

顺便提及，还有一种"不被业界认可的科学论文写作"，即"代写"（Bosch，2011：472），以及"特邀写作"。这种实践中，"作者对文章几乎没有贡献"。这两种行为也受到"美国科研诚信办公室"（US Office of Research Integrity），以及英和欧洲等国家相关机构的规约。具体来说，博施（Bosch，2011）要求上述机构也将这些行为归类为科学不端行为的类型，而不仅仅是剽窃。

篡改图片被认为是不端行为，而且在科学发表中非常普遍。这也是科研诚信办公室为图像编辑软件 Photoshop 开发并使用了几个欺诈检测插件的原因。这些插件可以发现图片在发表前是否经过修改。例如，科研诚信办公室的"法医液滴"（forensic droplets）可以检测一张图片的某个区域是否被抹掉或者提亮。而且，液滴插件通过图片对比来检测差异性。一个改进的、可定制的选项是使用科研诚信办公室的取证功能（forensic actions）或者"高级取证功能"（advanced forensic actions），也就是图片处理功能（Photoshop action）来进行单个测试。所有这些工具都是免费使用，所以你可以在自己的电脑上测试它们，前提是你有一份 Photoshop 的工作拷贝。你可以从科研诚信办公室网页上下载液滴和功能（见网站链接）。一定要看看网站的样图，它们显示了科研诚信办公室是如何通过插件来揭露图片篡改的。

除了通过软件来检测图片，有的科学家，例如皮特和希尔（Pitt and Hill，2013），提出可以用统计学方法来检查数据是否有伪造的可能。例如，检查数据中的模式，并将它们与通常来自经验数据的模式进行比较。在微生物学中，针对伪造菌落计数（colony counting）数据的一种对策，他们建议采用自动分析和统计菌落的办法，有可能阻止科学欺骗行为。他们还建议，期刊编辑要求科学家对原始数据进行归档并公开（Pitt and Hill，2013）。作为一名记者，进行这样的检查以揭露科学欺诈行为并不总是容易的事情。克服这一问题的一个办法是在个案的基础上与统计学家和该领域的专家合作。

除此之外，还有一些政府监督机构也会为你提供部分工作，例如美国的科研诚信办公室与食品和药品监督管理局，以及欧洲科研诚信办公室网络（European Network of Research Integrity Offices，ENRIO）等，会发起对被指控的不端行为的调查，并报告和公开发表调查结果。本章中第一个案例将表明，上述监督机构的调查结果并不总是会传递给公众。有的资料是公开的，除此之外，你可以通过提起《信息自由法案》请求，获得其他的文档（请参阅下一节）。例如，科研诚信办公室定期发布其发现研究不端行为的案例摘要，但仅限于那些目前采取积极行政行动的案例。对于已经关闭的案例，需要提起《信息自由法案》请求。当食品和药品监督管理局发现某个科研机构或实验室存在科研不端行为，它将给错误方发出一份警告信，也称为"食品和药品监督管理局 483 表"。虽然，食品和药品监督管理局在其网页上公开了一些警告信，但是有的经过了严重的修改（见图 10.1），正如调查记者查尔斯·塞菲在本章后面案例中所指出的那样。

信息咨询的自由

美国《信息自由法案》（Freedom of Information Act，FOIA）请求赋予每个公民了解联邦机构和政府部门制作或所有的文件内容的权利。你可以通过发送填写完好的查询信来获得所需的任何信息，前提是你的请求不涉及实际上保护国家机密的其他行为。如果不存在这样的例外情况，公共纪录保管人有责任告诉你，他们是否保存载有你所要求的资料的记录，记录的类型，以及需要多久才会把这些记录发送给你。他们也有责任在某个特定的时间内将你所请求的文件和记录发送给你。此外，政府部门必须提前发布某些文件，然后你就可以免费下载了。

DEPARTMENT OF HEALTH & HUMAN SERVICES

Public Health Service

Food and Drug Administration
Silver Spring, MD 20993

AUG 1 5 2012

NOTICE OF OPPORTUNITY FOR HEARING (NOOH)

CERTIFIED MAIL
RETURN RECEIPT REQUESTED

Elmore Alexander, D.O.
(b)(6)　　　　　(Home Address)

Dear Dr. Alexander:

The Center for Drug Evaluation and Research (the Center) of the U.S. Food and Drug Administration (FDA) has information indicating that you repeatedly or deliberately violated federal regulations in your capacity as an investigator in clinical trials with an investigational drug. The Center also has information indicating that you repeatedly or deliberately submitted false information to FDA or to the sponsor in required reports. These violations provide the basis for withdrawal of your eligibility as a clinical investigator to receive investigational new drugs.

The Center's findings are based on information obtained during an FDA inspection, discussed below, of the following clinical studies of the investigational drug (b)(4) , performed for (b)(4) , for which you were the investigator of record:

1. Protocol (b)(4)   : (b)(4) "

2. Protocol (b)(4)   : (b)(4) "; and

3. Protocol (b)(4)   : (b)(4) "

图 10.1　针对医生埃尔莫尔·亚历山大（Elmore Alexander）提交虚假信息的回应，美国食品和药品监督管理局给他发送的一封警告信。该文件是公开的，但是经过了重大修改
来源：美国食品和药品监督管理局

对于一些特殊请求的文件，政府部门可以收取一定费用，用于他们处理你请求的成本支出。大多数《信息自由法案》的案例要求有关机构告诉你处理所要求的文件需要花费多少钱，这样你就可以决定是否继续进行。

目前为止，听起来很不错。你请求获得记录，然后就能获得。但是，政

府机构也可以基于豁免权而有权拒绝你的请求，这根据各国情况不同而差异较大。例如，根据 2000 年《英国信息自由法案》(the UK Freedom of Information Act，FOIA)(2005 年生效)，如果是无理取闹的请求，或者之前提起过同样类型的信息，或者政府机构给你的记录可能违反《数据保护法》(Data Protection Act)等，政府机构就有权拒绝你的申请。此外，根据政府数字服务网(Government Digital Service)的规定，当处理你的信息咨询请求的成本超过了 450 英镑或 600 英镑，公共机构有权拒绝你的信息咨询请求。

如果你的请求被拒绝，可以通过联系"信息专员办公室"(Information Commissioner' Office，ICO)对这种拒绝提出异议(在政府数字服务网上可以找到链接)。苏格兰有其自己的"苏格兰信息专员"(Scottish Information Commissioner)，因为苏格兰制定了自己的《苏格兰信息自由法案 2002》[Freedom of Information (Scotland) Act 2002]，但是与《英国信息自由法案》一样，也是到 2005 年才生效。《苏格兰信息自由法案》，也称为 FOISA，适用于根据霍利鲁德的立法，而不是威斯敏斯特的立法。在某些方面，FOISA 与英国的 FOIA 有所不同。例如，FOISA 规定，如果政府机构没有保存你所请求的信息，就必须正式通知你。但是英国 FOIA 根本没有规定处理该案件的具体程序。在网站链接部分，你可以看到将两个法案对比的表格。

根据政府部门的不同，填写和提交《信息自由法案》请求的方式也不同。有的部门允许你通过电子邮件或网页表单的方式发送请求，有的则要求你通过写信或者传真。实践中，所有的政府机构都在其网站上发布了《信息自由法案》请求指南。如果你同时检索政府机构的名称和《信息自由法案》(例如，EPA FOIA)，首先检索到的结果通常就是这个部门的《信息自由法案》页面。经验法则就是你应该尽可能详细地填写你的请求内容。每一次你重新填写请求并等待反馈就会浪费时间。

你在等待回复的时候，可以查看《信息自由法案》的中心网页，这里通常包括之前咨询和反馈的数据库，列出一系列你可以提起《信息自由法案》请求的政府机构名单，如美国环境保护局(Environmental Protection Agency，EPA)和美国海关和边境保护局(US Customs and Border Protection)。数据库中包括原始请求、请求人名称和回复，以及文件。另一个重要的《信息自由法案》请求数据库是由电子前沿基金会(Electronic Frontier Foundation，EFF)负责。

美国最初的《信息自由法 1966》(1966 US FOIA)于 1967 年在林登·B.约翰逊(Lyndon B. Johnson)的领导下生效，此后多次修订。联邦机构适用于该法案，所有 50 个成员国的州政府和地方政府各自制定了《信息自由法案》规定，以规范对州政府或地方政府层面的公共记录咨询请求。在美国，允许有 20 天的时间进行回复。如果某个机构不能在这个时间内进行回复，你可以向美国地区法院提起法律诉讼，期限最长可达 6 年。对于联邦《信息自由法案》，以下九个豁免允许政府机构不提供请求的记录（Cornell University Law School，无日期）：

（1）机密文件

（2）与公众不相关的政府机构的人事相关规定或内部规则。

（3）其他法律规定的不能披露的记录。

（4）来源于某个人的商业秘密、财务或商业记录，属于特权或机密。

（5）机构与机构之间传递的备忘录（机构内部和机构之间），"根据法律规定，除了代理机构之外的其他机构都不能获得相关信息"。

（6）受到个人隐私保护的记录，例如医疗或个人相关资料。

（7）因执法目的而制作的文件，查询这些文件信息可能对某人产生六个方面的负面影响（这种类型的更多信息参见美国第 552 号法令）。

（8）与金融监管机构（例如联邦金融机构考试委员会）报告相关的文件（如考试）。

（9）油井数据，包括地图和任何相应的地质或地球物理信息。

虽然，所有规定看起来制定得很好，但是被政府机构不合理地拒绝请求的情况也并不少见。在英国，除非他们故意销毁文件以使其免于被披露，否则隐瞒信息不构成犯罪行为，因此不会产生任何法律后果，至少不会因信息专员办公室而导致法律后果。作为最后的手段，你可以提起诉讼，但要花费很多时间和金钱。

案例研究：关于揭露医疗欺诈行为文章的分析

2015 年，调查记者查尔斯·塞菲在《美国医学会内科杂志》（*JAMA Internal Medicine*）上发表了一篇文章，揭示了美国食品和药品监督管理局不仅知道科学不端行为，而且未能在多个层面上公布这一信息（Seife，2015a）。2015 年，塞菲为《石板》杂志撰写的一篇文章，与上一篇文章几乎同时发表，他在文章中指出："食品和药品监督管理局一再隐藏科学欺骗的证据，不仅仅对公众，而且对其最信任的科学顾问也是如此，即使他们正在决定是否应该允许一种新药上市。"（2015 b）

塞菲及其学生找到了食品和药品监督管理局的文件，其中显示食品和药品监督管理局自己也在调查科学不端行为的案件。每当有新药进入正式应用阶段时，食品和药品监督管理局就会派遣检查员到实验室，以确保正在进行的研究是合理的，并将其研究结果记录在案："当出现问题时，食品和药品监督管理局会产生大量的工作文书——机构检查报告，即所谓的 483 表格，在最糟糕的情况下，则会发出警告信。"（Seife 2015b）塞菲补充说，获得这些文件并不难，它们都是可以公开获取的。

在调查过程中，塞菲及其学生查阅了大约 600 个案例，而只能在大约 100 个案例中找到受影响的制药公司和实验室的名称。原因就是食品和药品监督管理局将文件中涉及的做错事的人的名字涂黑了。塞菲告诉我，他曾经使用《信息自由法案》请求去获取一些经过修改的段落，而且他也会提起法律诉讼，要求食品和药品监督管理局披露缺失的信息：

> 我目前正起诉食品和药品监督管理局，试图获得他们隐藏的证据。正如我所提到的，我只能读取这些警告信中的一小部分。因此，我起诉食品和药品监督管理局以获得其他的部分内容。他们的确会回复《信息自由法案》请求，尽管有时你必须起诉他们才能得到回应，但他们也会审查结果。事实上，他们会进行大量修改。我认为他们的修改行为是不合法的，法院必须对这种行为做出裁决。
>
> （Seife，2016）

塞菲解释说，在他们调查的早期阶段，这种修改并不复杂，可以简单地通过复制和粘贴变黑的段落到另一个应用程序中，然后就能显示出黑块掩盖下的文字了。现在，这样的修改会带来破坏性，因此这种方法也行不通了。他还强调说，作为一名记者，你永远不能用违法手段获取信息。换句话说，有时候你需要另辟蹊径：

> 即便有时候他们的修改是合理的，聪明的话，你可以通过数空格或想想中间的长度判断出修改的部分。或者在上下文中查找连字符，或者找出音节断在哪里。有时候，如果你怀疑某件事，你可以得到强有力的证据，证明它就是你所想的那样。
>
> （Seife，2016）

塞菲和他的学生进一步调查，发现有 78 篇关于临床试验的论文，在这些临床试验中，食品和药品监督管理局发现存在诸如科学不端行为和欺诈等实质性的问题。这些文章中，只有 3 篇指出存在这样的问题，而"其他文章没有以任何方式撤回、修改或强调这些问题"（Seife，2015b）。

在他的文章中，塞菲引用了一项名为"RECORD 4"的研究，这是一项临床试验，其中有对数千名患者进行的利伐沙班（Rivaroxaban，一种血液抗凝剂）测试。美国食品和药品监督管理局的一项检查显示，在其审计的 16 所科研机构中，有一半机构存在科学不端、欺诈和弄虚作假的行为。尽管食品和药品监督管理局认为这项研究并不可靠，其结果却被《柳叶刀》（*Lancet*）等著名杂志收录。塞菲指出，如果食品和药品监督管理局不明确其关于科研不端行为的界定，公众和医学界就会受到影响，也就是说，医生所开出的处方药物可能是基于错误的科学研究。

此外，调查人员发现了大量证据，表明食品和药品监督管理局通过隐瞒信息和在被迫披露不利信息时淡化事实，向外部科学委员会隐瞒了这一点（Seife，2015b）。他还很快补充说，已形成了一些可识别的模式。所以他认为模式识别对每个调查记者来说都是一项至关重要的技能（Seife，2016）。

食品和药品监督管理局援引美国《信息自由法案》中九个豁免条款的第四条，以说明为什么不披露被请求的文件信息，因为"如果信息披露，可能会违背'商业信息保密'原则，从而对制药企业不利"（Seife，2015b）。塞菲确信这种理由是不合法的，因为不会有机密信息可能落入竞争对手手里，提供信息只不过是揭露这些企业的不端行为。

塞菲在纽约大学开设的调查报道课堂中，他试图教给学生的不仅仅是工具，诸如如何正确填写《信息自由法案》请求，而是正确的观念。他进而解释说：

> 一方面，他们必须能够看文件，必须学会如何使用《信息自由法案》，他们必须有能力处理数据，但更重要的是形成某种意识——永远质疑的精神，甚至是对你坚信不疑的观点。经常寻求外部证据来验证你想说的内容。可以是文件或者数据……这种意识与一个好的科学家的意识类似。你先有一个问题，然后你看着你的技术装备说："我想我能够做到——并且知道怎么做。我有信心，也有能力在没有人能看到真相并且真相被掩盖的时候，把真相揭露出来。"
>
> （Seife，2016）

在他教授的课程结束时，塞菲希望他的学生能提出批判性的问题，并树立寻找证据的意识，深入挖掘和进行分析。塞费强调说，就像他们在食品和药品监督管理局所发现的一样，即便学生们的调查还远没有完成。

他还告诉我，向编辑推荐调查性文章是很困难的，尤其当你是一个初出茅庐的科学作家或自由撰稿人的时候。更糟糕的是，深入调查的时间和需要做的研究工作与通常微薄的薪水不成正比。但他强烈建议你至少偶尔做一些调查性的深度文章，因为即使你不是大型媒体调查新闻团队中的一员，你也能从中受益：

> 你从调查技巧中学到的其中一件事就是根据你所获得的信息来源，在不同的目的下工作。如果缺乏这样的能力，你将非常脆弱。虽然，你的日常新闻工作中不做调查类工作，但是，你有能力解构文件，并理解人们什么时候试图欺骗或操纵你，以及得到别人不希望你得到的故事，这些都是非常重要的。
>
> （Seife，2016）

案例研究："黄禹锡门"

以下可能是科研不端行为的最为典型的案例之一，即韩国干细胞研究人员（国立首尔大学）黄禹锡（Woo Suk Hwang）的兴衰。2004 年，他宣称克隆了一个人类胚胎，并从中提取了干细胞。基于该研究，他发表了两篇期刊论文。业界为黄禹锡取得的研究成果欢欣鼓舞，认为该研究有可能为治疗阿尔茨海默病提供新的治疗方案。当时，这位著名的科学家几乎不知道，他很快就将成为历史上最大的科学欺诈案件之一的主角。首先，人们关注的是卵子捐献的来源。在实验中，共有来自 16 位捐献者的 242 颗卵子。据称，其中一些捐献者是黄禹锡研究团队的成员，有的独立科学家怀疑她们是被迫捐献卵子的（Cyranoski，2004）。其次，后来的调查发现黄禹锡伪造了研究结果。科学家委员会发现，他其实并没有从人类的卵子中提取到干细胞。这些发现迫使黄禹锡于 2006 年 2 月公开道歉。

因为黄禹锡的科研不端行为，国立首尔大学开除了黄禹锡。同时，他被判处两年监禁缓期执行，但是没有执行。他的基金被取消。他被禁止进行进一步的干细胞研究。两篇发表在《科学》上的论文被撤销。

媒体最初是如何发现这次科学不端行为的？有一位举报者发现了黄禹锡的科研不端行为，并且揭露了他的谎言。黄禹锡以前的研究团队中的一名成员余永勋（Young-Joon Ryu）是 2004 年《科学》杂志上一篇广受好评的文章的初稿作者。在 2014 年《自然》对余永勋的访谈中，他解释说最初没有告诉有关机构是因为还没有获得充足的证据（Cyranoski，2014）。在文章中，他解释了是什么促使他产生怀疑：他听说干细胞研究人员在进行"一项针对一名脊髓损伤的10岁儿童的临床试验，而黄禹锡曾承诺要让这名儿童重新行走"（Cyranoski，2014：593）。他开始担心这名男孩的健康，因此通过邮件联系了韩国电视网的韩国文化广播公司（MBC），敦促他们对黄禹锡的科研活动进行调查。结果，在2005年12月播出的一份电视报告中，指出了有关提供人类卵子的不道德行为。但是，韩国文化广播公司不得不推迟发布第二份报告，即对造假结果的调查。因为此前该公司受到了强烈反对和威胁，包括赞助商可能削减资金（Cyranoski，2014）。

然而，第一份报告的发布就促使国立首尔大学对黄禹锡的科研结果展开调查。调查也证实了他的科研不端行为（虽然他并没有被判欺诈罪），同时也导致了他与国立首尔大学之间的合同终止（Cyranoski，2014）。

当时，黄禹锡面临的批评声相对少，可能是由于他曾经是韩国的科学明星。而讽刺的是，在韩国文化广播公司的报道播出后不久，余永勋的身份被曝光，他不得不躲藏了几个月。余永勋不得不辞去他在韩国癌症医院的职位。他从2004年4月开始就在这里工作了，直到他的丑闻被曝光。在此后的一段时间内，黄禹锡的支持者不断威胁他，并且声称他要为韩国落后于世界其他国家的干细胞研究负责。结果直到2007年，余永勋一直没有获得带薪工作（Cyranoski，2014）。

黄禹锡所面临的后果是在预料之中的，他已经是科学界不受欢迎的人。然而，他仍然活跃在科研领域。黄禹锡甚至领导着一家克隆研究所——韩国秀安生物技术研究基金会（Sooam Biotech Research Foundation）（Normile，2014）。因为黄禹锡仍然被禁止从事人类卵子和任何相关的干细胞研究，他现在从事克隆狗的工作。他在秀安生物技术研究基金会管理着一支40人的科研团队，并且年度科研预算达到400万美元。他的研究基金会定期发表研究论文，并向普通公民和韩国警察部队提供服务。每克隆一条狗的收费是10万美元（Normile，2014）。虽然该研究所目前的工作集中在克隆和保护濒危动物上，但黄禹锡希望在将来的某个时候能继续从事人类胚胎材料的研究。事实上，秀安生物技术研究基金会已经提出了相关申请，但是目前为止，被韩国卫生部拒绝了（Normile，2014）。

这个案例显示了一些与备受关注的科学造假有关的现象。第一，由于面临公众的指责或政治迫害，举报人可能怯于揭露事实真相。有举报人作为揭露科学不端行为的来源是非常宝贵的，因为他们拥有内部知识，知道研究是如何进行的，也知道一篇论文存在哪些缺陷。这与鲍勃·奥哈拉的说法一致，即全部的事实和知识是不可能在科学论文中呈现的，因为各种原因，研究人员没有将大量的相关信息纳入到论文中来。

第二，在科学领域发挥作用的力量还包括金钱、胁迫、担心受到迫害等其他因素，致使内部人士不去揭露科研不端行为。例如，2004 年，余永勋的妻子是黄禹锡科研团队的成员。虽然在被引用的文献中没有提及这一点，但是这一切都是可以想象和理解的，即为什么余永勋没有早一些站出来揭露黄禹锡的科研不端行为。事实上，当他真站出来时，公众的负面情绪都集中在了举报者身上，指责他"严重伤害了国家"，因为"整个项目都被其他国家偷走了"。

至少，这个案例研究表明了，科学是一个关乎很多利害攸关的利益相关者的行业。的确，在这个行业中存在着严格的分层，例如科研领导者和初级研究员之间的关系，以及博士生和他们的导师之间的关系。这可能会促使一些级别较低的成员隐瞒真相，幸运的是，在黄禹锡案中并没有发生这种情况。

总　结

目前的科学写作大多是宣传新闻，篇幅短小，内容浅显，是对科学的进步和发现的带头宣传。这类文章吸引了大量观众，因此也具有它们自己的优点。不过还有另一类科学故事，即调查性的科学故事。作为记者，你有各种各样的工具来发现人们通常不愿意谈论的故事。在许多国家，你可以提交《信息自由法案》请求，以获取有关公共机构的信息。还有许多互联网数据库收录了以前的《信息自由法案》请求，因此可以避免长时间的等待。但是，最佳的故事来源是举报人，因为他们通常全面了解许多内部不端行为。

在科学领域，数据缺乏透明度、过于热情的表述，比如"革命性的发现"，以及误导性的统计数据和谎言，都暗示存在科研不端行为。许多研究结果是不可重复的，还有当今许多同行评议的文章也被撤稿了。已发表的文章中的图片可能被篡改过，现在有许多的司法鉴定软件可以用于证实图片的真实性，发现这些图片是否经过篡改。假如你碰到了科研不端行为的例子，不管是你自己发现的，还是别人举报的，都能成为很好的案例，值得深入调查。

基于故事的调查方法是一个明确定义的过程。它帮助你提出一个初始假设，然后在从预研究的早期阶段到文章的发表和宣传阶段的整个研究过程中收集支持（或反对）的证据。除此之外，科学家和记者也会调查媒体。像健康新闻评论网平台，持续性地针对健康类文章进行检查，并且提出了一套网站对文章的评价标准，帮助对文章的质量进行评估。该标准在有关健康建议的文章中尤其重要，因为人们根据这些文章来对健康做出决定。

思考题

- 调查类新闻与传统新闻有什么区别？
- 哪些因素会增加接近科学内部人士的机会？
- 什么样的文件可以导向调查性科学报道，你在哪里可以找到这些资料？
- 基于故事的探究方法的核心要素是什么？
- 以故事为基础的探究方法如何帮助你构思故事？
- 利益冲突在对健康故事的评价中起着怎样的作用？
- 什么是警告信件？
- 为什么公共权威机构会编纂文件？
- 在什么情况下，公共权威机构能够拒绝《信息自由法案》请求？

练习题

- 利用本章中提到的数据库找一个你感兴趣的科学不端行为的案例。
- 进行二次研究，提出一个包含根本问题的假设。
- 找出包含针对作恶人所采取的纪律处分（过去及现时）的文件。
- 向相关公共机构提交一个或多个《信息自由法案》请求，以了解更多有关基本问题的信息（请注意，这可能需要付费）。
- 联系研究人员对案例进行评论，并提供具体的例子和统计数据。
- 找出三个你需要证明或反驳的事实来证实或否定你的假设。
- 找三个健康类故事，并按照健康新闻评论网的标准来进行评价。

阅读清单

BBC Academy (no date) *Defamation*, BBC Academy [Online] Available at: www. bbc.co.uk/academy/journalism/article/art201307021121133651 [date accessed 15 June 2016]

Hunter, M.L. (2011) *Story-Based Inquiry: A Manual for Investigative Journalists.*

Paris: UNESCO [Online] Available at: http://unesdoc.unesco.org/images/0019/001930/193078e.pdf [date accessed 22 May 2016]

Hunter, M.L. (ed.) (2012) *The Global Investigative Journalism Casebook*. Paris:

UNESCO [Online] Available at: http://unesdoc.unesco.org/images/0021/002176/217636e.pdf [date accessed 14 September 2016]

Lonsdale, S. (2013) Environmental journalism, In Turner, B. and Orange, R. (eds.) *Specialist Journalism*. London: Routledge, 59–68

MacFadyen, G. (2013) The practices of investigative journalism, In De Burgh, H. (ed.) *Investigative Journalism*. 2nd edition. London: Routledge, 138–156 (sec- tion: Digging)

Mencher, M. (2011) Digging for information, In Mencher, M. (2011) *News Reporting and Writing*, 12th edition. New York: McGraw-Hill, 229–244

Schapiro, M. (2012) Conning the climate/afterword, In Hunter, M.L. (ed.) *The Global Investigative Journalism Casebook*. Paris: UNESCO [Online] Available at: http://unesdoc.unesco. org/images/0021/002176/217636e.pdf [date accessed 14 September 2016], 80–92

网站链接

Association of Health Care Journalists, Center for Excellence in Health Care Journalism: http://healthjournalism.org/

Electronic Frontier Foundation, FOIA requests: www.eff.org/issues/transparency/ foia-requests

FOIA online: https://foiaonline.regulations.gov/foia/action/public/home

Global Investigative Journalism Network: http://gijn.org

HealthNewsReview.org review criteria: www.healthnewsreview.org/about-us/reviewcriteria/

Information Commissioner's Office: https://ico.org.uk

Legislation.co.uk, Defamation Act 2013 (UK): www.legislation.gov.uk/ukpga/2013/ 26/contents/enacted

Legislation.co.uk, Freedom of Information Act 2000: www.legislation.gov.uk/ukpga/ 2000/36/contents

Legislation.co.uk, Freedom of Information (Amendment) (Scotland) Act 2013: www. legislation.gov.uk/asp/2013/2/introduction

National Whistleblower Center: www.whistleblowers.org

Office of Research Integrity: https://ori.hhs.gov/

Office of Research Integrity case summaries: http://ori.hhs.gov/case_summary

ProPublica, Dollars for Docs: www.propublica.org/series/dollars-for-docs

Scottish Information Commissioner, comparative table (FOIA 2000 and FOISA 2002): www. itspublicknowledge.info/Law/FOISA-EIRsLinks/FOISA_FOIAComparative.aspx

Society of Environmental Journalists: www.sej.org

UNESCO, Story-Based Inquiry (a manual for investigative journalists by Mark Lee Hunter): http://unesdoc.unesco.org/images/0019/001930/193078e.pdf

University of Massachusetts Amherst Libraries, locating retracted publications in databases: http://guides.library.umass.edu/content.php?pid=463078&sid=3862890

The White House, Freedom of Information Act: www.foia.gov

参考文献

Barry, C., Arad, R., Ansell, L., Cartier, M. and Lee, H. (2016) 2016 Patent litigation study – Are we at an inflection point? *PricewaterhouseCoopers (pwc.com)* [Online] Available at: www.pwc. com/us/en/forensic-services/publications/assets/2016-pwcpatent-litfigation-study.pdf [date accessed 28 November 2016]

Blum, D. (2002) Investigating science, *Nieman Reports* [Online] Available at: http:// niemanreports.org/articles/investigating-science/ [date accessed 5 May 2016]

Bosch, X. (2011) Treat ghostwriting as misconduct, *Nature*, vol. 469, no. 7331, 472 Burgh, de H. (2008) *Investigative Journalism*. 2nd edition. London: Routledge

Carmon, I. (2013) How we broke the NSA story [Interview with Laura Poitras], *Salon* [Online] Available at: www.salon.com/2013/06/10/qa_with_laura_poitras_ the_woman_behind_the_nsa_ scoops/ [date accessed 12 July 2016]

Cornell University Law School (undated) U.S. Code § 552 – Public information; agency rules, opinions, orders, records, and proceedings, *Legal Information Institute* [Online] Available at: www.law.cornell.edu/uscode/text/5/552#a_4_F [date accessed 22 July 2016]

Cyranoski, D. (2004) Korea's stem-cell stars dogged by suspicion of ethical breach, *Nature*, vol. 429, no. 6987, 3

Cyranoski, D. (2014) Whistle-blower breaks his silence, *Nature*, vol. 505, no. 7485, 593–594

Gewin, V. (2012) Research: Uncovering misconduct, *Nature*, vol. 485, no. 7396, 137–139

Goldacre, B. (2016) Personal phone conversation on 25 July 2016

Hanson, H., O'Brien, N., Whybrow, P., Isaacs, J.D. and Rapley, T. (2016) Drug breakthrough offers hope to arthritis sufferers: Qualitative analysis of medical research in UK newspapers, *Health Expectations* [Online] Available at: http:// onlinelibrary.wiley.com/doi/10.1111/hex.12460/full [date accessed 19 July 2016] Hunter, M.L. (2011) *Story-Based Inquiry: A Manual for Investigative Journalists*.

Paris: UNESCO [Online] Available at: http://unesdoc.unesco.org/images/0019/001930/

193078e.pdf [date accessed 22 May 2016]

Hunter, M.L. (2016) Personal Skype conversation on 13 July 2016

Jayaraman, K.S. (2013) How to be an investigative journalist, *SciDev.net* [Online] Available at: www.scidev.net/global/communication/practical-guide/how-to-bean-investigative-science-journalist-1.html [date accessed 10 July 2016]

Nelson, D. (2016) Personal Skype conversation on 26 September 2016

Normile, D. (2014) The second act, *Nature*, vol. 343, no. 6168, 244–247

O'Hara, B. (2016) Phone interview on 9 June 2016

Pitt, J.H. and Hill, H.Z. (2013) Statistical Detection of Potentially Fabricated Numerical Data: A Case Study, *arXiv (Cornell University Library)* [Online] Available at: https://arxiv.org/pdf/1311.5517.pdf [date accessed 13 September 2016]

Regalado, A. (2006) Investigative reporting, In Blum, D., Knudson, M. and Henig, R.M. (eds.) *A Field Guide for Science Writers*. 2nd edition. New York: Oxford University Press, 118–125

Robinson, A., Coutinho, A., Bryden, A., and McKee, M. (2013) Analysis of health stories in daily newspapers in the UK, *Public Health*, vol. 127, no.1, 39–45

Seife, C. (2015a) Research misconduct identified by the US food and drug administration, *JAMA Internal Medicine*, vol. 175, no. 4, 567–577

Seife, C. (2015b) Are your medications safe? *Slate* [Online] Available at: www.slate.com/articles/health_and_science/science/2015/02/fda_inspections_fraud_fabrication_ and_scientific_ misconduct_are_hidden_from.html [date accessed 16 July 2016]

Seife, C. (2016) Personal phone call on 14 July 2016

Sumner, D.E. and Miller, H.G. (2013) *Feature and Magazine Writing: Action, Angle and Anecdotes*. Chichester: John Wiley & Sons

Turone, F. (2016) Personal Skype conversation on 10 June 2016

Wellcome Trust (2005) Statement on the handling of allegations of research misconduct, *The Wellcome Trust* [Online] Available at: https://wellcome.ac.uk/funding/ managing-grant/statement-handling-allegations-research-misconduct [date accessed 28 November 2016]

第十一章
数字时代的科学新闻

在本章你将了解到：

> 数字时代注意力的持续时间／移动设备对新闻消费和生产的影响／了解数字受众／多媒体内容制作／基本的网络技能／可视化科学／开办数字杂志的策略／案例研究：唯数字出版的科学杂志《不黑暗》／案例研究：一个成功的数字科学故事

引 言

　　感谢数字革命，让你的产出更多，产出得更快，传播得更快，也更快地获得反馈——同时，你的作品更快速地出现在你的读者的屏幕上。在数字世界，例如照相机、存储卡和软件等工具都变得更加便宜。同时，它们的使用也变得更加容易，还有许多在线学习平台、大量公开课程、网络研讨会或视频教程等。而新闻的既定规则，如精确性、简洁性和明确性，应该始终保持不变。每天新闻产出的数量之多，使得不可能对其进行全面的事实核查。你的读者在网上阅读的文章和多媒体材料的类型通常很短，而且切题。他们如果喜欢你写的东西，会用网络世界的真实货币奖励你：点赞和分享。

　　更准确地说，网络流量很重要。越多的人点击和推荐你的文章，你就能赚更多的广告费。如果你在运行一个在线出版物，有许多的工具告诉你，读者喜欢什么主题和风格，以及他们的来源和年龄等。这些工具甚至会告诉你，读者会阅读你的文章多长时间后感到厌倦，然后关闭浏览页。许多的研究表明，我们的注意力正持续下降，目前只有大约 8 秒的时间，然后就会分心。

在本章第一部分你就会读到，并不是所有人都会分享观点，一项研究的作者甚至认为，在线读者更喜欢长篇而不是短篇文章。

这些读者大多使用移动设备来消费新闻，大部分流量来自社交媒体，尽管正如一位在线编辑在采访中告诉我的那样，自然搜索（organic search）和社交媒体产生的流量比例达到 50 : 50 是理想状态。这些移动设备也影响着你如何为你的读者生产新闻。事实上，移动新闻的消费和生产之间似乎存在相互影响的关系，这在本章接下来的部分会提到。在下一部分，一些在线编辑阐释了他们如何对受众进行分类，如何与受众接触和互动。所有人都强调，如果你想让一个数字出版物成功，这些步骤就非常重要。

基于这些知识生产的内容同样重要。除了生成可检索、可查找的以文字为基础的文章之外，还需要制作具有吸引力的多媒体材料。视频就是在线新闻非常重要的内容。因此，在多媒体制作的部分将展示：当你记录工作中的科学家时，必须获得哪些基本镜头，以及如何将它们连接起来。幸运的是，你不需要从购买专业级别的设备入手，可以使用智能手机制作达到播出质量的材料，包括对正在调查事件的现场直播。

作为在线记者，你必须掌握一些网络技巧。你不需要掌握所有这些方法的应用，但是必须理解网络是如何工作的。因此，本章有一个部分致力于介绍网络语言构成、可视化数据最流行的框架、先进的搜索技巧以及一些安全浏览网页的小诀窍。在讨论可视化数据之前，我将简要谈谈基本的数据新闻流程。

一个你可以用来将适当处理的数据进行可视化的传统且有效的工具就是"信息图"（infographics）。它们帮助你进行数据解释，并将数据分解为关键信息，然后通过强大的可视化技术（例如图表）使其实体化。我将简要介绍其中的一些技术，并看看在线信息图与印刷信息图有何不同。

随着印刷媒体向在线媒体的转变，在线新闻的另一个重要组成部分也发生了变化，那就是如何盈利。你需要制订一个可靠的计划（实际上是若干计划），概述你运行的文章的类型，谁将为此付费（有些可能是赞助者），以及你是否想要同时使用订阅功能、付费墙或应用程序，让读者付费阅读你在网上发表的文章。

第一个案例显示了一位获奖的科学记者和教授如何创办自己的基金会资助的杂志，以及她是如何实现这些计划步骤的。她建议：灵活使用社交媒体，发现适合你的社交媒体，并对写作的内容充满热情。她所讨论的热情，我也将融入本章第二个案例中。发表在数据新闻网站 Medicamentalia 上的一篇获奖的多媒体报告指出，在对药物的评定方面，发展中国家和第一世界国家存在差异。在分析过程中，文章的作者广泛采用了我在本章前面介绍的交互式数据可视化技术。

数字时代注意力的持续时间

看起来好像在线新闻的生产和消费是互相影响的：反复出现的观点指出人们的注意力在下降，这促使在线记者去写出更为短小的文章。反过来，这种短文的盛行又进一步缩短了人们注意力的持续时间。2015 年，微软加拿大（Microsoft Canada）的消费者观察的研究团队发布了一则在线报告，指出人们的注意力持续时间在 2000 年是 12 秒，到 2013 年已经下降到了 8 秒（Gausby，2015），虽然这个报告不是一篇同行评议的研究。你可以在文本框 11.1 中读到该报告的研究。但像 Matter、the Atavist、Byliner 和 Narrativ.ly 这样以发表长篇文章为主的平台似乎不赞同这样的理论，即在线读者容易分心，以及不能长时间集中读一篇文章。

文本框 11.1　注意力持续时间的三种类型

如上文提及的，微软加拿大发现在线读者的注意力持续时间已经下降了。但是，数字阅读者在吸收和记忆信息方面变得更加有效。需要注意的是：这不是一项经过同行评议的研究。

该报告的作者以加拿大观众为研究对象，将人的注意力持续时间分为三类，并提出了营销专业人士可以根据每种注意力持续时间的类别制定应对方案，引自加茨比（Gausby，2015：13）：

1. 持久不变的（Sustained）：读者能够在重复的活动中保持长久的注意力。取决于数字生活方式。小贴士：在个人层面上交流，传达清晰的价值观。

2. 选择性的（Selective）：在面对注意力的竞争刺激时，读者能够避免分心并保持反应。年龄、性别和数字生活方式等因素不对此产生显著影响。小贴士：排除不必要的信息，确保传递的信息是清楚的，并超过受众的期望。

3. 可替代性的（Alternating）：读者有能力在不同任务之间转移注意力，这需要不同的认知技巧。多屏的环境提高了读者的注意力，并促进了情感的记忆编码。小贴士：与受众互动，发出行动呼吁，并在不同的屏幕上继续沟通。

作者还引用了微软数据科学家丹娜·博伊德（Danah Boyd）的观点，即刺激的变化会重塑我们的大脑。此外，需要注意的是，报告中的小贴士面向的是市场专员，而不是为记者准备的。也就是说，你可能发现这些技巧在传递科学知识给受众方面是有用和有效的。

例如，皮尤研究中心的一份报告显示，美国读者与长篇在线新闻的互动多于与短篇在线新闻的互动。文章作者对在线分析服务平台 Parse.ly 提供的数据进行了分析：共有 7100 万名独立访问者通过手机阅读了 74840 篇文章，产生了 1.17 亿篇完整的互动，比如在屏幕上滚动、点击或滑动（Mitchell et al.，2016）。该研究的作者发现，美国读者在阅读长文章时的互动时间（1000 个词以上的故事等于或大约为 128 秒）是阅读短文章时进行互动时间的将近 2 倍（1000 个词左右的故事为 60 秒）。这些数值在全天的波动很小（Mitchell et al.，2016）。其他的发现还有：

● **参与互动的时间随着文章字数的增加而增加**：例如文章字数等于或超过 5000 个词，参与互动时间大约是 270 秒。如果文章字数在 101—250 个词，参与互动时长则仅有 43 秒。

● **推特上读者参与互动的时间要比脸书上读者参与互动的时间长**：对于长篇文章，推特上的读者和脸书上的读者参与互动的时间分别是 133 秒和 107 秒；对于短篇文章而言，两者的时间对比则是 58 秒和 51 秒。

● **大部分的用户不是回头客**：在接受分析的手机用户中，95% 以上都是如此，长文章和短文章的差别只有 1%。

● **长文章和短文章之间的互动次数基本持平**：在被分析的文章中，只有 24% 是长文章（根据作者的定义，等于或大于 1000 个词的文章）。不考虑文章长度的情况下，每篇文章平均互动的次数是 1500 次。

● **来自某个内部链接的手机用户阅读文章的时间最长**：阅读长文章和阅读短文章的时间分别为 148 秒和 59 秒。相反，来自社交媒体分享链接的手机用户，阅读短文章（111 秒）和长文章（52 秒）的总时间最少。

● **大部分读者在文章发表的第一周参与互动**：对短文而言，82% 的互动发生在最初两天内，72% 的长文章互动也是如此。目前为止，互动的峰值在第一天。

● **犯罪是最成功的长文话题（等于或超过 5000 个词）**：作者对随

机样本进行了分析（样本规模：17% 来自 Parse.ly 提供的数据）。在此背景下，"成功"意味着读者参与文章互动的总时间。相比较而言，具有相同长度的长篇科学或技术类文章，读者参与互动的时间最少。

大部分的读者来自脸书（长文章的读者有 900 万人，短文章的读者有 3200 万人），超过了推特上的读者（长文章的读者有 200 万人，短文章的读者有 500 万人）。你从研究中可以得出以下结论：脸书是吸引读者的一个重要因素，但是推特的用户往往会花更多的时间阅读你的文章。

我在本书第七章讨论了在线读者的关注时间长度问题。其中，我引用了罗伯特·韦瑟黑德（Robert Weatherhead）发表在《卫报》网站上的文章。他在文中指出，注意力持续时间的缩短需要一种不同的在线文章写作和结构。韦瑟黑德是英国 Amplifi 公司的集团运营总监，对上述提到的皮尤研究进行了评论。他对我说，事实上，皮尤的研究结果针对的是谁在消费手机新闻：

> 我读完这篇研究的最初反应是，主要的变化在于，更多原来阅读长格式内容的消费者，现在开始使用移动设备进行阅读，而不是说人们的消费内容发生了怎样的变化。这些人可能之前就是通过纸质版来阅读的。因此，基于该研究可以发现，与其说是人们消费的内容的方式在发生变化，不如说是消费的人群在发生变化。

> （Weatherhead，2016b）

韦瑟黑德进而对我解释说，该研究报告的作者没有指出研究中存在的几个局限性，这也就是为什么他对部分研究并不全都相信的原因：

> 更为有趣的问题应该是：有多少人读完了全文？他们读了 5000 个词吗？我猜测大部分人不会在移动手机上这么做。在研究报告中指出的时间内，你可能读了 1000 个词，而不是 5000 个词。他们的发现当然表明了一个普遍的转变，越来越多的人在使用移动设备，越来越多的人把移动设备作为他们的阅读选择。但是，我们并不知道这是否就意味着人们比过去更喜欢阅读长文章。

> （Weatherhead，2016a）

的确，对于成人读者来说，尤其是经过训练的读者（速读者除外），可以在每分钟阅读 300—360 个词。用 270 秒或 4.5 分钟读完 5000 词，似乎时间不是很充裕。按照上文研究报告中的假设，应该需要花 8—16 分钟。因此，韦瑟黑德会得出如下的结论：

> 对我来说，该研究的确没告诉我任何内容。"手机是阅读长文章时选择的设备"，我可能不会得出这么极端的结论。我更愿意说，随着智能手机和移动设备的普及率正在发生全球性的变化，这意味着你自然会让更多的人通过这些设备阅读长篇内容。每个发布者所处的情况是，你需要制作适合用户用任何设备来阅读的内容。因为你无法准确预测他们使用何种设备。
>
> （Weatherhead，2016a）

移动设备对新闻消费和生产的影响

因此，移动设备究竟是如何引发新闻革命的呢？首先，很明显，平板电脑等移动设备被广泛用于新闻消费。事实上，至少从新闻消费的角度来看，移动设备的使用超过了桌面电脑或手提电脑。随着 2007 年苹果 iPhone 的发布，以及 2010 年苹果 iPad 的发布，移动新闻革命开始了。今天的市场充斥着各种型号的手机和平板电脑。

在 2014 年 "移动传媒新闻消费调查"（Mobile Media News Consumption Survey）中，罗杰·费德勒（Roger Fidler）发现，苹果 iPad 仍然是美国家庭中消费新闻的主要平板媒体。而且，有孩子的家庭更容易出现平板媒体（Fidler，2014）。到 2013 年，55% 的美国新闻消费者是移动设备的用户，首次超过了传统的新闻消费者数量（Fidler，2013）。还有证据表明，社交媒体也促进了用手机收看新闻的转变。例如，米切尔和古斯金（Mitchell and Guskin，2013）指出，美国 85% 的推特新闻消费者使用移动设备阅读新闻，64% 的脸书新闻消费者使用移动设备阅读新闻。而且，研究还发现，与其他新闻消费者相比，推特上的新闻消费者要更年轻，也更具有移动性。研究还指出 "移动设备是这些推特新闻消费者接入网络一个关键点"（Mitchell and Guskin，2013）。

消费者转向收看移动新闻的原因有许多，施罗德（Schrøder，2015）证实了其中一些原因，提出了促进移动收看新闻的七个方面。更具体地说，他定义了 "有价值" 一词，他认为 "为了被纳入某个个人的媒体库中，新媒体必须让作为主体的这个个体感受到值得这么做"（Schrøder，2015）。他认为，智能设备的吸引力也有助于采用移动设备来收看新闻。还有其他方面因素影响读者的选择，例如价格和潜在的参与性（Schrøder，2015）。

此外，为了促进向移动媒体的转向，就需要有根本性的技术、基础设施和经济变革来为消费者随时随地收看新闻铺平道路。这些变化包括接入宽带互联网、电信公司提供廉价的移动固定费率服务，以及谷歌和苹果等关键技术公司进入市场。同时，不仅仅是要求基础设施层面的变化，而且还需要在编辑的层面做出改变。另外，为各种移动平台开发专门的新闻应用程序，会给新闻发布者造成巨大的成本（Westlund，2013）。

移动设备也塑造着新闻内容生产的方式。例如，它们可以作为记者的数字报告工具。2007 年，诺基亚和路透社发布了专门针对记者的智能手机工具包。配备移动手机的记者能对突发事件做出更快的反应。他们还可以调整与被报道社区的距离（Cameron，2009）。一些 BBC 的手机记者（比如尼克·加内特，你可以在第四章看到他的工具包）使用 iOS 和安卓的智能手机，以及 BBC 的专有应用程序 PNg。该程序可以让他们拍摄、编辑和上传手机视频到 BBC 的服务器。PNg 应用程序专供 BBC 员工使用，你也可以购买一些具有类似功能的应用程序，例如 FiLMiC Pro。

如果你想制作适用于移动设备的故事，你也必须承认移动设备的物理局限性，利用或克服它。目前显示屏的尺寸在 3.5 到 5 英寸之间。平板电脑的显示屏尺寸在 7 英寸到 10 英寸之间。金等人（Kim et al.，2011）在韩国大学（University of South Korea）进行了一项调查，调查了移动设备屏幕大小对感知有用性和新闻价值的影响。研究的参与者认为，与屏幕尺寸为 5.7 英寸的手机相比（平板手机的标准尺寸），3.5 英寸和 9.7 英寸的手机最有用。调查参与者回答说，与文本相比，他们认为视频更具新闻价值也更有趣。

并不是所有的移动平台都同样好用。例如，智能手表的局限性就过多。罗伯特·韦瑟黑德认为智能手表不是一个合适收看新闻的设备。它没有足够的空间来显示较长的文章，只能看短新闻；然后只能使用智能手机或平板电脑去阅读长文本。因此，他认为智能手表是一种方向性设备而非一种恰当的消费性设备。不过，韦瑟黑德认为，未来几年，人们可能会越来越多地使用智能联网电视来收看新闻。

了解数字受众

我在第七章谈到过了解博客读者的必要性。在本章，我将更详细地讨论数字出版物如何理解其受众。埃德·杨是一位屡获殊荣的英国科学作家，多年前开始写博客，曾是一名自由科学记者，后来成为《国家地理》科学博客网络 Phenomena 的一部分，现在是《大西洋月刊》（*The Atlantic*）的专职作家。他告诉我，他认为在多大程度上有可能了解你的在线受众：

> 我认为你能够猜出你的受众来自哪里，他们使用什么操作系统和哪种浏览器，但是确切地知道他们是谁就难得多。我曾经在我的博客上开通了一个年度的链式消息，要求人们告诉我更多他们自己的信息。因此，这也是唯一获得他们故事的方式。现在，每个地方都有它自己的读者。我认为《大西洋月刊》的读者学识丰富，尽管他们不一定是有科学背景的人。我们很久之前就开通了技术频道和健康频道，但是直到去年9月份才开通了专门的科学频道。这三个频道是我们流量的主要载体，虽然《大西洋月刊》更以其政治报道而闻名。无论你所针对的受众是谁，如果你有好的故事，你也可以告诉他们，你也能够找到受众……就你想要与普通的外行读者或科学家交流而言，你可以想想你是想接触到更广泛的读者还是更小范围的读者。从这个意义上说，这是至关重要的。但除此之外，这几乎无关紧要。
>
> （Yong，2016）

社交媒体是印刷和在线出版物接触和发现更多受众的好办法。《BBC 聚焦》杂志的在线编辑亚历山大·麦克纳马拉（Alexander McNamara）使用社交媒体的目的是：

> 了解用户？这是一个社交媒体可以真正发挥作用的地方，因为你可以直接与浏览你网站的人交谈。你可以说"这是我昨天发布的一篇关于本月最热门电子产品的文章"，让后人们会过来看并说"这真的很酷"，你就可以直接跟他们对话。我们的用户喜欢黑洞和太空中的任何东西。
>
> （McNamara，2016）

麦克纳马拉根据受众访问杂志网站 sciencefocus.com 的方式，将他们分为两个群体：第一个群体是通过搜索引擎，第二个群体直接通过社交媒体。麦克纳马拉告诉我，大多数出版物都力求在有机搜索作为流量来源和社交媒体驱动的流量之间达到对半开。《BBC 聚焦》杂志的工作人员分析了来自谷歌分析和类似分析服务的数据，让他们知道有多少用户访问了他们的网页，对哪些文章看得最多，花了多长时间阅读这些文章，以及他们的来源等。因此，谷歌分析是最重要的质性分析工具之一。相比较而言，通过社交媒体与观众互动从而面向第二组读者，是更好地了解受众的一种质性分析工具。

他还强调，你的在线文章的被找到的可能性很大程度上取决于搜索引擎和社交媒体算法。比如，如果他们决定不再显示标题党的文章，许多文章将从读者的搜索结果和脸书的时间表中消失。但他告诉我，至少在 sciencefocus. com 网站上，排除标题党并不是个问题："我们一直努力在做的一件事是让高质量的文章内容说话，而不是靠标题党。"（McNamara，2016）

其他在线出版物的流量则更多地来自社交媒体。例如，VICE Media 是一家在页面浏览量和市场价值方面最为成功的在线媒体公司，以使用大量图片和制作具有吸引力的调查视频而著称。根据在线分析服务平台网站流量排名 Alexa 的调查，VICE.com 目前是美国排名前 100 位的网站，每个月大约有6000 万次到 1 亿次的页面浏览量。大部分的读者是移动手机用户。它的受众主要是男性，大部分具有大学本科教育背景，在工作中和家中定期访问网站。VICE.com 只有 10% 的浏览量来自搜索，人们通常会在打开 VICE.com 之前先访问脸书和谷歌。有的信息是在 Alexa 网站上发布，你可以在本章网站链接部分找到这个链接。

Alexa 的统计数据显示，VICE 的科学和技术部分——《主板》（Motherboard）是 VICE 用户访问主网站后直接访问的第二大数字渠道。《主板》的加拿大主编凯特·卢瑙（Kate Lunau）探讨了数字杂志对其读者的投资：

> 我们是加拿大媒体。这一事实意味着，对我们来说，关注并增加加拿大的受众群体，讲述许多真正优秀的加拿大科技故事，是非常重要的。对此，我对新的工具和技术以新的方式来帮助我们接触到人们而并不总是依赖社交媒体进行了许多思考。社交媒体也非常重要，但是你不能什么都依赖它。你还必须让读者主动找到你，让他们感受到你的重要性。我一直在思考如何建立读者群，让他们对我们每天所做的事情感到好奇，想要看看我们的内容，这对我们来说很重要。

> （Lunau，2016）

多媒体内容制作

创作具有吸引力的故事从来都不是容易的事情。宽带接入、廉价内存以及智能手机拍摄和录制可以达到广播质量的视频和音频的能力都使新闻制作的过程变得民主化了。技术的易获得性并不能取代扎实的新闻核心技能，但它极大地压缩了从录制到报道播出的时间。

当你报道突发新闻时，你可以很容易地报道事件的进展。你只需要一个智能手机、脸书和速度足够快的网络链接。为了提高播出的质量，你可以在智能手机上附加一个合适的麦克风，虽然用手机内置的麦克风也能接受。英国广播公司的手机记者尼克·加内特用他的手机装备报道了 2015 年巴黎恐怖袭击的后果，他用挡风玻璃来减少风的噪声。确保你在横屏模式下拍摄（除非你想报道的内容需要使用竖屏模式），以及使用三脚架来捕捉一些稳定的镜头。直播结束后，脸书就会将其转为普通视频，使读者可以重复播放。在脸书上现场直播是现在许多主流媒体公司在做的事情，包括《纽约时报》。可能脸书已经和他们中的一些人签订了协议，所以他们只通过脸书制作和播放一系列视频，以换取可观的报酬（Spayd，2016）。

《纽约时报》公共事务编辑斯派德（Spayd）说，许多出版物的视频直播"并没有达到人们通常认为的《纽约时报》新闻报道的质量"（Spayd，2016），但是，为网络制作（不一定是实时的）视频已经成为在线出版物的核心工作之一。在科学新闻中，附加一个讲解员的短视频来讲述环境保护、行星新发现和怪诞科学发现的小故事，能收获较好的效果。本质上，这些视频将某个特定内容压缩到 30 秒到几分钟的时长。解说文本要用简洁的句子对核心内容做出解释。《国家地理》《自然》《主版》和许多其他出版物制作了这类视频，并通过社交媒体传播。早在 15 年前，帕弗里克（Pavlik）就证实了数字世界中视频制作的民主化（Pavlik，2000）：

> 在类似的环境中，广播工会制定的规则极大地限制了电视新闻的制作。工会成员每进行一个步骤的操作，如更换磁带或进行编辑，都要严格按照规则来执行。这些规则在数字时代都不适用了。在数字新闻编辑室，任何记者都可以对视频进行任何编辑或操作。因此，每个记者都可以制作视频，现场编辑，或在截止日到来之前编辑。
>
> （Pavlik，2000：231）

在 2016 年召开的一个"记者论坛"的讨论组中，德国 VICE Media 首席编辑汤姆·利特尔伍德（Tom Littlewood）强调了为在线平台制作视频的重要性，他说：

> 我们发行杂志，也经营网站……然后我们就开始制作视频，这对我来说是 VICE 的重要转折点，因为……如果你想直接讲故事的话，没有比

视频来做这个中介更好的途径了。

（Littlewood，2006）

虽然 VICE 通常使用传统的专业摄影设备和团体工作人员，但现在智能手机的发展，可以让你自己动手拍摄达到播出质量的全部视频，用手机编辑后提交给编辑。智能手机在不断发展，手机摄像头拥有更高的分辨率、帧速率和不断增强的微光能力，这只是其中一个方面。像 FiLMiC Pro（适用于 iOS 和安卓）这样的移动应用程序可以让你更好地控制相机的功能，并使用标准相机应用程序不允许你使用的设置进行拍摄。你可以用商业应用程序软件在手机上编辑摄影素材，或者使月 iOS 自带的 iMovie 编辑。这些软件大大加速了整个视频的制作过程，你完全可以用一个手机设备就完成自己设计、指导、拍摄和发布一个视频。

其中，在硬件方面比较有问题的是音频：手机的内置麦克风并不总是适合录制音频。虽然某种程度上，它们可以消除一些杂音，但你在远处录音时，把手机放在三脚架上或以其他方式固定，音质都会很差。解决的办法就是使用 3.5 毫米的杰克麦克风（安卓）或能连接到闪电端口的麦克风（苹果）。如果你想使用专业级别的录音设备，安卓和苹果设备上也都有 XLR 适配器。但如果你决定只使用内置的麦克风拍摄，确保你没有用手指盖住它，否则录制的音频将听起来很模糊。如果你用智能手机进行采访，确定不要让被采访者太接近麦克风，否则你就会听到剪辑和弹出的声音。

除了硬件和软件，最终的因素就是你的选题——你将用视频讲述的故事和怎样去讲。随着数字设备的普及，用视频讲述故事的原则也没有发生很大的变化。对于用短视频讲述快速的科学新闻，迈克尔·罗森布拉姆（Michael Rosenblum）提出的五镜头序列（Frechette，2012）成为黄金标准，因为它在一个序列中回答了五个 W 和一个 H 的大部分问题。它包括用以下视角进行拍摄。以下是基于安德鲁·李（Andrew Lih）的视觉讲故事技巧进行改编的清单，你可以在本章末尾的阅读清单中查看。

（1）手的特写：表明人物正在工作。新闻问题：在做什么。

（2）面部特写：另一个特写，这一次是人物的脸，第一张镜头要呈现地在执行某个动作。新闻问题：是谁。

（3）中景：这个镜头要比其他的宽一些，可以显示人物的背景。新闻问题：何时何地。

（4）过肩镜头：从地的肩膀掠过来观察角色的动作。新闻问题：如何工作。

（5）创意拍摄：最后的镜头比较自由，可以选择不一样的相机视角来描述角色或情景。新闻问题：其他内容。

你或许意识到还有一个遗漏的问题，即"为什么"。你可以用声音来回答这个问题，一边录制一边让录制对象介绍他们在做的事情。当然，这些基本技巧并不适用于所有的科学故事，但是它可以很好地帮助你讲述工作中的科学家，比如在挖掘现场的考古学家。

为了让各个镜头连接起来，你还应该熟悉电影的过渡或剪辑技巧，如匹配剪切、跳跃剪切（请忽略）、动作剪切、交叉剪切、剪辑、L 剪切和 J 剪切等。后两种是过渡，利用音频引导读者从一个镜头无缝转移到下一个镜头，音频可以在场景切换稍前或稍后一点出现。这些技巧可以确保让你的观众感觉到无缝连接。你完全可以在智能手机上完成这些步骤，但是因为这些设备上的内存通常有限（编辑会占用额外内存），一定要提前计划好镜头，并为此创建一个镜头列表或故事板。

最后需要注意，这也是非常重要的一点，很多人都很自然地倾向于使用竖屏模式。请不要这样做。一定要用横屏模式，除非你只能在竖屏模式下拍摄。

基本的网络技能

从最简单的数字工具，如电子邮件、互联网电话和视频会议软件谈起，数字时代给你提供了大量的工具，极大地简化了工作。请在你需要的时候去熟悉这些工具，了解它们的能力和局限。例如，假如你是一名调查记者，正与举报人一起工作，你应该知道瓦茨普（Whats App）的加密功能是否足以向有关机构隐藏你们之间的对话，并知道如何使用加密电子邮件，以保护你的消息来源。此外，你还应该了解你的通信服务供应商的位置，了解他们是否会基于权力部门的要求向他们泄露任何信息。有些重要的出版物，如《福布斯》，提供了安全的在线提交系统，信源可以匿名提供线索。

除了上述通信技巧，你还需要了解网站和社交媒体的工作方式。以下术语应该成为你了解的基本网络技术词汇，因为实际上整个网络都是在以下三种语言上运行的：

- 超文本标记语言（Hypertext Markup Language，HTML）：该语

言确定网页的架构和部分外观。超文本标记语言语法基于必须打开和关闭的标签（<html>Hello</html>）。标签是嵌套的，由浏览器来读取，赋予网页外观；标签从不直接显示出来（例如，<html> 从不显示出来）。本质上，超文本标记语言告诉浏览器应该显示什么内容。

● 层叠样式表（cascading style sheets，CSS）：配合超文本标记语言文本来一起加载，确定超文本标记语言文件的外观和格式。这包括网页的颜色、字体和布局。层叠样式表语法从根本上不同于超文本标记语言。层叠样式表告诉浏览器如何显示超文本标记语言内容。

● Java 程序语言（JavaScript）：JavaScript 是一种编程语言，使得读者/用户可以使用或更改一些互动式内容。可以说，JavaScript 为静态网络页面注入了生命力。JavaScript 的语法也不同于超文本标记语言和层叠样式表的语法。

用这些语言编写程序对你来说并不重要。如果你可以这样做的话，这是一种优势。作为记者，你还可以找到许多基于 JavaScript 的现成框架来用。下述案例让你不需知道如何编程就能获得可视化的数据。只需要将数据按照他们提供的网页格式输入并进行运算。一旦获得了你想要的可视化数据，你就可以上传到博客或网站上。还有以下许多跨平台的插件，能够在许多设备上准确显示出来：

● Timeline.js：按照时间线索简述故事。读者既可以根据事件发生的先后顺序迅速进行浏览，也可以从时间轴上选取一个事件阅读。每个事件都以图像或视频的形式呈现，并伴有文本、链接和日期。由奈特实验室（Knight Lab）开发。

● StoryMap.js：创建类似幻灯片的交互式地图，并根据所在地来讲述故事。你的读者可以根据位置导航来阅读，或者从更大的地图中选择一个地点来浏览。由奈特实验室开发。

● Juxtapose.js：创建两个重叠图像的前后滑动条，读者可以通过向左或向右拖动滑动条进行比较。由奈特实验室开发。

● Chart.js：创建交互式的动画图表，并从八种不同的图表类型中进行选择，如条形图、饼图或散点图。

● D3.js：处理文档数据（如电子表格）并创建交互式可视化。D3（数据文档）包含大量的图表类型。缺点：它需要相当多的关于 JavaScript 工作原理的知识。

　　由于这些框架大多使用文档作为数据源，因此你需要了解如何使用诸如 Microsoft Excel 或谷歌 Docs 之类的电子制表软件（在浏览器上使用后者）。在数据可视化之前，先使用电子制表软件清洗、转换和组织数据。这与标准的数据新闻处理过程完美地结合在一起：收集数据，分析数据，数据可视化以及数据的组合使用（Bradshaw and Rohumaa，2011）。有一些免费使用的软件包，例如 OpenRefine，专门用于清洗和转化数据。你也可以找到许多其他的教程。与统计的基本概念相结合，这类软件成为一种强大的工具，你可以通过《信息自由法案》请求等方式获得的数据中发现故事。

　　你怎样获得数据也取决于你如何使用搜索引擎。首先，谷歌提供了一个高级搜索页面，能够让你在搜索中明确是否应该包括所有的搜索词、不包括这些搜索词或者包括特指具体含义的搜索词。你还可以根据语言、区域和页面最后更新的时间对结果进行筛选。你还可以在谷歌的主搜索字段中具体使用以下一些搜索操作，以缩小搜索结果的范围：

- **使用引号（Quotation marks）**：在引号中放入两个或多个词，谷歌会按照放入的顺序进行检索。例如"解雇黄禹锡"（Hwang'dismissal），谷歌将按照该短语准确检索。
- **排除（Exclude）**：在检索词中加一个前缀，告知谷歌在检索中不要包括这样的词汇。例如，输入"building－house"字样，检索结果中将不会出现"房屋"（－house）的字样。
- **文件类型（Filetype）**：明确文件类型，检索指令结果将只包含指定的文件类型。例如，输入"gene editing filetype:pdf"，检索结果将只出现包含"基因编辑"的 PDF 文件。
- **网站检索（Site）**：明确检索的网页，检索指令针对某个特定的网页。例如，输入"environment site: scientificamerican.com"，检索结果则只会出现"科学美国人"（Scientific American）网站中的内容。
- **链接（Link）**：链接检索指令包括你所指定内容的一系列的网站列表，尽管该列表并不完整。

　　不久前，欧洲新闻中心（European Journalism Centre，EJC）在其网络学习平台 Learno.net 上推出了一个关于谷歌使用的很棒的课程：为新闻工作者使用谷歌检索提供了许多的小诀窍，由谷歌的媒体推广经理来教。你也可以找到关于在线验证和数据新闻的有用课程。它们都是免费的。

可视化科学

科学特别适合用视觉来呈现。这也是艺术和科学可以贯穿着传递复杂问题的地方。在一个科学新闻训练模块的在线视频采访中，昆士兰大学（University of Queensland）的讲师琼·利奇说，通过可视化来解释科学并不是什么新鲜事。事实上，这可以追溯到列奥纳多·达·芬奇（Leonardo da Vinci）或查尔斯·达尔文（Charles Darwin）时代（SciJourno，无日期）。

但是，我们呈现科学可视化的方式有很大变化，因为论文发表已经从纸质时代走向了比特时代。例如，大多数印刷媒体使用信息图表来描述科学，通常使用图表和数字来证实某个故事的观点或进一步解释这个科学概念。信息图形对数据进行汇总和解释，以传达信息。数据如何呈现取决于选择的信息图形类型。例如，剖面图和分解的细节可以让读者了解复杂的技术如何工作（网站 technicalillustrators.org 有大量类似案例）。如果要在文中显示百分比，可以创建不同属性的各个组。卡尔·古德（Karl Gude）教授在"课程时代"（Coursera）的视频课程中指出，最简单的做法就是使用图片并进行标注（详见网站链接）。

传统的做法是，图形艺术家使用 Inkscape 或 Adobe Illustrator 等设计工具从零开始创建信息图形。学习这些工具需要花费大量时间，你可以选择一些更简单实用的网络工具，例如 Infogram 和 Piktochart。这些网络绘图工具提供了许多模板（有的收费，有的免费），但是你就不必完全从绘图开始设计图形了。此外，在线工具可以直接访问谷歌、多宝箱（Dropbox）或其他在线文件夹和使用电子表格，并从它们内置的模板中呈现数据的可视化。在印刷媒体中，信息图表是静态的，因此呈现的效果非常有限。读者看着这些图表，既不能互动也不能修改。而在线的方式，为读者提供了互动的机会，如果读者想了解更多信息，可以对图表进行修改。

交互式信息图表是经过设计的，但也要经过编程，因此在最复杂的可视化背后，是整个团队的设计师、程序员、统计人员，当然还有记者。本章的最后一个案例中就是一个这样的（技术上的）案例。对于包含大量数据源的复杂项目，整个过程通常需要整个专家团队来处理数据并让它们呈现出交互式的可视化图像，在此过程中使用的许多工具是免费的，因此你也可以马上开始进行试验。

网络上的许多交互式可视化图形都是使用上述架构来绘制地图和图表的。用户可以使用过滤器，放大或缩小，或深入到可视化数据的子集细节部分进行查看。因此，用户可以根据自己的兴趣定制可视化图形，从而使这些信息图更有吸引力。

如果你想体验使用交互式网络编程的乐趣，我推荐你读一读默里（Murray）写的《用于 Web 的交互式数据可视化》（*Interactive Data Visualization for the Web*）。你可以在默里的网站上找到这本书的链接，该网站有免费的 D3 教程。相反，如果你的目标是绘制信息图表、讲故事、解释数据及其可视化，我推荐你阅读阿尔伯特·开罗（Alberto Cairo）2012 年出版的《功能艺术及其继承者——真实的艺术》（*The Functional Art and its successor, The Truthful Art*）。上述卡尔·古德的视频教程也值得观看。你可以在本章末尾阅读清单中找到以上书目的链接。

尽管当今的在线视觉效果具有很强的吸引力和互动性，但最终目标是讲述或辅助讲述一个好的故事，而不是为了可视化而可视化。《BBC 聚焦》杂志的在线编辑亚历山大·麦克纳马拉表示，可以呈现可视化和图像的确非常重要，尤其是对于吸引移动用户来说更是如此，但不能只关注视觉效果。

> 最终要回到社交和搜索之间的平衡上来。没有文本，搜索将无法进行。如果你创建一个只有图片的网页，它将很难被索引到。当然，谷歌有一些算法可以实现这类内容的检索，但是，终究，当你检索信息时，首先输入的是文字，而不是图片。网页需要文本。同时，通过视觉化来讲故事也很重要。现在大部分的流量是通过手机使用产生的，而不是台式电脑。而手机更具有可视化的特点。你阅读的文字变得更小，因此在小屏幕上通过图片的形式来讲故事是更好的方式。视频也是同样的道理：人们将在脸书或油管上看视频，这是讲故事的新方法。因此，这取决于你想获得怎样的平衡。
>
> （McNamara，2016）

信息图、图表和其他可视化工具也越来越多地出现在网络视频中。加拿大《主板》杂志的编辑凯特·卢瑙告诉我说，未来将有更多更好的计算和工具来呈现科学的可视化及其描述，但是这些不过就是工具，是辅助我们去讲好科学故事，而有好的故事内容才能走得更远。

> 现在也有大量的视频。也就是说，在数字时代，我们随手就能接触到许多的工具和技巧，不管这些视频是不是记者拍摄的。最重要的一点是不要太分心，还要继续讲好故事。我认为一个好的故事总是胜过你所

使用的媒介。即便是使用虚拟现实（VR）或增强现实（AR）这些更强大的工具，但我认为最终是要讲一个别人愿意去听的故事，有吸引人的角色和声音。正因为如此，我认为印刷是和其他技术同样重要的。我乐于接受和使用所有在我们手边的技术，但是作为新闻工作者，我鼓励他们不管使用什么样的工具，永远要把故事放在首位。

（Lunau，2016）

开办数字杂志的策略

在新闻业数字革命的初始阶段，印刷出版商只是将他们印刷出版的内容发布在网站上，并没有根据网络的形态进行调整。现在，许多大型出版社已经推出了原生的在线出版物。这些出版物运用技术来制作吸引人的线上内容。例如，2012 年，大西洋传媒公司（Atlantic Media）开发了在线新闻频道 Quartz（qz.com），主要专注于技术和科学的新闻。据其自己统计，Quartz 每个月有 1600 万的访问量，其中 60% 来自移动手机用户。另一个案例是近期上线的《不黑暗》，只有数字出版形式的科学杂志，专注于科学和社会关系的内容，它的编辑们的任务就是明确地避开那些令人眼花缭乱的新闻报道。在对《不黑暗》的出版商黛博拉·布鲁姆的采访中，我讨论了杂志背后的战略，以及她是如何将杂志带入生活的。接下来的案例是专门讨论这部分内容的。

发行一本数字杂志可能会吸引很多人，因为它明显地避免了印刷和发行一本杂志的巨额投资（以及工作流程的一部分）。理论上来说，新闻价值（包括新闻价值的精确、简明和清晰）的部分并没有发生很大改变，但是编辑的过程发生了巨大的变化。数字媒体发表的文章数量要多得多，因此更容易出错。由于数量庞大，网上文章的事实核查就很有限。

在网络上，任何事情的处理都是即时发生的：发表文章，然后获得读者反馈，纠错，对读者反馈的回复，以此类推。整个过程看起来很短，但数字出版社需要一些策略，对读者及其反馈进行评估和衡量。在第七章，我简要介绍了互随（Hootsuite）和谷歌分析（Google Analytics）工具的使用，它们能帮助你对读者进行衡量和分析。在线网站实流量统计平台 Chartbeat 的方法（参见图 11.1）显示了你的文章在网上的实时情况。但是，在你决定用那种工具（包括内容管理系统、插件、分析工具）之前，你需要制定一些策略，包括杂志的目标人群、杂志内容、发表方式和发表的频率等。

需要一个商业计划来回应上述策略：你的数字杂志将如何赚钱？时髦的纸质杂志和报纸可以在报刊亭买到，但是数字科学杂志则不行。以下是一些数字杂志在网络上赚钱的策略：

- **广告**：这是一种传统但完全有效的赚钱方式，对广告拦截软件的强烈抗议表明了这一点，尽管人们仍在哀叹广告盈利能力正在下降。
- **付费**：用户付费阅读网络文章，这显然是对某些特定内容才有效，或者用户很清楚新闻研究的质量非常高。例如，《纽约时报》每个月给用户提供 10 篇免费的文章阅读。如果你想看更多内容，就需要订阅。2016 年第一季度，报社收到了 67000 份新的数字订阅，预测到 2016 年年底，订阅用户将超过 150 万户（Ember，2016）。《BBC 聚焦》杂志的网络编辑亚历山大·麦克纳马拉（Alexander McNamara）说，大部分的出版社都考虑过付费方式，但是这并不适用于所有出版商，要靠品牌和商业模式。
- **赞助内容**：这也被称为"原生广告"。例如，Quartz 发布的文章都有不同公司作为其赞助商，VICE Media 也是这样。大多数这样做的数字杂志坚称他们的原则是禁止赞助商对他们的编辑价值或内容有任何干涉。
- **订阅或按次计费**：要解锁付费文章，要么通过订阅，要么就单次购买。从成本来看，后一种方法通常比订阅还要贵得多。
- **应用程序**：大部分出版物，尤其是数字杂志，都是以原生的、通常是多媒体丰富的应用程序的形式发布，这些应用程序包含图片库、视频，有时还包含互动的故事。有的出版商发布免费的应用程序，你可以浏览和购买单个内容，有的出版商将每个问题作为一个新的应用程序出售，你必须下载。后者的缺点在于成本很高，你需要为每个内容制作一个应用程序。这就是这种方法主要局限于成熟的出版社的主要原因。

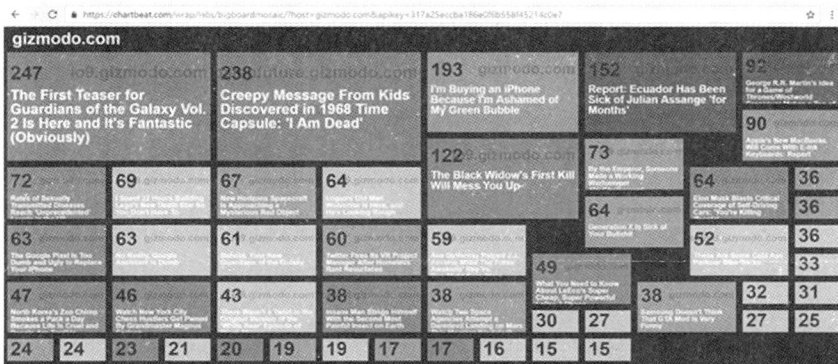

图 11.1　在线网站实流量统计平台 Chartbeat 大板马赛克

来源：Chartbeat 的数据和可视化，www.chartbeat.com

所有数字商家还必须了解杂志何时以及如何与观众接触，用什么途径来做这件事情，如何在短期和长期内增加受众人数，增长的极限是多少。所有这些都是杂志的数字化策略。

在线杂志出版的时间安排与印刷出版物不同，因为你在网上发布文章更为频繁。因此，你需要计划好最佳的发布时间（通过阅读统计得出什么时候读者对最新发布文章的回应最多），你的目标人群是哪些，你的主题是什么，你的受众是谁，你的专业领域是什么（如果有的话），以及杂志的风格和类型怎样（仔细想想风格指南）。此外，从内容角度来看，你需要确定文章的类型、要使用的格式和媒体（例如，你的出版物会像 VICE Media 那样有大量视频吗）、杂志的主题和你计划在每个主题内发布的内容。你不需要考虑的一点就是版面，即文章应该印在哪一页的问题。虽然听起来好像没有空间限制，但是你应该清楚地界定每种文本类型最小和最大的长度。

你还需要规划杂志应该在哪个平台上出版（最近，Medium.com 给数字出版物提供了免费平台），你需要多少专职的作者，你可以分配给自由撰稿人的稿酬有多少，你需要雇一个平面艺术家还是将此工作外包出去，你想为插图、照片和多媒体内容分配多少预算，以及你自己的生活预算应该是多少。

现在你可以看到，在你着手考虑技术问题和写作第一篇文章之前，有许多事情都需要规划，有许多决定要做。推出数字出版物的问题在于，从技术上讲，它们很容易设置。许多建议都集中在技术层面，但是就具体操作步骤而言却没有详细说明。在下一部分，黛博拉·布鲁姆解释了她在创办自己的新数字科学杂志《不黑暗》时是如何解决这些问题的。

案例研究：唯数字出版的科学杂志《不黑暗》

2016 年 3 月下旬，获奖的科学记者和教育家黛博拉·布鲁姆推出了数字流行科学杂志"奈特基金会的不黑暗项目"（Undark of the Knight Science Journalism，KSJ）。我给她打电话，问她和编辑汤姆·泽勒（Tom Zeller）是怎么产生这样的想法的，以及最终杂志问世的过程。《不黑暗》在两个方面是值得注意的：第一，为了出版，布鲁姆和泽勒想办法从奈特基金会申请了资助，因此《不黑暗》不需要考虑营利性，因此也不需要运营广告或赞助内容。第二，《不黑暗》发现了一个可以专注于调查的优质利基市场，可以做深度报道，主题从科学与社会的互动到科学与伦理等。布鲁姆（Blum，2016）告诉我是什么促使她产生做《不黑暗》的想法，以及让奈特科学基金会为此提供赞助：

首先，我们有大量的自由撰稿人（包括奈特科学新闻研究员），因为这就是目前新闻行业的现实情况。去年，他们中有的人说："这对自由职业者来说有些困难，因为作为一个自由职业者，你成功的方法之一就是让别人看到你，所以这一整年中，我是一个人，我不能做任何工作，没有人看到我。"另一个促使我去做这件事情的动力是：我们的赞助来自一个重要的新闻基金会，即约翰·S.和詹姆斯·L.奈特基金会（John S. and James L. Knight Foundation）。他们开始有一种想法，让所有成员应该有某种有形的产品。他们在斯坦福大学的奈特奖学金和哈佛大学的尼曼奖学金（Nieman fellowship）都是这样做的：申请中有一部分是研究项目。因此，当我们开始讨论这件事情的时候，我们认为，我们有非常酷的杂志，而且是多媒体形式，你可以拍电影、播客或写文章。我们也去申请它们的项目吧。我不希望它超过项目资助的年度，那样他们会把一整年的时间都花在一个项目上。因此，这是一个小的项目。每个季度，他们要写出一篇短文，大约1500字。这么小的项目是不会超出资助年限的。于是他们有创作的基地，这后来成为《不黑暗》的一部分。

这意味着，除了工作人员，一些《不黑暗》的内容将由奈特基金会的研究员从2016—2017年开始制作。事实上，由于《不黑暗》只是数字杂志，没有任何印刷编辑，使得杂志的生产制作成本非常小，这也让编辑团队可以将更多的收入支付给自由撰稿人。布鲁姆后来告诉我：

这本杂志的预算基本全都是自由撰稿人部分的预算。这些办公室都是属于奈特科学新闻项目的一部分，包括电脑设备。这促使我们不断创作出有质量的内容。我们不用担心谁会对我们发怒，这真是做调查类新闻所需要的。如果你看一下美国的调查类新闻，你会发现其中许多好的调查都是有基金会赞助的。例如，Propublic的合作方是《纽约时报》，是有基金会资助的。我们的一个成员是从在西雅图做非营利性的调查新闻开始的。威斯康星新闻调查中心完全就是基金会赞助的机构。《德克萨斯论坛报》（Texas Tribune）和《加利福尼亚观察》（California Watch）都有基金会资助。这在美国是非常有趣的现象。当人们问基金会，"你会支持新闻业的什么"，大部分的回答是"调查新闻"，因为如果没有媒体的监督，就不可能有民主。

在刚起步时，《不黑暗》的编辑团队只有两个人：德布拉·布鲁姆和《纽约时报》的前记者汤姆·泽勒。这使得明确杂志编辑的任务变得容易，也简化了在官僚机构中寻求共识的过程，这可以从创办杂志的速度上体现出来。

> 我们 2015 年 7 月份计划做这本杂志，然后我们准备 2016 年 3 月底出刊。因此，我们只有大约 6 个月的时间来准备，时间并不是很宽裕。那时候，只有我和汤姆两个人。我们两个人在弄。

团队很快建立起来后，第一步就是《不黑暗》的编辑确定好刊物的基调和使命。布鲁姆接着说：

> 我们关注的领域是科学和社会之间的张力，它们互相牵制，科学塑造着社会并由此引发了伦理困惑和问题，而社会也反过来塑造着科学——有时候是好的方面，有时候则不是——这对做出好的科学新闻是至关重要的。没有人是这样做的。你可以在许多发表的文章中找到非常优秀的科学研究文章，但是没有任何文章在科学与社会的交互关系中有清楚的观点。我们认为这是《不黑暗》的使命。

布鲁姆还很快补充道，在伦理方面与泽勒达成一致是非常有效的。此外，大家都希望《不黑暗》能够与众不同，他们能够快速决策，这甚至让执行部分出版物设计的网页设计公司都感到惊讶。顺便说一句，这是由汤姆·泽勒自己构思的，他在加入《纽约时报》之前是一名平面设计师。

在给《不黑暗》制订计划的过程中，虽然杂志本身不需要以营利为目标，布鲁姆和泽勒还是制定了一份商业计划书以及一份出版的时间安排。《不黑暗》一共有五个部分，布鲁姆说他们计划每个月发布一期播客，每个月发表一篇长的科学文章，每周在"变量"标题的新闻部分发表几篇文章单，以及每周有几篇博客文章。她强调说，《不黑暗》的计划过程和文章发表过程要快得多，因为毕竟相对来说，它是比较小型的数字出版物。

> 什么是数字出版物的最佳部分？我们的组织结构完全不是官僚制的。只有少数几个员工，我们彼此相处得都很好。我们不需要经过层层的官僚机构，有时在大型出版物中的确会遇到这种情况。

布鲁姆还认为，科学记者可以在这个过程的早期就创办自己的刊物，可以是博客或者出版物。她进而解释说，如果是博客，最好专注在特定领域。

不管是哪种形式，布鲁姆认为，在你着手创办自己的数字平台之前，应该考虑以下两个方面的问题：

> 首先，写下你所关心的事情，然后对你关心的领域中的主要博主有足够的了解，这样你就不会只是复制那些有相当影响力的人的内容。你的独特视角会让你脱颖而出。因此，你需要有一个全新的视角。其次，灵活使用社交媒体。在数字世界开博客的一件非常棒的事情是为你开启了社交的窗口，而这些交流也会进一步敦促你向前走。

案例研究：一个成功的数字科学故事

每年，全球编辑网络（Global Editors Network）先筛选，然后评出数据新闻奖（Data Journalism Awards，DJA）的获奖者。在参赛作品中很突出的往往是科学故事，这也显示出科学确实比较适用交互式可视化技术。例如，2015 年数据新闻奖的获奖作品（该年度大型新闻编辑室类的数据可视化作品）是关于疫苗如何影响了传染病的传播，比如麻疹的传播。经过几个月的调查后，这篇报道于 2015 年 4 月发表在《华尔街日报》上。文章作者在全球编辑网上说，他们用微软的 Excel 表格处理数据，用 D3.js 和 Highchart.js 实现数据的可视化。主要的挑战是将数据转换成可视化工具能读的格式（前面提到的清理和转换步骤）。这些图表是按美国各州和疾病细分的热度图（包括麻疹、甲型肝炎、百日咳、脊髓灰质炎、风疹和天花）。作者还提到，数据格式化也是这个项目的主要挑战。你可以在网站链接部分找到关于疫苗的信息，一定要看一看。

2016 年 6 月公布的数据新闻奖获奖作品之一是一篇题为《Medicamentalia——第三世界治疗——第一世界价格？》的文章，由非营利性组织 Fundación Civio 发表。这篇调查文章分析了 61 个不同国家对 14 种药物的获取情况，使用了强大的可视化技术，呈现出了发展中国家的患者要比第一世界的患者更加努力地工作，才能获得治疗的故事。这篇文章的作者在数据新闻奖的一个社区论坛上公开了他们创作这项杰出作品的过程和技术，详细介绍了他们的选择和方法：

> Civio 的作者在数据新闻奖网上说，在技术使用过程中面临的最大挑战是数据的获取。网络数据是现成的，但是由于导航的复杂性，必须使用一些编程语言从网页上抓取，如 Ruby 或 XML/HTML 的图书馆 Nogokiri。使用微软的 Excel 表格和 PostgreSQL，可以分析数据的异常值

和变化趋势。此外，他们还提交了《信息自由法》的咨询申请，并在网上进行检索，以便将发达国家的数据添加到他们的数据集中来。

（摘取自 Belmonte，2016）

他们将研究发现在 Medicamentalia 网上进行了可视化操作，文章作者声明他们使用了 WordPress 来进行内容管理。他们基于免费的 Sage 主题开发了一个定制的 WordPress 主题。此外，他们强调把所有的视觉元素渲染成适应于网络的元素，从而不管用户使用什么设备，都可以使用他们的浏览器宽度（图 11.2）。而且，作者为网站开发了两种语言（西班牙语和英语），以使网站的受众更容易访问网站。此外，贝尔蒙特（Belmonte，2016）介绍了 Medicamentalia 团队如何使用交互式可视化技术，如 D3。

这个项目最核心的部分就是实现可视化（D3.js-based），让读者可以检索全部的数据，使用不同的检索和标准来对国别进行比较。但是，我们很注意将数据可视化作为讲故事的工具的重要性，这就是我们最初引导读者浏览图表的原因。

（Belmonte，2016）

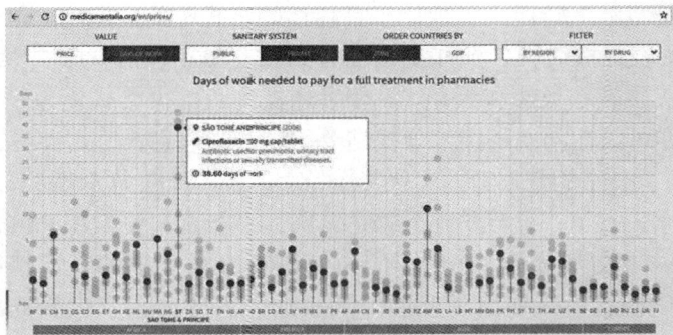

图 11.2　Medicamentalia 团队使用了一种交互式的、可过滤的可视化方式来显示不同国家的药物可获得性

来源：Eva Belmonte et al./Fundaciór Ciudadana Civio/medicamentalia.org

此外，在 Medicamentalia 的其他部分中展示的图像并不是静态的，当用户向下滚动页面时可以出现迷尔幻灯片播放的小动画。据作者说，专业画图的人可以用缩放矢量图形（scalable vector graphics，SVG）格式来创建这些图形（Belmonte，2016）。值得一提的是，作者将整个项目放在知识共享许可协

议（Creative Commons Licence，CCL）下，这样它的部分内容就可以被其他的出版物、博客或个人使用了。

最重要的是，Civio 将数据公开，事实上这也是严肃调查的要求，虽然有时候需要付费才能下载数据。Medicamentalia 还可以让你根据卫生系统类型、药物的比较价值（作者解释说因为数据中缺乏可比较的绝对价格，所以没有提供绝对值）以及区域和药物来对结果进行筛选。

总　结

数字革命不仅改变了科学新闻，也改变了新闻消费和生产的整个过程。屏幕尺寸不断缩小，源源不断的新闻涌向每一台设备，对读者的注意力产生了一定的影响。如果你想成功，你需要使用社交媒体，不仅仅是为了让你更加了解受众，也是为了内容的传播，让其脱颖而出。

专业级设备不再是记者制作自己的播客或网络视频的必备品，因为许多移动设备，比如智能手机，都很好地具备了专业功能。然而，我们需要的是对如何制作和构建新闻内容有一定的理解。此外，网页为记者提供了多种多样的互动式可视化技术，用户也有互动的体验。复杂数据集的交互式、基于脚本的可视化，使用户可以探索和进一步深入研究结果，这对网络科学新闻特别有用。对这些工具的理解和使用，要求全面了解网络的运作方式，以及至少掌握一些基本的网络语言和工具。这些知识对于每个记者都是有价值的，无论他是自己直接开发可视化数据，还是作为开发团队的一员。

在商业层面上，数字革命已经把广告世界颠倒了过来。传统的订阅模式已经不适用于数字出版。因此，成功的网络媒体公司需要有多种模式的混合，包括当地广告、传统广告、应用程序购买和许多其他的模式，都成为盈利的渠道。随着网络新闻的竞争越来越激烈，当人们无法在网上找到赚钱的好办法时，只要有基本健全的商业计划，创办一份新的且只有数字形式的出版物是非常经济和可行的。

思考题

- 注意力持续时间的三种类型是什么？你如何应对？
- 是什么因素（或方面）决定人们是否使用移动设备来消费新闻？
- 就流量来源而言，观众可以分为哪两类？
- 可以使用哪些工具来监视受众的人口统计数据和行为？

- 如何才能提高音频录制的质量？
- 对于五个连贯镜头的拍摄应该包括哪些方面？你怎么将它们联系起来？
- 在对数据进行可视化之前你应该如何做？
- 你知道哪些高级搜索可以缩小搜索结果的范围吗？

练习题

- 阅读三篇网络科学文章。对每一篇文章，记录阅读过程中因为分心而停止阅读的次数。此外，记录读完全篇文章的时间。你的平均阅读时间是多少？
- 选择三篇更长一些的科学文章，这三篇的长度差不多。第一篇在笔记本电脑或台式机上阅读，第二篇用平板电脑阅读，第三篇在手机上阅读。然后，记录下阅读每篇文章所用的时间，以及每次阅读过程中中断了几次。每个设备阅读文章的平均时间是多少？
- 在一天的时间里分析一本在线科学杂志，写下有多少广告和公关文章，有多少独立文章，有多少赞助文章。独立新闻有多大价值？
- 问问你所在大学的一位或多位科学家，看看是否能够使用过肩拍摄的方式，拍摄他们的一个典型工作日。使用五镜头技巧来捕捉他们做研究的过程。
- 使用谷歌检索这些科学家的专业领域，尤其是找到 PDF 格式的研究论文。进一步缩小检索结果，使其只包括你所在国家的科学家。
- 使用你的智能手机的标准录音应用程序，对你的一位同学进行多次采访。尝试使用内置麦克风和耳机麦克风。再试试在不同的距离和地点（门内、门外、校园或酒吧等）进行采访。哪种录制效果最好？

阅读清单

Bradshaw, P. and Rohumaa, L. (2011) Podcasts and audio slideshows, In Bradshaw, P. and Rohumaa, L. (eds.) *The Online Journalism Handbook*. Harlow: Pearson Education Limited, 92–103

Bradshaw, P. and Rohumaa, L. (2011) Video, In Bradshaw, P. and Rohumaa, L. (eds.) *The Online Journalism Handbook*. Harlow: Pearson Education Limited, 104–118

Cairo, A. (2012) *The Functional Art – An Introduction to Information Graphics and Visualization*. Berkeley, CA: New Riders

Cairo, A. (2016) *The Truthful Art: Data, Charts and Maps for Communication*. Berkeley, CA: New Riders

Lancaster, K. (2012) *Video Journalism for the Web: A Practical Introduction to Multimedia*

Storytelling. London: Routledge

Lih, A. (2011) Teaching visual storytelling: The five-shot method and beyond, *Slideshare* [Online Presentation] Available at: http://de.slideshare.net/fuzheado/ teaching-visual-storytelling-the-five-shot-method-and-beyond [date accessed 15 September]

Murray, S. (2013) *Interactive Data Visualization for the Web*. Sebastopol: O'Reilly

Schulson, M. (2016) How journalists can hold scientists accountable, *Pacific Standard* [Online] Available at: https://psmag.com/how-journalists-can-help-holdscientists-accountable-324e375bbe26#.o7vkhagad [date accessed 10 July 2016]

Tow Knight Center (2014) *Shane Smith on Vice Media's Business Plan, Net Neutrality* (via YouTube) [Online Video] Available at: www.youtube.com/watch?v=NkzL8F37J fo [date accessed 6 August 2016]

网站链接

Alexa, VICE.com web statistics: www.alexa.com/siteinfo/vice.com

Al Jazeera, E-waste Republic (interactive web documentary): http://interactive. aljazeera.com/aje/2015/ewaste/index.html

Andy Kirk, Visualising Data (visualisation resources and tips): www.visualisingdata. com/

BBC Academy, Filming and Recording (video guides): www.bbc.co.uk/academy/ journalism/skills/filming-and-recording

Coursera, Design and Make Infographics (Project-Centered Course): www.coursera. org/learn/infographic-design

European Journalism Centre (EJC), Learno.net: http://learno.net

Fundación Civio, Medicamentalia (DJA 2016 winner): http://medicamentalia.org/ en/Science Journalism Training in Australia, Visualisation in Science Journalism: http://scijourno.com.au/portfolio-item/visualisation-in-science-journalism/

Scott Murray, D3 tutorials: http://alignedleft.com/tutorials/d3

The Wall Street Journal, Battling Infectious Diseases in the 20th Century: The Impact of Vaccines (DJA 2015 winner): http://graphics.wsj.com/infectious-diseases-andvaccines/

参考文献

Belmonte, E. (2016) Medicamentalia.org — A journalistic investigation into access to medicines around the world, *Global Editors Network* [Online] Available at: http://community.

globaleditorsnetwork.org/content/medicamentaliaorg-journalistic-investigation-access-medicines-around-world-1 [date accessed 18 August 2016]

Blum, D. (2016) Personal phone conversation on 26 August 2016

Bradshaw, P. and Rohumaa, L. (2011) *The Online Journalism Handbook*. Harlow: Pearson Education Limited

Cameron, D. (2009) Mobile journalism: A snapshot of current research and practice, *Artigo Consultado A*, vol. 19, no. 04, 2011

Ember, S. (2016) New York Times Co. reports loss as digital subscriptions grow, *The New York Times* [Online] Available at: www.nytimes.com/2016/05/04/business/ media/new-york-times-co-q1-earnings.html [date accessed 6 August 2016]

Fidler, R. (2013) 2013 Mobile media news consumption survey, Report 1, *RJI Mobile Media Research Project* [Online] Available at: www.rjionline.org/research/rji-dpamobile-media-project/2013-q1-research-report-1 [date accessed 29 April 2014]

Fidler, R. (2014) Mobile media news consumption survey, Report 1, *RJI Mobile Media Research Project* [Online] Available at: www.rjionline.org/research/rji-dpamobile-media-project/2014-q1-research-report-1 [date accessed 29 April 2014].

Frechette, C. (2012) How journalists can improve video stories with shot sequences, *Poynter* [Online] Available at: www.poynter.org/2012/how-journalists-can-improvevideo-stories-with-shot-sequences/183861/ [date accessed 15 September 2016]

Gausby, A. (2015) Attention spans, consumer insights, *Microsoft Canada* [Online] Available at: https://advertising.microsoft.com/en/WWDocs/User/display/cl/ researchreport/31966/en/microsoft-attention-spans-research-report.pdf [date accessed 30 November 2016]

Kim, K.J., Sundar, S.S. and Park, E. (2011) The effects of screen-size and communication modality on psychology of mobile device users, *In Proceedings of the 2011 Annual Conference Extended Abstracts on Human Factors in Computing Systems – CHI EA '11*. New York: ACM Press, 1207–1212 [Online] Available at: http://portal.acm.org/citation.cfm?doid=1979742.1979749 [date accessed 17 August 2016]

Littlewood, T. (2016) Wie VICE arbeitet, *Reporter Forum (Workshop 2016, Part 1)* [Online Audio] Available at: http://reporter-forum.de/fileadmin/mp3/Audios_ Workshop_16/RF_2A_1.mp3 [date accessed 15 September 2016]

Lunau, K. (2016) Personal Skype conversation on 18 August 2016

McNamara (2016) Personal phone conversation on 19 August 2016

Mitchell, A. and Guskin, E. (2013) Twitter news consumers: Young, mobile and educated, *Pew Research Center* [Online] Available at: www.journalism.org/2013/11/04/ twitter-news-consumersyoung-mobile-and-educated/ [date accessed 17 August 2016]

Mitchell, A., Stocking, G. and Matsa, K.E. (2016) Long-form reading shows signs of life in our mobile news world, *Pew Research Center* [Online] Available at: www.journalism. org/2016/05/05/long-form-reading-shows-signs-of-life-in-ourmobile-news-world/ [date accessed 10 August 2016]

Pavlik, J. (2000) The impact of technology on journalism, *Journalism Studies*, vol. 1, no. 2, 229–237

Schrøder, K.C. (2015) News media old and new: Fluctuating audiences, news repertoires and locations of consumption, *Journalism Studies*, vol. 16, no. 1, 60–78

SciJourno (no date) Module 6 – Visualisation in science journalism, *Scijourno.com. au* [Online] Available at: http://scijourno.com.au/portfolio-item/visualisation-inscience-journalism/ [date accessed 18 August 2016]

Spayd, L. (2016) Facebook live: Too much, too soon, *The New York Times* [Online] Available at: www.nytimes.com/2016/08/21/public-editor/facebook-live-too-muchtoo-soon.html [date accessed 30 November 2016]

Weatherhead, R. (2014) Say it quick, say it well – The attention span of a modern internet consumer, *The Guardian* [Online] Available at: www.theguardian.com/ media-network/media-network-blog/2012/mar/19/attention-span-internet-con sumer [date accessed 20 August 2016]

Weatherhead, R. (2016a) Skype conversation on 19 August 2016 Weatherhead, R. (2016b) Email conversation on 16 August 2016

Westlund, O. (2013) Mobile news, *Digital Journalism*, vol. 1, no. 1, 6–26

Yong, E. (2016) Personal Skype conversation on 18 August 2016

第十二章
科学新闻领域的职业生涯

在本章你将了解到：

进入科学新闻领域的途径 / 科学写作的教育项目 / 专才还是通才 / 奖学金和奖项 / 核心（软）技能 / 科学新闻和广播媒体 / 案例研究：《BBC 聚焦》杂志的工作经验 / 案例研究：卡尔·齐默的科学写作生涯 / 案例研究：艾利卡·查克·海登的科学写作生涯

引 言

科学新闻工作是一门职业，就像科学一样。尤其是在刚起步的时候，你需要应对许多竞争和拒绝。但是，不用担心，你可以采取一系列步骤来增加你在我们这个非常精彩的职业中幸存下来的机会。也就是说，没有哪条路能确保你进入科学新闻领域，但这也是一种优势。不管你是拥有科学背景还是来自人文领域，其实都没关系，这并不像你想象的那样。当然，也这取决于你是想报道非常专业的领域，对该领域提出批判性的问题，还是做更宽泛的科学类报道。还有一些作者是例外，他们兼顾学术和新闻两边的职业发展。

在第一部分，我将介绍进入科学新闻领域的各种不同的可能路径；在接下来的部分我将详细介绍其中一种路径，即"科学写作项目"。我会简要介绍美国、英国和澳大利亚的非常好的科学写作项目。除了教给你硬功夫，这些项目大部分都邀请到了有经验的学者和演讲人来授课。此外，项目还要求有实习，这不仅能够帮助你获得早期的一些职业经验，还能够与真正的编辑一起工作，因此，有助于你在学习阶段就开始积攒你的人脉。

通过这些经验，你会找到感兴趣的主题和研究领域。专攻某个领域，能够帮助你形成自己的品牌，让你成为这个领域的专家。这种方法的好处是你将在这个领域有一定程度的专业知识，能够对科学提出一些批判性的问题。从另一方面来讲，如果你是一名普通的科学记者，你可以报道感兴趣的话题。这的确取决于你对哪个方面更有兴趣。

当你做了大量的扎实工作后，你可以考虑申请一个奖项或奖学金。这两个方面都将让你从竞争中脱颖而出，主编可能会根据这些奖项来对你进行评价，考虑是委托你撰写一个科学故事还是聘用你。此外，获得奖学金能够让你在一段时间内沉浸到想做的某个项目中去，而如果你是正处在职业发展中期的记者，这将是非常宝贵的机会。

在大学期间，你除了获得证书和奖项之外，也应该发展和培养一些基本的软能力，例如自我管理的能力、坚持不懈的品质、耐力和精确性。这些能力（或技巧）能帮助你更好地应对挫折和拒绝。通常来说，你在工作中越容易相处，越容易将来与主编形成长期合作，这也是影响你成功的一个因素。

最后三个部分是案例。第一个案例来自我 2015 年在布里斯托一家科学杂志的工作经验；另外两个是关于非常有名的科学记者卡尔·齐默和艾利卡·查克·海登的故事。他们非常乐意分享各自的经验，并解释了他们进入科学新闻这个行业的不同方式。读完本章内容后，你就可以在科学新闻领域建立并发展你自己的事业了。

进入科学新闻领域的途径

进入科学新闻领域的学术途径是获得一个科学新闻的学位。但是，科学新闻是非常专业的领域。因此，如果你看看一般的新闻专业领域，会发现与科学新闻相关的项目并不是很多。在欧洲国家和美国有时候会发布一些新的科学新闻专业项目，但是过不了几年，有的项目就没有了，比如之前的伦敦城市大学的科学新闻硕士项目。

通过科学新闻项目可以让你具备科学报道和发表文章的必要技能，同时也包含如何成为一名科学记者的事业规划内容。理论上来说，你也可以通过自学或在大量的实践中习得这些技能。但是，这些学位课程通常是由有成就的科学记者来教的。他们会分享自己的经验，并提供如何报道的第一手资料。许多经验丰富的新闻教师在遇到人才时，很快就能发现并培养他们。此外，你的同学也将成为明天的记者、编辑、首席编辑或者出版人。交际在各行各业都有回报，科学新闻领域也不例外，尤其是当你作为自由撰稿人时或者在某个出版社谋职时。

获得科学新闻的学位并不一定保证你能够在出版社找到工作，但是它确实提供了一个坚实的基础。你的简历中还需要有科学文章。大部分大学的科学新闻项目都认为谋职时这些内容是很重要的，因此也会帮助学生在出版社找一份实习工作，这也是学位课程内容的一部分。这也是与编辑建立联系的最佳方式。如果你毕业后与编辑联系，他们就已经知道你具备了哪些他们所期望的能力。

相反的路径则是科学家转型成科学作家。有的学生本来是在修读科学类学位，但是后来发现他们更愿意写关于科学的文章，而不是继续从事学术研究。其中，非常著名的一个例子就是兰迪·奥尔森（参见第八章）。他本来是一位海洋生物学家，后来去了好莱坞，读了电影学院，成为电影制作人。也有其他科学家身兼两职或多职的，比如本·高达可，他不仅是一位著名的科学作家，还是一位执业医师和学者。同样，克丽丝蒂·威尔科克斯（见第七章的采访）既是夏威夷大学的研究员，也是《发现》杂志的科学博主。她刚刚出版了一本关于毒液的科普书籍，并参与编辑了一本关于科学博客的书，这在某种程度上反映了她的两个角色。如你所见，做一名科学家同做一名科学作家并不相互排斥。你可能会这样想，首先成为一名科学家，然后再成为科学作家，应该更有益。同时拥有新闻和数学两个硕士学位的查尔斯·塞菲认为没有必要这样想，他告诉我：

> 我认为具有科学方面的学位并不是必需的，虽然有时候这的确有帮助，但有时候也有弊端。我们有三分之二的学生都有一个科学学位，通常是硕士，甚至博士，另外还有一部分学生来自新闻专业或其他人文学科。这些学生有不同的思考问题的方式。尤其对科学家来说，如果他们有定量分析的背景，某种程度上会有一定优势；与此同时，他们也对要报道的某个领域进行过深入研究，这也带来了自身的问题。有时他们不得不后退一步，对他们以前认为理所当然的事情进行批评。
>
> （Seife，2016）

获奖的科学记者埃德·杨证实了这一点。他告诉我，先有一个科学方面的学位在某些情况下是有优势的，但并不总是这样，这也并不是完全必要的。

> 这甚至可能对你不利，因为让你更难站在没有同样的知识背景或科学训练的视角去考虑问题。而且我也的确不认为一个具有艺术背景的人

就没有理由在短时间内成为一名杰出的科学作家。卡尔·齐默和许多人都是这样的。他们做得很出色，正是因为他们关注，他们努力工作，以及他们对所做的事情非常在意。

（Yong，2016）

相反，波士顿大学科学新闻研究生项目的联合负责人艾伦·鲁佩尔·雪尔认为，在报道复杂问题的时候，有科学相关的背景或修读一个科学学位是有优势的，她对我解释说：

> 我们的学生拥有至少一个科学学位。如果他们没有一个科学学位，他们至少应该证明自己能够理解科学，例如在大学里上过科学的相关课程，或有实验室工作的经验，或者在科学的环境中做过一些相关工作。

（Rupple Shell，2016）

当然，获得科学或科学新闻的学位并不是进入科学新闻领域的唯一途径。一些科学作家通过优秀的科学作品自学，而另一些则在媒体公司实习。德国和瑞士的出版物提供为期 1 至 2 年的培训，中位数则是 18 个月。实习，尤其是受训（traineeships）的好处是你可以紧密地融入新闻编辑部。不用说，如果你能负担得起，你可以同时选择好几种方式。

直接成为新闻自由撰稿人是你毕业后甚至还在读的时候的另一种选择。一个好的提案很快就是你的第一个任务。科学作家艾伦·达夫（Alan Dove）也是通过这种直接的自由职业途径进入科学新闻领域的。他在一篇文章中解释说："我在《自然生物技术》杂志做了几个月的实习编辑，然后宣布自己要做一名自由科学记者。"（Dove，2015：8669）但是他强调说，在事业的起步阶段他能够维持生计，因为自己的生活水准并不是很高。他进一步证实，作为一名自由的科学作者，收入是没有办法估算的，因为外部因素的影响很强。当他的某位客户决定不再雇佣自由撰稿人时，就会突然减少 1 万美元的收入。"这项事业适合有稳定的家庭关系或配偶的收入很不错的人来做。"（Dove，2015：8669）

科学写作的教育项目

攻读并获得一个科学写作学位绝不是作为一名科学记者开启职业生涯的万无一失的方式，但确实给了你良好的科学写作的基础知识，并让你形成良好的选题意识。这对职业生涯的起步是很有帮助的。罗宾·阿尼特（Robin Arnette，2005）发表在《科学》上的一篇文章介绍了美国三种不同的科学写作项目。在对三个项目的负责人进行访谈后，她总结道，"拥有科学写作学位，在申请某些写作项目时具有优势"（Arnette，2005）。为了写这篇文章，她又访谈了项目的一些研究生，他们一致认可获得学位对后续职业生涯的发展是有利的。此外，阿尼特还引用了《科学》前编辑科林·诺曼（Colin Norman）的话，科林说《科学》杂志雇佣了许多记者，而这些记者的背景非常多元化；他还说，获得科学新闻学位是有某种优势，但是也并不是非常严格意义上的必要条件（Arnette，2005）。

阿尼特（Arnette，2005）提到了波士顿大学传播学院的一个科学新闻硕士学位项目。这个三个学期的学位课程由道格拉斯·斯塔尔和艾伦·鲁佩尔·雪尔共同主持。课程大纲的板块有网络新闻（包括给网络杂志投稿）、科学新闻写作、社会中的科学、报道有争议的事件、数据新闻新兵训练营和科学写作中的视频新闻实践课程。学生们将在第三个学期进行实践实习。每年只有大约十名申请者被选中。

同样，麻省理工学院（MIT）的科学写作研究生项目（三个学期）的学生也必须完成一个学期的实习，这是课程内容的一部分。学生的毕业论文可以是一篇大约1万字的长文章，也可以是由差不多同样长度的一系列文章组成（Ornes，2014）。项目包括科学写作的一系列课程和一些研讨会，以及新闻视频课程，在这门课上学生可以做一个纪录片。此外，所有的学生至少有20个小时要去麻省理工学院的实验室，然后写关于这些实验室的报道，有的报道可以被推介到麻省理工学院著名的科学和技术杂志《技术评论》（*Technology Review*）上发表。

另一个科学新闻硕士项目是纽约大学的"科学、健康和环境报道项目"（Science，Health and Environmental Reporting Program，SHERP）。该项目包括写作和报道课程，以及选题、伦理学、调查性科学新闻、医学和环境报道。讲课的教师都是业界有成就的记者，例如项目负责人丹·费金（Dan Fagin）、查尔斯·塞菲、大卫·柯克兰（David Corcoran）和伊万·奥兰斯基（Ivan Oransky）。在整个学年，上课的教师中还有几位客座讲师，他们是科学家、电影制作人、记者和编辑。此外，该项目的学生在获得硕士学位前必须完成两个必修的实习。

在英国，林肯大学（University of Lincoln）的科学与环境新闻学硕士（MA In science and environmental journalism）提供一年的课程。该项目的课程大纲中有科学写作、伦理学、法学以及科学新闻的播报。课程还包括一个专门的模块，让学生研究一个特定的科学学科。两周的强制实习也是本课程的一部分。

在澳大利亚，国立大学设立了科学传播的学士、硕士和博士学位课程。其中，硕士学位课程中有面向公众的科学传播、伦理学、媒体中的科学、通俗小说中的科学以及科学传播的战略等课程。实习和期末项目也是课程的一部分。澳大利亚还有一些其他的大学也设置了科学传播的学位（见网站链接部分）。

如果你想在欧洲学习科学新闻，可以参见欧盟 2010 年发布的一份推荐项目清单。上面有各个项目大纲的详细内容。不幸的是，这份清单已经过时了，所以上面的链接、地址，甚至项目名称，可能都已经变了。你可以在本章网站链接部分查看《欧洲科学新闻培训指南》（European Guide to Science Journalism）。

这个清单并不完整，但是你可以在文本框 12.1 中找到更多的科学新闻项目。即便你不打算申请这些项目，也可以看看他们的课程大纲和每个模块给出的参考文献。这些项目给出了很好的提示，告诉你成为一名成功的科学记者应该具备哪些技能。美国和英国大多数科学新闻项目的共同点是包含了视频新闻方面的实习和课程，因此在你的职业发展中也可以考虑一下。

文本框 12.1　科学传播项目

澳大利亚国立大学：科学传播的本科和研究生项目
　　学位：科学传播硕士（也有学士和博士学位）
　　项目负责人：威尔·格兰特（Will Grant）（will.grant@.anu.edu.cn）
　　年限：2 年
　　网址：https://programsandcourses.anu.edu.au/program/MSCOM

波士顿大学：科学传播研究生项目
　　学位：科学硕士
　　项目负责人：道格拉斯·斯塔尔（dstarr@bu.edu），艾伦·鲁佩尔·雪尔（eshell@bu.edu）
　　年限：1 年
　　网址：www.bu.edu/com/academics/degree-programs/ms-in-sciencejournalism/

麻省理工学院：科学写作研究生项目

　　学位：艺术硕士

　　项目负责人：玛西亚·芭楚莎（Marcia Bartusiak）（bar2siak@mit.edu）

　　年限：1 年

　　网址：http://sciwrite.mit.edu/

纽约大学：科学、健康和环境报道项目（SHERP）

　　学位：艺术硕士

　　项目负责人：丹·费金（dan.fagin@nyu.edu）

　　年限：16 个月

　　网址：http://journalism.nyu.edu/graduate/programs/science-healthand-environmental-reporting/

北卡罗来纳大学教堂山分校：科学和医学新闻研究生课程

　　学位：艺术硕士

　　项目负责人：托马斯·林登（Thomas Linden）（linden@unc.edu）

　　年限：2 年

　　网址：http://mj.unc.edu/medicaljournalism

加利福尼亚大学圣克鲁斯分校：科学传播项目

　　学位：职业证书

　　项目负责人：艾利卡·查克·海登（Erika Check Hayden）（scicom@ucsc.edu）

　　年限：1 年

　　网址：http://scicom.ucsc.edu/

林肯大学：科学与环境新闻学研究生课程

　　学位：艺术硕士

　　项目负责人：盖里·史蒂芬（Gary Stevens）（gstevens@lincoln.ac.uk）

　　年限：1 年

　　网址：www.lincoln.ac.uk/home/course/jouscema/

专才还是通才

在第七章我讨论过这个问题：科学博客应该专注某个特定主题还是宽泛的主题？对写博客来说，这两个方面都是可行的。虽然，本书的大部分受访者都认为，在职业初始阶段专注于写某个领域的话题比较有优势。但是，如果将科学写作这个问题放在整个职业发展的背景下来看，就更难回答了。这取决于你想成为哪种类型的科学记者，是专业型的还是通才型的？你是否应该具备某一特定科学分支的专业知识，比如生命科学，或者将其进一步缩小到动物学？或者你应该学习物理、神经科学、医学和环境方面的知识？

对于这个问题，并没有很直观的答案，但可以考虑以下几点：如果你准备专攻动物学，在动物学下面还有很多的分支，例如鸟类学。如果你涉及了这些分支中的许多分支，你可能仍然是你所选择领域的通才，如果你愿意，你也可以成为通才专家。成为某个领域的专家有助于你形成自己的品牌，成为该领域的核心人物。例如，科学记者马克·夏皮罗（Mark Schapiro）在他30岁的时候准备成为一名调查类的环境记者。他的报道涉及多个主题，不过他尤其在调查碳足迹和二氧化碳的影响方面非常闻名。

不利的一面是，专注于一个特定的科学分支可能意味着你局限于那个分支。结果就是，你可能会错失其他相关的、有新闻价值的话题的报道机会。你选择哪条路也取决于你在写哪种类型的故事。你的文章是要写深度调查的专题报道，包括报道一位科学家的事业，并专注于她的方法吗？你的调查对象主要是自然还是科学研究中的不端行为？你是否想要看看别的科学文章，例如健康新闻评论网上的文章？如果是这样的话，你可能需要具备关于所选择领域非常具体的知识。相反，如果你想报道更宽泛的主题，写一系列较短的报道，在方法论上不需要达到同样的深度，成为通才型的记者可能更有优势。经过专业训练的科学家埃德·杨在讨论中印证了这一点。

成为通才型或专业型的记者都有各自的优点和缺点。我曾经专攻微生物学领域，以为我报道了微生物学很长一段时间，这让我在这个领域的报道要比其他人好一些，因为我可以看到全局，所以我能判断出哪些是合理的，哪些不是。这很有帮助：我在这个领域受到了人们的尊重。如果你是传染病或基因工程专家，今年对你来说将是非常好的一年，因为关于CRISPR和寨卡病毒的重大新闻已经出来了。许多这样的选择让我们变得很有就业市场，因为人们想听到我们对事情的看法。这就能引起重大的改变。但是，我认为你可能不会永远想将自己局限在某个特定的分支领域。关于微生物的故事就这么多，报纸、杂志或其他类型的载体都想报道。对少数几个主题方向非常了解，同时保持一定程度的知识广度，毫无疑问是有好处的。

（Yong，2016）

杨的观点是，专业性并不是写出优秀科学文章的严格要求，这在某种程度上也得到了新闻学教授麦基尔威恩和阮（McIlwaine and Nguyen，2005）的研究证实。他们认为：

> 对受众而言，那些将科学视为社会的一个重要方面的记者要比专家更有价值。受众也在谋求参加关于他们现在和将来所面临的重大科学和技术问题的辩论。

（McIlwaine and Nguyen，2005）

他们也否认这样的理论：让普通的记者具备专业的科学知识是培养出更好的科学记者的解决方案，这样他们才能知道怎么去处理复杂的科学问题。事实上，这样的理论存在四个方面的内在缺陷（McIlwaine and Nguyen，2005）。

（1）在澳大利亚，几乎不需要专业型的科学记者，通常而言，只有大型媒体组织才请得起专家型的科学记者。

（2）作为出版社职工的专业型科学记者将科学传递给公众并不合适，因为他们需要与科学家保持良好的关系，因为他们需要科学家给他们提供信息。

（3）专业型的科学记者倾向于回避政治、社会和经济方面的问题和影响，因此只讲述他们故事的一个方面。

（4）专业的科学记者在一段时间之后就会离开新闻媒体。根据非官方的数字，新闻媒体中只有十分之一的记者接受过报道环境问题的训练。"这其中有许多原因，事实是，虽然科学家可以学习新闻，但是他们不一定能成为称职的记者。"

显然，即使是澳大利亚所有的大型媒体机构也没有足够的财力聘请专业的科学记者。科学记者约翰·罗斯（John Ross）在《澳大利亚人报》

（*Australian*）报道科学新闻。他也是一名普通记者，没有接受过任何科学新闻方面的正式培训。按照上述四个方面的缺陷，麦基尔威恩和阮认为，对普通记者进行科学方面的培训虽然没有很简单的办法，但也不是没有办法。

> 这篇文章不是试图证明通过一些学习就足以让毕业生一夜之间成为有能力的科学记者。但是，文章的确建议如果给所有新闻学专业的学生奠定科学写作的基础——一个学期的课程或者更少的课程——来清晰地陈述新闻学的其他基本方面，包括新闻学的民主迫切性，他们将有一个健全的平台来处理科学故事。
>
> （McIlwaine and Nguyen，2005）

奖学金和奖项

你可能已经注意到，这本书中引用的许多科学记者有一个共同特点，就是他们都获过奖。高知名度的出版物倾向于雇佣高知名度的科学博主。例如，2013 年《国家地理》召集了四位著名的科学记者——弗吉尼亚·休斯（Virginia Hughes）、布赖恩·斯威特克（Brian Switek）、埃德·杨和卡尔·齐默——建立一个新的科学博客网站"Phenomena"（现在是《国家地理》新闻的一个单元）。目前，有七位科学记者为 Phenomena 网站工作。他们中大部分都曾至少一次获奖或得过奖学金。这些获奖证书能够在两个方面帮助出版社选择求职者。首先，奖项或已经完成的奖学金是一个质量标签；其次，获奖者能够获得更多的曝光，因此更有可能的是他们已经有了一个忠实的读者群，这对于刚创建的科学博客网希望快速提升网页浏览量来说是很重要的。

科学记者奖学金的年限从一周到几个月的都有，主要是面向职业发展中期阶段的科学记者。这也意味着，如果你获得了奖学金，你就需要从工作中抽出时间来上学，也就是说需要与你的雇主和学校提前协商好。与其他任何科学新闻教学的形式一样，目前大部分奖学金为你与志同道合的专业人士建立联系并拓宽你的新闻视野提供了肥沃的土壤。

例如，麻省理工学院的奈特科学新闻项目计划每年在麻省理工学院选出十个人左右。他们通常为职业发展中期的科学记者。项目鼓励他们在马萨诸塞州剑桥郡的麻省理工学院校园中攻读九个月的课程期间进行新闻项目的创新（他们在申请的时候就需要有提纲）。2016—2017 学年的成员（见图 12.1）为前文提到的数字科学杂志《不黑暗》准备素材（见第 11 章）。项目负责人黛博拉·布鲁姆本人曾多次获得科学记者奖。申请奈特科学新闻项目的奖学金，要求你必须是全职记者，至少有三年的工作经历。你在什么媒体机构工作并不是很重要，在哪个国家居住也不重要。申请人需要提供一系列的支撑材料：个人简历、短视频、三份推荐信和陈述个人动机的信件，解释为什么要申请奈特科学新闻项目奖学金。这些要求清楚地表明，这项奖学金不面向初出茅庐的科学记者。成功的申请人可以参加研讨会、课程，参与《不黑暗》项目的工作，以及获得 7 万美元的奖学金。获得这样一项广受好评的奖学金无疑会促进你的事业。

图 12.1　奈特科学新闻项目奖学金项目的获得者（2016—2017 年）

来源：麻省理工奈特科学记者奖学金项目

　　其他科学新闻奖学金使你更好地了解科学家在非常具体的科学领域内是如何工作的。有的奖学金接受事业刚起步的科学记者的申请。如果你已经发布了一些与所申请的奖学金主题相关的短片，不妨一试。

　　提供这种奖学金的主要是研究机构，因此通常是在科学机构中进行。例如，位于美国同名小镇的伍兹霍尔海洋研究所（Woods Hole Oceanographic Institution，WHOI）每年都会选择 6—12 名科学记者作为年度海洋科学新闻奖学金的获得者（见图 12.2）。

图 12.2　海洋科学新闻研究员与伍兹霍尔海洋研究所生物学家在木颈海滩实地考察

来源：Erin Koenig/Woods Hole Oceanographic Institution

　　伍兹霍尔海洋研究所也是另外一个科学新闻奖学金项目的基地。每年芝加哥大学的海洋生物实验室（Marine Biological Laboratory，MBL）邀请科学记者参与一些科学工作，作为洛根科学新闻项目（Logan Science Journalism Program）的一部分内容。如果你的申请获得通过，你可以在两个项目中进行选择：生物医学实践入门课程（面向科学和健康类记者）以及环境实践入门课程（面向环境记者），这两个项目都设在伍兹霍尔海洋研究所。2016 年，环境实践入门课程的一部分内容是去阿拉斯加进行田野调查。奖学金期限为1 周或 2 周，海洋生物实验室将负责大部分的费用支出。申请该项目需要准备一些常规材料，包括推荐信、短片样片和个人陈述。海洋生物实验室也会对你的科学背景和英语熟练程度进行评估。

　　这样的奖学金，特别是那些提供了对科学家实地工作深入了解机会的奖学金，是作为科学记者提高自己的科学素养和获得更多曝光的宝贵工具。这类奖学金项目有很多，你可以在本文末尾处的网站链接部分查看。也就是说，还有另一种促进职业发展的工具，可以帮助你一夜之间成为著名的科学作家：奖项。

高质量的"获奖"标签能够提升你的市场价值，获得更多的曝光机会，从而吸引编辑对你作品的关注。作为科学记者，你不仅可以申请专业科学新闻奖，还可以申请世界著名的新闻奖——普利策奖。无论是哪种方法，你应该仔细研究获奖的资格标准（例如，对于大多数比赛，你提交的参赛作品必须是1—2年之内完成的）；也可以读读之前获奖者的文章，从中发现获奖的模式或重复性的元素，了解评委所希望发现的东西。

2007年，埃德·杨荣获了《每日电讯报》颁发的科学记者奖。在2011年发表在《卫报》上的一篇文章中，杨阐述了如何获得这个科学记者奖及其给自己生活带来的变化：

> 获奖的真正意义在于或证明了自己是可以写科学报道的。它为我带来了更多的自信。
>
> （Yong，2011）

他还补充说，获奖后的那一年，他接受了所有派给他的任务，他试图抓住时机，充分利用他当时获得的优势。同时，他强烈建议有抱负的科学作家参与竞争（Yong，2011）。

当杨为《卫报》写这篇文章时，这个奖项已经没有了，所以他建议向维康基金会科学写作奖（Wellcome Trust Science Writing Award）提交参赛作品，该奖项如今也已不复存在了。这也显示了这类项目是多么短暂。有的奖项只持续了几年，有的则可能有几十年之长。以下是一些现有的科学写作奖项（不是全部），你可以考虑申请，这会对职业发展有帮助。这些项目大部分被细分为不同的领域，在它们的网站上有关于规则的详细说明。你可以在本章的网站链接部分找到其中一些奖项的链接。以下所列的奖项大都是年度性的，并且对国际申请者开放。以下列表按照奖项的字母顺序排列（不是按照重要性排序）：

- 美国科学促进会的科学新闻奖（AAAS Science Journalism Awards）
- 英国和爱尔兰的科学作家奖（ABSW Science Writers Awards for Britain and Ireland）
- 美国物理学会的科学传播奖（AIP Science Communication Awards）
- 加拿大社会工作者协会的埃夫特·克拉克/赛斯·佩恩青年科学记者奖（CASW Evert Clark/Seth Payne Award for Young Science Journalists）

- 美国科学作家协会的社会科学奖（NASW Science in Society Awards）
- 环境记者学会的环境报道奖（SEJ Awards for Reporting on the Environment）
- 皇家社会科学图书奖（TRS Royal Society Science Books Prize）

还有其他类似的许多奖。当你有了合适的工作内容，符合这些奖项类别，你就应该开始参与竞争。一旦提交了申请，参与并不需要做太多努力和贡献（除了你成为获胜者之一，应该参加最后的仪式）。一定要查看当地的奖学金和奖项。

记住，如果你准备参加这样的比赛，你将会面临激烈的挑战。就像投球一样，你的文章在你第一次参加比赛的时候是不可能获胜的。这再正常不过了。专业人士与有抱负的记者的区别在于，专业人士学会了如何应对拒绝，如何坚持不懈。事实上，作为一名科学记者，坚持不懈是你需要习得的基本软技能之一。

核心（软）技能

如果你是一名初出茅庐的科学记者，在你职业生涯刚开始时获得第一份工作或任务的难度似乎类似于一个对数图。你从 0 以下的某个地方开始。开始的时候，斜率看起来非常陡峭。随着你一步一步地进步，斜率变得越来越平，最终看起来几乎成为一条水平线了。很有可能，你将不得不免费写你的第一篇文章，并逐步积攒文章。当你发表了许多文章后，你可以逐步尝试一些其他的方法，比如接触一些付费的出版物。文章的质量应该是你永远要重点关注的，因为编辑在考虑委托撰写文章之前会阅读你的样文。你的知名度越低，你就越容易受到审查。

所以你必须有能力面对拒绝，并要有韧性。当你刚开始工作的时候，你很有可能会面临某种形式的拒绝，不管你是想找一份正式的工作还是实习，是想完成你的第一份自由职业的任务还是想写一本科学方面的书。艾玛·玛瑞斯（Emma Marris）在《科学记者手册》（*The Science Writers' Handbook*）中说，即便是非常有经验的科学记者，他们提交的书稿计划，也会有被拒的情况。当这种情况出现的时候，你总是可以使用不同的格式把你的研究带到生活中来，例如写一系列的文章（Marris，2013）。

你还必须有独自面对孤独的能力。当然，你将会与许多人交谈，从被访谈人到编辑和同事。但是，选择场景和将文字输入电脑，并将这些部分塑造成连贯的文本，这些动作都必须由你自己完成，不管你是坐在办公室里还是独自在家做这些事情，这都是一项孤独的工作，科学记者史蒂芬·奥恩（Stephen Ornes）如是说。他还表示，显示出最典型的孤独感的情况是开始与被访谈人进行非正式的交流时。他建议如果上述情况发生的话，建议改变一下环境，培养兴趣爱好或参加社交活动来转移注意力（Ornes，2013）。

马克·李·亨特告诉我，自信是每一个记者的核心特征之一。了解自己的价值，不要低估自己。在新闻行业中，实习或培训工作通常是没有报酬的。当你在学习这个行业的技能时，这可能很好，但是你需要离开，出去推广自己的作品。有时，这也意味着你不得不拒绝一份没有报酬的工作，但是也要看看是谁在跟你约稿。如果《纽约客》给我一份没有报酬的工作，难道我会拒绝吗？当然不会。这是非常好的一个跳板，将来可以获得类似级别的任务。也就是说，不要担心你所做的工作不值钱。如果你写的东西可以发表，你可以从中获得报酬，虽然不是很多。为在线出版物写文章赚的钱要比为印刷出版物写文章更少。而且，如果你为了曝光而总是低估自己（低价出售自己的工作成果），那么不幸的是，你不仅让自己的情况变得更糟，也让其他有抱负的记者的情况变得更糟。正如伯达尼·布鲁克希尔（Bethany Brookshire）所说的："每当有人进来说可以无偿地去做某项工作，或者以很少的报酬来做这项工作，那他（她）作为专业人士来谋生的机会就会更少……因为编辑们觉得他们需要支付的费用越少，对方提供的服务就越少。"（Brookshire，2016：235）这可能看起来像是陷于无穷无尽的实习和无薪工作的不可改变的一代，但出版商确实从记者的投稿中赚钱，所以他们应该为此买单。埃德·杨（Yong，2016）也认可这个观点，并指出，要指责的对象并不是作者。

> 这一直都是一个问题。即便某些有报酬的职位迫使一些年轻作者不得不去为此工作，他们写了许多质量不是那么好的文章，而这些对他们的未来发展并没有太大用处。这是出版商的过错。我永远不会因为一个人接受无薪实习而去指责他，因为我有什么资格去告诉一个人，他们为自己的职业做出的选择是错误的？他们会自己做出决定。但令人震惊的是，出版商仍在这样做。我认为这些人应该获得好的报酬。他们应该为所付出的工作和艺术创作获得相应的报酬。给那些只是为了曝光而不赚钱的人提供职位或机会是荒谬的。对我而言，是尝试用上述方法充分利用作者，还是作者尝试去争取这些机会，二者之间有着严格的界限。我应该会选择前者而不是后者。
>
> （Yong，2016）

对于报酬，有一句对所有有抱负的自由记者的忠告：有的报社或杂志社会根据你交付的工作付给你报酬，有的则会根据你发表的文章付费，还有一些你需要不停追上几周、几个月甚至几年才能得到应得的报酬。坚持不懈（有时候需要耐心）才能获得你想要的东西。专业性的写作是一门生意，就像其他行业一样。从事新闻工作并不是你的兴趣爱好，而是你的工作，而工作就应该获得报酬。

任何时候都要可靠和准时。如果指派给你的任务没有按时完成，很有可能你从这个编辑这里得到的这项任务也就是你的最后一项工作。这就跟你去面试却还迟到是一个道理。要注意你的资源可能会晚一些出现，如果你还想成功地进入新闻领域，这就决定了我们对工作采取怎样的态度，即要有"耐心"。当然，这也并不是说你应该接受一个月之后才付费的工作。同理，也意味着你不应该聘用那些面试还迟到的人。相反，它意味着你应该建立一些好的声誉，保持冷静，控制每一种情况。这样做的时候，要坚持，要有决心，任何时候都不要发脾气，要始终保持自信。这一点尤其重要，因为并非所有的编辑都把可靠性和准时性视为双方都需要遵守的原则。有的编辑要用好几个月的时间对已经提交的文章进行编辑，还会用更长的时间决定是否最后付费给你，有时候他们甚至完全忘记了对你的安排。也有的编辑是非常准时和准确的，这也是你应该汲取的优点。

对于科学写作而言，准确性和批判性思维都是非常宝贵的特质。理想情况下，这应该体现在你撰写和交付文章的方式上，体现在你经营个人业务的方式上。即使你现在还没有发表文章，你仍然要负责管理你的形象。在任何时候，你都代表着你自己的个人品牌。当你的面试者试图用模糊的事实搪塞你的时候，尤其是当他们试图回避你的问题时，要求他们准确回答你的提问。要求与你合作的编辑准确回答你的问题。他们是否承诺三天内答复你？如果他们没有，继续跟进。从你个人来说，尤其要要求准确回答。你只能解释你自己所理解的事情。缺乏准确性是一篇科学文章的败笔。的确如此，用词的简洁性和你所使用的事实都需要准确无误。最后一点，你需要清楚了解商业部分的内容，例如报酬和税收。

科学新闻和广播媒体

虽然这本书专门用了几个章节来分析和讨论不同的新闻形式，但毫无疑问，是内容决定了形式，而不是反过来。换句话说，你可能是一个专业的特稿作者，但并不是每个故事都适合成为刊印出来的特稿。有的故事在网上发

表就更合适，有的则适合在广播中播出，还有的适合电视的形式。有些故事
甚至是更好的现场直播，因为它们的展开不仅取决于主题，而且取决于实际
的故事。在世纪之交之前，媒体公司主要专注于一种产品：或是印刷物，或
是广播，或是电视，不过电视还是当时盈利最高的形式。但是，互联网时代
的到来改变了传统广播媒体在直接参与媒体生产的过程中的主导地位。

> 过去的媒体模式，通过发布最吸引大众的内容来尽可能获得最多的
> 受众。新媒体模式则恰恰相反，高度专门化的内容，让出版商和广告商
> 可以面向小而分散的观众。
>
> （Dove，2015：8668）

事实是，报纸开始制作视频，而电视台则开始制作在线新闻（Dove，
2015），这些可能颠覆了传统媒体角色分布的格局。但是，突破平台限制有
其优点。例如，你能够更容易进入广播新闻领域，即便你之前并没有从事广
播的经验。英国广播公司等公共广播公司提供写作的工作，要求你为它们的
电视节目写网络新闻。它们同时也为电视节目提供实习和培训的机会，例
如，目前由迈克尔·莫斯利（Michael Mosley）和克里斯·范·特勒肯（Chris
Van Tulleken）主持的科学秀节目《相信我，我是医生》（Trust Me，I'm a
Doctor）。如果你能得到这样的实习机会，那么你就能直接进入科学广播新闻
行业。

《相信我，我是医生》只是众多成功的健康咨询类电视节目之一。医生
和护士通常是这类节目的主持人，因为他们的资格证明了节目的权威性。有
时候，这样的权威性是错误的。例如，2005 年，营养学家吉莉安·麦基斯
（Gillian McKeith）的博士学位被曝出来自美国一所未经认证的大学。她曾主
持一档名为《你吃什么就像什么》（You Are What You Eat）（2004—2007 年，
第四频道播出）的节目。此外，她还是某个营养学家组织的会员，这个组织
兜售会员资格而不对申请人资格进行审查（Goldacre，2007）。第四频道的节
目在 2007 年被停播了。

但是，你可以找到许多声誉良好的电视节目。其中，著名而高质量的节
目有美国公共广播公司的节目《新星》（NOVA）和《自然》，英国广播公司
出品的《宇宙的奇迹》（Wonders of the Universe），福克斯公司出品的《宇
宙时空奇幻之旅》（Cosmos：A Spacetime Odyssey，国家地理频道播出），以
及公共广播公司的《科学美国人前沿》（Scientific American Frontiers）。当
然，你也可以找到一些科学电视节目，它们很少或根本没有科学上的意义，

而只是引发一些轰动效应，例如《颤抖》（Bodyshock）和《尴尬的身体》（Embarrassing Bodies），这两个节目都在第四频道播出。当你申请参加任何电视节目的培训之前，你确实应该看看这些节目，以及电视评论，这样才能做出明智的决定。

除了在电视台的实习之外，制作自己的科学纪录片可能是进入电视新闻行业和站稳脚跟的另一个好办法，尽管如果你不能从电视频道或网络获得外部资金或佣金，制作成本可能会很高，也很难负担。制作短片是一种有效的办法，既能解决制作费用的问题，又能获得足够的曝光，还有可能获得短视频奖，这些都是将来在行业里站稳脚跟的办法。特殊的利益组织也会时不时提供一些资助机会。例如，美国国家标准技术局（National Institute of Standards and Technology）拨款 50 万美元，资助拍摄关于千克的重新定义的科学纪录片（见网站链接部分）。还有短影片节，如 Sheffield Doc/Fest，给有抱负的纪录片影片导演提供表现的机会，如果获奖，将获得投资进行拍摄。即便是科学新闻学位课程，也不一定会有关于纪录片电影制作的专门训练。但是，北卡罗来纳大学教堂山分校的科学新闻硕士课程是其中少数有这类课程的大学。（见文本框 12.1）。

无线电广播通常是传播复杂事实的非常好的媒介，它很好地证明了并不总是需要通过视觉效果向观众传递事实。正如克拉克（Clark，2014）在《哥伦比亚新闻评论》上的一篇文章中说的，广播可能特别适合报道科学。她说，纽约公共广播公司创建了一个新的健康部门，只制作每周的播客节目《我们都是凡人》（Only Human）。克拉克补充说，这一发展与纸媒上日益减少的科学版面形成了鲜明的对比，这种变化可能是源于慈善组织的资助（Clark，2014）。你可以在本章的网站链接部分找到《我们都是凡人》的链接。《我们都是凡人》还提供每段音频的文字。如果你对如何为无线广播写文章感兴趣，可以收听它的节目，并且一定要对照着文字来阅读。

很抱歉，这本书没有充分论述如何为电台甚至是电视台写作，但你可以在阅读清单中找到一些推荐的书籍。通常来说，不管是哪种媒介，消费、分析、实践都大有裨益。广播新闻培训委员会（Broadcast Journalism Council Training）的负责人玛丽·金赛（Marie Kinsey）指出，当你在任何一个媒体中站稳了脚，以后转变媒体类型就更容易了（引自 White，2011）。例如，如果你已经是一名资深的报纸杂志记者，你可以比没有新闻经验的人更容易地转向电视节目领域。因此，当你认为有机会的时候，要保持灵活的心态，并且愿意转向其他媒介："没人能把自己归类为印刷、网络、广播或电视记者。"［BBC 新闻学院院长乔纳森·贝克（Jonathan Baker）如是说，引自

White，2011］。贝克还指出，广播记者从平面媒体记者起步并不罕见（White，2011）。

不管你是打算成为电视科学节目的主持人还是无线广播电台科学节目的主持人，你都可以参考前几章的技巧来寻找灵感，讲述故事，报道这些故事，以及最终独立于你所在的媒体机构来制作。好的故事终归是好的故事。

案例研究:《BBC 聚焦》杂志的工作经验

当今职场的主要矛盾是，为了积累工作经验，你必须有工作经验。这种循环依赖使得一开始就获得一份好的工作几乎是不可能的。值得庆幸的是，很多活动都可以算作以前的工作经验。例如，如果你所在的大学或新闻学院有学生报纸，你在这里的工作经验也是算数的。如果你在上大学或新闻学院之前、之间或之后，有自由撰稿记者的工作经历，也是算数的。

我就属于第二种情况。我曾经为德国、瑞士、南非、美国的科学杂志和报纸做自由科学记者，既有纸媒的，也有网络的。那个时候，我的目标是尽可能多写一些文章类型，从短新闻到专栏再到特稿。如果你无法从前几章中猜出我最喜欢哪种类型，我告诉你，那就是杂志特稿。原因可能是我在科学写作方面的第一次尝试主要是分析和识别科学杂志特征的结构模式（例如《德国科技杂志》）。然后我尝试自己应用这些模式，并开始使用不同的技术和工具来撰写具有我自己特色的场景，比如索引卡。一段时间之后，我买了一本书，进一步巩固了这些知识。之后，我与那本书的作者取得了联系，并且参与了他在科学新闻写作方面的一个研讨会。事实上，直到今天，我和温弗里德·格普费特还偶尔有联系。他也是本书的采访对象之一。

接下来就不断投稿，被拒，再投稿，更多被拒。最终，我获得了我的第一笔佣金。我的自由职业允许我从一个出版物到另一个出版物工作，写短新闻、专栏、杂志特稿和在线文章。这不是科学新闻工作的唯一方式，却是一种可能的途径，不仅可以与许多不同的编辑和科学家建立工作关系，而且还可以不断地发表文章。你可以尝试从更小一些的出版社开始，因为发表文章相对来说容易一些，而且也能够给未来的编辑展示你有写出更高质量文章的能力。而且，这也能够成为你对外展示的职业简历，后续你可以逐步提升（见第三章）。你的声誉会随着与你合作的媒体公司的声誉而提高。你在职业发展的某个阶段，是否曾发表过高水平的文章？如果是的话，恭喜你。如果你的工作质量保持在那个水平上，未来你在任何地方被接受的可能性就会增加。

我刚开始的时候，为德国和英国的信息技术（IT）杂志写作（既有纸媒的，也有网络的），我写了大量与技术相关的文章，这些文章非常不适合普通公众阅读，因为它们主要是面向当时工作比较好的专业计算机科学家的。随着时间的推移，我开始写一些更加一般性的话题，例如 IT 管理，我在其他的一些杂志上发表这类文章。接下来，我完成了一次飞跃，从写专业的科技文章转型到为普通报纸写科学技术互动方面的文章。从那里开始，为科学杂志或报纸写科技文章，相对于一开始的坎坷之路，是比较容易的。也是从那时候开始，我才开始在爱丁堡纳皮尔大学（Edinburgh Napier University）学习新闻学。

我在爱丁堡纳皮尔大学新闻项目的负责人雷切尔·雅戈尔（Rachel Younger）鼓励我去完成一个工作实习，于是我开始在互联网上搜寻这样的机会。其中，《BBC 聚焦》杂志有一个为期两周的实习工作吸引了我，上面还提供了关于如何与编辑团队取得联系的公开信息。工读课程安排经历通常比实习短（后者的时间有的是一两个月，甚至有一整年的）。在《BBC 聚焦》杂志社的工作实习通常为期两周。

在给当时的主编格雷厄姆·索霍恩发了邮件之后，进展非常顺利。我需要填写并提交申请表，说明我为什么以及想什么时候开始工作实习，还需要提供几篇我之前发表的科学文章的小样给他们。几封邮件沟通之后，我们达成了协议，我将在 2015 年年初开始实习。

在此之前，我一直担心见习和工作实习很容易就变成煮咖啡或操作影印机。我想错了。从我来这里的第一天开始，我就完全融入了这个团队，每个人都很乐于助人，最重要的是，都做了很好的准备。感谢我《BBC 聚焦》杂志的同事们，我可以在杂志的印刷版或网站 Sciencefocus.com 上发表文章。编辑们轮流指导我如何为杂志的不同部分投稿，他们也向我解释了他们通常是如何工作的，以及他们对我的期望。他们告诉我最后期限（当然是灵活的期限），我随时可以提出问题或提出建设性的批评。此外，我还参加了站立会议（stand-up meeting），整个团队在会上讨论即将出版的杂志的封面，以及专题和新闻的选择。我每周都会收到几份杂志的平面图。因此，我不仅深入了解了制作过程，还了解了编辑团队是如何合作的。当时的编辑助理詹姆斯·劳埃德（James Lloyd）花了很多时间向我解释《BBC 聚焦》杂志的各种数字格式，并提供了很好的建议和建设性的批评，帮助我最大限度地利用我在杂志的时间。

两周的时间倏忽即过，但我在这段时间里所获得的印象、经验和见解是弥足珍贵的。事实上，我在考虑申请另外一份科学类出版社的时间更长一些的实习。《BBC 聚焦》杂志还在提供工作实习的机会，但是你也可以在许多报社和杂志社找到实习机会。有的机构有具体的要求，例如实习开始的时候，你必须是（科学）新闻学专业最后一学年的学生。

案例研究：卡尔·齐默的科学写作生涯

每个人在科学新闻领域的职业发展都具有个性，因此，并没有哪个确定的良方能够让你成为一名成功的科学记者。但是，为什么不参考一下那些非常成功的科学记者入行的经历呢？无论你对成功的定义是什么，大家应该都不会反对，卡尔·齐默是美国科学记者中最高产的作家之一。在他的职业生涯中，他赢得了六个奖项，包括三个美国科学促进会年度科维理科学新闻奖和一些奖学金。他为《国家地理》《纽约时报》《星期六新闻》（现在已经归属《波士顿环球报》）撰写文章。他也在耶鲁大学的科学写作研讨会上授课，他还写了十二本科学著作。总之，你可能已经读过齐默的一些作品。齐默（Zimmer，2016）告诉我他是如何开始的，尽管他提醒说媒体的格局在此期间已经发生了很大的变化。

> 我很难以一种与 2016 年人们相关的方式来谈论我自己早期的经历。我进入新闻业的时候，它是一个非常不同的行业。大概是 1990 年，当时还有许多的印刷杂志和报纸都做得很出色。这是非常赚钱的行业，靠大量的广告和发行量来支撑。当时还有许多其他的工作，你现在也看不到了。很不幸的是，文字编辑就是这样一种半途消失的工种。我得通过一场文字编辑测试才能得到这份工作，所以我并不是说我做不到。这是一种今天的人们可能没有的机会。做这个也不是计划成为一名科学记者。我当时已经离开大学有几年了，已经尝试了各种各样不同的工作。此外，那时候我还在写许多科幻小说。我只是想，我应该能够在出版领域找到一份工作。因此，我只是给不同的杂志社写信，但是没有得到任何回复。但《发现》杂志有一个空缺，他们只是联系说，如果你想参加考试，你需要参与竞争获得这份工作。

齐默在成为自由科学记者之前在这个岗位工作了十年。他是英语系毕业的，而没有科学的学科背景，但是他说这有助于他理解好的故事应该是什么样的。

> 我非常高兴在大学里攻读英语专业的经历，在这期间，我读了小说

和许多其他类型的书籍。我从小说中学到很多，包括如何写作、如何架构故事结构、如何让你的叙述与众不同。写小说同样非常有帮助。写一篇好的科学报道不是简单地在一页纸上将碎片信息进行罗列。我也鼓励那些刚刚开始从事科学报道的人去阅读小说或其他文学，以此作为模板，从中学习。

他也认为获得一些奖项有助于让别人注意到你。对于一名自由撰稿人而言，尤其如此。齐默说，你应该努力去争取，让自己与众不同，脱颖而出。齐默职业履历中非常突出的一点是他涉猎的主题非常广泛，同时他写作的类型也很丰富（包括专栏、专题、博客、视频和播客等）。当问及他是否建议有抱负的科学记者也应采取同样的策略从而获得成功，他告诉我说：

> 不。我认为自己非常幸运，所有的事情都做了，但是我的确没有很连贯的计划。我还在杂志社工作的时候就开始从事科学写作，我们在那里写不同类型的故事。开始从短篇写起，只有几百个词的篇幅，然后就开始写一页长的文章，再过一段时间后，就可以写特稿了。当时也有专栏。所以，对我们每一个人来说，我们知道什么可行，什么不可行。对于一篇 400 个词的文章，你不能写太多的历史。你需要在非常短的时间内讲述一个非常连贯的故事。如果你是写专栏的话，时间会长一些，而且人们还期待看到作者的一些观点。我在《发现》杂志社，学会了如何写不同体裁的文章，但我还是感觉写作的过程中遗漏了许多事情。我的确希望能够写著作，所以最后我就开始这么做了。从那时候起，我每年都尝试做一些新的事情。如果不这么做的话，我会觉得很无聊。新闻本身就在不断变化，因此从我那时候起步开始，已经出现了更多新的模式了，而这些在当时都是没有的。

从这个意义上来说，齐默提到，当他开始写博客的时候，博客还只是刚刚兴起。与其他博主一样，他没有经验，但是他关注到科学写作成功的两个关键因素，在此与大家分享：

> 新的科学作家应该学习科学写作的艺术和技巧。科学写作的艺术意味着审视过去那些了不起的作家，找出是什么让他们如此优秀。而技巧是让你了解任何事物产生过程的逻辑：哪种录音机最好用？合同谈判怎么做？好的科学写作和成功的科学写作生涯要依靠这两个因素。

案例研究：艾利卡·查克·海登的科学写作生涯

这个例子表明，进入科学传播领域没有两条完全相同的路。的确，加利福尼亚大学圣克鲁兹分校科学传播项目（SciCom）的负责人艾利卡·查克·海登（Erika Check Hayden）的职业生涯在许多方面来说都很出色。由于对塞拉利昂埃博拉病毒危机的报道，查克·海登获得了卫生保健记者协会（Association of Health Care Journalists）的多个奖项。她还获得了奖学金，其中一项来自普利策危机报道中心（Pulitzer Center of Crisis Reporting）的奖学金支持她前往塞拉利昂。在她的职业履历中，查克·海登曾是《新闻周刊》和《自然》杂志的记者。她现在是《自然》杂志新闻部门的高级科学记者。从2010年起，她还是科学传播项目的导师。

艾利卡·查克·海登（Hayden，2016）告诉我，她发现自己从儿童时期就对科学有兴趣。她的父母都有博士学位，而且她的父亲也是一名科学作家。

> 我从来没有质疑过一个人能否以作家的身份谋生，我从来没有质疑过记者整天做什么，他们是如何工作的，因为我有我父亲为榜样。话虽如此，我并没有打算成为一名科学作家。但我一直知道我对科学很感兴趣。

在斯坦福攻读博士学位期间，她就开始为《斯坦福日报》（*Stanford Daily*）写文章。这时候她意识到将科学和新闻结合起来的职业路径正是她想要的。她还记得她在报社的第一次经历，如何在截稿日与编辑们一起工作，如何走出去与人们交谈，以及如何报道新闻，每当回忆起这些她就活力满满。

她为《斯坦福日报》写的第一篇报道是关于在帕罗·阿托（Palo Alto）举行的一场反对实施静坐法令的抗议活动。查克·海登被派去报道抗议并很快喜欢上了这份工作。

> 活动进行到中段，双方正处在激烈的争论中，这是多么令人振奋的事情。我喜欢与任何一方有强烈观点的人交谈。整个经历是多么让人兴奋。如果你想报道科学，我认为先报道一些其他的事情也是非常好的经历。成为任何类型的通才记者是很有帮助的。

她补充说，走出去和不同的人交谈是非常棒的经历，他们虽然不是科学家，但是对其他事情充满热情，这会让你的整个职业发展受益。查克·海登建议去街角和路过的人聊天。

> 如果你住在小镇上，这里有规模较小的报社，甚至只是社区报纸，这也是非常好的开端。因为，他们的员工通常都没有科学专家。他们感兴趣的是那些对此有知识和兴趣的人，那些走出去开始报道这些故事的人。

她补充说，大学校报的编辑们通常都很乐意与报道了那些他们的报纸想要报道但还没有报道的话题的记者们合作。这就是她很快就开始报道科学话题的原因。

毕业后，查克·海登得到了在纽约的周刊《新闻周刊》实习的机会。她告诉我，报道"9·11"恐怖袭击对她来说是一个关键时刻。那天早上，当她到达杂志位于市中心的总部时，大部分高级职员都不在那里，因为当局已经关闭了交通。她接到了去现场报道的指令。当时，警察还没有布置警戒线，所以她可以走进现场，在那里她发现"所有东西都被肮脏的灰尘掩盖着"。查特·海登主动出击，以决定将攻击的哪些方面变成她的故事。

> 最终，这些成了故事主线：这些灰尘对健康的潜在影响有哪些？我记得那时候的想法：这很不寻常，我从前没见过这样的。所以，我想知道这些是什么东西，是由什么组成的，以及它们的潜在后果有哪些。所以我回去做了一些关于灰尘对健康潜在影响的报道。这次的经验是，必须采取主动，寻找自己要写的故事是什么。这种真正的经验让我意识到编辑可以给你指导，你的信源可以给你指导，但是作为一名记者，在面对具体情况的时候，你自己才是最了解的。根据你所收集到的信息，必须由你自己决定故事应该怎么说。

当年晚些时候，查克·海登离开了《新闻周刊》。她搬去了华盛顿特区。在那里，她成为《自然》的科学编辑。她回忆说，应聘的过程"非常紧张"：两位编辑彼得·埃德豪斯（Peter Aldhous）和柯林·马基宛（Colin Macilwain）对她进行了面试。她告诉我说，他们两人都是批判性的思考者。尤其是谈到马基宛时，查克·海登对我说：

> 他只不过是持怀疑态度记者的一个缩影。我很愿意为他工作的原因之一是，他真的将怀疑精神带入了科学领域……他也鼓励我们都用这种

方法。我认为这是非常好的经验和训练，不是因为科学存在不光明正大的情况，以及我们需要去怀疑所报道的东西，而是因为，作为一项人类事业的科学，也和其他任何事情一样，应该被同等地对待。

她进一步说，埃德豪斯也对她有同样的影响。

这个影响就是，在我职业生涯的早期，他就鼓励我真正地把科学看作人类的努力并且提出尖锐的问题。这种影响是永远不会消失的。这也是我永远从事新闻工作的部分因素。

2006 年，她搬去了旧金山，但仍然在为《自然》杂志工作。当她在塞拉利昂报道埃博拉病毒危机时，她决定开始全职讲演和授课。促使她这么做的动力是她发现信源对她说的与主流媒体报道的有所不同。她告诉我，我们的许多影响力是因为我们触及了社会最关心的问题。当她意识到她不可能一个人就做到这一点，她决定帮助培训刚入行的科学记者。最后，2016 年与时任加利福尼亚大学圣克鲁兹分校科学项目主任罗伯·伊里翁（Rob Irion）长谈后，又经过严格的招聘流程，她最终被选为该项目的第三任负责人。

总　结

人文学科的毕业生找工作通常很困难。对科学新闻领域来说也不例外。许多主要的出版物已经减少或完全取消了他们的科学部门，这使得很难找到专职作家的职位。与此同时，公关专业人员的数量在增加，新闻稿的质量也越来越好。因此，为了获得佣金、实习机会，或可能为了获得员工职位，脱颖而出就显得尤为重要。

重要的是要知道，除不断写出高质量的文章之外，没有哪条路可以让你成为一名出色的科学记者。如果你想认真研究和批判性地质疑科学家的研究方法、研究结果和观点，那么全面了解科学家的工作方式是必要的。这也就说明了为什么有人认为首先获得一个科学学位是有帮助的。有的科学记者在定期写科学报道文章的同时，本身也从事科学方面的工作。有的人则认为，成为记者首先可以帮助你专注于讲故事的方面，并在事实核查、调查报道和采访方面秉持新闻的严谨性。

有专门的科学写作项目试图解决这种二元性的问题，同时提供科学和新闻方面的知识。尽管它们的成本通常很高，但由于能获得有效的证书，将来可以从专业方面得到回报。其他这样的专业证书则是著名的奖学金或奖项。

如果你具有了必备的新闻技能，并且将它们与一些良好的个人特质结合起来，例如坚持不懈、有韧性和耐心，那么从事科学新闻当然是可能的。如果你还能够深入理解你想要报道的科学界的工作，而且具备批判能力和分析思考问题的能力，你可以成为一名优秀的科学记者。

本章最重要的结论就是：由你自己来做职业规划。在回答了这些问题之后，合上这本书，开始你的职业生涯。如果你足够努力，你会成功的。

思考题

● 如果你打算成为一名科学记者，为什么科学的相关背景并不是绝对必需的条件？

● 成功的科学写作项目都有哪些共同的因素？

● 专攻某一特定科学学科领域对你有什么好处？在哪些方面又会成为你的不利因素？

● 大部分的奖学金和奖项申请要求你准备哪些材料？

● 获得奖学金或奖项能够在哪些方面让你受益？

● 你能否列举出三个帮助你在新闻领域发展的核心软技能？

● 接受无偿的工作有哪些有利和不利的方面？

● 你能否说出两个破坏科学电视节目客观性的问题？

● 在当地或大学的新闻报纸的工作经历如何能够帮助你成为更好的科学记者？

阅读清单

Boucherie, S. (2014) Six ways to succeed in the changing world of science journalism, *Elsevier Connect* [Online] Available at: www.elsevier.com/connect/sixways-to-succeed-in-the-changing-world-of-science-journalism [date accessed 17 August 2016]

Kern, J. (2012) *Sound Reporting: The NPR Guide to Audio Journalism and Production.* Chicago, IL: University of Chicago Press

Stewart, P. and Alexander, R. (2016) *Broadcast Journalism – Techniques of Radio and Television News.* 7th edition. London: Routledge

Wenger, D. and Potter, D. (2015) (eds.) *Advancing the Story: Broadcast Journalism in a Multimedia World.* 3rd edition. Thousand Oaks, CA: CQ Press

White, A. (2011) Our experts said: Routes into broadcast journalism, *The Guardian* [Online] Available at: www.theguardian.com/careers/broadcast-journalism [date accessed 20 July 2016]

Zimmer, C. (2013) A note to beginning science writers, *The Loom (National Geographic)* [Online] Available at: http://phenomena.nationalgeographic.com/2013/ 06/24/a-note-to-beginning-science-writers/ [date accessed 8 August 2016]

网站链接

American Association for the Advancement of Science (AAAS) Science Journalism Awards: http://sjawards.aaas.org/

American Institute of Physics (AIP) Science Communication Awards: www.aip.org/ aip/ awards/science-communication

Association of British Science Writers (ABSW) Science Writers Awards for Britain and Ireland: www.absw.org.uk/absw-awards/awards.html

Council for the Advancement of Science Writing (CASW) Evert Clark/Seth Payne Award for Young Science Journalists: http://casw.org/evert-clark-award

European Commission, European Guide to Science Journalism Training: https:// ec.europa. eu/research/conferences/2007/bcn2007/guide_to_science_journalism_ en.pdf

Massachusetts Institute of Technology (MIT) Knight Science Journalism Fellowship: http:// ksj.mit.edu/

National Association of Science Writers (NASW) Science in Society Journalism Awards: www.nasw.org/awards

National Institute of Standards and Technology (NIST), Funding Opportunity to Produce Science Documentary: www.nist.gov/public_affairs/funding_science_ documentary.cfm

The Royal Society Insight Investment Science Book Prize: https://royalsociety.org/ grants-schemes-awards/book-prizes/science-books-prize/

Society of Environmental Journalists (SEJ) Awards for Reporting on the Environment: www. sej.org/initiatives/awards-fellowships/sej-annual-awards-reportingenvironmentWNYC *Only Human* (podcast): www.wnyc.org/shows/onlyhuman

Woods Hole Oceanographic Institution, Ocean Science Journalism Fellowship: www. whoi. edu/osj/

参考文献

Arnette, R. (2005) Science journalism degrees — Do they make a difference? *Science* [Online] Available at: www.sciencemag.org/careers/2005/05/science-journalismdegrees-do-they-make-difference [date accessed 16 August 2016]

Brookshire, B. (2016) Who's paying? Science blogging and money, In Wilcox, C., Brookshire, B. and Goldman, J.G. (eds.) *Science Blogging: The Essential Guide.*

New Haven, CT: Yale University Press, 233–242

Check Hayden, E. (2016) Personal phone conversation on 20 September 2016 Clark, A. (2014) Will radio save science journalism? *Columbia Journalism Review* [Online] Available at: www.cjr. org/the_observatory/wnyc_health_unit_radiolab. php [date accessed 10 August 2016]

Dove, A. (2015) Careers in virology: Science writing and journalism, *Journal of Virology*, vol. 89, no. 17, 8668–8670

Goldacre, B. (2007) What's wrong with Gillian McKeith, *The Guardian* [Online] Available at: www.theguardian.com/media/2007/feb/12/advertising.food [date accessed 2 December 2016]

Hunter, M. L. (2016) Personal Skype conversation on 13 July 2016

McIlwaine, S. and Nguyen, A. (2005) Are journalism students equipped to write about science? *Australian Studies in Journalism*, no. 14, 41–60 [Online] Available at: http://espace.library. uq.edu.au/view/uq:8064/science_journali.pdf [date accessed 19 August 2016]

Marris, E. (2013) Going long: How to sell a book, In Hayden, T. and Nijhuis, M. (eds.) *The Science Writers' Handbook*. Boston, MA: Da Capo Press, 99–115 Ornes, S. (2013) The loneliness of the science writer, In Hayden, T. and Nijhuis, M. (eds.) *The Science Writers' Handbook*. Boston, MA: Da Capo Press, 137–141

Ornes, S. (2014) Spotlight on the MIT program in science writing, *Pitchpublishprosper.com* [Online] Available at: http://pitchpublishprosper.com/spotlight-mitprogram-science-writing/ [date accessed 16 August 2016]

Ross, J. (2015) Personal phone conversation on 9 October 2015

Ruppel Shell, E. (2016) Personal phone conversation on 25 August 2016

Seife, C. (2016) Personal phone conversation on 14 July 2016

White, A. (2011) Our experts said: Routes into broadcast journalism, *The Guardian* [Online] Available at: www.theguardian.com/careers/broadcast-journalism [date accessed 20 July 2016]

Yong, E. (2011) You've got seven days left to prove you're a science writer, *The Guardian* [Online] Available at: www.theguardian.com/science/2011/may/13/

wellcome-trust-science-writing-prize [date accessed 13 August 2016]

Yong, E. (2016) Personal Skype call on 18 August 2016

Zimmer, C. (2016) Personal phone conversation on 25 August 2016

对话《星际穿越》背后的理论物理学家

丹尼尔·克利里

　　上周上映的《星际穿越》，自夸不仅拥有引人入胜的剧情和令人目眩的特效，还有着无懈可击的科学血统。灵光一闪构思出这部电影并密切关注其科学性的人，是现年74岁的基普·索恩，美国加利福尼亚理工学院知名理论物理学家，也是广义相对论在天体物理方面的预言——黑洞这一领域的世界顶尖专家。

　　2006年，索恩和相识已久的挚友、电影制片人琳达·奥布斯特（Lynda Obst）写了一份八页长的电影纲要，故事灵感来源于天体物理学中的黑洞、虫洞及时间膨胀。很快，斯蒂芬·斯皮尔伯格（Steven Spielberg）便签约执导这部电影。不过六年后，斯皮尔伯格不得不退出，接替他的是《黑暗骑士》三部曲和《盗梦空间》的导演——克里斯托弗·诺兰。导演的弟弟、《黑暗骑士崛起》的编剧乔纳森·诺兰负责编写剧本。故事被设定在不太久远的未来，农作物的枯萎病使得人类处于饥荒边缘。于是，一项应急的秘密任务开始执行，尝试去发现另外一颗能够让人类移居的行星。

　　在11月7日出版的新书《〈星际穿越〉的科学》中，索恩描写了他与好莱坞合作的经历，以及这部影片所涉及的科学概念。上周，他接受了《科学》杂志的采访，以下为经过编辑整理的采访实录。

　　问：你一开始写的那份电影纲要里，有多少内容被保留在了最终的电影里？

　　答：根本看不出是同一部电影了，除了科学观念和场景，也就是我喜欢称为宇宙弯曲一面的东西——黑洞、虫洞、更高维度，诸如此类。

　　故事完全被彻底重写了，除了最泛泛的那些情节，比如我们派探险者离开地球，前往外太阳系的一个虫洞，然后穿越虫洞，造访其他行星。观念被保留了下来，这是我和琳达最看重的东西：真正的科学，不论是事实还是推测，从一开始就深深植根在这部电影的构架当中。

我们制定的指导路线也被保留下来。首先，电影里不能有任何东西违背已经确立的物理学定律。其次，电影里当然会有一些推测，但所有那些疯狂的推测都必须源自科学，而非来自某位编剧的一拍脑门。我对最终结果非常满意。

问：电影制作人就没有任何地方超出你们制定的指导路线吗？

答：没有很严重。有一处我不太满意，就是一颗行星上存在冰冻云。据我所知，冰的物质强度应该没有能力支撑起这样的结构。每次看这部电影，这个地方总让我感觉难为情。我不记得告诉过任何人想要这个场景。不过我也得说一句，如果这是整部影片里最违背物理学定律的地方，那他们已经做得非常非常好了。

问：在你的书里，你说克里斯托弗·诺兰自己把一些科学元素带入了剧本中。他带来的是什么？

答：影响最大，我也确实喜欢的，是"超立方体"（tesseract，立方体的四维对应物）。在我们第一次会面时他告诉我，他在考虑使用"超立方体"，当时他没有谈及任何细节。但我非常开心，因为我 13 岁时读到一本书，乔治·伽莫夫（George Gamow）的《从一到无穷大》（*One Two Three … Infinity*）。在这本书里，伽莫夫就画过一个超立方体。它看上去像是两个立方体，一个嵌在另一个里面，我花了好几个小时盯着它看，试图能够理解它。我发现它非常迷人，这给我带来了许多影响，其中比较重要的便是，我成为一名理论物理学家。

所以，当诺兰告诉我他想用"超立方体"的时候，我立刻想到并且跟他讨论说，这是一个理想的途径，能够把他的英雄带到五维时空，从宇宙中我们所在的区域迅速旅行到另外一个区域，因为它们在五维时空中的距离要比在我们的膜宇宙（我们现实中的四维时空）中近得多。

问：肆虐地球的枯萎病，这个点子来自哪里？

答：这是乔纳森·诺兰的主意。他提出这个点子时，我和他还有琳达决定，我们确实需要找找看，关于枯萎病和其他类型的生物灾难，我们都知道些什么。我们安排了一场"枯萎病饭局"，邀请了生物学方面的专家展开详细讨论，想要确定从地球上的生物学角度出发，哪些事情可能会出问题。

问：你跟英国伦敦"双重否定"公司的视觉特效团队合作，给他们提供了方程，然后他们再编入代码。看到这些方程变成一个黑洞呈现在你眼前，感觉如何？

答：看到他们生成的高清画面，感觉棒极了。我大概知道他们会做出什么样的效果，但从"双重否定"公司拿到片段，看到他们所能呈现出来的如此难以置信的高清和动态黑洞的时候，我心里充满了敬畏之情。

问：你说过，从他们的模拟中了解到了新东西？

答：我们发现，如果有一个快速自转的黑洞，没有任何吸积盘，让它在繁星满天的一片遥远星空前充当引力透镜，我们会看到某种奇妙的美丽结构，有点类似于指纹，但要复杂许多。它拥有完全出乎意料的大量内部结构，有些区域，星空会显得很安静，而另外一些区域的星星似乎会绕着小圈旋转。对我来说，这是一个可爱的发现，因为它确实非常美丽，而且是一位科学家和一个计算机艺术家团队合作的产物。我们写了一篇论文投给了《经典和量子引力》（*Classical and Quantum Gravity*）期刊，介绍这一发现，以及"双重否定"团队使用的那种方法。